제3판

새내기를 위한 행정학

한국국정관리학회

도서출판 대영문화사

제3판 머리말

대학에 입학하여 행정학 강의 시간에, 미국의 1960년대 사회격변 속에서의 행정을 왈도(Dwight Waldo) 교수가 '소용돌이 시대에서의 행정(Public Administration in a Time of Turbulence)'으로 표현한 것을 들었던 기억이 있다. 행정이 격변의 사회환경 속에서 적극적으로 좋은 사회를 만들어 가는 데 역할을 해야 하며, 행정가는 전문직업인으로서의 가치와 전문성을 지니고 사회 문제 해결을 위해 역할을 해야 함을 배웠다. 또한 제2차 세계대전 이후, 정치적 불안정 속에서도 행정의 안정을 확립하기 위한 여러 노력으로 프랑스의 헌법 체계와 행정 제도들이 만들어지게 되었단 강의 내용도 기억이 난다.

2025년 21세기의 1/4을 지나보내는 시점에서 오래된 강의의 내용이 새롭게 다가오는 이유는 무엇일까? 적어도 우리가 경험하는 세계가 이전보다 안정적이고 예측 가능한 적이 있었던가? 끊임없이 이전에 경험하지 못했던 새로운 일들을 경험하게 되고, 동시다발적 복합 난제들을 겪으면서 오늘에 이르고 있지 않은가? 그럼에도 불구하고 2024년을 보내면서 2025년을 맞이한 이 시점의 세계와 우리나라의 상황은 그야말로 아주 강력한 소용돌이에 휘말려 들어가는 형국임은 틀림없다.

거대언어모델 기반의 AI 등장은 우리의 산업과 일상생활에 엄청난 충격과 변화를 가져오고 있으며, 기후변화에 따른 자연재해는 상상을 초월하여 세계 곳곳에서 발생하고 있다. 전 세계 인구는 총계로 증가하지만, 대부분의 국가에서는 인구 감소와 고령화가 중요한 사회 문제로 등장하고 있으며, 우리나라는 인구소멸 위기가 경고될 만큼의 저출생과 초고령사회로 위험에 처해 있다. 이러한 상황에서 행정은 무엇을 어떻게 해야 하고, 행정학은 무엇을 어떻게 연구하고, 무엇을 어떻게 가르쳐야 할 것인가?

이러한 질문은 행정학을 연구하고 가르치고 배우는 학문공동체는 물론이고 실제 행정을 담당하는 공무원들에게도 매우 중요한 것임이 틀림없다. 그러나 이러한 때일수록 '기본과 본질'에 대한 중요성은 아무리 강조해도 지나치지 않다.

『새내기를 위한 행정학』은 2001년 초판을 발행하고, 2014년 개정판을 출간한 바 있다. 이번에 개정한 제3판도 2025년에 출간되니, 일반적으로 교과서의 개정이 4~5년 주기로 개정되는 것에 비하면 주기가 꽤 길다. 이는 전적으로 저자들의 게으름의 소산임은 틀림없다. 여러 연구자들이 공동의 노력으로 책을 출간하는 것은 결코 쉬운 일이 아니기 때문이다. 이 책을 처음 출판할 당시에도 행정학 책이 매우 많은 편이었는데, 이후 지난 25년 간에 훨씬 다양한 행정학 교과서들이 출간되어 독자들의 선택의 폭이 매우 넓어졌다.

이 책은 처음 출판할 때에도 행정학을 처음 접하는 학생들에게 쉽게 다가갈 수 있도록 집필하고자 하는 의도를 갖고 있었고, 그래서 책 이름도 『새내기를 위한 행정학』으로 명명한 바 있다. 교수자들에 따라서 대학에서 한 학기동안 행정학의 입문으로서 강의를 하는 강의계획서(syllabus)를 보면, 주로 행정학의 기초 부분에 중점을 두고 각론에 대한 기본적인 소개에 그치거나, 교수자가 강조하고 싶은 부분을 행정학 기초 부분에 더하여 강의하고 있음을 알 수 있다. 그러나 출판된 행정학 교과서들을 보면 수험생을 위해 많은 내용을 망라하고자 하는 필요와 새로운 내용을 단순하게 첨가하는 유혹을 벗어나지 못한 경우가 많은 것도 현실이다. 물론 최근의 경향으로 아주 쉽게 학생들에게 다가가고자 하는 시도도 나타나고 있다.

이번에 출간하는 『새내기를 위한 행정학』 제3판에서는 처음의 출판 의도를 기본으로 하여, 행정학 입문에서 행정학을 처음 접하는 새내기들이 기본적으로 이해하면 좋을 내용으로 한정하여 집필하고 새로운 변화의 내용을 수정하거나 추가하는 방식으로 개정하였다. 한 학기 강의에 적합한 분량과 내용으로 정리하고자 하였으나, 일부는 불가피하게 다소 많은 내용을 담고 있어 선택적으로 활용하면 좋을 것이다. 전체 11개의 장으로 구성하였고, 3개의 편으로 나누어 체계를 재구성하였다.

'PART 01 행정 현상과 행정학'에서는 다양한 행정 현상 속에서 행정을 이해하고, 행정이 추구해야 하는 가치가 무엇인지, 행정학 이론은 어떻게 발전해왔는지, 행정학을 연구하는 접근 방법 등 행정학의 기초적이고 기본적인 영역을 묶어 구성하였다. 'PART 02 행정학의 주요 분야'에서는 행정학에서 기본 과목이라 할 수 있는 정책과 조직, 인사 및 재무를 묶어 편성하였다. 마지막 'PART 03 사회 변화와 행정'에서는 다루어야 할 주제가 매우 많으나, 행정학 개론 수준에서 반드시 이해가 필요한 지방자치 및 전자정부와 공공갈등의 관리를 묶어 편성하였다. 그리고 각 장마다, 생각하고 토론할 주제들을 제시하였다.

제3판은 초판과 개정판의 내용을 기초로하여 작성된 바, 제3판의 집필진은 물론 초판과 개정판의 집필에 참여한 모든 분들의 소산임에 틀림없으나, 저자 목록에는 주로 개정판과 이번에 새로 참여한 집필진을 중심으로 제시하였다. 학회 공동체의 공동연구와 작업의 결실이며 모두에게 고마움을 표한다. 그동안 이 책의 개정을 기다리던 많은 독자들에게 매우 미안한 마음을 전하며, 아직도 많이 부족한 부분은 저자들의 몫이며, 앞으로도 꾸준히 보다 더 좋은 내용으로 정리하여 여러분 앞에 내 놓을 수 있기를 기대한다.

바쁜 가운데 새로이 원고를 쓰기보다 쉽지 않은, 기존 내용을 수정하고 보완하느라 애쓴 집필진과 오랜 동안 인내로 기다리고 독려해 준 대영문화사 임춘환 사장님과 임현준 부장님, 그리고 직원 여러분에게 감사의 말씀을 전한다.

2025년 1월

저자들 씀

개정판 머리말

『새내기를 위한 행정학』 초판이 나온 지 어언 13년이 흘렀다. 세월이 너무도 빠르다는 것을 느낀다.

『새내기를 위한 행정학』 초판에서는 크게 두 가지를 발간 목표로 삼았다. 첫째는 행정학이 응용 실천 학문으로서 시대의 욕구를 반영해야 한다고 보았다. 두 번째는 대학 새내기들이 친숙하게 접할 수 있는 행정학 교과서를 저술하는 것이었다. 이를 위해 『새내기를 위한 행정학』 초판에서는 행정학의 기본 내용을 담으면서도, 정보화 · 지방화 · 세계화의 맥락에서 목차와 내용을 재구성했다.

10여 년의 세월이 흐르다 보니 발간 당시 시대의 화두였던 정보화 · 지방화 · 세계화 논의도 시들해졌다. 또한 행정학 개론서로서 친숙한 접근도 필요하지만, 공무원 수험서로서의 역할도 필요하다는 점들이 문제점으로 지적되었다.

따라서 이번 개정판은 초판 출간의 의의를 살리면서 새로운 시대적 요구에 대응할 수 있고, 공무원 수험서로서의 역할도 수행할 수 있는 내용을 담으려고 노력했다. 이를 위해 먼저 제1편 행정의 기초 이론 분야를 대폭 수정 보강했다. 행정의 본질과 인식론, 가치론의 영역을 심도 있게 검토했다. 제2편의 행정학 주요 이론 분야는 변화된 내용을 반영하면서 좀 더 구체적인 내용을 담도록 노력했다. 제3편에서는 최근에 쟁점이 되고 있는 공공갈등관리 문제와 정부혁신을 다루었다.

이 책은 한국국정관리학회 회원들이 공동 집필한 결과물이다. 교과서를 공동 집필한다는 것은 매우 어렵고 지난한 작업이다. 필자마다 쓰는 용어와 접근 방식이 다르고 견해가 다를 수 있다. 또한 공동 작업이다 보니 구성원들의 책임 의식에도 한계를 가질 수밖에 없었다. 이러한 난관에도 불구하고 2001년 초판에는 안용식, 박우서,

이왕재, 박경원 교수 등 총 24명의 필진이 참여했고, 이번 개정판 집필에는 초판 필진을 포함하여 총 42명이 공동 필진으로 참여했다. 개정판의 내용 재정리 및 최종 편집은 서원석, 강용기, 윤주명 교수가 담당했다.

그동안 『새내기를 위한 행정학』 개정판을 서둘러 내지 못하고 이제야 출간하게 되어 독자들에게 미안한 마음이다. 늦은 감이 있지만 늦게라도 개정판을 출간하게 되어 매우 기쁘게 생각한다. 『새내기를 위한 행정학』의 개정판이 계속 이어지면서 앞으로 더 좋은 책으로 거듭날 수 있기를 간절히 바란다.

바쁜 가운데도 필진으로 참여해 내용을 검토 수정 보완해 준 공동 필진과 그동안 인내심을 가지고 책 출간을 독려해 준 대영문화사 임춘환 사장님, 임직원 여러분에게 깊은 감사의 말씀을 전한다.

2014년 1월

저자들 씀

초판 머리말

최근 들어 행정학의 정체성 위기에 대한 우려가 자주 표명되고 있다. 행정학의 정체성 위기는 행정학이 학문으로서 완전한 독립을 확보하지 못하던 초기에 행정학자들이 가지고 있었던 심리적 불안감의 표출이었다.

행정학은 1960년대와 1970년대의 전성기를 지나면서 사회과학의 그 어떤 학문보다 확고한 정체성을 가지고, 특히 한국에서 빠르게 성장했다. 이처럼 각광받던 한국의 행정학이 근래 들어 왜 정체성의 위기 문제에 관심이 고조되고 있는가? 그것은 무엇보다 작은 정부 지향 요구에 따른 정부의 구조조정과 그로 인한 인력 감축, 그리고 앞으로 공무원 인력 수요의 감소가 예상되기 때문일 것이다. 여기에다 대학 사회는 경쟁력 강화를 위해 학부제를 도입함으로써 행정학의 인기가 상대적으로 약화되면서 위기감이 더욱 확산될 조짐이 보인다.

행정학은 정녕 위기를 극복하지 못한 채 지금까지 구가했던 황금기를 역사의 뒤안길로 남기고 비인기 전공으로 전락하고 말 것인가? 이에 대한 해답은 행정학의 환경 대응적 변화일 것이다. 행정학에서 기존의 연구 영역과 내용은 매우 중요하다. 그러나 아날로그 시대의 연구에 만족해서는 안 되며, 그 위에 디지털 시대에 맞는 내용이 시급히 도입되어야 한다.

이번 출판을 시도한 이 공저는 이러한 전략적 차원에서 기존의 행정학 교재의 기본적 틀을 유지하면서 새롭게 요구되는 분야를 담아보려고 노력했다. 이 책은 한 캠퍼스에서 학맥을 전승해 온 학문 공동체 구성원들이 그간 현장에서 가르치면서 연구하고 체득한 지식들을 수록했으며, 특히 정부의 경쟁력 강화와 지식기반 사회 구축을 위해 필요한 정보화, 지방화, 세계화, 21세기를 대비한 정부혁신 등의 분야에 전체 분량의 3분의 1을 다루었다.

처음 시도되는 출판 작업이기 때문에 통합 편집 과정에서 다소의 어려움이 있었다. 이런 문제는 가르치고 판을 거듭하면서 해소되어 좀 더 체계적인 교재로 다듬어질 것으로 확신한다.

이 저서 출판에 참여한 모든 분의 아낌없는 노력이 결실을 본 것을 다시 한 번 기쁘게 생각하며, 아울러 이 책이 빛을 볼 수 있도록 적극적으로 물심 양면의 지원을 아끼지 않은 대영문화사의 임춘환 사장님과 임직원 여러분에게 감사의 뜻을 전한다.

2001년 2월
저자들 씀

차례

PART 02 행정학의 주요 분야

01
PART

행정 현상과 행정학

행정학을 처음 배우는 새내기들에게 가장 기초적이고 기본적인 행정학 이론으로 구성하였다. 다양하고 복잡한 행정 현상에 대하여 인식하고, 이러한 현상을 대상으로 연구하는 행정학의 기초적인 이론들을 다루고자 한다.

제1장 행정의 의의에서는 다양한 모습의 행정 현상을 어떻게 정의할지, 행정학에서 다루는 공공행정과 일반행정은 어떻게 구분하고, 행정의 개념을 정리함에 있어 관련되어 논의되는 정치와 경영과의 공통점과 차이점은 무엇인지를 설명하고, 공공행정이 이루어지는 정부에 대한 이해와 행정을 둘러싼 환경에 대하여 설명한다. 또한 행정의 유형을 다룬다.

제2장 행정의 가치에서는 행정이 무엇을 위한 행정인가? 행정을 함에 있어 어떠한 기준과 목적으로 해나가야 하는지에 대한 가치 문제를 다룬다. 가치란 무엇이고, 행정이 추구하는 가치를 본질적 가치와 수단적 가치로 구분하여 설명한다. 실제 행정에서는 다양한 가치가 동시에 추구되며 가치 간의 충돌과 갈등을 야기하는데, 이러한 가치의 조화와 조정에 대하여 설명한다.

제3장 행정학 이론의 역사와 발전에서는 근대 국가가 탄생하면서 등장하게 된 행정학의 태동부터 독일, 프랑스와 영국의 행정학 발전을 간략히 다루고, 현대 행정학의 본류인 미국 행정학의 발전을 시기를 구분하여 보다 상세하게 설명한다. 끝으로 한국에 행정학이 어떻게 도입되고 오늘날의 발전에 이르게 된 부분에 대한 소개와 성찰을 다룬다.

제4장 행정학의 학문적 성격과 접근법에서는 사회과학의 한 분과 학문으로서의 행정학의 학문적 성격을 설명하고, 행정학을 연구하는 주요 접근법에 대하여 설명한다. 연구 접근법이란 무엇이고, 그동안의 행정학 연구와 이론을 주로 구성하는 접근법에 대하여 다룬다.

01

행정의 의의

사회 공동체의 한 사람으로서 살아가고 있는 우리들은 매일매일의 일상생활 속에서 행정 현상을 경험하며, 행정의 주체로서 또는 행정의 객체로서 살아가고 있다. 이러한 행정 현상을 하나의 학문 연구의 대상으로 하고 있는 것이 바로 행정학이다.

이 장에서는 행정이란 무엇이며, 행정이 어떠한 특성을 갖고 다른 사회 현상과 구별되며, 하나의 학문으로서 또한 실제적인 행정의 행위로서 어떠한 과정과 내용을 갖고 있는지 살펴보고자 한다.

제1절 행정의 개념

행정은 고대 사회에서도 그 모습을 발견할 수 있다. 고대 이집트의 피라미드 건설, 로마제국의 광대한 영토 관리, 중국 황하의 홍수 관리, 조선 시대의 경복궁 건설 등은 적절한 인적 · 물적 자원의 동원과 구성원 간의 협동 작업 없이는 불가능했을 것이다.

행정 현상은 이렇게 매우 오래전부터 다양한 형식으로 존재해 왔기 때문에 행정의 개념을 한 마디로 정의하기는 불가능하다.

여기서는 행정학에서 사용하는 행정의 개념을 정의하기 전에, 일상생활에서 사용하는 가장 넓은 의미의 행정 개념을 먼저 살펴보고자 한다.

1 일반적 의미의 행정

일반적인 의미의 행정, 즉 일반행정(administration, general administration)은 보편적으로 존재하는 사회 현상의 하나이다.

사람이 두 명 이상 모여서 조직을 결성하고, 어떤 목적을 지향하는 협동 행위를 시작할 때 일반적 의미의 행정은 이미 존재한다. 사람들은 서로간의 역할을 조정하고 지위와 임무를 부여하며, 돈과 자원을 조달하고, 목표 달성을 위한 행동 대안을 선택하고 집행한다. 제기되는 문제를 해결하고, 조직의 목표를 달성하기 위한 바람직한 방향은 무엇인지 고민한다.

따라서 일반적 의미의 행정은 국가와 정부 같은 공공조직에서뿐만 아니라, 기업조직, 친목조직, 종교조직, 정당, 이익단체, 영화 제작 활동, 스포츠 활동, 학술단체 운영, 동아리 활동 등과 같은 사회의 모든 분야에 보편적으로 존재하는 사회 현상인 것이다.

일반적 의미의 행정(administration)은 다시 공공행정(public administration)과 사적행정(private administration)의 두 가지 유형으로 나누어 볼 수 있다.

공공행정(公共行政)은 국가와 정부, 지역사회와 같은 공공 부문이나 공익단체를 중심으로 이루어지는 행정이고, 사적행정(私的行政)은 민간 부문이나 개별 집단, 기업 등을 중심으로 이루어지는 행정이다. 공공행정은 행정학에서, 사적행정 중 기업행정은 경영학에서 다룬다(〈표 1-1〉 참조).

〈표 1-1〉 일반행정의 두 영역

구분		학문 분야	기타
일반행정 (administration)	공공행정 (public administration)	행정학	공공행정=행정
	사적행정 (private administration)	경영학	사적행정=경영

2 행정학에서의 행정

행정학은 이러한 일반행정의 두 영역 중 공공행정의 영역을 다루는 학문이다. 따라서 행정학은 공공행정학 혹은 공공관리학이라고 부르기도 한다.

한국이나 중국, 일본과 같은 한자문화권 국가에서는 '공공행정학'이라는 말 대신 '행정학'이라는 표현을 주로 쓴다. 한자어로 행정(行政)이란 말에는 나라의 일(政)을 실천한다(行)라고 하는 공공성의 의미를 스스로 내포하고 있기 때문이다. 따라서 행정학에서 말하는 '행정'은 '공공행정'과 같은 의미로 이해된다. 즉, 행정학에서 말하는 행정의 영역은 공공행정의 영역이다.

이러한 공공행정의 영역은 다시 세 가지 측면에서 검토해 볼 수 있다. 여기서는 행정학에서 '행정' 개념을 관리적 측면, 정치적 측면, 그리고 법적 측면의 세 가지 영역으로 구분하여 검토하고자 한다.[1] 결론 부분에서는 이러한 세 가지 맥락을 종합하여 행정에 대한 포괄적 개념 정의를 시도하게 될 것이다.

1) 관리적 측면

행정(public administration)을 관리적 측면에서 보면, "공공조직이나 공공 부문에서 목표 달성을 위해 수행하는 구성원 간의 합리적 협동행위"로 이해된다.

우리가 '인사행정', '재무행정', '병원행정' 등에서 사용하는 행정 개념은 대체적으로 '관리'라는 의미로 해석된다. 따라서 인사행정은 인적 자원의 관리, 재무행정은 물적 자원의 관리, 병원행정은 병원의 관리라는 의미로 바꾸어 쓸 수 있다.

행정 현상을 공공관리로 이해하는 이러한 입장은 정치와 행정의 영역을 구분하고 행정을 국가 업무(사무)의 관리라는 측면에서 접근하는 고전 행정학의 기본 시각을 반영하고 있다.

행정학의 시발점으로 평가되고 있는 논문은 윌슨(Woodrow Wilson)의 「행정연구(*The Study of Administration*)」(1887)이다. 이 글에서 윌슨은 행정은 정치와 구분되는 업무의 영역이며, 정치와 행정은 구분되는 성질을 가지고 있다고 주장한다.[2] 이러한 입

---

1) 이와 유사하게 행정의 영역을 구분한 학자는 로젠블룸(Rosenbloom, 1989: 14-27)이다. 로젠블룸은 행정학의 주요 접근법으로 관리적 접근법(managerial approach), 정치적 접근법(political approach), 법적 접근법(legal approach)의 세 가지를 제시하고 있다.

장은 굿노(Frank J. Goodnow, 1900), 테일러(Frederick W. Taylor, 1912), 화이트(Leonard D. White, 1926) 등으로 이어지면서, 고전 행정학의 기본 틀을 형성하게 된다. 이런 맥락에서는 행정학을 정치학보다는 경영학에 가까운 학문으로 이해한다.

이렇게 행정을 공공조직이나 공공 부문의 '관리'라는 측면에서 이해하면, 행정의 기본 구조는 경영과 크게 다르지 않다. 다만, 그 다루는 대상의 영역이 구분될 수 있을 뿐이다. 즉, 관리적 행동이라는 면에서 보면, 행정과 경영은 그 적용 영역만 다를 뿐, 본질은 유사하다고 보는 것이다.

참고 1-1 윌슨과 굿노

윌슨(Wilson, 1887): 「행정연구」

… 행정의 분야는 업무(사무, business)의 영역이며, 이는 정치적 투쟁과 갈등의 세계와는 구분된다. 행정은 헌정 체계 연구(constitutional study)와 같은 격렬한 논쟁이 이루어지고 있는 정치의 영역과는 일정한 거리를 두고 있는 것이다 …(중략)… 행정 연구의 목표는 경험적 실험을 통해 발생하는 혼란과 낭비를 줄일 수 있는 집행 방법들을 찾아내어, 그러한 방법론들의 깊이 있고 안정된 원리(principle)를 발견하는 데 있다 …(중략)… 우리들이 추구하는 바람직한 이념은 선거나 공공위원회의 참여와 같은 방법으로 공무원 집단의 자의적 행동과 계급적 특권 정신을 불가능하게 하며, 국민이 원하는 바를 잘 이해하고, 국민을 위해 감각과 정열을 가지고 행동할 수 있는 공직자 사회를 만들어가는 것이다(Wilson, 1887: 197–222).

굿노(Goodnow, 1900): 『정치와 행정』

… 정부에는 두 가지의 구분되는 기능이 있고, 그러한 기능의 분화에 따라, 그렇게 완벽하지는 않지만, 공식적인 정부기관의 분화가 나타난다. 정부의 이러한 두 가지 기능은 편의상 각각 정치(politics)와 행정(administration)으로 구분해 부를 수 있다. 정치는 정책이나 국가 의지의 표현과 관계가 있으며, 행정은 이러한 정책의 집행에 관계가 있다. … 정치는 정부정책에 지침을 제시하고 영향력을 미치는 데 관련이 있고, 행정은 이러한 정책을 집행하는 데 관련이 있는 것이다. 이러한 두 기능은 분화되는 것이 바람직하며, 이러한 두 기능의 구분을 위해 '정치'와 '행정'이라는 두 개념이 선택되었다(Goodnow, 1900: 17–26).

2) 정치적 측면

행정(public administration)을 정치의 맥락에서 보는 시각은 행정을 정치 과정의 일

2) The field of administration is a field of business. 여기서 business는 일, 사무, 업무와 같은 의미이다.

부라고 간주한다. 즉, 행정을 “제한되어 존재하는 사회적 가치를 정당하고 합리적으로 배분하는 정책 과정”으로 파악하는 것이다. 이러한 시각에서 보면 행정과 정책은 유사 혹은 동의어로 이해되며, 정치와 행정은 구분되는 영역이 아니다.

예컨대 국방행정, 교육행정, 복지행정, 교통행정, 문화행정 등에서 사용하는 행정 개념은 국방정책, 복지정책, 교통정책, 문화정책으로 바꾸어 쓸 수 있다. 즉, 행정(public administration)은 ‘정책(public policy)’과 같은 의미로 이해할 수 있는 것이다. 이러한 시각은 행정은 정치와 구분된다고 하는 초기 행정학의 정치 · 행정이원론을 비판하면서 출발하고 있다.

애플비(Paul H. Appleby)는 행정은 미래를 위한 정책결정에 참여하는 과정이며, 이 과정에서 행정은 입법부와 상호 관계 속에서 존재할 수밖에 없다고 보았다(Appleby, 1949; 7). 애플비는 루스벨트(Franklin D. Roosevelt) 대통령 시절 각료를 지냈는데, 경제공황의 극복을 위한 뉴딜(New Deal)정책의 추진 과정을 보면서, 행정은 정치와의 연계된 영역 속에서 존재할 수밖에 없다고 주장하게 된 것이다. 이 밖에도 고스(J. M. Gaus) 같은 학자는 “우리 시대의 행정이론은 정치이론을 의미한다”고 보았고(Gaus, 1950: 168), 이스턴(David Easton)은 사회 문제 해결을 위한 정책 과정을 정치 과정의 본질로 이해했다(Easton, 1953).

이렇게 행정을 국가의 정책 과정의 일부로 이해하면, 행정학의 영역과 정치학의 영역은 크게 다르지 않다. 즉, 행정이나 정치나 국가의 존립과 발전을 위한 동일한 노력, 즉 국가 현상의 하나로 이해되는 것이다.

참고 1-2 애플비와 프레데릭슨

애플비(Appleby, 1949): 『정책과 행정』

… 행정은 미래를 위한 정책결정에 참여한다. 행정은 입법부에 정책을 추천하는데 이것도 정책결정 기능의 한 부분이다 …(중략)… 행정은 정책결정과 관리의 혼합 영역에 존재한다. 이 과정은 입법부, 사법부, 대중 선거에 의한 정책 선택의 과정 속에 놓여 있다. 대부분의 대통령의 정책 결정은 이러한 흐름 속에서 존재한다(Appleby, 1949: 1–25).

프레데릭슨(Frederickson, 1980): 『신행정학』

… 전통적 행정학은 어떻게 하면 주어진 자원으로 더 나은 서비스를 제공할 수 있을 것인가(능률

성, efficiency), 어떻게 하면 더 적은 비용으로 현재의 서비스 수준을 유지할 수 있을 것인가(경제성, economy)의 문제를 중심으로 그에 대한 해답을 하고자 노력했다. 『신행정학(New Public Administration)』은 이러한 질문에 더해, 이러한 서비스가 과연 사회적 형평성((social equity)을 높일 수 있을 것인가의 문제를 제기한다. …(중략)… 정책과 행정이 구분되어 존재한다는 이원론은 경험적 근거를 결여하고 있다. 행정은 집행과 정책결정 기능을 동시에 수행하는 것이기 때문이다. 행정은 결코 가치 중립적일 수 없다. 능률적이고 좋은 관리(good management)와 사회적 형평(social equity)은 달성되어야 할 가치로서, 혹은 원리로서 동시에 추구되어야 한다(Frederickson, 1980: 4-8).

3) 법적 측면

행정을 이해하는 데 중요한 또 한 가지의 측면은 바로 법적 · 제도적 측면이다. 이러한 시각에서는 행정을 "공공 규범이나 공공 법규를 적용하고 실천 집행하는 과정"으로 본다. 즉, 행정의 임무를 입법부에서 표현된 국가 의지인 공공의 법규를 충실하게 집행하는 과정, 즉 법치의 실현 과정으로 보는 것이다. 이는 주로 헌법이나 행정법학에서 사용하는 행정 개념으로, 행정을 집행부의 활동이라는 좁은 범위에 한정한다. 즉, 행정이란 행정부를 중심으로 한 주어진 국가 규범을 실천하는 소극적 실천 행동으로 이해하는 것이다.

공직사회나 일반 언론에서 흔히 사용하는 행정부, 행정행위, 행정처분, 행정심판, 행정윤리, 행정통제, 행정책임 등과 같은 용어는 대부분 행정부의 법집행 작용이라는 의미로 이해된다.

이러한 법집행이라는 의미로서 행정 개념은 고전적 행정 기능이라고 할 수 있는 관리 기능 혹은 정책 기능으로서 행정 개념과는 상당한 거리가 있는 것으로, 행정을 가장 소극적으로, 그리고 좁은 의미로 이해하는 것이다.

그동안 이러한 법적 의미의 행정 개념은 헌법이나 행정법과 같은 공법학의 연구 영역으로 간주되어 왔다. 그러나 법과 제도는 행정의 기본 환경을 구성하고, 때로는 정책의 내용이 되기도 한다. 따라서 행정학에서도 기존의 관리 정책 기능과 함께, 법적 · 제도적 차원의 행정 개념을 이해하고 연구하려는 통합적 노력이 시도되어야 할 것으로 보인다.

〈표 1-2〉 행정학에서 행정 개념의 종합

구분	행정의 개념	연관 학문
관리적 측면	공공조직이나 공공 부문에서 목표 달성을 위해 수행하는 구성원 간의 합리적 협동행위	경영학
정치적 측면	제한된 사회적 가치를 정당하고 합리적으로 배분하는 정책 과정	정치학
법적 측면	공공 규범이나 공공 법규를 적용하고 실천 집행하는 과정	공법학

행정(public administration)은 공공조직이나 공공 부문에서, 목표 달성을 위해 수행하는 구성원 간의 합리적 협동 행위이며, 제한된 사회적 가치를 정당하고 합리적으로 배분하는 정책 과정이고, 공공 규범이나 법규를 적용하고 실천 집행하는 과정이다.

4) 종합 정의

지금까지 행정의 개념을 세 가지 관점에서 나누어 검토해 보았다. 이러한 개념에 근거하여 행정의 개념을 종합하면, 행정은 "공공조직이나 공공 부문에서, 목표 달성을 위해 수행하는 구성원 간의 합리적 협동행위이며, 제한된 사회적 가치를 정당하고 합리적으로 배분하는 정책 과정이고, 공공 규범이나 법규를 적용하고 실천 집행하는 과정이다"라고 정의할 수 있다.

그동안 행정학에서는 관리적 측면의 행정 개념과 정치적 측면의 행정 개념을 주요 연구 대상으로 설정하고 있었다. 법적・제도적 측면의 행정 연구는 행정법학이 주로 담당하고 있다.

제2절 행정과 정치, 행정과 경영

행정과 유사한 개념으로는 정치와 경영을 들 수 있다. 행정(行政), 정치(政治), 경영(經營)은 현대 사회의 기본 구조를 지탱하는 중심적 사회 현상들로서, 사회적 가치를 적절히 배분하는 활동이며, 조직 속의 의사 결정 활동이라는 면에서 유사하다. 그러나 세 영역은 나름대로의 독자적인 정체성과 속성을 가지고 있다.

여기서는 행정과 정치, 행정과 경영의 개념 비교를 통해 행정의 속성을 좀 더 이해해 보기로 한다.

1 행정과 정치

1) 유사점

행정(public administration)은 공익적 가치를 실현하고자 하는 국가 현상의 하나라는 면에서 정치(politics)와 유사하다. 행정이나 정치는 국가를 잘 관리하여 궁극적으로 시민의 자유와 평등, 정의로운 사회를 만들고자 하는 이상적 사회를 추구하고 있기 때문이다.

행정과 정치는 이러한 공적 가치의 추구를 위해, 공적 권력과 법치 질서를 토대로 공공재를 적절히 분배하고 공급한다.

2) 구분점

그러나 행정과 정치는 몇 가지 점에서 구분된다. 여기서는 네 가지 측면을 제시해 보고자 한다.

첫째, 행정과 정치의 기본적인 존재의 목표는 구분된다. 정치는 궁극적으로 지배 권력을 장악하고자 노력하지만, 행정은 지배 권력의 장악을 위한 정치 투쟁과는 거리가 있다. 즉, 정치는 권력 투쟁과 갈등의 중심에 놓여 있지만, 행정은 주어진 조직 목표를 합리적으로 달성하고자 노력한다. 민주국가에서 권력의 장악은 주로 선거 과정을 통해 이루어지는데, 행정은 이러한 선거 과정에서 중립적 태도를 유지한다.

둘째, 행정과 정치가 지향하는 기본 가치도 구분된다. 행정은 능률성, 효과성, 생산성과 같은 수단적, 과정적, 실천적 가치를 중시하지만, 상대적으로 정치는 자유, 평등과 같은 이념적, 본질적, 상징적 가치를 주로 추구한다. 또한 행정은 상대적으로 집행과 관리의 영역에, 정치는 결정과 선언 및 상징의 영역에 관심을 둔다.

셋째, 행정을 담당하는 조직과 정치를 담당하는 조직은 구분된다는 것이다. 행정은 행정부와 관료조직을 중심으로 이루어지지만, 정치는 입법부나 정당조직을 중심으로 움직인다.

넷째, 조직의 구조와 환경적 특성도 행정과 정치는 구분된다. 행정조직은 안정적 구조를 가지고 있고, 대외적으로 독점성을 가지고 있지만, 정치조직은 탄력적・임시적 성격이 강하고, 권력을 놓고 경쟁하는 여러 정당과의 관계에 속에 놓여 있다. 행정조직은 안정적 독점적 성격 때문에 조직이 공식화, 경직화되거나 비능률적으로 운영될 가능성이 높다. 정치조직은 지속적 경쟁 관계 속에서 존재하므로, 행정조직에 비해 안정성이 결여되어 있으며, 탄력적이고 비공식적인 부분이 발달되어 있다.

3) 정치와 행정의 상호 관계

행정은 정치와 개념적으로 구분되지만, 행정이 정치라는 환경을 벗어나서 존재하기는 어렵다. 행정과 정치는 동전의 양면처럼 공존한다. 대통령과 단체장은 당선되는 즉시 정치인이면서 동시에 행정가의 역할을 수행해야 한다. 대통령은 정당 소속이기도 하지만, 행정부의 수반으로서 기능을 수행한다. 지방자치단체장도 단체장으로 당선되면서 정치가와 행정가의 역할을 동시에 수행하게 된다. 즉, 정치와 행정의 역할은 구분되지만, 실질적으로 분리하여 생각할 수 없는 것이다.

또한 행정조직과 정치조직은 국가의 공공 업무를 처리하는 과정에서 비판과 협력, 상호 견제와 균형의 관계 속에 놓이게 된다. 즉, 정치 현상과 행정 현상은 독자적인 고유 영역을 가지고 있지만 분리할 수 없는 상호 관계 속에서 존재한다.

2 행정과 경영

1) 유사점

행정(public administration)은 본질적으로 조직 목표를 합리적으로 달성하고자 하는 관리 현상이라는 점에서 경영(business administration)과 유사하다. 행정이나 경영이 추구하는 능률성, 효과성, 과학성 등의 합리적 가치는 어떤 조직이냐를 불문하고 동일하기 때문이다. 따라서 행정조직의 구조와 경영조직의 기본 구조는 매우 유사하다.

따라서 조직구성의 원리나 관리의 원리, 관리 기술 등은 행정과 경영을 구분하지 않고 두루 적용할 수 있다.

2) 구분점

그러나 행정과 경영은 여러 가지 면에서 구분된다. 여기서는 세 가지만 소개해 보기로 한다.

첫째, 행정과 경영은 추구하는 근본적 가치가 다르다. 행정은 국가나 지역사회와 같은 공동체의 이익, 즉 공익(公益)을 추구하고, 경영은 기업의 이익, 즉 이윤(利潤)을 추구한다. 행정은 공공의 원리에 의해 일반 시민에게 공공재를 공급하지만, 경영은 시장의 원리에 의해 사적재를 공급한다. 공공재는 일반 도로나 치안 서비스와 같이 국민 누구에게나 공급되는 재화(비배제성)이며, 너와 내가 공동으로 사용할 수 있는 재화이다(비경합성). 그러나 사적재는 시장에서 구입한 과일과 같이 비용을 지불하는 사람에게만 한정적으로 공급되며(배제성), 내가 소비하면 다른 사람은 소비하지 못한다(경합성).

둘째, 행정과 경영은 그 행위 주체가 다르다. 행정은 공공기관을 중심으로 이루어지고, 경영은 기업을 중심으로 이루어진다. 공공기관은 국가(중앙정부), 지방자치단체(지방정부), 정부투자기관, 공익단체, 비정부조직 등 다양한 형태로 존재한다. 기업도 합명회사, 합자회사, 유한회사, 주식회사, 소상인(小商人)[3] 등 역시 다양한 형태로 존재한다.

셋째, 정부나 공공기관은 독점성이 강하지만 기업조직은 많은 유사한 조직이 동시에 존재하는 치열한 경쟁 속에서 존재한다. 경영이 경쟁 관계 속에서 존재한다는 면에서는 정치와 유사한 측면이 있다. 경영은 자본의 경쟁, 정치는 권력의 경쟁 관계 속에서 존재한다. 따라서 경영은 행정에 비해 절차보다는 결과를 강조하는 탄력적인 의사 결정 구조를 가지며 좀 더 경제적이며 능률적으로 행동한다.

3) 합명회사는 2인 이상의 무한책임사원, 합자회사는 1인 이상의 무한책임사원과 1인 이상의 유한책임사원으로 구성된다. 유한회사는 50인 이하의 유한 책임사원으로 구성되고, 주식회사는 주식을 보유한 다수의 유한책임사원으로 구성된다. 유한책임사원은 출자의 범위에서만 책임을 진다. 소상인은 자본금 천만 원 이하의 간이기업을 의미한다.

3) 행정과 경영의 상호 관계

행정과 경영은 실제 목표의 상이성이라는 면에서는 구분되지만 능률성·경제성을 추구하는 합리적 행동이라는 면에서는 매우 유사하고, 관리기법적 측면에서는 구분하기 어렵다. 또한 행정과 경영의 가치도 구분되지만, 공익과 사익의 가치는 상호 공존 및 보완적 역할을 수행한다.

즉, 공공조직도 생산성의 향상을 위해 기업적 측면을 도입하고 있고, 기업도 사회적 공공의 책임을 도외시할 수 없다. 즉, 공공조직은 사기업의 경영기법적 측면을 도입 활용하여 조직의 경쟁력을 강화하고, 사기업은 공공기관이 가지는 공익적 성격이나 특성을 도입하여 기업의 사회적 책임성을 높여 장기적 생존력을 확보해 나갈 수 있는 것이다.

3 종합적 검토

행정과 정치, 경영은 사회적 가치 배분의 현장에서 일어나는 현상이며, 조직을 통해 이루어지는 의사 결정 활동이라는 면에서 유사하지만 몇 가지 구분되는 속성이 있다.

먼저 기본 가치와 목표라는 면에서 보면, 행정과 정치는 공익적 가치를 추구한다는 면에서 유사하고, 행정과 경영은 합리적 성과를 달성하려는 실천적 수단적 가치를 추구한다는 면에서 유사하다. 그러나 정치는 권력 투쟁과 갈등 속에서 존재하고, 경영은 이윤 추구 활동 속에서 존재한다는 면에서 행정과 구분된다. 행정은 정치적 중립성과 공익성을 추구하는 활동이기 때문이다.

담당조직과 활동 영역은 뚜렷이 구분된다. 행정은 행정부와 관료조직을, 정치는 입법부와 정당조직을, 경영은 기업조직을 중심으로 움직인다. 조직구조와 환경은 행정조직이 안정적·독점적 성격을 가지고 있는데 비해, 정치조직과 경영조직은 탄력적 임시적이고, 경쟁적 환경 속에 놓여 있다. 조직구조와 환경이라는 면에서 보면 정치와 경영은 탄력적 구조를 가지고 있고, 경쟁적 환경 속에 놓여 있다는 면에서 유사한 점이 있다(〈표 1-3〉 참조).

그러나 이러한 비교는 절대적이라기보다는 상대적인 것이다. 예컨대 현대 경영환경에서 공익성을 도외시한 이윤 추구는 정당성을 확보하기 어렵다. 행정도 조직 내에서 의사결정권을 장악하기 위한 권력 현상이 존재한다. 또한 정치와 행정은 결정과 집행 과정을 공유하면서 공존한다.

〈표 1-3〉 행정 · 정치 · 경영 개념의 비교

		행정 public administration	정치 politics	경영 business administration
공통점		사회적 가치 배분, 의사 결정 활동		
구분점	기본 가치	공익 추구	공익 추구	이윤 추구
	기본 목표	합리적 성과 달성	권력 투쟁, 권력 장악	합리적 성과 달성
	기본 관점	집행, 관리, 실천	결정, 선언, 상징	집행, 관리, 실천
	담당조직	행정부, 관료조직	입법부, 정당조직	기업, 회사조직
	조직구조	안정적	탄력적	탄력적
	조직환경	독점적	경쟁적	경쟁적

* 이러한 속성의 비교는 절대적이라기보다는 상대적인 것이다.

제3절 행정의 유형

행정의 유형은 가장 일반적으로는 담당 기능이나 조직을 중심으로 구분해 볼 수 있다. 예컨대 인력을 다루는 인사행정, 돈을 다루는 재무행정, 조달물품을 다루는 조달행정, 경찰조직을 다루는 경찰행정, 교육 문제를 다루는 교육행정, 병원에서 이루어지는 병원행정 등 그 예는 무수히 많다. 그러나 이러한 기능에 따른 유형의 분류는 무수하게 존재할 수 있으므로 몇 가지로 단순화해야 하는 유형 분류로서의 의미는 약해진다고 할 수 있다.

여기서는 행정의 유형을 담당 주체에 따른 분류, 조직 역할에 의한 분류, 업무 계층에 의한 분류, 리더의 역할에 의한 분류, 정책 기능에 의한 분류, 법 적용기준에 의한 분류 등으로 구분하여 제시해 보기로 한다.

1 국제행정과 국가행정: 담당 주체에 의한 분류

행정의 담당 주체가 누구냐에 따라 국제행정(international administration)과 국가행정(national administration)으로 구분해 볼 수 있다. 국제행정은 국가 간의 국제적·세계적 업무를 관리하는 행정이고, 국가행정은 단일 주권 국가 문제를 관리하는 행정이다.

국제행정은 국가행정에 비해 성격상 느슨한 조직으로 구성되어 있고, 상대적으로 강력한 군사력과 경찰력, 재정력과 같은 집행력을 가지고 있지 못하다. 이러한 국제행정은 국제연합(UN)을 중심으로 이루어지는 보편적 국제행정, 유럽연합(EU), 아세안(ASEAN)과 같은 지역 연합체적 국제행정, 국제노동기구(ILO), 세계보건기구(WHO)와 같은 비정부기구(NGO)형 국제행정 등으로 나누어 볼 수 있다.

국가행정은 일정한 영토와 국민, 주권을 가진 정치 공동체를 중심으로 이루어지는 행정이다. 국가행정은 연방제 국가에서의 행정과 단일제 국가에서의 행정으로 나누어 볼 수 있고, 연방제 국가의 행정은 다시 연방행정(federal administration), 주행정(state administration), 지방행정(local administration)으로, 단일제 국가행정은 중앙행정(central administration)과 지방행정(local administration)으로 구분할 수 있다. 미국과 독일, 스위스 등의 국가는 연방국가형 행정이고, 영국·프랑스·일본·한국 등은 단일국가형 행정이다.

2 계선행정, 참모행정, 보조행정: 조직 역할에 의한 분류

행정은 조직의 기능과 역할에 따라 계선행정(line administration), 참모행정(staff administration), 보조행정(auxiliary administration)으로 구분해 볼 수 있다.

계선(系線)행정은 계통행정, 실무행정이라고도 부를 수 있는데, 지휘 계통의 행정이라고 할 수 있다. 우리나라의 중앙행정부처의 경우, 장관-국실장-과장-담당 등으로 이어지는 업무 질서를 가지고 있다, 군대의 경우 사단장-연대장-대대장-중대장-소대장-분대장으로 이어지는 지휘 계통에서 지휘가 이루어진다. 이러한 지휘 계통 속에서 업무의 담당자는 자기의 실무 영역에 대한 일정한 권한을 가지며 또한 책임도

부여받는다.

참모(參謀)행정은 의사결정자를 보좌하는 행정이다. 막료(幕僚)행정이라고 부르기도 한다. 참모행정은 실제적인 업무를 수행하기보다는 최고 의사결정권자를 보조, 보좌하는 기능을 수행한다. 대통령 비서실, 시장 비서실의 기능은 이러한 참모조직이다. 군대의 경우 작전참모, 인사참모, 정보참모, 군수참모 등은 전투를 지휘하는 지휘관을 보좌하는 참모조직이다. 이들은 직접 업무를 지휘하지 않고 최고 의사결정권자의 지휘과정을 도와준다. 이들은 최고 의사결정권자에게 책임을 지지만 일반적으로 지휘 계통 속에서 이루어지는 실제 업무에 대해서는 실질적 권한도 없고 책임도 지지 않는다.

보조(補助)행정은 직접 업무를 추진하거나 직접 보좌하지는 않지만, 직접・간접의 다양한 방식으로 조직 목표 달성과 업무의 완성을 돕는 기관이다. 연구기관, 위원회, 자문회의, 특별위원회 등 다양한 보조기관이 있을 수 있다.

3 전략기획행정, 중간관리행정, 운영관리행정: 업무 계층에 의한 분류

조직의 업무 계층에 따라 고위관리층의 업무인 전략기획행정과, 중간관리층이 담당하는 중간관리행정, 하위관리층이 담당하는 운영관리행정으로 구분해 볼 수 있다.

전략기획행정은 비구조적, 비정형화된 의사 결정을 담당하는 행정이다. 이는 미래의 문제를 예측 진단하고, 대응 방안을 모색하며, 새로운 환경의 변화에 적절히 대응해 나가고자 하는 행정이다. 대체적으로 조직의 최고 책임자(Chief Executive Officer)와 실・국장 등의 고위자들을 중심으로 이루어진다.

중간관리행정은 반(半)구조적, 반(半)정형화된 업무를 다루는 행정이다. 조직의 목표를 달성하기 위해 상당한 정도의 정형화된 대안을 작성 집행하고, 직접 운영관리층을 통솔하는 행정이다. 대체적으로 과장, 담당, 팀장 등이 중심이 되어 이루어지는 행정이다. 실무 차원에서 정책을 기획하고, 실제 집행하는 역할을 수행하며, 조직의 목표 달성을 위한 상시적 기본 업무를 관리 수행한다.

운영관리행정은 구조적이고 정형화된 업무를 반복적으로 집행하는 행정이다. 정형화된 업무, 일상적인 서류작업, 자료관리, 고객관리 업무 등의 일상적・반복적 업무를 수행한다. 주로 일선행정 담당자들을 중심으로 이루어지는 행정이다.

4 권위적 행정, 참여적 행정, 방임적 행정: 리더의 역할에 의한 분류

행정 리더의 업무 수행 방식에 따라 권위적 행정, 참여적 행정, 방임적 행정의 세 가지로 구분해 볼 수도 있다.

권위적(權威的) 행정은 행정의 리더가 모든 정보와 권한을 독점하고 일방적 지시와 통제에 의해 행정을 수행하는 집권적 행정이다. 군대나 경찰 같은 계급조직의 경우 이러한 권위적 행정 리더가 존재하기 쉽다. 이러한 권위적 리더는 뛰어난 능력과 카리스마를 가지고 통제하기도 하지만, 처벌과 강제 등으로 구성원을 통제하기도 한다. 오로지 한 사람의 지식과 생각과 기분 등에 의존하는 경우는 독재행정이라고 할 수 있다.

참여적(參與的) 행정은 조직의 정보와 역할을 구성원들이 공유하는 분권적 행정이다. 의사 결정 과정에서 구성원의 참여와 합의가 존중된다. 민주사회나 다원주의 사회에서 이루어지는 행정이다. 구성원의 참여를 통해 조직을 운영하기 때문에, 창의성과 자발성이 발휘되기도 하지만, 의사 결정의 절차가 지연되고, 합의에 이르기 어려운 과정적 복잡성이 존재하기도 한다. 구성원의 의사를 토대로 행정이 이루어지기 때문에 이를 민주행정이라고 부르기도 한다.

방임적(放任的) 행정은 책임자가 구성원의 자의에 맡기고 관여하지 않는 유형이다. 이러한 유형은 일정한 업무 목표를 단기간에 달성하기 어렵다. 그러나 예술가 등과 같이 개성이 강한 사람들이 모여 있는 조직의 경우, 리더가 구성원에 대한 간섭을 최소화하는 것이 조직 성과를 달성하는 데 긍정적으로 기여하기도 한다.

5 외교안보행정, 질서규제행정, 산업경제행정, 사회문화행정: 정책 기능에 의한 분류

행정은 정책 기능에 따라 무수하게 분류할 수 있을 것이다. 여기서는 정부부처의 기능을 중심으로 외교안보행정, 질서규제행정, 산업경제행정, 사회문화행정의 네 가지 영역으로 구분해 보고자 한다.

외교안보행정은 국가나 중앙정부의 영역에서 존재하는 행정 기능이다. 외교, 국방, 통일 등의 업무를 다루는 영역이라고 할 수 있다. 대통령제 국가에서 대통령과 내각제 국가에서의 수상은 외국과의 대외 외교를 담당하며, 국방과 안보를 지휘한다. 주로 국가나 중앙정부 수준에서 다루어지는 행정 영역이다. 지방정부는 대체적으로 이러한 외교안보 기능을 수행하는 능력이 없다.

질서규제행정은 국민의 평온한 일상생활이 가능하도록 질서와 안전을 유지하고 보호하는 기능을 수행하는 행정이다. 질서규제행정은 국가와 시민사회의 기본 질서와 안전을 해치는 행동을 규제하고 통제한다. 경찰, 소방, 검찰, 교도 등의 기능을 통해 국민 생활의 안전과 질서를 유지하고, 국방 의무의 부과, 조세 부과, 공정거래 감시와 같은 기능을 통해 적절한 통제 및 규제 기능을 수행한다.

산업경제행정은 국가 산업과 경제를 활성화시키고 경제력을 발전시켜 국민의 경제생활의 발전을 도모하는 행정이다. 도로 및 항만 건설, 교통, 산업구조 개선, 과학기술의 발달, 지역 개발 등의 기능을 수행하는 행정이다. 경제 발전, 지역 발전 등의 영역은 이러한 산업경제행정의 영역이라고 할 수 있다.

사회문화행정은 교육이나 체육, 문화 발전, 사회적 재분배 서비스를 제공하는 행정이다. 이러한 사회 서비스 행정을 통해 국민의 삶의 질을 높이고 국민의 사회적 통합을 가져올 수 있게 된다. 이러한 영역은 재분배정책의 영역이라고 할 수 있다.

6 기속행정과 재량행정, 권력행정과 비권력행정: 법 적용기준에 의한 분류

이 밖에도 행정법학적 시각에서 행정을 분류하는 다양한 시각이 있다. 여기서는 기속행정과 재량행정, 권력행정과 비권력행정을 구분해 보기로 한다.

기속행정(羈束行政)이란 엄격한 법령에 근거에 의해서만 이루어지는 행정이고, 재량행정(裁量行政)은 행정행위가 행정 담당자의 재량에 의해 이루어지는 행정이다. 조세의 부과는 법규의 근거 없이는 이루어질 수 없는 행정으로 기속행정이고, 주민센터의 프로그램 관리와 활용 등은 담당자의 재량이 허용되는 것으로 재량행정의 영역이라고 할 수 있다.

이 밖에도 공권력 행사의 유무에 따라 권력적 행정과 비권력적 행정을 구분해 볼 수 있다. 권력행정은 세금의 징수, 무허가 건물 철거 등과 같이 대부분 국가의 공권력을 토대로 공법적 권위를 토대로 이루어지는 행정이다. 비권력행정은 정부의 물품 구매나 건축행위 등은 공권력과 무관한 행정이다. 비권력적 행정은 일반인과 같은 지위에서 수행하는 행정이다. 공적 업무를 수행한다고 해서 비용을 지불하지 않고 물품을 구매하거나 강매할 수는 없는 것이기 때문이다.

제4절 정부와 행정환경

행정은 국가나 정부, 공공단체 등을 중심으로 이루어지는데, 정부는 이러한 행정의 대표적인 주체가 된다. 이는 공공·민간 등의 다양한 치료기관이 있지만 병원이 진료의 중심이고, 가정·학원·학교 등 다양한 교육시설이 있지만 학교가 교육의 중심인 것과 마찬가지이다.

여기서는 이러한 행정의 핵심 주체인 정부의 개념과 유형을 먼저 검토해 보고, 이러한 정부가 존재하는 환경의 영역을 정치적, 법적, 경제적, 사회적 환경이라는 맥락에서 검토하기로 한다.

1 정부

정부(government)는 다양한 의미로 쓰고 있다.

첫째, 가장 넓은 의미의 정부 개념이다. 가장 넓은 의미의 정부는 국가(state, nation)와 동일한 의미로서의 정부이다. 예컨대 일본국과 일본 정부, 미국과 미국 정부는 같은 의미로 이해할 수 있다.[4)]

둘째, 넓은 의미의 정부 개념이다. 이러한 의미의 정부는 정부를 입법, 사법, 행정부를 포함한 국가의 통치 기구나 제도로 보는 시각이다. 대통령제 정부, 내각제 정부 등에서 쓰고 있는 정부 개념이다.

4) 엄밀한 의미에서 국가와 정부는 구분된다. 국가는 영토, 국민, 주권, 정부 등을 기본 요소로 하는 정치공동체이고, 영속적인 실체이다. 정부는 중앙정부, 지방정부와 같이 한 국가 내에 다양한 형식으로 존재할 수 있으며, 대통령 정부와 내각제 정부와 같이 또 시대나 환경에 따라 변화한다. 그러나 한 시점에서 정부는 국가의 의사를 대표하므로 통상 국가와 정부를 같은 의미로 이해하기도 한다.

셋째, 좁은 의미의 정부 개념이다. 좁은 의미의 정부는 입법부와 사법부를 제외한 행정부(집행부)만을 정부로 이해한다. 예컨대 '정부정책'이라고 하면 사람들은 행정부의 행동을 떠올린다.

넷째, 정부는 이승만 정부, 공화당 정부와 같이 지배 권력을 장악한 인적 지배집단인 정권(régime)을 의미하는 용어로 쓰이기도 한다.

행정학에서는 두 번째와 세 번째 개념인 넓은 의미의 정부와 좁은 의미의 정부 개념을 주로 사용한다. 따라서 여기서는 넓은 의미의 정부와 좁은 의미의 정부 개념을 살펴보고, 이와 연관된 행정학에서의 정부 개념을 검토해 보고자 한다.

1) 넓은 의미의 정부

넓은 의미의 정부는 정부를 국가통치 기구나 제도라는 의미로 이해하는 것이다. 이러한 맥락에서 정부는 입법부, 사법부, 행정부를 통합하는 국가의 통치 기구나 제도를 의미한다. 링컨의 게티스버그 연설에서 언급된, 인민의 인민에 의한 인민을 위한 정부라는 표현은 이러한 포괄적 통치 체제로서의 정부를 의미한다.

이러한 넓은 의미의 정부는 지배 권력의 집단에 따라 1인 지배의 전제(專制)정부, 소수 지배의 과두(寡頭)정부, 다수 지배의 공화(共和)정부로 구분할 수도 있고, 정부 구성 방식에 따라 연방제 정부와 단일제 정부로 구분할 수도 있다.

또한 중앙-지방 간의 지역 구분에 따라 중앙정부와 지방정부로 나누어 볼 수도 있으며, 권력 배분 및 수행 형식에 대통령제 정부, 내각제 정부, 이원집정부제 정부, 회의제 정부 등 다양한 형식으로 구분해 볼 수 있다.[5]

2) 좁은 의미의 정부

정부를 좁은 의미로 이해하면 입법부나 사법부를 제외한 국가의 행정부나 집행부

5) 대통령제는 입법, 사법, 행정의 삼권 분립 정신을 기본으로 하는 기관 대립형 정부 체제이다. 특히 입법부와 행정부를 독자적으로 구성하고, 상호 견제 균형의 질서를 유지하도록 한다. 내각제는 입법부의 구성원 중에서 총리를 선출하고, 총리가 행정의 기능을 담당하는 기관 통합형 정부 체제이다. 이원 집정부제는 대통령제와 내각제를 절충하여, 대통령과 총리가 권력을 분점한다. 회의제는 중국이나 북한과 같은 사회주의 국가의 정부 구성 형태로 인민대표자회의에서 주석(대통령), 행정부, 사법부, 군대지휘부 등의 주요 책임자를 선출하는 형태이다.

를 의미한다. 우리나라의 헌법이나 정부조직법에서 말하는 정부는 좁은 의미의 정부이다.

대한민국 헌법의 제66조 제4항에는 "행정권은 대통령을 수반으로 하는 정부에 속한다"고 규정하고 있다. 또한 국가행정기관의 설치 · 조직과 직무 범위를 규정한 법률인 '정부조직법'에서는 대통령과 국무총리, 행정각부의 조직과 기능을 설명하고 있으며, 입법부와 사법부의 조직과 기능은 언급하고 있지 않다. 따라서 한국의 헌법과 법률에서 사용하는 정부는 행정부라는 좁은 의미로 사용되고 있다고 할 수 있다.

미국에서는 주로 입법 · 사법 · 행정부를 포함한 넓은 의미로 정부 개념을 사용한다. 중국에서는 한국과 마찬가지로 집행부를 정부로 이해한다. 따라서 중국의 중앙정부는 국무원을 지방정부는 지방인민정부를 지칭한다. 영국이나 일본과 같은 내각제 국가에서는 총리를 수장으로 하는 내각(cabinet)을 정부로 이해한다.

3) 행정학에서의 정부

행정학에서는 정부의 기본 영역으로 행정부를 중심으로 한 집행부 영역을 주로 다룬다. 그러나 분야에 따라서는 넓은 의미의 정부 영역을 다루기도 한다.

대체적으로 조직론이나 정책학에서는 좁은 의미의 정부 개념인 행정부를 정부로 이해한다. 관료조직이나 정부정책이라고 하면 주로 행정부의 관료조직이나, 행정각부의 정책 문제를 다룬다. 이 밖에 지방자치 영역에서도 의결기관인 지방의회를 제외한 지방자치단체의 집행기관을 지방정부로 이해한다.

그러나 인사행정론, 재무행정론에서는 행정부뿐만 아니라 입법부, 사법부의 영역을 포함하여 다루고 있다. 예컨대 국가공무원법에서 다루는 공무원은 행정부뿐만 아니라, 입법, 사법부 공무원을 포함, 정무직 공무원까지 모두 다루고 있는 것이다(〈표 1-4〉 참조).

〈표 1-4〉 넓은 의미와 좁은 의미의 정부 구분

구분	영역	행정학의 적용 영역
넓은 의미의 정부	입법부+사법부+행정부	인사론, 재무론
좁은 의미의 정부	행정부(집행부)	조직론, 정책론

4) 대한민국 정부

우리나라 역대 정부는 1919년 4월 13일 상하이(上海)에서 결성된 임시정부가 시발점이라고 할 수 있다. 3·1운동 이후 상하이 임시정부에서 최초로 대한민국이라는 명칭을 사용했으며, 1919년 6월 11일 임시헌법을 제정 공포했고 이승만을 임시대통령으로 선출했다.

해방 이후 1948년 8월 15일 정식으로 대한민국 정부(제1공화국)가 수립되었고, 이승만 대통령이 초대 대통령으로 취임했다. 초대 이승만 정부는 대통령제를 중심으로, 내각제적 요소를 가미한 정부 체제를 구축했다. 이승만 정부는 무리한 장기 집권을 시도했으나, 1960년 4월 19일 학생혁명으로 무너지고 말았다.

4·19 이후 자유당의 이승만 정권이 무너지고, 1960년 8월 민주당의 장면 정권이 등장했다(제2공화국). 장면 정부 시절에는 국가 통치 체제로 내각제를 전환하여 실질적 권한은 총리가 행사하게 되었다. 대통령은 윤보선이 선출되었으나 대통령은 상징적 국가 대표의 기능만을 수행했다.

민주당의 장면 정부는 1962년 5월 박정희를 중심으로 한 군사 정변으로 무너지게 되었다. 이후 군정 통치를 거쳐 1963년 민주공화당을 중심으로 한 박정희 시대가 열리게 되었다. 정부 체제는 대통령제로 다시 변화했다(제3공화국). 박정희는 제5대, 제6대 대통령으로 당선되었고, 3선 개헌을 통해 제7대 대통령으로 당선되었으며, 1972년 유신헌법을 채택한 후(제4공화국) 제8대, 제9대 대통령을 역임했다.

이후 1979년 12월 박 대통령의 사망으로 당시 국무총리였던 최규하가 제10대 대통령으로 취임했으나 이듬해인 1980년 8월 물러나고, 전두환이 제11대 대통령으로 취임했다. 전두환은 새로운 헌법을 채택하여(제5공화국), 1981년 선거인단을 통한 선출 방식으로 제12대 대통령으로 취임했다. 대통령 임기는 7년 단임제로 규정했다.

1988년 전두환이 물러가고 노태우가 제13대 대통령으로 취임했는데, 이때는 대통령 직선제와 5년 단임제를 채택했다(제6공화국). 이후 제6공화국의 정부 체제 아래서 제14대 김영삼(1993~1998), 제15대 김대중(1998~2003), 제16대 노무현(2003~2008), 제17대 이명박(2008~2013), 제18대 박근혜(2013~2017)(헌법재판소의 탄핵 인용으로 임기 중단), 제19대 문재인(2017~2022), 제20대 윤석열(2022~2027) 대통령에 이르고 있다.

2 행정환경

정부가 처한 환경은 다양하게 접근해 볼 수 있으나 여기서는 정치적 환경, 법적 환경, 경제적 환경, 사회적 환경을 다루어 보고자 한다.

1) 정치적 환경: 정당과 의회, 이익단체, 시민과 여론

행정을 지배하는 정치적 환경으로는 다양하게 존재하지만 여기서는 정당과 의회, 이익단체, 시민과 여론을 제시해 보고자 한다.

먼저 행정은 지배 권력의 장악을 기본 존재 목표로 삼고 있는 정당의 영향력 속에 존재한다. 정당은 국회의 구성원이 되어 입법부를 통해 행정부를 견제 감시하기도 하고, 선거 과정에서 정책을 통해 국민의 지지를 얻고자 노력한다. 따라서 행정도 정책의 결정과 집행에 일정한 영향력을 행사하는 정당과 입법부의 상호 관계 속에서 존재한다. 이 경우 행정은 주로 집권 정당의 입장을 반영하지만, 사안에 따라 야당이나 개인 의원의 입장도 고려할 수밖에 없게 된다.

정당과 함께 일정한 집단의 이익을 대변하는 이익단체도 행정의 중요한 환경 요소가 된다. 이익단체는 끊임없이 여론을 자극하여 자신의 이익을 실천하고자 한다. 이러한 이익단체는 집결된 힘을 통해 자신에게 유리한 정책을 관철시키고자 노력한다. 하나의 정책에 여러 단체의 이익이 대립하는 경우 행정은 이러한 갈등의 조정 역할을 수행해야 한다. 집단이론(group theory)에 의하면 행정은 이러한 이익단체 간의 힘의 균형점에서 의사 결정이 이루어진다고 보기도 한다. 따라서 행정은 이익단체 간의 이해 조정에 역량을 발휘할 수 있어야 한다.

일반 시민과 여론 또한 행정의 의사 결정에 영향을 미친다. 민주화가 진행된 성숙한 사회일수록 시민의 여론은 정책에 그대로 반영되기 쉽다. 시민의 여론은 선거의 결과를 좌우하는 결정적인 힘이 되기 때문이다. 일반 시민의 여론은 시민단체나 비정부조직(NGO)을 통해 조직적으로 표출되기도 한다.

이외에도 행정의 정치환경은 국제 정세나 이데올로기의 변화, 정치지도자와 정치엘리트의 행태, 정치문화 등 다양한 요소가 존재할 수 있다.

2) 법적 환경: 헌법, 법령, 자치법규

법치국가에서 행정은 법질서 아래서 존재할 수밖에 없다. 따라서 법을 위반한 행정이란 존재하기 어렵다. 따라서 모든 행정을 수행하고 계획하는 경우, 법규에의 저촉 여부를 면밀히 검토해야 한다. 행정에 영향력을 미치는 법질서는 기본적으로 헌법과 법령, 그리고 자치법규를 들 수 있다.

헌법은 국가의 기본법으로 법 위의 법이라고 할 수 있다. 헌법은 국가의 기본 조직과 이념적 지향을 선언한다. 따라서 헌법을 위반한 법규나 행위는 정당성을 확보하지 못한다. 이러한 헌법적 가치는 헌법재판소를 통해 보호되고 있다.

법령은 법률과 명령 및 규칙으로 구성된다. 법률은 국회를 통과하여 제정되는 법규이고, 명령이나 규칙은 행정부에서 제정하는 행정법규이다. 명령은 대통령령(시행령)과 총리령 및 부령(시행규칙)으로 구성된다. 규칙은 내부의 복무 규율이나 훈령 등과 같은 것들이다. 예컨대 지방자치법은 국회를 통과해서 제정되는 법률이지만, 지방자치법 시행령이나 시행규칙은 행정부에서 제정하는 행정법규이다. 규칙 명령이나 규칙도 법령이므로 법률과 같은 강제력을 가진다.

자치법규는 지방자치단체에 적용되는 법규이다. 자치법규에는 조례와 규칙이 있다. 조례는 지방의회를 통과하여 제정되는 지방의 법규이고, 규칙은 조례의 위임에 따라 지방자치단체장이 제정하는 행정법규이다. 자치법규도 법규범의 일종이므로 지방자치단체의 행정과 주민에 대한 구속력을 갖는다.

3) 경제적 환경: 시장

행정의 경제적 환경도 국제 경제환경, 국내 경제환경 등을 다양하게 검토해 볼 수 있으나 여기서는 행정환경으로서 시장(market)의 문제를 중심적으로 다루어 보기로 한다.

국가경제는 기본적으로 개인(가계)이나 기업이 주축이 되는 시장경제와 국가나 정부가 중심이 되는 공공경제로 구성된다. 시장경제와 공공경제는 상호 과정 속에서 존재한다. 역사적 환경에 따라 시장이 지배적 위치를 차지하기도 하며, 정부가 주도적 위치를 점유하기도 한다.

근대 시민국가가 등장하면서 정부의 기능은 최소화를 주장하는 이른바 야경국가론이 등장했다. 야경국가론에 따르면 국가는 필요하지만 나쁜 것(필요악)으로 간주되었다. 따라서 정부는 밤에만 순찰을 도는 이른바 야경(夜警)의 역할에 머물러야 한다고 보고, 자원의 배분은 민간 부문의 보이지 않는 손(invisible hand)에 맡겨야 한다고 보는 것이다.

그러나 이러한 고전적 자유주의 원리는 20세기 초 대공황을 만나면서 무너지게 되었다. 시장은 완벽하지 못하고 인류를 황폐하게 만들었다. 이러한 환경 속에서 수정 자유주의자들을 중심으로 정부의 개입이 필요함을 역설했고, 국가는 시장실패(market failure)에 적극 개입하게 되었다. 완전 경쟁을 전제로 한 시장의 가격 기구는 여러 가지 한계 때문에 효율적인 배분을 이루어내지 못하므로, 국가가 적절히 개입하여 시장실패를 치유할 수밖에 없다고 주장하게 된 것이다. 이러한 정부의 개입은 민간 경제 활동에의 국가 개입과 복지국가의 확대라는 두 방향으로 전개되었다.

이러한 정부 개입을 통한 시장실패의 치유에 관한 원리는 하이에크(Hayek, 1944), 프리드먼(Friedman, 1962) 등을 중심으로 한 신자유주의자들에 의해 다시 비판받는다. 정부의 적극적 시장 개입과 복지정책은 효율적 자원 배분을 방해하여 이른바 정부실패(government failure)를 가져오게 되었고, 이러한 정부실패를 만회하기 위해서는 완전한 시장 자유주의가 복원되어야 한다고 본 것이다.

이러한 신자유주의자들의 영향력 속에 행정의 영역에도 신관리주의(new managerialism) 혹은 신공공관리론(new public management)이라고 불리는 시장적 정부의 원리가 대두하게 되었다. 이러한 배경 속에 기업의 원리가 곧 행정의 원리로 채택되었고, 이러한 시장 중심의 행정은 가장 이상적인 것으로 간주되기도 했다.

그러나 시장도 정부도 역시 완벽할 수는 없다. 시장과 정부는 상호 보완 속에서 존재해야 한다. 그러나 실제적으로 시장의 원리와 공공의 원리는 갈등 관계에 놓이는 경우가 많다. 예컨대 독점시장 규제에 대한 시장의 주장과 정부의 주장이 다를 수 있고, 공공재 배분에서 시장의 입장과 정부의 입장이 대립할 수 있다.

이러한 갈등 문제를 해결하기 위한 방법으로 공공선택(public choice)의 문제가 대두된다. 민주사회에서 궁극적으로 재화의 분배는 공공의 이익을 실현하는 것이므로, 최종적인 대안의 선택은 공공(public)이 수행한다고 보는 것이다. 현대 민주사회에서는 정기적인 투표를 통해 정책을 선택을 하게 되는 데, 이러한 면에서 공공선택론은 정치적 의사 결정의 경제적 연구, 경제 현상의 정치적 접근 등으로 이해될 수 있다.

참고 1-3 시장과 정부의 공존과 경쟁: 시장실패와 정부실패

시장실패(market failure)

시장의 원리는 시장에서의 각 행위자가 가격기구를 통한 자유로운 교환으로 시장 균형을 달성하고 후생의 극대화를 가져올 수 있다는 것이다. 그러나 여러 여건상 이러한 시장의 원리가 제대로 작동하지 못하는 경우가 발생하는데 이를 시장실패라고 부른다.

시장의 원리는 완전경쟁을 전제 조건으로 하고 있다. 그러나 실제의 시장은 완전경쟁의 조건을 충족하지 못한다. 불완전하고 불공정한 경쟁 산업이 존재하고, 소비자와 생산자 모두 완전한 정보를 가질 수 없다. 대규모의 자본이 들어가는 독점산업의 경우 민간 부문에서의 투자가 곤란하고, 공해 등 다양한 외부 효과가 발생한다. 이러한 미시적 요인 이외에도 불공정한 소득분배, 실업, 국제수지 불균형 등 거시적 차원의 요인에 의해서도 시장실패가 발생한다.

정부실패(government failure)

시장의 실패를 보완하고 시정하기 위해 정부는 경제 문제에 대한 개입(경제규제, 경제정책)을 증대시켜 왔고, 사회복지 문제 및 제반 사회의 문제를 해결하기 위해 국가의 적극 개입을 통한 복지비의 지출을 늘려왔다.

그러나 정부는 관료제가 갖는 경직성(red tape)이나 비능률, 관료의 예산 극대화 추구(Niskanen), 이익집단의 과도한 개입, 공공재에의 무임승차, 사회적 부당 이득을 추구하는 지대 추구(rent seeking) 행위, 정부 부담의 과부하로 인한 재정적 적자 등으로, 오히려 효율적인 자원 배분을 방해하는 상황을 초래하기도 하는데, 이를 정부실패 또는 관료제의 실패라고 부른다.

4) 사회적 환경: 사회 변화, 사회 계층, 사회자본

여기서는 행정의 사회적 환경으로 사회의 기술적 환경 변화, 계층구조, 사회 의식과 문화 과정을 제시해 보기로 한다.

사회 변동은 여러 가지 요인에 의해 이루어지지만 그 중 결정적인 요인 중의 하나가 사회적 생산 기술의 변화이다. 인간 사회는 생산 기술력의 진보에 따라 다양하게 변화해 왔다. 신석기 시대 이후 수천 년 동안 형성된 물리력 중심의 농업사회는 산업혁명 이후 기계화 중심의 산업사회로 접어들게 되었다. 이러한 기계기술 중심의 산업사회는 20세 중반 이후부터 보급된 컴퓨터 기술을 통해 정보사회로 변화되었고, 정보사회는 다시 새로운 지식과 아이디어가 부를 창출하는 지식사회로 재구조화되었다. 행정은 이러한 사회기술환경의 변화에 따라 빠르게 변화하면서 대응해 나갈 수밖에 없는 것이다.

또한 사회의 계층구조와 가치의 분배구조는 행정의 중요한 환경 요인이 된다. 사회구성원들의 소득 수준과 계층의 구성, 분배구조는 행정의 정책 방향을 결정하는 기준이 된다. 가치 배분의 격차가 심하게 나타나는 사회는 불안정하고 변화의 요구에 놓이게 된다. 따라서 이러한 가치 갈등을 조정하고 적절한 분배 및 재분배 구조를 정착시키려는 정책적 노력이 필요하며 이러한 정책은 사회적 안정과 발전에 도움을 줄 수 있다.

시민들의 사회 의식과 행동문화도 중요한 행정의 변수가 된다. 사회적 자본론(social capital)에 따르면, 한 사회의 사회문화적 수준이 그 지역사회의 발전을 결정하는 근본 요소가 된다고 한다. 사회 발전의 요소로 자본이나 인력과 같은 물적 · 인적 자원도 중요하지만, 사회적 의식이나 문화와 같은 사회적 자본도 사회 발전의 핵심 요소가 된다고 보는 것이다.

생각과 토론 문제

❑ 다음의 이슈를 중심으로 생각해 보고 논의해 봅시다.

1. 우리가 일상생활에서 경험하고 있는 행정 현상이라고 할 수 있는 것을 찾아 이야기 해 보자. 다양한 행정 현상을 여러 기준으로 구분하여 정리해 보고, 어떤 기준들이 적용될 수 있는지 논의해 보자.

2. 행정 현상 가운데 일반행정과 공공행정으로 구분해 보고, 공통점과 차이점을 찾아내어 토론해 보자.

3. 대중매체의 뉴스 등을 통해 정치와 행정의 구분을 적용해 보고, 근거를 들어 논의해 보자.

4. 이슈가 되고 있는 행정 문제를 하나 선택하여 살펴보고, 행정의 세 가지 접근법의 적용을 토론해 보자.

5. 행정을 둘러싸고 있는 환경이 어떠한 환경인지 살펴보고, 행정에 어떻게 영향을 주고 있는지, 어떤 상호작용을 하는지 논의해 보자.

02

행정의 가치

제1절 행정가치의 개념과 유형

1 가치의 개념

가치(價値, value)란 사람들이 바람직하다고 생각하여 간절히 얻고자 하며 추구하는 것을 의미한다. 예컨대 진리(眞), 선함(善) 아름다움(美), 재산(富), 지위(貴), 명예(功名), 합리성(合理性), 효용성(效用性) 등과 같은 것들은 사람들이 간절히 얻고자 하여 추구하는 것들로 가치의 대표적인 예라고 할 수 있다.

그런데 사람마다 욕망의 체계가 다르므로 사람들이 추구하는 가치는 다양하고 무수하게 존재할 수 있다. 예컨대 철학자들은 진리를, 정치인들은 권력을, 예술가들은 아름다움을 최고의 가치로 간주할 것이다. 또한 가치는 시대에 따라 변하기도 한다. 봉건 시대에는 권력이 최고의 사회적 가치였지만, 자본주의 시대에는 돈이 지배적 가치의 지위를 보유하는 것이다.

2 행정가치의 개념과 유형

인간은 가치를 지향하는 삶을 살아가는 존재이다. 동물과 인간이 구분되는 점은 인간이 가치적 고뇌를 안고 살아간다는 점이다. 행정 현상도 인간의 삶의 현장 속에 존재하는 인간 현상으로서 가치적 고뇌를 안고 있다.

여기서는 "행정 현상 속에서 사람들이 바람직하다고 생각하여 얻고자 추구하는 것"을 행정의 가치라고 정의해 보고자 한다.

그런데 논자에 따라서는 행정의 가치라는 표현 대신 행정의 이념이라는 표현을 사용하기도 한다. 이념(理念)의 사전적 의미는 "이상적으로 여겨지는 생각이나 견해"라는 뜻이므로 여기서는 행정가치와 행정이념을 동일한 개념으로 이해하고자 한다.

행정가치의 유형은 다양한 분류가 가능하겠지만, 여기서는 본질적 가치와 수단적 가치로 구분하여 접근하고자 한다. 본질적 가치는 사람들이 궁극적으로 추구하는 결과적 가치이고, 수단적 가치는 이러한 궁극적 가치를 얻고자 하는 과정에서 추구하는 과정적 가치이다.

여기서는 행정이 추구하는 본질적 가치로 자유, 평등, 정의, 공익을, 수단적 가치로는 합리성, 민주성, 합법성, 형평성을 제시해 보고자 한다. 물론 이러한 구분은 절대적인 것은 아니다. 어떤 가치가 궁극적이고, 어떤 가치가 수단적인가의 평가는 주관적인 것이기 때문이다.

제2절 행정의 본질적 가치

여기서 행정의 본질적 가치는 자유, 평등, 정의, 공익을 검토해 보기로 한다. 이러한 가치적 개념이 뚜렷이 구분되는 것은 아니며, 다소 중복되거나 상호를 포함한 중복 개념으로 이해되기도 한다.

1 자유

자유(自由, liberty)는 민주사회에서 추구하는 가장 중요한 가치이다. 인류의 근대 역사는 자유를 쟁취하고 향유하기 위한 투쟁으로 얼룩진 역사라고 해도 과언이 아니다. 자유 아니면 죽음을 달라(Patrick Henry, 1775)고 외치면서 시작된 미국의 독립전쟁, 선천적 신분 예속과 구속으로부터 인간을 해방시킨 프랑스대혁명(1789), 노예 해방을 위한 미국의 남북전쟁(1861~1865), 그리고 1960년대 이후 아시아 · 아프리카 국가들의 식민지 투쟁과 독재정권에 항거한 민주화 투쟁 등은 모두 자유를 위한 투쟁이었다고 할 수 있는 것이다.

1) 자유의 개념

그렇다면 자유란 무엇인가? 자유란 사전적인 의미로 보면 "남에게 구속받지 않고 자신의 선택에 따라 행동할 수 있는 상태"를 의미한다. 사람들은 누구나 남에게 구속당하거나 억압당하지 않고 자유롭게 살기를 원한다.

여기서 자유는 방종(放縱)과 구분된다. "자기 마음대로 행동하는 것"은 자유가 아니라 방종이다. 이런 맥락에서 자유론의 저자 밀(John Stuart Mill)은 남에게 해를 끼치지 않는 범위 내에서의 자유를 진정한 자유로 정의한다. 방종은 진정한 의미의 자유라고 할 수 없으므로 사회적 규제의 대상이 된다. 나의 자유를 보호받기 위해서는 타인의 자유도 소중한 것임을 이해할 수 있어야 하는 것이다. 즉, 진정한 자유는 이웃과의 관계 속에서 존재하는 '함께하는 자유'이며, 자신의 선택에 대해 책임을 질 수 있는 '책임과 결부된 자유'를 의미하는 것이다.

여기서는 자유의 유형을 적극성 여부에 따라 소극적 자유와 적극적 자유, 그리고 대상 영역에 따라 정치적 자유, 경제적 자유, 사회적 자유로 구분해 보기로 한다(〈표 2-1〉 참조).

2) 소극적 자유와 적극적 자유

자유의 유형은 먼저 소극적 자유와 적극적 자유로 구분해 볼 수 있다. 소극적 자유란 내가 남으로부터 구속받지 않을 자유이며, 적극적인 자유란 내가 하고 싶은 것을 선택하고 실행에 옮길 수 있는 자유이다.

(1) 소극적 자유

소극적(消極的) 자유는 개인이 외부로부터의 간섭, 제약 또는 물리적 강제를 당하지 않고 행동할 수 있어야 한다는 의미이다. 행정 영역에서 생각할 수 있는 소극적 의미의 자유는 헌법에 보장된 자유권적 기본권과 같은 자유이다.

헌법에 보장된 자유권으로서는 신체의 자유, 사생활의 자유, 통신의 자유, 거주 이전의 자유, 직업 선택의 자유, 종교의 자유, 사상의 자유, 학문의 자유, 언론 · 출판의 자유, 재산권 행사의 자유 등이 있다. 정부는 국민의 신체의 자유를 보장해야 하므로 아무런 근거 없이 시민을 체포하거나 구금하고 고문할 수 없다. 또한 개개인의 사생활과 통신의 자유를 보호하고 사회의 안녕 질서를 유지해야 한다. 또한 정부는 특정 종교나 사상을 강요할 수 없으며, 시민들에게 직업 선택과 거주 이전의 자유를 제한할 수 없고, 언론 출판과 집회의 자유를 보장해 주어야 하는 것이다.

(2) 적극적 자유

이런 소극적 자유 외에도 인간은 적극적 자유를 필요로 한다. 소극적 자유는 남으로부터 구속당하지 않을 자유이지만, 적극적(積極的) 자유는 내가 스스로 하고 싶은 행동을 선택할 수 있는 자유이다.

내가 피자를 먹고 싶거나, 자동차를 사고 싶을 때, 유학을 가고 싶을 때, 경제력이 없으면 그러한 행동을 할 수 없다. 나는 내가 하고 싶은 것을 선택할 수 없다면, 나는 자유로운 존재가 되지 못하는 것이다.

근대 시민국가에서는 소극적 의미의 자유권을 중시했으나, 현대 복지국가에 들어서면서 적극적 의미의 자유권을 강조하고 있다. 이를 위해 국가는 최소한의 인간다운 생활을 할 수 있는 권리를 보장하고, 사회 보장 및 안전 체계를 갖추며, 다양한 복지 서비스를 제공하고, 국민의 삶의 질을 높이기 위한 다양한 정책을 개발하고 있다.

3) 정치적 자유, 경제적 자유, 사회적 자유

자유는 이외에도 정치적 자유와 경제적 자유, 사회적 자유로 구분해 볼 수 있을 것이다. 정치적 자유는 권력과의 관계 속에서의 자유, 경제적 자유는 물질과 관계 속에서의 자유, 사회적 자유는 신분적 속박으로부터의 자유를 의미한다고 할 수 있다.

(1) 정치적 자유

정치적 자유는 다시 정치 권력으로부터의 자유와 정치 권력을 얻을 수 있는 자유로 구분해 볼 수 있다. 정치 권력으로부터의 자유는 정치 권력에 의해 정당한 사유 없이 구속되거나 억압받지 않을 자유이다. 단지 권력이 없다는 이유로 인해 권력을 가진 자에게 부당하게 속박당하지 않을 자유가 권력으로부터의 자유이다.

정치 권력을 향한 자유는 누구나 정치 권력에 참여하고 도전하여 정치 권력을 향유할 수 있는 공무 담당과 참여의 자유라고 할 수 있다.

(2) 경제적 자유

경제적 자유는 경제 활동의 자유와 경제적 결핍으로서부터의 자유로 구분해 볼 수 있다. 경제 활동의 자유는 사유재산권을 보장받으며, 자신의 노력에 의해 정당한 부를 축적할 수 있는 자유이다. 물론 이러한 부의 축적은 사회적 규범과 절차에 따른 것이어야 한다.

이 밖에 사고와 질병 등 어떤 이유로 물질적 궁핍 상황에 놓여 있을 때 사람들은 경제적으로 자유롭지 못하게 된다. 이러한 경우에 추구하는 자유가 경제적 결핍으로

〈표 2-1〉 자유의 유형

유형 구분		내용	
소극적·적극적 자유	소극적 자유	내 의사에 반해 구속당하지 않는 것	신체의 자유, 사생활의 자유, 사상의 자유 등
	적극적 자유	내가 하고 싶은 것을 선택할 수 있는 것	문화적 자유, 여가의 자유, 종교의 자유 등
정치적·경제적·사회적 자유	정치적 자유	정치 권력으로부터 자유와 정치 권력을 향유할 자유	신체의 자유, 참정권의 자유, 공무 담임의 자유
	경제적 자유	경제 활동의 자유와 경제적 결핍으로부터의 자유	사유재산권의 보장, 직업 선택의 자유
	사회적 자유	지위나 신분에 의해 속박당하지 않을 자유	신분이나 지위에 의해 구속당하지 않을 자유

부터의 자유이다. 국가는 이러한 궁핍으로부터의 자유에 일정한 부분 책임을 진다.1)

(3) 사회적 자유

이는 사회적 신분이나 지위 등으로 인해 차별받거나 구속당하지 않을 자유를 의미한다. 현대 민주사회에서 사회적 신분은 존재하지 않는다. 따라서 성별, 지위, 종교, 인종, 재산, 직업 등의 차이에 따라 구속받지 않을 자유가 있다.

2 평등

평등은 자유와 함께 모든 민주주의 사회가 추구해 왔고 또 추구해야 할 또 하나의 중요한 가치이다. 평등은 자유와의 상관성 속에서 논의되기도 하고, 정의나 공익의 중심 주제가 되기도 한다.

1) 평등의 개념

평등(平等, equality)은 사전적 의미로 비교의 대상이 서로 동일하다는 의미이다. 형평 저울이나 놀이터의 시소 양쪽에 놓인 물건의 무게가 같아서 어느 쪽으로도 기울지 않고 균형을 이루고 있을 때, 인간과 인간의 관계 속에서 A와 B 서로 간에 동일한 가치를 유지할 수 있을 때(A=B), 우리는 평등하다고 이야기한다.

그런데 사실상 인간들은 모든 조건에서 동일하고 평등하지 않다. 세상에는 키가 큰 사람이 있고, 작은 사람이 있으며, 공부를 잘하는 사람이 있고 못하는 사람이 있다. 부자도 있고 가난한 사람이 있으며, 힘센 사람이 있고 약한 사람이 있다. 정글에는 사자가 있고, 사자에게 잡아먹히는 얼룩말이 있다. 자연과 세상은 어떻게 보면 평등하기보다는 불평등하게 존재하는 것이 보편적이라고 할 수 있는 것이다.

그렇다면 세상에는 도대체 무엇이 평등하다는 말인가?

우리나라 헌법 제10조에는 "모든 국민은 인간으로서 존엄과 가치를 지니며, 행복을 추구할 권리를 가진다"라고 선언한다. 헌법적 시각에서 보면 인간의 여러 조건은

---

1) 대한민국 헌법 제10조: 모든 국민은 인간으로서 존엄과 가치를 지니며, 행복을 추구할 권리를 가진다. 국가는 개인이 가지는 불가침의 기본적 인권을 확인하고 이를 보장할 의무를 진다.

불평등하지만, 인간으로서의 존엄함은 모두에게(평등하게) 동일하다는 것이다. 동학(東學)에서 말하는 "사람은 하늘이다(人乃天)"라는 사상이나, 기독교의 인간은 신의 형상으로 창조되었다는 사상 역시 인간은 그 본질적 가치에서 존엄하고 평등하다는 것을 의미하는 것이다.

즉, 무엇이 평등하다는 말인가에 대한 대답은 '인간으로서의 존엄과 가치가 모두에게 평등하다'는 것이다. 대통령도 시장도, 재벌 총수도 노동자도, 지하철의 노숙자도, 감옥에 있는 범죄자도 모두 인간으로서 동일한 존엄과 가치를 지닌다.

행정은 헌법적 가치를 국정에 반영하는 것이므로, 행정에서 말하는 평등은 궁극적으로 이러한 인간의 가치와 존엄의 평등이라는 의미를 가지고 있다.

평등의 유형은 역시 다양하게 분류해 볼 수 있다. 여기서는 비례적 평등과 획일적 평등, 기회의 평등과 산출의 평등 등 두 가지 유형을 중심으로 설명해 보기로 한다(〈표 2-2〉 참조).

2) 비례적 평등과 획일적 평등

(1) 비례적 평등(상대적 평등)

비례적 평등은 개인의 능력이나 성과에 따라 상대적으로 다른 대우를 해주는 것이다. 비례적 평등은 능력이나 기여도에 따라 결과적으로 차별적 대우를 해주는 것이므로 결과적으로는 분배의 불평등을 초래한다. 따라서 비례적 평등은 상대적 평등이라고 부르기도 한다. 대개 자유주의 사회에서 추구하는 평등 개념은 이러한 비례적 평등이다.

예컨대 100m 경주가 끝나고 1등한 사람은 금메달, 2등한 사람은 은메달, 3등한 사람은 동메달을 수여하는 것은 비례적 혹은 상대적 평등이라고 할 수 있다.

(2) 획일적 평등(절대적 평등)

획일적 평등은 개인이나 집단의 기여도나 능력에 상관없이 누구에게나 동일한 분배, 즉 획일적(劃一的) 대우를 해주는 것이다. 획일적 평등은 열심히 노력한 사람이나 그렇지 않은 사람이나 결과적으로 동일한 보상을 해주는 것이므로, 과정에서의 불평등이 발생한다. 따라서 획일적 평등은 절대적(絶對的) 평등이나 반비례적(反比例的)

평등이라고 부를 수 있다. 대체적으로 사회주의 사회나 가족, 종교공동체의 평등 이념은 결과적으로 동일한 분배인 획일적 평등을 지향하는 경향이 있다.

예컨대 100m 경주가 끝나고 1등이나 2등이나 3등이나 모두에게 금메달을 수여하는 것이 획일적 혹은 절대적 평등이다. 누구나 금메달에 대한 욕구는 같다고 보기 때문이다.

〈표 2-2〉 평등의 유형

구분		비고
비례적, 획일적 평등	비례적 평등	상대적 평등, 능력과 기여도에 의한 분배
	획일적 평등	절대적 평등, 욕구와 필요에 의한 분배
기회와 결과의 평등	기회의 평등	출발점에서 평등, 출발 기회의 평등
	결과의 평등	결승점에서의 평등, 산출 결과의 평등

3) 기회의 평등과 결과의 평등

(1) 기회의 평등

기회(機會)의 평등은 돈과 권력과 같은 가치 배분의 경쟁이 시작되는 출발점에서 동일한 기회를 부여해 주는 것이다. 이는 달리기 경주에서 모든 사람이 동일한 출발선에서 출발하여 경쟁하도록 만들어 주는 것과 같으므로 이를 출발점의 평등이라고 할 수 있다.

올림픽에서 100m 경주를 하는데, 유럽 선수는 50m 앞에서 출발하고, 아시아 선수는 출발선에서 출발하고, 아프리카 선수는 출발점보다 50m 훨씬 뒤에서 출발한다면 이는 공정하지 못하다. 결승점의 통과 순위는 출발 이전에 거의 정해지기 때문이다. 따라서 인종 성별, 신분의 차이 없이 모든 선수를 동일한 출발점에 같이 서게 해주고 그 결과를 받아들이도록 하는 것이 기회의 평등이고 출발점의 평등이다. 대체적으로 자유주의 사회에서 추구하는 평등 이념이라고 할 수 있다.

기회의 평등은 출발점에서의 평등은 보장하지만 결승점에서의 평등은 보장하지 않는다. 출발은 같이 하되 결승점에는 다르게 도착할 수밖에 없다. 따라서 기회의 평등은 결과적인 불평등은 인정을 하는 것이고, 이러한 면에서 기회의 평등은 비례적 평등이나 상대적 평등, 과정적 평등 등과 유사한 평등 개념이라고 할 수 있다.[2)]

(2) 결과의 평등

결과(結果)의 평등은 출발선의 동일 여부나 개인의 능력, 기여도에 관계없이 모든 사람이 가치 배분의 결승점에 같이 도달하게 하는 것이다. 이는 결승점에 같이 도달하여 동일한 분배의 기회를 가지는 것이므로, 결승점에서의 평등이라고 할 수 있는 것이다.

올림픽 마라톤 경주를 하는데 42.195km를 달려온 선수들이 낙오자를 부추겨 동시에 공동으로 결승점을 통과하거나, 순위가 매겨지더라도 일등이나 꼴찌에게나 동일한 메달과 보상을 수여한다면 이는 결과의 평등을 실현하는 것이다. 따라서 결과의 평등은 결승점에서의 평등이라고 할 수 있으며, 이는 획일적 평등이나 절대적 평등과 유사한 개념의 평등이라고 할 수 있다. 따라서 이는 사회주의적 평등 이념이라고 할 수 있다.

3 정의

정의(正義, justice)는 문자 그대로 바른 뜻을 의미한다. 그러나 무엇이 정의인가는 쉽게 말하기 어렵다.

공리주의에서는 최대 다수에게 최대의 행복을 부여해 주는 효용성이 정의라고 주장하기도 한다. 종교적 측면에서 정의는 신의 의지에 합당한 행동을 하는 것이 정의일 것이다. 정치 권력의 시각에서는 정당한 권력의 집행을 정의라고 주장할 것이고, 법적 시각에서 정의는 같은 것은 같게, 다른 것을 다르게 합당한 법적 대우를 해주는 것일 것이다. 이렇듯 정의에 대한 관점은 매우 다양하게 존재한다.

여기서는 정의를 사회적 가치 배분이라는 관점에서 접근해 보고자 한다. 정의를 사회적 가치 분배의 관점에서 접근하는 학자로는 롤스(John Rawls)나 샌델(Michael Sandel) 등이 있다. 롤스는 『사회정의론』에서 정의가 사회 제도의 첫 번째 덕목이라고 지적한다. 샌델은 사회가 정의로운지 묻는 것은 우리가 소중히 여기는 것들을 어떻게

---

2) 기회의 평등은 출발점의 평등이라고 보았는데, 경우에 따라서는 출발점을 달리하는 경우가 기회의 평등을 보장하기도 한다. 예컨대 10세 어린이와 30세 어른이 100m 달리기 경주를 하는 경우 어린이를 30m 앞에서 출발하게 할 수 있는데 이런 경우는 기회의 불평등이라고 할 수 없다. 어린이는 선천적으로 불리한 상태에 놓여 있는 경우이므로, 이러한 경우 출발점의 차이는 기회의 평등에 가까운 것이다. 미국에서 흑인에게 대학 입학 우선권이나 할당제를 적용하는 것이 그러한 예가 될 것이다.

분배하는 것인지를 묻는 것이라고 말한다. 즉, 정의로운 사회는 이러한 돈과 권력, 공직과 영광, 의무와 권리와 같은 가치들을 올바르게 분배하여 개인에게 합당한 몫을 나누어 주는 사회라고 보는 것이다(Sandel, 2009).

여기서는 이러한 사회적 가치 배분의 관점에서 정의를 논하는 세 사람의 이론을 소개해 보기로 한다.

1) 아리스토텔레스의 정의

아리스토텔레스(Aristoteles)는 비례적 평등, 상대적 평등이라는 관점에서 정의(正義)를 논한다. 아리스토텔레스는 정의를 우선 보편적 정의와 특수적 정의로 나누고, 특수적 정의는 다시 분배적 정의와 평균적 정의로 구분했다(아리스토텔레스, 홍석영 옮김, 88-101; 김영환, 2006, 65).

여기서 우리가 관심을 가지는 정의는 분배적 정의와 평균적 정의이다.

아리스토텔레스의 분배적 정의는 '같은 것은 같게, 다른 것은 다르게' 다루는 것을 의미한다. 분배적(分配的) 정의란 상대에 따른 분배, 즉 비례적 평등을 의미한다.

예컨대 똑같은 절도죄를 지었는데 한 사람은 석방하고, 다른 한 사람은 사형을 시켰다고 하자. 이 경우는 '같은 것'을 '다르게' 취급했으므로 정의가 아니다. 마찬가지로 절도죄나 살인죄를 동일한 형벌로 다스리는 것은 '다른 것'을 '같게' 대우했으므로 역시 정의가 아니다. 마찬가지로 10시간 일한 사람에게는 10만 원을, 2시간 일한 사람에게는 2만 원을 임금으로 지급하는 것은 정의이지만(같은 것은 같게, 다른 것은 다르게), 10시간 일한 사람이나 2시간 일한 사람에게 똑같이 10만 원을 지급한다든지(같은 것을 다르게), 2시간 일한 사람이나, 10시간 일한 사람이나 똑같이 2만 원을 지급하는 것(다른 것을 같게)은 정의가 아니라는 것이다. 이러한 분배적 정의는 세 사람 이상의 다수가 모여 있는 곳에서 이루어지는, 사회의 부와 권력의 분배에 관련된 내용으로, 이를 수직적 정의라고 하며, 공법의 지도 원리가 된다.

평균적(平均的) 정의는 교환적 보상의 원리로서, 일대일 당사자 간의 상호 거래 관계에서 발생하는 정의이다. 따라서 이를 보상적(補償的) 정의라고 부르기도 한다. 이는 시장에서 당사자 간의 합의를 통해 비용을 지불하고 그에 상당한 물건을 받아오는 교환 거래와 같은 것이다.

예컨대 만 원짜리 장난감을 만 원을 주고 사거나, 백만 원짜리 컴퓨터를 백만 원에 상응하는 가치를 지닌 물건과 교환했다면 합당한 교환으로서 정의이지만, 만 원짜리 장난감을 백만 원에 샀거나, 백만 원짜리 컴퓨터를 천 원 상당하는 물품과 교환했다면, 이는 정당한 교환적 보상이 이루어진 것이 아니므로 정의가 아닌 것이다. 이는 둘 사이의 상호 관계 속에서 존재하는 것으로 수평적 정의라고 부르며, 민법과 상법과 같은 사법의 지도 원리가 된다.

2) 벤담의 정의

벤담(Jeremy Bentham)과 같은 공리주의자(utilitarianism)는 결과성, 효용성을 강조한다. 그리고 도덕의 최고의 원리는 '최대 다수에게 최대의 행복'이다. 여기서 벤담이 말하는 공리(utility, 효용)란 인간에게 기쁨(쾌락)이나 행복을 가져다주고 고통을 막아주는 일체의 것을 가리킨다. '최대 다수에게 최대의 행복'의 원리에서 사회 전체의 행복 총량 개념이 나오고, 이러한 행복의 총량 개념을 극대화시키는 것이 정의라고 보는 것이다.

그러나 공리주의의 이러한 논리는 다양한 비판에 직면한다. 샌델은 두 가지 비판점을 소개한다. 먼저 공리주의는 이러한 행복의 총량을 극대화하기 위해 소수의 희생을 정당화한다는 것이다. 예컨대 고대 로마에서 그리스도인들을 사자와 대결시키고 사자에게 죽어가는 그리스도인들을 보면서 다수의 로마 군중이 쾌락을 느꼈다면, 그리스도인의 찢겨 죽는 고통과 다수 로마 군중의 즐거움을 합해 쾌락의 총량이 커질 수 있다. 그러나 이러한 행위를 정의라고 부를 수 있는 것인가 하는 의문을 제기한다. 또한 공리주의자들의 주장처럼 인간의 행복을 계량하고 계산할 수 있는가? 모든 가치를 하나의 금전가치, 하나의 계량단위로 통합하여 계산할 수 있는가에 의문을 던지는 것이다(Sandel, 이창신 옮김, 2010: 58-72).

이 밖에도 효용성을 판단하는 기준은 지극히 주관적이고 선험적이라는 점을 지적할 수 있다. 인간은 이기적 자아를 가지고 있기 때문에 자신의 이익과 연계된 분배 상태를 정의로운 상태로 판단하는 인식의 이기적 상태 속에서 존재한다. 또한 공산주의나 전체주의와 같이 정치적 훈련을 통해 일정한 방향으로 정의를 인식하도록 학습되어 있는 경우도 일방적이고 왜곡된 효용성의 판단 기준을 가질 수 있다. 따라서 효용성을 통한 공리적 정의의 판단은 많은 한계를 내포하고 있다.

3) 롤스의 정의

롤스(John Rawls)는 이러한 공리주의자들의 정의 원칙이 소수를 희생시키는 원칙이 될 수 있음을 지적하고, 그러한 문제를 해결하기 위한 수정된 정의의 원칙을 제시한다.3)

롤스는 자유의 원리에서 출발하면서, 인간 사회의 불평등을 부정하지 않는다. 그러나 롤스는 가진 자와 함께 가지지 못한 자도 공존할 수 있는 원리, 즉 자유주의 사회에서 불평등이 정당화 될 수 있는 정의의 원리를 제시하고 있다. 이러한 면에서 롤스는 극단적 자유주의자들과 구분된다.

여기서는 롤스 정의론의 핵심을 이루는 '정의의 우선성(priority of justlce)', 정의가 도출되는 가상적인 상황인 '원초적 입장(original position)' 그리고 '정의의 두 원리'를 통해 롤스의 정의론을 소개한다.

(1) 정의의 우선성

롤스는 그의 저서 『정의론(*A Theory of Justice*)』의 서두에서 정의의 우선성과 관련하여 다음과 같이 주장하고 있다. "정의가 사회 제도의 첫 번째 덕목인 것은 진리가 사상 체계의 첫 번째 덕목인 것과 같다. 이론이 아무리 정교하고 간명하다고 할지라도 그것이 진리가 아니면 수정되고 배척되어야 하듯이, 법이나 제도가 아무리 효율적이고 정연하더라도 정의롭지 못하면 개혁되고 철폐되어야 한다. 각 개인은 이 정의 위에 세워진 불가침성을 소유하며, 정의야말로 신성한 것이다"(Rawls, 1971: 3).

롤스는 이런 의미에서 정의야말로 가치 중의 가치이며 상충하는 가치들을 조정하는 기준으로서 경쟁적인 가치들에 대해 우선성을 가지는 것으로 파악한다(Rawls, 1971: 40-45).

(2) 원초적 입장

롤스는 정의와 정의 원칙이 도출되는 가상적인 상황으로서 원초적 입장이라는 개

---

3) 길거리의 거지와 병자들을 몰아서 감옥에 가두어 놓고 분리시키거나 제거하면 공리주의자들이 말하는 사회적 쾌락의 총량은 높아질 수 있다. 그러나 이런 것이 정의라고 말하기는 어렵다는 것이다.

념을 제시하고 있다. 원초적인 입장은 결정이 공정하고 구성원 전체가 합의를 이끌어 낼 수 있는 가상적인 상황이며, 그것은 사회계약론의 자연 상태에 해당한다(Rawls, 1971: 12). 원초적 입장의 특징을 소개하면 다음과 같다.

첫째, 모든 당사자는 의사 결정 절차에서 동등한 권리를 가진다.

둘째, 자원은 풍부하지도 궁핍하지도 않은 '적당한 부족(moderate scarcity)'을 보이는 상황이다.

셋째, 구성원들은 자원이 적당히 부족하다는 사실 외에 자신의 계급, 직업, 재능 등을 모르는 이른바 '무지의 장막(veil of ignorance)'에 싸여 있다.

넷째, 구성원들은 서로에게 무관심하고 자신의 이익을 추구하는 합리적인 사람들이다. 그러나 그들은 무지의 장막에 가려 자신을 확인할 수 없기 때문에 공정성도 확보하고, 타인의 선(善)까지 고려하게 된다.

다섯째, 구성원들은 '최소 극대화 법칙(maximin rule)'에 의한 선택 가능하다고 가정한다. 여기서 최소 극대화란 여러 대안의 우열을 가릴 때 대안들이 가져올 가능한 최악의 결과에 따라 가리는 것이며, 어떤 대안의 최악의 결과(최소)가 다른 대안들이 갖는 최악의 결과에 비해 가장 우월한(극대화) 대안을 선택하게 된다는 것이다(Rawls, 1971: 152-153; 황경식, 1985: 171). 따라서 최소 극대화는 최소 중의 최대(maximum minimorum)를 의미한다(Rawls, 1971: 154).

(3) 정의의 두 원리

롤스는 원초적 입장에서 합의되는 법칙들을 사회 정의의 원리로 간주하며 두 가지의 기본 원리를 제시하고 있다(Rawls, 1971: 60-61, 302-303).

제1 원리는 모든 사람은 다른 사람의 유사한 자유와 양립할 수 있는 가장 광범위한 자유에 대해 동등한 권리를 갖는다(자유의 평등 원리)는 것이고, 제2 원리는 사회적·경제적 불평등은 다음의 두 가지 조건을 충족할 수 있도록 조정되어야 한다(차등의 원리)는 것이다. 즉, 불평등은 (a) 최소 수혜자에게 최대의 이익이 되어야 하고, (b) 공정한 기회 균등의 조건하에서 제반 지위와 직위는 모든 사람에게 공개되어야 한다(Rawls, 1971: 60)는 것이다(〈표 2-3〉 참조).

두 개의 원리 중 제1의 원리를 자유의 평등 원리라 하고, 제2의 원리를 차등의 원리라고 한다. 롤스는 두 개의 원리가 상충할 때 제1 원리가 제2 원리에 우선하고, 제

〈표 2-3〉 롤스의 정의의 두 원리

구분	내용	
제1 원리	자유의 평등 원리	
제2 원리	차등의 원리	a) 최소 수혜자에게 최대의 이익이 되어야 한다.
		b) 공정한 기회 균등의 조건 하에서 제반 지위와 직위는 모든 사람에게 공개되어야 한다.

2 원리 내에서 충돌이 생길 때 기회 균등의 원칙이 차등의 원칙에 우선해야 한다고 했다.

마지막으로 롤스의 정의론에 대한 비판을 살펴보자. 여러 가지 비판 중 첫 번째는 정의의 원칙을 선택할 때 롤스는 최소 극대화의 원리에 비추어 결정을 내리라고 주장하지만. 실제로는 기대 효용 극대화 전략에 의해 의사 결정을 하게 된다는 점이다(Harsanyi, 1975: 596). 두 번째 비판은 롤스의 공정성으로서의 정의관은 극단을 지양하고 자유와 평등의 조화를 추구하는 중도적인 입장을 견지하고 있어 좌・우파로부터 이념적인 비판을 동시에 받고 있다. 전통적 자유주의를 주창하는 우파는 롤스의 평등 지향성은 자유를 제한한다고 주장(Nozick, 1974)하는 반면, 사회주의를 주창하는 좌파는 롤스가 말하는 '바람직한 불평등'이 아닌 완전한 평등을 추구해야 한다고 비판한다(Nielsen, 1978).

4 공익

공익(公益, public interest)은 행정이 지향해야 할 대단히 중요한 가치 요소 내지 기준이다. 그럼에도 불구하고 공익이 무엇이냐에 대한 정의는 학자들 간에 분명한 일치를 보이지 못하고 있다. 그것은 인간 공동체를 형성하는 구성원들이 바라는 욕망, 요구, 소망 등이 서로 다르기 때문이다(Blackstone, 1973: 230). 공익은 이처럼 서로 다른, 때로는 상충하는 개인들의 주관적인 욕구를 충족시킬 수 있는 현실적, 합리적, 규범적인 공통의 가치가 무엇인가를 찾아내야 하는 개념화의 작업을 요구하기 때문에 그 개념을 규정한다는 것은 대단히 어려운 일이다. 어쩌면 공익의 개념을 조작화하는 작업은 불가능한 일인지도 모른다.

1) 공익의 개념과 유형

(1) 공익의 개념

공익(公益, public interest)은 말 그대로 공공(公共, public)의 이익이다. 공익이란 개인의 이익을 의미하는 사익(私益)과 대비되는 개념으로, 공동체 구성원의 전체의 이익을 의미한다. 그런데 여기서 말하는 공동체 구성원 전체의 이익은 전체주의(全體主義, totalitarianism)에서 말하는 전체의 이익과는 구분된다. 전체주의에서 말하는 전체의 이익은 개개인의 가치를 소멸시키고, 집단의 맥락에서만 보는 이익으로 이를 공익이라고 부르기 어렵다.

전체주의적 집단주의는 전체의 이익이라는 이름으로 개인이나 소수집단의 헌신과 희생을 강요한다. 이런 전체주의자들이 제시하는 집단의 이익은 개개인의 가치를 무시한 것으로 자유주의 사회에서 말하는 공익과는 구분된다. 히틀러의 나치즘이나 무솔리니의 파시즘, 일본의 군국주의과 같은 전체주의 이념에서 말하는 전체가 그 예라고 할 수 있다.

(2) 공익의 유형

여기서 말하는 공동체 구성원의 이익이라는 의미의 공익은 공동체나 집단의 범주에 따라 그 내용이 달라진다. 따라서 공익은 공동체의 범주나 특성에 따라 다르게 표현될 수 있다.

첫째는 공공체 집단의 공간적 범주에 따라 공익을 구분해 볼 수 있다. 예컨대 지방에서 말하는 공익은 지역사회의 이익이 될 것이고, 국가 차원에서 말하는 공익은 국가의 이익이 될 것이다. 세계적 차원에서 말하는 공익은 세계 인류의 보편적 이익이 될 것이다.

따라서 공동체의 범주가 중복되거나 이익이 충돌하는 경우는 갈등이 발생하기도 한다. 우리 동네에 혐오시설을 건설하는 것은 마을 주민의 공익은 해치지만, 우리 시민(市民)이나 군민(郡民)의 입장에서 보면 공익에 부합한다. 또한 한국민이 보는 국가적 공익과 일본인이 보는 국가적 공익은 다를 수 있다.

둘째는 집단의 유형에 따라 공익을 구분해 볼 수 있다. 여당이 주장하는 공익과 야당의 공익은 다를 수 있다. 의사협회가 보는 공익이 있을 수 있고, 약사협회가 보는 공익이 있을 수 있다. 또한 기독교 공동체에서 추구하는 공익이 있을 수 있고, 이슬람 공동체가 추구하는 공익이 있을 수 있다.

이렇게 공익이란 공동체의 이익이라는 차원의 개념 정의는 가능하지만 그 실체는 매우 모호하고 주관적일 수가 있다.

2) 공익의 실체

(1) 국가의 이익으로서 공익

공익은 공동체 집단의 이익이므로 공동체를 어떤 범주로 설정하는가에 따라 공익의 실체는 달라진다. 그런데 대체적으로 행정 현상을 국가 현상으로 본다면, 행정의 영역에서 공익은 국가의 이익을 의미하는 것으로 이해할 수 있다. 따라서 정부나 공무원이나 공직사회는 이러한 국가적 차원의 이익을 실현하기 위해 노력하게 되는 것이다.

(2) 국가적 공익의 실체는 있는가?

그러나 국가의 이익을 공익으로 본다고 하더라도, 국가의 이익이란 실체는 존재하는가에 대한 의문이 생성될 수 있다. 여기서는 공익의 실체를 인정하는 입장과 실체를 부정하는 두 가지 입장을 구분해 보기로 한다.

① 공익 실체 인정설

먼저 공익 실체 인정설은 국가의 공통되는 이익이 존재한다고 보는 견해이다. 고대 그리스 정치철학자들은 이상적인 국가의 형상을 제시했고, 근대 정치사상가로서 홉스(Thomas Hobbes)나 루소(Jean-Jacqes Rousseau)는 국가가 추구하는 공동선이 있다고 보았다. 이를 실현하기 위해 홉스는 리바어던(leviathan)과 같은 전제군주의 필요성을 강조했고, 루소는 일반 의지(general will)를 실현하기 위한 사회적 계약의 필요성을 이야기했다. 또한 공자(孔子)나 맹자(孟子) 같은 동양의 사상가도 군자(君子)의 도(道)와 같은 국가가 추구하는 공동선인 공익의 실체는 존재한다고 보았다.

② 공익 실체 부정설

다음으로 공익 실체 부정설이다. 공익의 실체를 부정하는 견해는 국가의 이익이란 실체는 근본적으로 존재하지 않는다고 본다. 이러한 입장은 다시 두 가지로 구분해 볼 수 있다. 즉, 공익의 존재를 근본적으로 부정하는 견해와 공익의 존재를 구성원의 임시적 합의 상태인 가설의 형태로 보는 견해이다.

첫째, 공익이라는 실체를 근본적으로 부정하는 견해는 공익이란 단지 국가 이익으로 포장한 특수집단의 이익일 뿐이라고 본다. 엘리트 이론가들은 국가정책은 소수 엘리트나 지배계급의 이익을 반영할 수 있을 뿐이라고 말한다. 또한 마르크스(Karl Marx)는 자본주의 국가는 자본가들의 이익을 보존하기 위한 위원회에 불과하다고 폄하한다.

둘째, 자유주의 다원주의적 시각이다. 여기서 공익이란 다양한 개인과 이익집단이 일정한 절차를 거쳐서 합의한 합리적 선택의 결과이다. 따라서 공익은 선거나 시대적 배경에 따라 다르게 합의될 수 있다. 따라서 공익의 보편적 실체는 시대나 집단이 선택하는 과정 속에서 존재하는 것이며, 시대가 합의한 규범에 불과한 것으로 본다. 따라서 시대나 역사에 따라 공익의 모습은 다르게 규정될 수 있다.

제3절 행정의 수단적 가치

여기서는 행정의 수단적 가치를 합리성, 민주성, 합법성, 형평성으로 분류하여 검토하고자 한다. 물론 논자에 따라서는 이러한 수단적 가치를 행정의 본질적 가치라고 주장할 수도 있다. 가치의 분류와 평가는 주관적이고 상대적일 수 있기 때문이다.

1 합리성

합리성(rationality)은 문자로만 본다면 이치에 합하게 행동하는 것(合理)을 의미한다. 그러나 이러한 합리성의 개념도 다양한 학문 영역에서 다양한 의미로 이해되고 있는데, 행정학에서 말하는 합리성은 주로 베버(Max Weber)와 사이먼(Herbert A. Simon)을 중심으로 논의되고 있다.

1) 합리성의 개념과 유형

베버는 목표를 달성케 하는 올바른 행동이 합리적인 것이라고 주장한다. 즉, 베버의 합리성은 점성술과 같은 주술적·신비주의적 판단과 감성적 감정적 판단과 대립되는 개념으로, 이성을 통한 합목적적 판단 작용을 의미한다. 베버는 합리성의 종류를 실천적 합리성(practical rationality), 이론적 합리성(theoretical rationality), 실질적 합리성(substantive rationality), 그리고 형식적 합리성(formal rationality)으로 구분했다(김형렬, 1990: 186-192).

사이먼은 합리성을 "행위의 결과가 평가될 수 있는 가치 체계의 관점에서 바람직한 행동 대안을 선택하는 것"으로 보았다(Simon, 1976: 77). 즉, 주어진 조건과 제한 속에서 목표를 달성하는 데 필요한 적절한 수단을 선택하는 행위를 합리적 행위라고 본 것이다. 따라서 사이먼은 합리성을 목표와 연결하는 기술적, 과정적 개념으로 이해했다. 사이먼은 합리성을 실질적 합리성(substantive rationality)과 절차적 합리성(procedural rationality)으로 구분하기도 했고, 후에는 주관적 합리성과 객관적 합리성, 의식적 합리성과 의도적 합리성, 조직적 합리성과 개인적 합리성 등 다양한 형식으로 구분하기도 했다(김형렬, 1990: 187-192; Simon, 1976: 76-77).

2) 합리성의 요소

이런 맥락에서 보면 행정의 합리성이란 목표를 적정하게 달성하고자 하는 과정에서 추구하는 수단적 가치로서 능률성, 효과성, 경제성, 과학성의 요소를 포함하는 포괄적 개념으로 이해할 수 있다.

(1) 능률성

합리성의 첫 번째 요소는 능률성(efficiency)이다. 능률적 행정은 합리적 행정이라고 할 수 있는 것이다. 능률성은 일반적으로 '투입에 대한 산출의 비율' 혹은 '비용과 효과의 비율'로 정의된다. 전자는 좁은 의미의 양적·가시적인 개념인데 대해, 후자는 투입에 대한 단순한 산출만이 아닌 효과까지 포괄하는 넓은 의미의 개념으로 이해된다. 일찍이 디목(Marshall Dimock)은 능률은 "행정학에서 최고의 복음이며, 능률의 결여는 일종의 죄악(a crime)으로 간주된다"고까지 말했다(Dimock, 1951: 125). 여기서 능률은 기계적 능률과 사회적 능률로 구분되기도 한다. 기계적 능률은 투입된 비용에 대해 금전적·양적인 결과만을 중시하는 능률관인데 대해, 사회적 능률은 조직 내 구성원 간의 인간 관계를 중시하는 인간관계론적 시각에서의 능률관이다.

(2) 효과성

둘째는 효과성(effectiveness)이다. 효과성은 일반적으로 목표 달성의 정도(degree of goal attainment)를 의미한다. 따라서 효과성은 합목적성이라고 표현할 수 있다. 효과성이 목표 지향적이라면 능률성은 비용이나 투입에 대한 양적 산출에 역점을 두는 과정 지향적인 개념으로 서로 구분된다. 따라서 효과성은 합목적성이라고 부를 수도 있다. 비용이 많이 들어 능률성이 떨어지더라도 목표를 달성할 수 있는 데 기여할 수 있다면 이는 효과적이라고 평가할 수 있는 것이다.

(3) 경제성

셋째는 경제성(economy)이다. 경제성은 절약성이라고 표현할 수도 있다. 적은 비용으로 동일한 산출을 이루어냈을 때 경제적이라고 말할 수 있다. 경제성은 능률성에서 산출이라는 변수를 상수로 하고 투입이라는 비용 변수를 줄이려는 노력이다. 아무리 산출이 극대화되고, 목표가 달성되었다고 하더라도 기대 이상의 비용이나 과대한 비용이 투자되었다면 그 행위는 결코 합리적이라고 할 수 없을 것이기 때문이다.

(4) 과학성

마지막으로는 과학성(scientific)이다. 과학성이란 용어도 명확하지는 않지만, 여기서는 논리성, 실증성, 객관성 등의 요소로 정의해 볼 수 있다. 논리적 절차와 경험적·객관적 검증 절차를 거친 대안은 그렇지 못한 대안과 비교해서 합리적일 수 있다. 신비주의나 계시, 주관적 직관 등에 의존하는 대안의 선택은 합리적 대안의 선택 과정이라고 할 수 없는 것이다.

2 민주성

현대 민주국가에서 행정의 가치로서 민주성은 궁극적 가치로 주장할 수 있다. 여기서는 민주성을 절차적 과정적 측면에서 보아 행정의 민주성을 수단적 가치로 구분했다.

1) 민주성의 개념과 유형

행정에서 민주성이란 행정이 민주주의 기본 가치를 실현하는 수단으로, 국민을 중심으로 하는 국민을 위한 행정을 수행해야 한다는 것이다.

이러한 민주성이란 결과적 민주성과 과정적(절차적) 민주성을 생각해 볼 수 있다. 결과적 민주성은 행정의 결과가 국민과 주민에게 이익이 되어야 하는 것을 의미하지만, 과정적 민주성은 행정의 절차가 국민이 중심이 되고, 국민이 참여한 가운데 토론과 합의를 통해 이루어져 한다는 것이다. 여기서는 민주성을 과정적 가치를 중심으로 검토하고자 한다.

2) 민주성의 요소

어떤 것이 민주적 절차인가는 다양한 견해가 있을 수 있으나 여기서는 민주성을 참여성, 대응성, 공개성의 세 가지 요소를 중심으로 설명해 보기로 한다.

(1) 참여성

첫째는 참여성(participation)이다. 민주주의는 말 그대로 일반 시민이 주인이 되는 정치 체제이다. 따라서 행정의 주체로서 시민의 참여가 보장되어야 한다. 행정 고객인 주민들이 자신들의 이익과 관련되는 정책 결정과 집행에 참여할 수 있어야 주인으로서의 행세를 할 수 있는 것이다. 시민이 모든 정책 과정에 실질적 주권자로 참여할 수 있을 때 민주행정은 실현된다.

(2) 대응성

둘째는 대응성(responsiveness)이다. 민주주의는 국민을 위한 정치·행정 체제를 운영해야 한다. 따라서 행정은 시민의 요구에 대응하는 시민을 위한 행정을 수행할 수 있어야 민주행정의 가치가 실현된다고 볼 수 있다. 민주주의가 정착되기 이전의 행정은 왕과 귀족 같은 지배자의 이익에 대응하는 행정이었지만, 현대 민주사회에서의 행정은 시민의 이익을 반영하고, 그에 반응하는 행정을 수행해야 한다는 것이다. 즉, 시민의 이익에 대응하는 행정을 민주적 행정이라고 할 수 있는 것이다.

(3) 공개성

셋째는 공개성(openess)이다. 민주사회에서 정보의 공개는 시민을 행정의 주체가 될 수 있도록 하는 기본적 환경이다. 이러한 공개성은 투명성과 연결된다. 행정의 투명성은 민주행정의 핵심 요소의 하나로 공개성을 함축하는 개념이다. 행정이 투명성과 공개성을 보장하지 않는다면 민주주의와 거리가 먼 밀실행정과 비밀행정이 되어 종국적으로 공직의 독선과 부정부패를 초래하는 원인으로 작용할 수 있다.

3 합법성

법치국가에서 행정은 기본적으로 법이 정하는 바에 따라 이루어져야 한다. 바꾸어 말해, 법치행정이 곧 행정의 합법성(legality)이라 할 수 있다.

근대 민주사상의 대두와 더불어 태동한 시민혁명은 왕이 가지고 있던 국가 권력 중 입법권을 박탈하여 행정부로 하여금 의회에서 제정한 법률을 재량권의 행사 없이 집행하도록 요구했다. 이것이 법치행정의 모태가 되었으며, 법치행정은 시민권의 보장과 자유의 신장에 역점을 두던 입헌국가 시대에 탄생한 이념이다.

이런 맥락에서 합법성은 국가 권력으로부터 개인의 권리를 보호하려는 이념의 소산이다. 그러나 현대 국가에서 국민의 자유와 복지를 증진하기 위해 행정 기능이 확대되고 강화됨에 따라 행정재량권도 증대되었다. 행정재량권의 증대는 국민의 자유와 복지를 증진시키는 순기능도 있지만 재량권을 자의적으로 행사할 수 있는 역기능도 있다. 따라서 재량권의 남용을 방지해야 한다는 주장이 강조되고 있다.

법치주의에 근간을 두고 있는 합법성은 행정재량권 남용의 방지를 위한 주요한 이념이요 가치이기도 하다. 왜냐하면 법치주의의 원리에 의하면 국가의 모든 권한은 법으로부터 나오며, 그 권한을 행사하는 행정행위는 법률에 근거하여 그 정당성이 인정되기 때문이다. 반면 행정에서 합법성이 지나치게 강조될 때 공직자는 규정과 법에 얽매어 융통성과 창의성을 결여할 위험도 있다. 관료제가 지나치게 법규정에 따라 공직자를 교육시키고, 그리고 엄격하게 법규정을 행정에 적용하도록 강요할 때 오히려 비능률(inefficiency)과 '훈련받은 무능(trained incapacity)'도 초래하게 된다. 또한 합법성의 지나친 강조는 법규 만능주의로 흘러 형식 위주의 행정으로 유도되기 쉽다(백완기, 1998: 49).

위와 같은 점으로 인해 행정의 합법성은 공무원들이 법을 바탕으로 행정 업무를 수행하되 법의 형식에만 매몰되지 말고 여타 가치들의 도움을 받아 법의 정신과 의도를 깊이 있게 헤아리며 행정을 수행하는 지혜를 요구한다.

4 형평성

형평성(equity)은 평등이라는 본질적 가치의 한 영역에서 논의될 수도 있을 것이다. 그러나 여기서 말하는 형평성은 과정적 가치로서 평등성이다. 형평성을 여기서는 기회의 균등성과 절차의 공정성이라는 두 가지 요소로 제시해 보기로 한다.

첫째, 기회의 균등성이다. 기회의 균등이라는 사회적 가치의 배분 과정에서 신분, 종교, 성, 지역, 인종, 빈부의 차이 등에 차별을 하지 않고 동일한 기준으로 대우하는 것을 의미한다. 영어 시험장에 들어가는 누구는 사전을 가지고 가게 하고, 누구는 빈손으로 시험을 보게 한다면 이는 기회를 불평등하게 부여하는 것으로 형평에 어긋나는 것이다. 기회의 균등성은 모든 구성원에게 동일한 기회를 부여하는 것으로, 위에서 말한 기회의 평등, 출발점의 평등과 유사한 개념이라고 할 수 있다.

둘째, 과정의 공정성(fairness)이다. 이는 가치 배분의 과정에서 동일한 게임의 규칙을 적용하는 것이다. 축구시합의 경우 심판이 동일한 규칙으로 시합을 운영해야 한다. 유럽 팀은 반칙을 해도 눈감아주고, 아프리카 팀은 사소한 반칙에도 가혹한 벌칙을 준다면 이는 과정의 공정성을 결여한 것으로 형평성에 어긋나는 것이다.

제4절 행정가치의 갈등과 조정

행정의 가치 중에서 본질적 가치와 수단적 가치 간에 갈등이 유발될 수 있고, 본질적 가치 간에, 그리고 수단적 가치 간에 갈등도 유발될 수 있다. 여기서는 자유와 평등, 민주와 능률의 가치 갈등 문제를 검토해 보고자 한다.

1 자유와 평등

자유와 평등 간에는 근대 민주주의의 역사와 더불어 끝없는 논쟁의 대상이 되어 왔다. 자유를 강조하면 할수록 평등은 그만큼 제약을 받고, 반면 평등을 강조하면 할수록 자유는 그만큼 침해를 받는다고 주장되었다.

그러나 자유를 단순히 '강제와 억압이 없는 상태'라는 소극적인 개념보다 '개인 능력의 계발'이나 '기회의 보장'이라는 적극적인 개념으로 파악할 때 서로 결합될 수 있다는 강력한 주장도 있다(Barker, 1942; Rejai, 1967: 38).

즉, 자유와 평등과의 관계를 상호 대립 또는 모순적인 관계로 파악할 것이 아니라 상호 보완적인 관계로 보아야 한다는 것이다. 왜냐하면 평등이 없다면 자유는 배타적이고 억압적인 권력으로 작용할 수 있기 때문이다. 특정의 개인이 정치적 권력을 독점하여 자유를 누리게 된다면 민주주의는 위협받게 될 것이고, 대중의 자유는 억압을 당하게 될 것이다. 대중이 평등하게 정치적 자유를 향유하게 될 때 민주주의는 실현될 수 있다(이종은, 1989: 166; Ross, 1952: 130-135). 요컨대, 민주주의 사회에서 자유도 향유하면서 평등을 확보하려면 두 가지를 조화시켜야 한다.

자유는 절제가 없는 방종이 되어서는 안 될 것이며, 평등은 획일화된 무조건적인 평등이 되어서도 안 될 것이다. 자유와 평등이 조화롭게 보장되는 사회를 만드는 역할을 담당해야 할 실체가 정부인 동시에 행정가들이다.

2 민주성과 능률성, 능률성과 가외성

민주성은 구성원들의 참여 과정 속에서 적법한 절차를 밟아서 의사 결정을 하는 것이므로 신속하고 빠른 결정을 요구할 수도 있는 능률성과 대립할 수 있다.

그러나 리더십 연구의 결과에 따르면 민주적 리더십이 가장 좋은 성과를 내는 것으로 조사되었다. 권위적 리더십은 단기적으로는 능률적으로 일을 처리하고 성과를 내는 것처럼 보이지만, 장기적으로 보면 민주적 리더십이 구성원의 자발적 참여를 유도하여 성과를 높이는 능률적인 리더십으로 평가되었다. 또한 의사 결정 과정에의 비참여집단과 참여집단을 비교 연구하여 보면 참여집단이 절차는 복잡하지만 결과적으로 훨씬 더 높은 성과를 얻어내는 것이 관찰되었다(유종해, 1987: 260-261). 따라서 이러한 연구 성과들을 보면 민주성과 능률성은 반드시 대립되는 개념은 아니며 상호 보완적일 수 있다고 보는 것이다.

능률성과 대립되는 개념으로 가외성(加外性, redundancy)이 논의되기도 한다. 가외성이란 부가적으로 수행하는 것, 추가하여 중복적으로 업무를 수행하는 것이라는 의미가 있다(백완기, 1998: 140-148). 따라서 행정의 가외성은 행정의 중첩성, 중복성을 옹호하는 개념으로 행정의 능률성과 대립되는 개념이다.

그러나 행정의 가외성 확보는 행정의 불확실성을 감소시키고 안정성을 확보하는 긍정적 효과가 있다. 예컨대 통상 업무를 외교부와 산업통상자원부에서 중첩 처리하거나, 가족복지 업무를 보건복지부와 여성가족부에서 중복 처리하는 경우, 서비스의 안정성과 보충성, 유사시 보완적 기능을 수행할 수 있는 것이다. 따라서 가외성이 반드시 반능률적인 행정의 가치와 대립되는 비합리적 가치라고 보기만은 어렵다는 것이다.

3 가치 갈등의 조정: 열린 마음, 열린 사회

사람들이 자신이 주장하는 가치의 정당성은 주관성을 가지고 있으므로, 어느 가치가 절대적으로 정당성을 가진다라고 주장하기 어렵다. 각각의 가치의 기준이 각각 다르기 때문이다.

따라서 가치 갈등이 존재할 수 있다. 그런데 이러한 가치 갈등을 조정하기 위해서는 가치의 다양성과 다원성을 인정하는 열린 마음의 자세가 우선되어야 한다. 자신의 가치만을 완벽하고 정당하다고 주장하는 폐쇄된 마음의 자세로는 가치의 갈등을 조절하거나 치유할 수 없기 때문이다.

쿤(Thomas S. Kuhn)은 자연과학의 이론이라고 할지라도 절대적인 것은 없으며, 시대에 따라 변한다고 보았다. 이론이란 단지 그 시대에 사람들의 합의한 것일 뿐이고,

그러한 시대가 합의한 이론을 패러다임(paradigm)이라고 불렀다.

이렇게 자연과학적 지식도 변화하는 과정 속에서 존재하는데, 인간의 주관적 판단의 세계인 윤리나 가치에 관한 추상적 지식은 더 말할 나위 없이 가변적이다.

따라서 가치 갈등을 조정하는 기본 자세는 열린 마음을 가지고 열린 토론이 가능한 사회, 즉 열린 사회가 전제되어야 할 것으로 보인다. 이러한 열린 사회에서는 서로의 가치를 상대화시켜 토론할 수 있기 때문에 갈등을 조절할 수 있는 기회가 훨씬 많아지는 것이다.

생각과 토론 문제

❑ 다음의 이슈를 중심으로 생각해 보고 논의해 봅시다.

1. 최근 이슈가 되고 있는 정책 가운데 관심 있는 정책을 살펴보고, 이 정책이 추구하는 가치가 무엇인지 생각해 보자. 각자가 생각하는 가치를 다른 학우들과 논의해 보자.

2. 정책 논의나 입법 과정에서 정부/여당과 야당이 주장하는 논점을 분석하고, 행정가치의 측면에서 어떤 가치들이 충돌하고 있는지 살펴보고 토론해 보자.

3. 일선 공무원이 담당하는 행정 문제를 찾아보고, 이러한 행정 문제에 내포된 행정가치가 무엇인지 생각해 보고, 다른 학우들의 생각을 공유하고 토론해 보자.

4. 오늘날의 행정환경 속에서 우선시되어야 한다고 생각하는 가치가 무엇인지 논리적으로 설명하고, 이에 대하여 토론해 보자.

5. 한국 행정의 역사와 발달 과정 속에서 어떤 행정가치가 우세하였는지 생각해 보고, 논의해 보자.

03

행정학 이론의 역사와 발전

제1절 행정학 연구의 태동

행정은 인류의 문명만큼 오래된 현상이다. 인류 역사의 대부분에서 사람들은 정치나 정부, 그리고 행정에 관해 관심을 가졌으며, 많은 저술이 공공 분야나 행정의 본질에 대해 쓰여졌다. 그러나 공공 분야에 대한 다양한 연구와 실천들이 이루어졌다고 하더라도 흩어져 있는 사상들이 독립된 학문 분야를 이룰 수 있는 것은 아니다. 비록 공공 분야를 다룬 많은 현명한 조치가 있었다고 하지만, 행정이 독립된 분야로 연구되기보다는 정치경제, 군사조직 혹은 종교 활동의 한 부분으로 다루어졌던 것이다 (Caiden, 1971: 29).

맥커디(H. E. McCurdy)는 한 학문 분야가 성립했는가는 첫째, 그 분야의 핵심적인 가치나 지식, 이론이 있는가, 특히 독보적인 명성을 얻은 선구적 학자(founders)가 있는가, 둘째, 연구 대상이 되는 독특한 영역이 있는가, 셋째, 그 학문 분야의 명칭을 사용하는 대학이나 학술집단이 있는가로 판단할 수 있다고 했다(McCurdy, 1972: 9). 이런 측면에서 본다면 행정학은 그 연구 대상으로서의 역사성에도 불구하고 17세기 이전에는 독립된 학문 분야로 자리매김하기 어려우며, 대학에서의 독립된 학문 분야로 다루어진 것은 20세기 초반에 이르러서이다.

17세기는 유럽에서 행정이란 용어가 등장하기 시작한 때로서 군주의 활동이 공공 문제를 다루는 공적 영역과 그의 개인 영역을 다루는 사적 영역으로 나뉘는 시기이다. 또한 교회와 국가가 분리되고 일정한 영토의 범위 내에서는 정부가 다른 사회적 기관들에 대해 지배력을 갖게 되는 시기이다. 그러므로 이때부터 정부의 활동은 독자적인 학문적 관심의 영역이 되었다고 할 수 있다.

프러시아에서는 정부 서비스를 수행할 잠재적 관료를 준비시키기 위해 행정에 대한 체계적 연구가 시작되었는데, 이에는 절대국가(absolutist state)의 통치를 위해 필요한 모든 지식 분야가 다 포함되었다. 이러한 프러시아의 행정에 관한 관방학(官房學, Kammeralwissenschaft) 모델은 이후 유럽의 다른 국가에도 도입되었다.

그러나 유럽에서의 행정학 연구는 행정법을 중심으로 한 것이었으며, 행정은 제2차 세계대전 이후까지도 법과 분리된 독자적 영역을 확보하지 못했다. 이러한 행정법 중심의 정부 연구는 아시아나 아프리카, 남아메리카 등의 식민지 국가들에 전파되었으며, 이 지역에는 아직까지 행정법 중심의 행정학 전통이 강하게 남아 있다(Caiden, 1979: 31).

한편 미국은 19세기 후반부터 급속한 경제 발전과 함께 국제 사회에서의 지위를 인정받기 시작했다. 그러나 민간 부문의 발달을 뒷받침해야 할 공공 부문의 발달은 미약했으며, 정부는 부패의 문제로 시달렸다. 따라서 정부 부문의 개혁의 필요성이 강하게 대두되었으며, 19세기 말과 20세기 초 사이에 진행된 개혁운동은 행정학이 태동하는 데 충분한 양분을 공급했다.

일반적으로 미국 행정학은 그 기원을 1887년 윌슨(Woodrow Wilson)이 발표한 「행정연구(*The Study of Administration*)」란 논문에 둔다. 이 논문에서 윌슨은 정치와 행정의 분리를 주장했다. 이는 정부의 활동 가운데서 가장 가시적인 부분인 행정, 즉 정부 집행을 관심 영역으로 제시한 것이며, 이 부분에 대한 능률성 문제를 연구 주제로 삼은 것이다. 따라서 정치학에서 분리된 새로운 학문 영역이 나타나게 되었다. 이러한 미국의 행정학은 독일에서 비롯한 유럽의 행정학이 행정법학에 압도된 것에 반해, 사실상 현대 행정학의 본류를 형성하게 되었다.

제2절 유럽의 행정학

1 독일 행정학의 발달

CHAPTER 03

독일에서의 행정학은 관방학(官房學, Kammeralwissenschaft)[1]이란 명칭으로 빌헬름 1세(Friedrich Wilhelm I)가 관료 양성을 목적으로 1727년 할레대학과 프랑크푸르트 암 오데르대학의 학위 과정에 강좌를 설치하면서 출범하게 되었다. 초기의 관방학은 여러 사회과학이 미분화된 상태로 혼재되어 있었으며, 특히 재정학적 성격을 강하게 띠고 있었다(유훈, 1993: 52).

그러다가 18세기에 접어들어 계몽전제주의를 배경으로 경찰국가 체제의 정비와 함께 고유의 관방학(재정학)으로부터 경찰학이 하나의 독립된 학문으로 분화되었다. 경찰학의 토대를 마련한 유스티(Johannes Heinrich Gottlob von Justi)는 국가 목적을 국가 재산의 증대와 유지, 그리고 국가 재산의 유효한 사용으로 구분하여 전자를 다루는 정치학과 경찰학을 후자를 다루는 재정학으로 분리시켰으며, 정치학은 국가 재산의 유지의 전제가 되는 대내외적인 안전의 문제를 다루고, 경찰학은 국가 재산의 증대와 유지를 그 임무로 한다고 구별했다. 프랑스혁명 이후에는 민주사상이 부각되는 가운데, 국가에 대한 시민의 권리 문제가 중요한 관심사로 떠오르면서 경찰학은 행정법학으로 대체되었다.

슈타인(Lorenz von Stein)은 국가와 구별되는 자기 법칙적 영역인 (시민)사회를 국가와 사회를 이원적으로 파악했다. 그리고 이에 기초하여 국가 원리를 국가 의사 형성으로서의 헌정(Verfassung)과 국가 활동으로서의 행정(Verwaltung)으로 구분했다. 헌정은 국가라는 유기체를 구성하는 개인이 국가의 의사 결정에 참여하는 국가적 권리이며, 행정은 국가의 여러 기관에 의해 수행되는 국가 활동을 의미한다.

슈타인 행정학의 기본 틀은 국가와 사회의 분리, 그리고 국가의 역할을 완수하기

---

1) 관방(官房)은 관청에 있는 방, 즉 관리들이 일을 보는 사무실이라는 의미이다. 그런데 이는 우리나라에서는 잘 쓰지 않는 일본식 행정 용어이다. 일본의 총리부에는 총리를 수행하고 보좌하여, 국무를 총괄 관리하는 관방대신(官房大臣)이 있다. 관방학은 우리나라 식으로 표현하면 관청학(官廳學)이나 총무학(總務學) 혹은 국무학(國務學) 정도가 될 것이다.

위한 조직 내지 기능으로서의 헌정과 행정의 분리에 기초하여 형성되어 있다. 그러나 이러한 슈타인의 연구는 당대에 끝나고, 독일에서는 행정법학이 행정과학의 주역으로 등장했다. 이는 19세기 후반의 독일에서는 법치국가 이념이 지배적 이데올로기를 형성하고 있었기 때문이다.

2 영국 행정학의 발달

행정학이 공공 서비스의 제공을 위한 제도적 배열(institutional arrangements)을 연구하는 학문 분야라고 정의된다면(Hood, 1987: 504), 영국에서는 행정 연구가 이미 18세기경부터 활성화되었다고 볼 수 있다. 예를 들어, 스미스(Adam Smith)는 공공 서비스를 제공하는 조직의 규모와 전문화의 정도는 그 조직이 봉사하는 고객의 수에 따라 달라져야 함을 지적했으며, 공공 서비스의 제공 면에서 경쟁 제도가 도입되어야 능률성과 소비자의 편익을 높일 수 있고, 공무원의 보수 체계에 성과급 제도를 도입해야 그들의 무사안일성을 타파할 수 있다고 역설한 바 있다. 또한 벤담(Jeremy Bentham)도 당시의 관료제가 제공하는 공공 서비스가 국민이 내는 공공요금이나 세금에 비해 터무니없이 열악함을 비판하며, 공무원의 업무 집행 수준을 향상시킬 방안의 하나로서 그들의 보수 수준을 획기적으로 높일 것을 제안했다. 그렇게 하는 것이 우수한 인력을 확보하고 그들을 지속적으로 공공 부문에 묶어 두며 부패를 방지할 수 있는 방안이 될 수 있다고 보았던 것이다(Hood, 1986).

한편, 밀(John Stuart Mill)도 공공조직의 효과성에 관심을 보여, 한 부서가 하나의 정책을 전담하도록 해야만 책임성을 확보할 수 있고, 이에 따라 효과성을 높일 수 있다고 보았으며, 공무원의 채용 시에 정치적 임명이 아닌 전문가적 능력이 그 선발 기준이 되어야 한다고 주장했다(Hood, 1990: 108). 이러한 고전적 연구들이 영국 행정학 발달에 기름진 토양을 제공했으며, 이는 20세기의 전·후반기에 걸쳐 더욱 현대적인 의미의 행정 연구로 전개되었다.

1900년대 초에서 1960년대 말에 이르기까지 영국에서 가장 특기할 만한 추세 중의 하나는 공공 부문의 확대였다. 이러한 현상을 반영하여 영국 행정학은 그 확대하는 국가기구의 역사, 구조, 기능, 권력 관계 등을 분석하고 그 기구들이 어떻게 작용하고 있으며, 얼마나 효과적으로 업무를 수행하고 있는가를 주된 연구 대상으로 삼았다.

즉, 1960년대 말에 이르기까지의 '전통적 행정학(traditional public administration)'은 제도적 접근법을 채택하고 있었으며, 사례 연구를 그 주된 방법으로 사용했다. 한편 페이비언주의자들(Fabians)의 신념－사회비판(social criticism)과 행정공학(administrative engineering)－에서 드러났던 바와 같이 당시 영국의 행정학자들은 실질적이고 구체적인 문제 해결에 더 많은 관심이 있었으며, 영국의 경험을 추상적인 이론으로 발전시키는 데는 별다른 노력을 기울이지 않았다(Rhodes, 1996: 507-508). 당시의 영국 행정학은 정치와 행정의 구분을 받아들이지 않았으며, 윤리적 이상을 강조하고 있었다. 즉, 행정은 고차원의 사회를 이루어 나가기 위한 수단이며, 좀 더 구체적으로는 공중(公衆)에게 양질의 재화와 용역을 제공하고, 나아가 그들의 행복과 안녕을 보장해 주는 수단이라는 것이다(Thomas, 1978).

그러나 1970년대 들어 영국 행정학에 큰 변화가 일어나기 시작했다.[2] 그 변화의 동인은 기존 행정 연구에 대한 신진 학자들의 불만이었으며, 이는 영국 학자들의 미국 행정학 도입으로 더욱 구체화되었다. 미국에서 도입된 신진 행정 연구 분야는 조직론과 정책학이었다. 공식적 조직의 구조와 행태를 설명코자 하는 조직론은 전통적 행정학을 포괄하는 연구 영역으로 여겨졌고, 특히 "조직의 효과성은 보편적 관리 원칙이 아닌 조직구조와 그것의 환경 간의 적합도에 달려 있다"는 통찰을 제시한 '상황이론(contingency theory)'은 영국의 학자들에게도 적극 수용되어 영국의 경험을 기반으로 한 일련의 연구－애스턴(Aston) 연구로 알려져 있음－를 낳게 되었다. 그러나 이러한 연구 결과들은 상황과 조직구조 간의 관계가 상황이론이 제시한 것만큼 그렇게 명확하지 않음을 밝혀냈다.[3] 또한 상황이론의 방법론으로는 상징적 행위나 조직의 권력 과정을 제대로 다룰 수 없음이 드러났다. 그 결과 1970년대 말에 이르러 상황이론은 그 빛을 잃게 되었지만, 조직이론 자체는 행정학의 한 주요 분야로서 위치를 확고히 하게 되었다.

조직론과 더불어 도입된 정책학은 미국에서와 마찬가지로, 정책 과정의 기술(記

2) 1970년대 이후의 영국 행정학 발전에 대한 자세한 내용은 Rhodes(1995, 1996), Hood(1990) 등을 볼 것.
3) 후드와 던사이어는 Bureaumetrics라는 기법을 개발하고 이를 이용하여 이상의 판단을 공공 부문에서 확인했다(Hood & Dunsire, 1981).

述), 설명, 그리고 예측에 관심을 기울이는 정책 연구(policy studies)와 실제 정책과 정책 과정을 개선코자 하는 처방적 성격의 정책분석(policy analysis)으로 분화되어 발전되었으며, 정책학은 1970년대와 1980년대 전반기를 통해 영국 행정학계에 제도화되었다. 그러나 정책학의 발전에도 영국적인 요소가 가미되었는데, 이는 개별 정책 영역에서의 구체화된 연구가 주된 흐름을 형성했으며, 일반적인 수준에서의 추상화된 정책분석 연구는 그리 활발하지 못했다는 데서 나타났다.

1980년대에 들어 영국 행정학의 영역을 넓히는 데 도움을 준 것은 유럽 대륙에서 건너온 네오 마르크시스트(neo-Marxist) 국가이론과 미국에서 온 합리적 선택론(rational choice)이었다. 그러나 영국 행정학자들과 실무담당자들은 드디어 외국 이론의 수용을 넘어서 자생적인 이론을 개발해 내기 시작했다. 예를 들어, 1970년대의 조직론과 정책학을 계승한 한 학자군은 '정책망(policy networks)'이론을 발전시켰다. 이는 정책 과정에 참여하고 있는 행위자, 그들의 역할, 관계, 그리고 그 관계를 규정하고 있는 게임의 규칙을 파악하는 데 초점을 두는 접근법을 말한다(Rhodes, 1986).

국가이론 계열은 '이중국가(dual state)'이론(Saunders, 1982)과 '후기 포드주의'(Jessop, 1990) 등의 연구 성과를 낳았으나, 국가론은 영국 행정 연구의 주류를 이루지는 못했다. 합리적 선택론도 주류의 위치를 차지하지 못하고 있다는 점에서는 국가론과 마찬가지라 하겠으나, 특기할 점은 미국에서 개발된 관료제 연구(Niskanen, 1971)를 대체할 만한 연구 성과를 냈다는 점이다. 던리비(Dunleavy, 1991)는 관료제의 '예산극대화(budget-maximization)' 모형을 비판하고, 합리적인 관료, 특히 고위관료는 자신의 부서를 계선 기능에서 참모 기능으로 변화시키려는 전략을 채택할 것이라는 내용의 '부서 형성(bureau-shaping)' 모형을 제시했다.

1980년대와 1990년대를 거치며 영국 행정 연구의 주류를 형성하게 된 분야는 '신공공관리(new public management)'이다. 신공공관리의 주된 관심사는 공공 서비스의 제공에 들어가는 비용을 줄이는 데 있으며, 좀 더 구체적으로는 공공관료제의 독점적인 공공 서비스 제공에 반론을 제기하여 공공 영역에 경쟁의 개념을 도입하고, 나아가 성과급 등 사부문의 경영기법을 공공관료제에도 적용하는 등, 공공 영역에서도 '관리' 개념을 확고히 하자는 것이다. 이는 1970년대 말 이후 영국에서 주도적인 정치세력을 형성한 신우익(new right)의 이념을 반영하고 있다. 따라서 이러한 신공공관리의 아이디어는 실무가, 경영 컨설턴트, 그리고 신우익 계열의 연구소 등에서 나왔으며, 그들의 아이디어는 18세기 스미스와 벤담 등의 고전적 연구와 지적인 연계를 맺고 있다.

1980년대를 거쳐 자생력을 확보한 영국 행정학은 1990년대에 들어, 일면 신공공관리에 대한 이론화를 시도하고(Hood, 1991; Pollitt, 1993), 다른 한편에서는 신공공관리를 비판하며 대안적인 행정의 개념을 제시하면서 발전해 나가고 있다(Ranson & Stewart, 1989; Dunleavy & Hood, 1994).

제3절 미국 행정학의 발달

미국은 오늘날 전 세계적으로 확산되어 있는 행정학의 생성, 발전에 선도적인 역할을 해오고 있다. 따라서 미국 행정학의 발달 과정이 현대 행정학 자체의 발전과 거의 동일시된다.4)

1 행정학의 태동(1887~1910년)

건국 초기 미국은 기존의 엘리트(gentry)를 중심으로 한 상식적인 교양인에 의한 정부 관리를 추구했다. 그러나 19세기 후반 미국의 산업화가 급속하게 진전되면서 행정은 사회적 변화에 대처하지 못하고 정부의 비능률, 부정부패, 서비스의 질 저하 등의 어려움을 겪게 되었다.

4) 초대 재무장관인 해밀턴(Alexander Hamilton)은 유능한 행정가인 동시에 강력하고 효과적이며 행동 지향적인 정부를 추구하는 국가 중심주의자였다. 정부 역할의 확대, 행정권의 집중화, 행정관료의 전문화를 주장한 그는 현실적이며 효율적인 행정을 통한 강하고 큰 미국의 건설을 꿈꾸었다. 해밀턴은 건국 초기 미국 정부의 초석을 다지는 데 큰 역할을 했으나 자유와 민주주의를 추구하는 다수의 미국민에게 인기 있는 지도자는 아니었다. 반면 독립선언문을 기초하고 제4대 대통령을 지낸 제퍼슨(Thomas Jefferson)은 국민을 유일한 주권자로 생각하여 정부에 대한 통제, 개인의 권리와 자유, 대중의 행복 추구를 강조하고 목가적인 농촌사회에 기초를 둔 작고, 검소한 정부를 옹호했다. 제퍼슨은 최소의 행정이 최선의 행정이라고 보았으며, 분권화와 주민참여, 행정통제의 필요성을 강조하여 민주주의 이념을 실현하는 데 기여했다. 그의 생각들은 현대적 행정학의 발전 과정에서는 크게 빛을 보지는 못했으나 미국 정치의 기본 사상을 형성했고 1960년대 말 신행정학을 통해 재조명되었다.

1829년 당선된 미국의 잭슨(Andrew Jackson) 대통령은 기존 엘리트 중심의 공직 배분 관행을 개선하기 위해 평민도 공직을 담당할 수 있는 엽관제를 도입했다. 잭슨 대통령은 공직 임용의 기준을 선거에서의 기여도에 두었던 엽관주의(獵官主義)를 채택하면서, 엽관주의가 민주주의 발전에 기여할 것으로 기대했으나, 당초의 생각과는 달리 오히려 민주주의적 정부의 존속을 위태롭게 했다.

1870년대부터 시정개혁운동(municipal reform movement)이 전개되었고, 1880년에는 영국의 공무원 제도를 연구한 이튼(Eaton)보고서가 출간되어 실적제의 수립에 광범위한 영향을 미쳤다. 1881년에는 전국공무원개혁연맹이 조직되어 공무원 개혁운동이 광범위하게 전개되었다. 같은 해 선거 후 공직 배분에 불만을 품은 청년에 의해 가필드(James A. Garfield) 대통령이 암살된 사건은 공무원 제도 개혁에 직접적 계기를 마련해 주었다. 그 결과 1883년에는 펜들턴법(Pendleton Act)이 제정됨으로써 행정의 정치적 중립과 실적주의 인사 제도가 실현을 보게 된 것이다(유종해, 1987: 506).

1894년에는 시정개혁운동의 연합체로 전국도시연맹이 결성되었고, 1906년에는 뉴욕시정조사국(New York Bureau of Municipal Research)이 설립되었다. 특히 뉴욕시정조사국은 좋은 정부를 구현하기 위한 실천적 방안과 도시 운영에 필요한 과학적 연구를 수행했다. 조사국은 당시 민간 영역에서 인기를 모으던 테일러(Frederick W. Taylor)의 과학적 관리법을 정부에 도입하여 시정에 절약과 능률을 도모하고자 했으며 공무원훈련원을 설립하기도 하는 등 행정학이 성장하는 계기를 마련했다.[5)]

이러한 시기에 윌슨(Woodrow Wilson)은 1887년 유명한 「행정연구(*The Study of Administration*)」라는 논문을 발표함으로써 현대 행정학 발전의 큰 획을 긋는 계기를 마련했다.[6)] 윌슨은 정치와 구분되는 영역으로서 행정의 영역이 있음을 주장하고, 정치적 투쟁과 구분되는 국가 관리의 영역으로서 행정에 대한 독자적 연구가 필요함

---

5) 이 기구는 뉴욕 시정의 합리화를 위해 유럽에 조사단을 파견하고 또 자체조사 연구에 의한 시정 개혁을 도모했다. 뉴욕 시의 성공적인 활동에 영향을 입어 다른 도시 및 주정부에서도 잇따른 연구 활동을 했으며, 특히 행정은 현지에 나가 객관적으로 연구해야 한다는 실증주의적 방법이 제시되었다. 이러한 행정조사운동은 미국 행정학의 성장에 밑거름이 되었으며 뉴욕 시정조사국이 창설된 1906년을 미국 행정학의 시작으로 보는 견해도 있다.

6) 흔히 현대 행정학의 출발을 그의 논문에서 찾으려는 견해가 일반화되어 있다. 윌슨은 그의 논문에서 행정을 정치와 구별시켜 이해하려고 한다. 그는 "행정의 영역은 업무(business)의 영역이며, 행정은 정치의 고유 영역 밖에 존재하고 행정 문제는 정치 문제가 아니다"는 정치·행정이원론을 주장했다. 절대군주제하에서 발전된 유럽의 행정을 받아들여 미국의 민주적 정치 체제와 조화롭게 발전시켜 나가야 한다고 주장한 그의 논문은 미국 행정학의 방향을 결정짓는 데 확고한 영향을 끼쳤다.

을 역설했다. 이를 계기로 정치학과 구분되는 학문 영역으로서 행정학이 비로소 독자적인 학문적인 정체성을 갖추기 시작했다. 따라서 윌슨의 논문이 출간된 1887년을 현대 행정학의 출발로 간주하는 것이다.

이와 비슷한 맥락에서 굿노(Frank J. Goodnow)는 『정치와 행정(*Politics and Administration*)』(1900)에서 정부에는 국가 의사를 표현하는 정치와 그 집행을 다루는 행정의 두 영역이 있다고 지적했으며, 화이트(Leonard D. White)는 『행정학입문(*Introduction to the Study of Public Administration*)』(1926)에서 정치는 행정에 간섭해서는 안 되며 행정은 관리의 영역이라고 주장했다.

참고 3-1 현대 행정학의 개척자 윌슨

행정학에서 윌슨(W. Wilson, 1856~1924)은 행정학의 시작을 알리는 「행정연구(*The Study of Administration*)」라는 논문을 쓴 행정학의 개척자로 알려져 있다. 그런데 이 윌슨은 민족자결주의를 부르짖어 1919년 우리나라의 3 · 1운동에 영향을 주어 우리에게 잘 알려져 있는 미국의 제16대, 제17대 대통령과 동일 인물이기도 하다.

윌슨은 1856년 미국의 남북전쟁(1861~1865)이 일어나기 5년 전 미국의 남부연합의 수도가 있는 버지니아 주에서 목사의 아들로 태어났다. 그는 젊은 시절의 방황을 마무리하고 30세에 박사학위를 받고 1887년 31세의 나이에 「행정연구」라는 현대 행정학의 시작을 알리는 역사적 논문을 발표하게 된다. 이 논문은 정치학 법학의 세계로부터 독립된 연구 분과인 행정학이라는 새로운 사회과학의 정립 필요성과 방법을 제시하고 있다는 점에서 행정학의 주춧돌과 같은 기념비적 논문으로 주목할 수밖에 없다.

그는 이후 프린스턴대 총장을 지내다가 민주당 대통령 후보로 나서 미국의 제16대, 제17대 대통령으로 두 번 당선되었다. 그는 제1차 세계대전을 겪으면서 세계 평화 체제를 구축하기 위한 국제연맹을 주도하여 노벨평화상을 받기도 했다. 윌슨은 미국을 대표하는 5명의 대통령 중의 하나로 기억되기도 했다. 윌슨은 1924년 만 68세의 나이로 숨을 거두었다.

2 행정학의 발전기(1911~1950년)

정치와 행정을 엄격히 구분해야 한다는 정치 · 행정이원론을 토대로 형성된 행정학은 과학적 관리법 및 고전적 조직이론과 접목되면서 독자적인 학문 영역을 구축하게 되었는데, 구체적으로 능률과 절약의 행정의 원리를 발견하고자 노력했다.

1911년 테일러(F. W. Taylor)『과학적 관리론(*Scientific Management*)』, 1926년 화이트(L. D. White)『행정학입문(*Introduction to the Study of Public Administration*)』, 1927년 윌로비(W. F. Willoughby)의『행정학의 원리(*Priciples of Public Administration*)』, 1937년 귤릭과 어윅(Gulick & Urwick)이 편집한『행정과학논집(*Papers on the science of Administration*)』 등은 이 시대의 주요 저작물이다.

테일러는『과학적 관리론』에서 시간과 동작의 연구를 통해 최선의 능률적인 방법을 찾아낼 수 있는 과학적 원리를 발견할 수 있다고 보았고, 윌로비는『행정의 원리』에서 행정은 순수한 기술적 과정이며 행정의 과제는 절약과 능률을 확보하고 과학적 원리를 찾아내는 것임을 강조했다. 귤릭(Luther Gulick)은『행정과학논집』에서 조직설계의 원리로서 명령 통일의 원리, 통솔 범위의 원리, 부성화(部省化)의 원리 등을 제시했으며, 관리 활동의 원리로서 POSDCoRB를 주장했다.7)

그러나 초기의 행정학은 1940년대에 들어 두 가지 측면에서 강한 비판에 직면하게 되었다. 첫째는 정치・행정이원론에 대한 비판이다. 고스(John M. Gaus, 1950)는 원리 추구가 과학화에 집착하여 행정을 외부 환경이 도외시된 비현실적인 존재로 만들었다고 지적했고, 애플비(Paul Appleby, 1949)는 정치와 행정은 구분될 수 없는 것이라고 보았다.

두 번째는 과학방법론에 대한 비판이다. 사이먼(Herbert A. Simon)과 달(Robert A. Dahl) 등은 기존에 제시된 행정의 원리 자체도 검증되지 않은 격언에 불과하다고 논박하면서 초기 행정학의 과학성에 의문을 제기했다. 행정의 원리라는 것도 철저한 검증을 거쳐 제시되는 논리 실증주의 방법에 의해 도출되어야 한다고 보았던 것이다. 이러한 방법론은 행태주의라는 과학주의적 접근법을 형성하게 된다. 즉, 행태주의는 논리실증주의 방법론에 치중하여 행정학에서 사실 과학의 이론적 토대를 정립하고자 했다.

이러한 행정학의 발전기는 행정학이 학문적 분과 학문으로서 실질적 토대를 구축한 시기라고 할 수 있는데, 이러한 흐름 속에서 1939년 미국행정학회(American Society for Public Administration)가 창립되었고, 1940년에는『미국행정학회지(*Public Admin-*

7) 귤릭은 최고관리자의 관리 기능으로 기획(Planning), 조직(Organizing), 인사(Staffing), 지휘(Directing), 조정(Coordinating), 보고(Reporting), 예산(Budgeting)을 제시하고 그 머리글자를 따서 POSDCoRB라는 조어를 만들었다.

istration Review)』가 창간되었다.

3 행정학의 성숙기(1951~1970년)

1930년대의 뉴딜정책과 제2차 세계대전을 거치면서 행정부의 역할과 규모는 확대되었다. 행정의 정책형성 기능이 강화되었으며 관료의 재량권도 증가하게 되었다. 행정부의 정책입안 기능이 확대되면서 전통적인 정치와 행정의 구분은 비현실적인 것이 될 수밖에 없었다.

이 시기의 주요 흐름은 비교발전행정, 신행정학, 관리과학, 정책과학의 발전 등으로 구분해 볼 수 있다.

1950년대에 들어서면서 미국은 제2차 세계대전 이후 세계의 지도 국가로 부상하고, 냉전 체제에 대응하기 시작한다. 이 과정에서 아시아, 아프리카 등에 대한 미국의 원조가 시작되면서 개발도상국의 행정 체제 문제가 관심을 끌게 되었다. 이러한 제3세계 행정에 대한 비교 연구는 미국행정학회(ASAP)에 설치된 비교행정그룹(CAG, 1960)을 중심으로 활발하게 전개되었다. 리그스(Fred W. Riggs) 등을 중심으로 전개된 비교행정 연구는 전후 개발도상국 행정에 대한 기술 원조 과정에서 미국의 효율적 원조 체제 관리라는 필요성에서 출발했지만, 각국의 비교 연구를 통한 행정학의 과학성 제고와 일반화된 행정이론의 개발에 기여하기도 했다. 발전행정은 개발도상국에 대한 관심과 함께 국가 발전을 위한 행정의 적극적 역할이 강조되면서 발전을 위한 전략과 처방을 제시하는 데 주안점을 두었다.

1960년대는 행정학에서 가치 문제를 다루는 신행정학(new public administration)이 탄생했다. 미국 사회의 민권운동과 학생운동, 빈곤과의 전쟁 프로그램은 전문성과 과학성을 추구하는 기존 행정학에 대해 새로운 저항의 조류를 초래하기도 했다. 이러한 시대의 흐름에 맞추어 1968년 미국의 미노브루크(Minnowbrook)에 소장 학자들을 모여서 이른바 새로운 행정학의 필요성을 제기했던 것이다. 이러한 신행정학 운동은 기존의 능률 지향적이고 가치중립적인 행정학의 비실천성을 비판하면서 적실성, 형평성, 참여, 민주적 가치에 기초한 새로운 행정이론 정립의 필요성을 주장했다. 행정학은 이제 소극적 관리 현상에 머무르는 것이 아니고 사회적 문제를 적극적으로 해결함으로써 인간에 기여할 수 있는 가치 지향성을 가져야 한다고 본 것이다.

이 시기는 대체적으로 그동안 주류 학문의 방법론으로 간주되어 왔던 실증주의나 행태주의가 후기행태주의에 의해 비판을 받게 되는 시기이다. 후기 행태주의는 사실과 가치는 분리될 수 없는 것으로, 사회과학은 인간의 문제를 해결할 수 있는, 인간에게 도움을 주는 실천과학이 되어야 함을 지적한다. 따라서 후기행태주의와 신행정학은 기본 가치를 공유하고 있다고 볼 수 있다.

이러한 맥락에서 도출된 학문적 경향이 정책과학(policy science)이다. 1950년 라스웰(Harold D. Laswell)은 「정책 지향(*Policy Orientation*)」이라는 논문에서 인간 사회의 문제 해결에 적극 참여하는 실천과학으로서 정책과학의 필요성을 제기한다. 정책과학은 소극적인 관리라는 기존의 행정학을 넘어서 적극적 사회 문제 해결을 위한 사회공학으로서 행정학의 방향을 제시했다.

이 시기의 주요한 흐름 중에 또 다른 하나는 관리과학(management science)의 발전이다. 관리과학은 사이먼의 행태주의와 의사결정론이론을 좀 더 체계적으로 발전시킨 것으로 수학과 컴퓨터의 발전으로 좀 더 엄밀하고 계량적인 관리 방법을 추구한 것이다. 이는 운영연구(operations research), 의사 결정 과학(decision science)으로 불리기도 한다. 이러한 흐름 속에서 1955년에는 『행정과학지(*Administrative Science Quarterly*)』가 창간되었다.

4 현대 행정학(1970년 이후)

1970년대 이후 행정학의 큰 흐름은 합리적 개인, 경제적 인간을 전제로 하는 경제학적 접근법의 도입이다. 이 시기에는 프리드먼(Milton Friedman)과 하이에크(Friedrich August von Hayek)와 같은 신자유주의자들의 철학이 지배력을 행사하기 시작했다. 이들은 정부의 역할은 최소한에 미쳐야 하며, 궁극적인 자원 배분은 수요 공급의 가격기구가 결정적인 영향력을 행사하는 시장의 원리가 중심이 되어야 한다고 보았다.

이러한 흐름 속에서 행정학에서는 공공선택론, 신제도주의론, 신공공관리론, 거버넌스론 등이 대두되었고 현대 행정학의 주류 이론을 형성했다.

공공선택론(public choice)은 인간을 경제인(economic man), 자기 만족을 극대화하고자 하는 합리적 선택의 주체로 이해한다. 정책의 선택이나 선거 과정을 경제학적 시각에서 접근하는 것으로 정치의 경제학적 접근 방법이라고 할 수 있다.

신제도주의(new institutionalism)는 경제학에서의 거래비용(transaction cost) 개념을 토대로 제도 변화의 동태적 과정을 중점적으로 연구하기 시작했다. 신제도주의는 제도를 기술하는 데 중점을 둔 구제도주의와는 달리, 제도를 하나의 독립적 결정 변수로 이해한다.

신공공관리론(new public management)은 20세기 후반에 시장 원리에 기초한 행정이라는 새로운 차원의 관리주의 패러다임을 형성했다. 신공공관리는 시장 원리에 충실한 기업가적 정부라는 대원칙에 따라 나름대로의 다양한 세부 처방을 제시하고 있다. 이를 통해 정부조직의 경쟁력을 강화하고, 생산성을 높이고자 하는 것이다.

참고 3-2 행정학 이론 발달의 연표

1727년: 프러시아의 빌헬름 1세(Friedrich Wilhlem I) 때 할레대학과 오데르대학에 관방학 강좌 설치
1776년: 미국의 독립선언
1829년: 미국 대통령 잭슨(A. Jackson) 당선, 엽관제 도입
1881년: 미국의 가필드(J. A. Garfield) 대통령 암살
1883년: 미국의 직업 공무원제를 확립한 펜들턴법(Pendleton Act) 제정
1887년: 윌슨(W. Wilson)의 논문 「행정연구(*The Study of Administration*)」 발표
1900년: 굿노(F. J. Goodnow)의 『정치와 행정(*Politics and Administration*)』 출간
1911년: 테일러(F. W. Taylor)의 『과학적 관리론(*Scientific Management*)』 출간
1921년: 영국왕립행정학회(Royal Institute of Public Administration) 창설
1922년: 영국의 『행정학회지(*Public Administration*)』 발간 시작
1922년: 독일의 베버(M. Weber)의 『관료제(*Bureaucracy*)』 발표
1926년: 화이트(L. D. White) 『행정학입문(*Introduction to the Study of Public Administration*)』 발간
1927년: 윌로비(W. F. Willoughby)의 『행정학의 원리(*Priciples of Public Administration*)』 발간
1937년: 귤릭과 어윅(Gulick & Urwick)이 편집한 『행정과학논집(*Papers on the science of Administration*)』 발간. 행정가의 기능으로 POSDCoRB 제시
1938년: 버나드(C. I. Barnard)의 『관리자의 기능(*The Functions of the Executive*)』 발간
1939년: 미국행정학회(American Society for Public Administration) 창립
1940년: 『미국행정학회지(*Public Administration Review*)』 창간

1945년: 사이먼(H. A. Simon) 『행정행태론(*Administrative Behavior*)』 발간
1948년: 왈도(D. Waldo)의 『행정국가론(*Administrative State*)』 발간
1949년: 애플비(P. Appleby)의 『정책과 행정(*Policy And Administration*』 발간
1951년: 라스웰(H. D. Laswell)의 「정책지향(*Policy Orientation*)」 논문 발표
1955년: 『행정과학지(*Administrative Science Quarterly*)』 창간
1971년: 마리니(F. Marini)가 편집한 『신행정학을 향하여(*Toward A New Public Administration*)』 발간
1973년: 오스트롬(V. Ostrom) 『미국행정학의 지적 위기(*The Intellectual Crisis in American Public Administration*)』 발간
1981년: 하몬(M. M. Harmon)의 『행정학의 행위이론(*Action Theory for Public Administration*)』 발간
1992년: 오스본과 게블러(D. Osborne & T. Gaebler)의 『정부재창조(*Reinventing the Government*)』 발간
1996년: 웜슬리와 울프(Gary L. Wamsley & James F. Wolf)의 『민주행정 재정립(*Refounding Democratic Public Administration*)』 발간
2015년: 덴하르트(J. V. Denhardt)와 덴하르트(R. B. Denhardt)의 『신공공서비스(*The New Public Service: Serving Not Steering*)』 발간

거버넌스(governance)란 말은 아직도 다양한 의미로 활용되고 있다. 거버넌스라는 용어는 그리스어 어원을 가진 '키를 잡다(to steer)'라는 의미의 어원을 가지고 있는데, 이는 하나의 사회나 조직이 스스로 조정 또는 키를 잡아가는 과정이라는 의미를 갖는다(Resell, 1999: 1). 이러한 거버넌스는 국가 중심 체제인 구거버넌스(old governance)와 시민 중심 체제인 뉴거버넌스(new governance)로 나눌 수 있는데, 현대 행정학에서 관심을 가지는 영역은 뉴거버넌스의 영역이다. 구거버넌스가 국가가 주도하는 일방향적 관리 체제를 의미하는 데에 비해, 뉴거버넌스는 국가, 시민사회, 시장 등 다양한 사회 단위가 공동으로 참여하여 네트워크를 형성하고, 이를 통해 사회 문제를 해결해 나가는 상호 관계의 협력적 관리 체제를 의미한다.

1990년대 말 이후, 신공공관리론 확산에 대한 비판과 더불어, 행정의 본질에 대한 성찰이 한편으로 등장한 바, 직업공무원제를 옹호하는 '행정재정립운동(refounding public administratio movement)'이 웜슬리(G. Wamsley et al., 1990; Wamsley & Wolf, 1996) 등이 주도하였으나, 큰 영향을 미치지는 못하였다.

신자유주의적 이론을 토대로 한 다양한 현대 행정학의 이론들은 2008년 미국 금

융 위기 속에서 커다란 위기에 직면하게 된다. 미국의 경제 위기는 결국은 시장이 만능이 아니라는 것을 증명했던 것이다. 이후 국가의 적극적 개입을 통해 문제가 해결되어 가는 과정을 거치면서 시장의 역할 대한 대안의 모색과 정부의 역할에 대한 새로운 성찰 필요성이 대두하게 되었다.

신공공관리론의 한계를 지적하면서 신공공서비스론(new public service)이 등장하여 경영과 달리 행정이 본질적으로 추구해야 하는 바에 더욱 관심을 기울이면서 행정이 나가야 할 바를 제시하고 있다(Denhardt & Denhardt, 2007).

제4절 한국의 행정학

1 한국 행정학의 발달 과정

한국 행정학은 미국 행정학을 도입하면서 시작되었는데, 여기서는 그 발달 과정을 5단계로 나누어 고찰해 보기로 한다.

첫 번째 발달 단계로 1955년에서부터 1960년대 중반까지를 살펴보면 이 시기는 주로 미국의 행정학이 한국에 도입되는 시기이다. 정인홍의 『행정학』 교과서가 1955년에 발간된 것을 한국 행정학의 기점으로 삼고 있는 이 시기에 행정학의 주요 주제는 전통적 행정학이 고전적 관심 영역이었고 방법론적 입장은 역사적 · 규범적 접근방법을 취했으며, 1956년의 '한국행정학회'의 전신인 '한국행정연구회'가 창설되었고, 1958년 김동원, 이한빈, 민병태, 정인홍, 윤세창, 조효원들에 의한 화이트(Leonard D. White)의 『행정학입문(*Introduction to the Study of Public Administration*)』이 공역되었다. 또한 5 · 16군사정변으로 인해 미군의 관리학에 영향을 받은 군대행정의 지배적 영향력 등이 이 시기를 대표하는 주요 활동이다. 이 시기는 미국 행정학이 한국에 수용되는 시기로 한국 행정학의 입장에서 보자면 발아기(發芽期) 또는 맹아기(萌芽期)라고 볼 수 있다(김운태, 1969: 34 참고).

이 시기의 행정학은 우리나라의 대학에 학과로 도입되었는데 1946년 8월에 서울대학교 법과대학 내에 행정학과가 설치되고, 1948년에 부산대학교 법과대학에 행정학과가 설치되었다. 서울대나 부산대는 행정법학적 행정학을 위주로 교과 과정이 운영되었던데 비해, 관리 중심의 기능적 행정학은 1957년 연세대학교에 행정학과가 설치되면서 본격적으로 가르쳐지기 시작했다. 그 후 1959년에 서울대학교 행정대학원이 설립되었으며, 이후 많은 대학과 대학원이 설립되어 제도적으로 정착되어 갔다.

두 번째 발달 단계로는 1960년대 후반으로 지금까지의 무비판적 수용과 모방에 대한 스스로의 반성과 나름대로 한국 현실을 포용할 수 있는 일반이론이나 적어도 한국 현실에 적합한 좀 더 토착화된 중범위 이론의 정립 가능성을 조심스럽게 탐색했던 시기이다. 한국의 행정 현상을 인식 대상으로 하여 역사적 분석을 시도하거나 사례 연구를 중점으로 실시했으며, 1960년대 중반 이후 이한빈, 박동서, 박문옥 등이 주축이 되어 미국의 비교·발전행정을 도입함으로써(강신택, 1971: 150-152) 토착화 논의가 학계를 중심으로 서서히 형성되었음이 이 시기의 주요 활동이다.[8] 이 시기는 토착화를 위한 문제를 의식하고 그에 대한 접근을 시도했다는 점에서 한국 행정학의 입장에서 보면 한국 행정학의 유년기(幼年期)라고 볼 수 있다.

세 번째 발달 단계로는 1970년대 초반으로 기존의 규범적인 연구방법론에 대한 불만과 유학파를 중심으로 한 신진 학자군의 형성으로 서술적인 접근이나 규범적인 기존의 방법론에서 실증주의적, 과학적 연구 방법으로 그 정향이 바뀐 시기이다. 특히 이들은 행태론적 접근 방법을 주로 사용했으며, 1960년대 후반부터 일기 시작한 한국 행정학의 토착화 지향과 접목되어 한국 행정관료의 행태에 관한 연구가 많이 쏟아져 나왔다. 그리고 이러한 학문적 흐름에 힘입어 1970년대 초에 박동서의 『한국행정론』이 나오고, 1973년에 조석준의 『조직론』 등이 나옴으로써 기존 행정학의 연구와 현재의 흐름을 한국 행정의 차원에서 재조명하려는 노력이 경주되었던 한국 행정학의 성장기(成長期)이다.

네 번째 발달 단계로는 1970년대 후반 이후로 관리과학과 정책과학의 대두와 새

---

8) 이한빈 등의 노력으로 비교 및 발전행정을 이 땅에 도입시켜 들여왔지만 시대적 상황 발전의 본질적 의미, 발전 목표 및 그 상위 논리 내지 기본 정책형성 등에 대한 폭넓은 논의가 없었고, 정치적 리더십에 의해 권위적으로 설정된 과업 성취에만 관심을 기울임으로써 발전행정의 본질에 대한 이해와 장점을 충분히 살리지 못했으며, 미국 행정이론의 지방주의(parochialism)를 극복하고 더 높은 수준의 이론화, 과학화를 지향하여 좀 더 후진국 행정 문제에 깊은 관심을 표명할 수 있는 비교행정에 대해 본질을 왜곡하고 경시함으로써 이러한 이론모형을 통해 한국적 햄정 현상을 주체적으로 이론화하려는 작업이 시도되지 못했다.

로운 토착화를 위한 진통기로 볼 수 있다. 테일러(Frederick W. Taylor)에서 시작된 관리과학이 1970년에는 행태론적 과학주의와는 달리 기술 지향적이며 최적화를 위한 처방을 강조해 계량적 도구를 이용하여 효과적인 계획, 통제 및 의사 결정을 가능케 했다. 또한 이 시기는 관리과학이 포용하지 못하는 인본주의적 가치관을 보충해 줄 수 있는 정책과학이 대두된 시기로, 정치학과 행정학을 다시 결합시키려는 노력이 경주되었던 시기이다. 한국 행정 현실의 조망, 미국 행정학의 새로운 각도에서의 도입(관리, 능률적 행정학에서 탈피해 신행정학, 정책과학이론의 수용), 이런 미국 행정이론의 한국 현실에의 실제 적용이 시도된 시기였다고 볼 수 있으나 독자적인 한국 행정이론들이 개발되지 못하고 원용과 부분적 적용이라는 조건부적 발전을 이루고 있다. 하지만 한국에 대한 관심, 바꿔 말하면 이 땅의 행정학을 한국적인 것으로 토착화하자는 관심과 열의가 과거 그 어느 때보다 높았고 뜨거웠던 시기로 한국 행정학의 성숙기(成熟期)로 볼 수 있다.

CHAPTER 03

마지막 단계는 1980년대부터 1990년대와 현재에 이어지는 것으로, 외국의 행정학 이론을 수입하더라도 그것을 한국의 실정에 합당하게 적용해야 한다는 인식이 일반화되었을 뿐만 아니라 스스로 한국의 것을 찾고 구축하려는 시기로, 한국 행정학의 정착기(定着期)로 볼 수 있다. 조석준(1981: 서문 1-2)은 한국을 강조하는 부분이 많다고 해서 그것이 학문적 쇼비니즘은 아니라고 전제하고 이제 한국 행정학계에도 온당한 비례 의식(sense of proportion)이 있어야 함을 주장했는데, 이것은 많은 학자가 토착화의 의미, 내용과 그 방향이 비판적 성찰 속에서 어떻게 이루어져야 하는가에 관심을 갖고 한국 사회와의 적실성이 높은 이론 수정을 위한 필요성과 노력을 기울이는 이 시기의 정서를 잘 반영해 주는 것이다.

2 한국 행정학 발전 과정의 평가

이상으로 한국 행정학의 시간적 변천에 준거한 행정 발전 과정을 고찰해 보았는데, 여기서 도출해 낼 수 있는 결론은 다음과 같다.

첫째, 미국 행정학이 절대적으로 한국 행정학에 대해 영향을 끼쳤다는 것이다. 정인흥의 최초의 교과서도 독일 및 미국에서의 행정학 연구 전통을 체계적으로 기술했으며, 미국 행정학의 고전적 관심 영역을 주로 다루었고 국제협조처(ICA)의 노력도 바로 이러한 것을 입증시킨다.9)

둘째, 최근으로 올수록 행정학의 토착화를 지향하는 자의식 수준이 높아지고 있으며, 이러한 의식의 흐름이 점차 연구에 반영되고 있다. 이러한 경향에 따라 점차 한국 사회가 이들의 인식 대상으로 부상되고 있으며, 한국 행정학의 발전에 기여하게 되는 것이다.

셋째, 연구방법론에 대한 관심이 계속 고조되어 왔으며, 특히 계량화에 치중하는 실증주의적 연구의 중요성이 크게 강조되다가 이러한 방법론이 지니는 한계와 새로운 행정 현상과 학계의 학문적 관점의 변화 등으로 인해 가치 중심적이고 규범적인 연구가 균형을 이루는 방향으로 발전해 나가고 있다는 점이다. 최근의 신제도론적인 접근이나 포스트모더니즘적 접근은 이러한 한 실례(實例)가 된다. 사실상 초기의 한국 행정학은 미국 행정학의 무비판적 수용에 치우친 감이 있고, 이러한 와중에서 대체로 정치·행정이원론을 바탕으로 고전적 원리, 원칙 중심의 전통적 행정학을 주요 내용으로 했다. 방법론도 서술적이며 규범적이고 역사적인 접근 방법을 중심으로 미국 등의 외국의 예를 주로 제시하고 모자이크식으로 조립함으로써 그로 인해 행정학을 보는 자의 가치나 철학이 일관성이나 체계성이나 이론상의 구조적 결함을 자아냈으며, 한국적 현실에 대한 조망은 거의 전무한 상태였다. 그러나 1970년대에 들어서서는 이러한 경향이 역전되기 시작하여 서술적이고 규범적인 접근에서 경험적이고 실증적인 연구 방법이 서서히 비중을 높여 나갔으며, 특히 세련화된 분석기법을 활용한 계량화 작업이 크게 진전되어 나갔다. 실제로 외국 이론을 그대로 답습하던 단계를 벗어나 한국적 현실에서 외국의 이론을 경험적으로 조망해 봄으로써 외국 이론의 한국에서의 타당성 여부를 가늠해 주고, 더 나아가선 한국 행정 상황의 인식을 위한

---

9) 미국 정부의 ICA 프로그램에 의해 대한기술원조사업의 일환으로서 대한민국 정부 및 서울대학교와 미국 미네소타대학교 간의 교환 프로그램이 체결되고 이것에 의거하여 1956년 미국 미네소타대학교에 있는 공공행정센터(Public Administration Center)의 행정학과 교수인 와프(George A. Warp)가 내한하여 구체적인 원조계획에 관한 조사연구를 했다. 그의 연구 보고에 따라 행정이론과 그 응용 방법을 연구하며 아울러 선도적인 고급공무원을 양성하는 기관으로 1959년에 행정대학원을 설치했으며, 동시에 1957년과 58년에 위의 계획에 따라 국내 학계와 실무계에서 각기 11명씩 장차 행정대학원과 국립중앙공무원교육원의 교수요원 후보자를 선발하여 미네소타대학교에 파견해 행정학을 연구토록 했다. 또 1957년과 58년에는 9명의 미국 교수와 약간명의 공무원 훈련 실무가를 초청하여 동 대학원과 동 교육원의 운영을 위해 각기 협조토록 했다.

통찰력을 높여줌으로써, 독자적인 한국 행정이론의 개발을 위한 기반을 다져주기도 했다. 바로 이러한 것을 이루기 위한 수단으로서 계량적인 실증주의적 연구와 다차원적인 학제간 연구, 그리고 좀 더 깊은 가치·규범적 틀을 지닌 현상학적 연구나 해석학, 그리고 포스트모던적인 방법론을 활용한 연구들이 큰 의미를 지니고 발전되어 가고 있다.

넷째, 정치·행정이원론의 영향이 컸던 이유에서 그러한지는 확실치 않으나 행정은 능률이나 생산성을 제고하는 것이 제1의 목적이란 의식이 팽배되어 있고 민주성, 인간성, 사회적 형평 등에 대한 가치적 문제는 도외시되어 온 듯하다. 능률이나 생산성 자체도 이러한 가치적 요인과는 불가분의 관계에 있는 것이고 양자 간에 행정 목표를 이루기 위해선 긴밀한 상관성과 연계성이 존재해야 됨에도 불구하고 이에 대한 관심이 부족했다는 점이다. 최근에 와서 정책과학과 신제도론, 그리고 포스트모더니즘의 수용과 신행정학의 도입 및 전파와 관련되어 나타난 인식론적 논쟁, 그리고 한국 정부 자체 내의 의식개혁의 필요성, 미국에서의 「전국 정부기관 실적 검토 보고서(Report of the National Performance Review)」와 공화당 주도로 미국 의회의 "미국과의 계약(Contract with America)" 등에서 제기된 행정개혁 철학에 관련된 영향 등으로 가치적 문제에 대한 관심이 제고되고 있긴 하지만 아직도 1960년대와 1970년대의 발전지향적, 능률지상주의의 열기는 그리 쉽게 식지는 않은 듯하다.

다섯째, 한국의 현실적 행정 수요와 특히 그 미래 수요에 대한 분석 시각의 결여로 필요한 연구 분야를 앞서서 개발하는 노력이 결여되어 왔다. 미국의 행정학을 소화시키고 그 토대 위에 한국적 현실과 부합되는 행정학을 이룩하려고 많은 노력을 해왔으나 아직도 그러한 노력의 주종은 과거에서의 탈피, 현실 적용이란 측면에 안주해 왔다. 그러나 한국의 행정 현실은 결코 정적인 상혼이 허락되지 않는 동적인 상황이 강요되고 있으며, 이러한 것은 특히 선진국을 향해 발돋움해야 하는 한국에서는 불가피한 실정이다. 발전된 외국의 이론을 취사선택하여 수용해야 할 뿐만 아니라 한국적 현실에 맞게 소화시키고 그 토대 위에 새로운 한국적인 이론을 개발해야 하는 이중적 어려움을 갖게 되는 것이다. 따라서 현실적 적용에만 급급할 것이 아니라, 장기적 관점에서 미래까지 조망해 볼 수 있는 분석 시각이 필요하며, 그에 근거한 연구가 시도되어 한국 행정의 미래상을 정립시켜 나갈 수 있어야 한다.

생각과 토론 문제

❑ 다음의 이슈를 중심으로 생각해 보고 논의해 봅시다.

1. 근대 절대주의 국가에서 행정이 발전하게 된 이유를 논의해 보자.

2. 유럽 행정학의 발달과 미국 행정학의 발달의 두드러진 차이가 무엇인지 논의해 보자.

3. 19세기 후반 미국 행정학의 연구와 발달 필요성이 대두되게 된 배경을 찾아보고 논의해 보자. 현재의 행정환경과 비교하여 달라진 점과 유사한 점은 무엇인지 토론해 보자.

4. 21세기 AI시대의 행정의 모습을 생각해보고, 연구 과제를 도출해 보자.

5. 한국 행정학의 발전 과정을 살펴보고, 한국 행정학의 발전 방향을 토론해 보자.

04

행정학의 학문적 성격과 접근법

행정학이 사회과학의 한 분과로서 존재하기 위해서는 다른 학문과 구분될 수 있는 학문적 실체가 필요하다. 1887년 윌슨(Woodrow Wilson)이 정치 현상과 구분되는 영역으로 행정 연구의 필요성을 강조한 이래, 100여 년이 훨씬 넘는 세월에도 불구하고 아직까지 행정학의 실체에 대한 합의된 의견은 존재하지 않는다. 여기서는 그동안의 연구 성과를 검토하면서 행정학의 학문적 성격과 접근법을 모색해 보기로 한다.

제1절 행정학의 학문적 성격

학자에 따라 행정학의 본질이 무엇인가에 대한 의견이 다르더라도 행정학 분야의 학자 또는 학생이라면 다른 학문과 차별화되는 행정학의 정체성이 무엇인가를 검토하고 이해할 필요가 있다. 따라서 이 장에서는 행정학이 다른 학문 분야와 차별화되는 특징들에 대해 검토해 보고자 한다.

1 사회과학의 한 분과 학문

학문 세계는 고대 그리스 로마의 철학에서 시작했다. 철학은 자연과학, 인문학, 사회과학을 포괄하는 개념으로 학문, 진리 탐구의 노력과 동의어로 이해되었다. 소크라테스, 플라톤 같은 관념론자와 마찬가지로 피타고라스 같은 수학자도 철학자의 분류에 속했으니 이 당시 철학은 모든 학문을 총칭하는 개념이었던 것이다.

이러한 철학에서 과학이 분리되어 나오기 시작한 것은 14세기부터이다. 이때부터 시작된 인간 이성의 부활, 과학적 방법의 발견은 다양한 학문 분야 독립의 계기가 되었다. 철학에서 검증과 경험, 객관성을 중시하는 과학이 분리되었고, 과학은 다시 자연과학, 사회과학, 인문과학으로 구분되고 세분화되어 왔다.

행정학은 이 중 사회과학(social science)에 속한다. 사회과학은 과학의 한 영역으로서 객관적이고 엄격한 과학적 방법을 강조하는 면에서 자연과학과 비슷하지만, 연구 대상이 인간과 사회라는 점에서 우주와 생물 등 자연 현상에 초점을 두는 자연과학과는 구분된다. 또한 사회과학은 인간의 삶을 주요 연구 대상으로 한다는 면에서 인문과학과 유사하다. 그러나 인문학이 개개인의 삶에 주요 관심을 두는 반면, 사회과학은 개인과 함께 집단적 사회 활동에도 관심을 둔다는 면에서 구분된다. 그리고 인문학과 비교하여 상대적으로 객관적이고, 법칙적이며, 실증적 지식을 탐구한다.

2 다양한 사회과학 분야와 연관된 종합 학문

현대 행정학의 발상지로 알려진 미국 행정학의 경우 19세기 말 정치학을 모태로 하여 탄생한 반면, 20세기 초에는 당시 학문적으로 크게 성숙하기 시작한 경영학의 영향을 받아 관리적 접근이 강조되기도 했다. 미국 행정학보다 훨씬 이전으로 거슬러 올라가는 슈타인(Lorenz von Stein)의 독일 행정학이나 이를 받아들인 일본식 행정학은 행정법학을 토대로 출발하여 법적·제도적 접근법이 강조되었다. 현대에 와서는 대부분 학문이 타학문과의 연계와 통섭(consilience)이 강조되고 있고, 행정학도 예외는 아니다.

이처럼 현대 행정학은 다양한 학문 분야의 영향을 받으면서 진화해 왔고, 최근에도 다른 학문 분야와의 다양한 교류가 강조된다는 면에서 종합 학문의 성격을 띤다.

행정학은 정치학으로부터 행정의 이념, 환경, 과정 등에 대한 지혜를 얻어 오고, 경영학에서는 관리의 기법에 관한 지혜를 빌려 오며, 법학으로부터는 행정 제도와 과정 및 규칙에 대한 지혜를 얻는다. 이 밖에도 행정학은 심리학, 사회학, 경제학, 문화 인류학, 역사학 등의 다양한 학문 영역과 이론적 토대를 공유하고 있다.

3 실천적 · 도구적 성격이 강한 응용 학문

CHAPTER 04

과학은 순수과학(pure science)과 응용과학(applied science)으로 구분된다. 순수과학은 수학, 물리학, 생물학과 같이 학문의 기초이론의 성격을 가진다. 반면 응용과학은 이러한 기초지식을 활용하여 인간의 생활 속에 실질적으로 적용하는 데 초점을 둔다. 예를 들면, 공학, 의학 등 응용과학 분야는 단순히 지적 호기심을 넘어서 순수과학 분야의 기초 지식을 현실 세계에 적용함으로써 인간의 삶의 질 향상이나 문제 해결에 직접적으로 공헌하게 된다.

행정학은 사회과학이면서 응용과학이다. 즉, 행정학은 정치학, 법학, 사회학, 경제학 등의 순수사회과학 지식을 활용하여 실질적으로 공공 부문 조직을 관리하거나 사회 문제 해결을 모색한다는 점에서 실천적 도구적 성격이 강한 응용 사회과학이라고 볼 수 있다.

의학이 사람들의 삶에 기여하기 위해서는 인간의 질병에 대한 과학 지식뿐만 아니라 질병을 진단하고 치료할 수 있는 의사의 전문적 기술이 필요하다. 이러한 면에서 왈도(Dwight Waldo)는 행정학은 과학과 기술의 적절한 조합을 요구하는 점에서 의학과 공통점을 갖는다고 보았다(Waldo, 1968).

즉, 행정학은 사회 문제 해결에 실질적으로 기여하기 위해 정치학, 사회학, 경제학 등의 기초 사회과학에서 제공하는 지식을 이해하는 것뿐만 아니라 그러한 지식을 활용하여 문제를 진단하고 처방을 내리며 실천할 수 있는 전문적(professional) 기술이 요구된다는 점에서 '사회적 의학'으로 간주될 수 있다.

4 과학과 기술, 예술의 영역을 포괄

행정학의 실천적 성격은 단순한 지식 획득을 넘어서서 실제 문제 해결을 위한 기술까지도 요구한다. 행정학은 이러한 면에서 과학과 기술(art)이 공존하는 학문 세계로 묘사된다(White, 1954).

사회과학으로서 행정학이 갖는 객관적·체계적 지식 활용의 중요성에도 불구하고 실제 인간 세계는 과학적 법칙에 의해 모든 것이 설명되는 것도 아니고 과학적 법칙성만을 따르라는 법도 없다. 실제 문제 해결을 위해서는 인간이 가지고 있는 상상력과 창의성뿐만 아니라 가치 판단, 갈등 조정, 협상과 타협과 같이 비과학적 과정 또는 기술이 중요하다. 행정학을 기술의 관점에서 바라보는 것은 행정학이 굳이 과학이라는 좁은 세계만 고집할 것이 아니라 사회구성원의 삶의 질 향상을 위해 창의적인 사고와 실천 방식까지도 동원하는 데 관심을 가져야 한다는 의미를 담고 있다.

원래 기술은 과학과 예술의 중간 고리 역할을 한다. 기술에 객관적이고 법칙적·인과론적인 설명이 붙으면 과학이 되고, 기술이 숙련되어 영혼과 정신이 첨가되면 예술이 된다. 행정학은 다양한 기초학문의 지식을 활용하여 사회의 문제를 진단하고 해결하고자 하는 학문으로, 인간과 자원을 다루는 기술의 영역 속에 존재하기도 하지만, 실증과 검증의 과학의 영역이기도 하다. 또한 행정의 결과는 관리자의 철학과 혼이 깃들면 하나의 예술 작품이 될 수 있다. 예컨대 인사(人事)의 결과물은 인사권자의 혼이 깃든 예술 작품이 될 수도 있는 것이다. 행정가는 다양한 목소리를 조정하는 오케스트라의 지휘자의 역할도 수행하는 것이기 때문이다.

5 공익성과 합리성을 중시하는 학문

사회를 공공 부문과 민간 부문으로 분류한다고 할 때, 행정은 공공 부문에서 이루어지는 행위이다. 행정학의 연구 대상이 되는 공공 부문은 특정 개인이나 특수이익집단의 사적 이익을 위해 존재하는 것이 아니라 사회구성원 전체의 이익을 우선적으로 고려해야 한다는 면에서 공익(public interest)을 중시한다. 공공 부문은 국가나 지방자치단체, 혹은 기타 공익성을 띤 단체들이 활동하는 영역이다. 공공 부문은 국가의 공권력이 영향을 미치는 영역으로 민간 부문과 구분되며, 국민의 위임을 받은 경찰력과 군대를 통해 공공 부문의 규범과 질서가 유지된다. 즉, 공공 부문은 이러한 공권력을 토대로 규제와 강제가 이루어지는 특성을 가진다.

행정학은 이러한 공공성의 가치를 합리적으로 이루어내고 완성시키고자 한다. 합리성이란 다양한 설명이 가능하지만, 주어진 목표를 달성하여 자기 만족을 극대화하는 선택 행동으로 볼 수 있는데, 행정학은 이러한 합리적 과정과 절차를 중시한다.

행정학은 공익을 추구하는 학문이라는 측면에서 이윤을 추구하는 경영학과 구분되고, 수단적이고 실천적 차원의 합리성을 추구한다는 면에서 이념적 가치를 중시하는 정치학과 구분된다.

제2절 행정학의 접근법

행정학을 이해하기 위해서는 행정 현상을 파악하고 설명하기 위한 수단으로서 행정학에서 사용하는 다양한 접근 방법(approach)을 이해할 필요가 있다. 여기서는 복잡한 행정 현상을 체계적이고 과학적으로 다루기 위한 주요 접근 방법을 소개한다.

1 행정학의 접근 방법에 대한 논의

행정 현상 자체는 실제 오랜 역사를 가지고 있지만, 행정학이 학문 분야로 성립된 것은 겨우 100여 년의 역사에 불과하다. 실제 행정은 사람의 행동과 다른 사람들과의 관계 속에서 이루어지고, 법과 제도 및 조직과 같은 구조 속에서 행해지며, 정치나 경제와 같은 거시적 환경의 영향을 받으면서 발생하는 복잡한 사회 현상이다.

행정학은 이러한 행정 현상 전체를 연구 대상으로 한다. 하지만 학문으로서의 행정학은 행정 현상 전체를 아우르는 하나의 이론 체계를 만들기보다는 행정 현상과 관련된 사람, 구조, 또는 환경과 같은 주요 주제들을 중심으로 각각의 주제에 맞는 연구 방법을 발전시키고 지식이나 이론을 체계화하려는 성향이 강하다.

이러한 다양한 행정학의 접근 방법은 행정 현상을 탐구하고 이해하기 위한 관점이나 도구의 의미를 갖는다. 따라서 행정 현상이 복잡하고 다양한 만큼 다양한 접근 방법이 존재할 수밖에 없게 되는 것이다.

이러한 접근 방법들은 행정 현상을 다루기 위해 학자들이 공유하는 기본 가정 또는 세계관의 의미를 가지므로, 행정학의 패러다임(paradigm)으로 간주되기도 한다. 즉, 행정학의 접근법은 행정학의 연구 대상과 방법, 분석모형, 사상과 인식 등이 융합된 것으로, 한 시대의 연구자들이 공유하는 지배적 이론(theory)과 분석의 모형(model)을 의미한다.

2 접근법의 분류

행정학에는 분류 기준에 따라 다양한 접근 방법이 존재할 수 있다.

예컨대 행정 연구의 영역(locus, where)에 따라 정치적 접근, 법제도적 접근, 경제적 접근, 경영적 접근, 심리적 접근, 사회적 접근 등으로 나눌 수 있고, 연구 대상(focus, what)에 따라 조직적 접근, 인사적 접근, 재무적 접근, 정책적 접근, 이론적 접근, 역사적 접근, 법제도적 접근 등으로 나누어 볼 수도 있다.

또한 연구자료의 접근 방법에 따라 질적 접근과 양적 접근으로 구분할 수도 있고, 연구 대상의 범주에 따라 미시적 접근, 거시적 접근, 중범위적 접근으로 나눌 수도 있다.

또한 인식에서 가치 문제를 어떻게 이해하느냐에 따라 실증적 접근과 규범적 접근으로 나눌 수 있고, 사회과학 방법론의 논쟁 영역에 따라 실증주의, 해석학, 현상학, 구조주의, 실용주의, 비판이론적 접근 등의 다양한 영역으로 분류해 볼 수 있다.

이렇듯 행정학의 접근법은 다양한 시각에서 제시될 수 있는데 여기서는 현대 행정학에서 주로 응용되는 중요한 접근법을 선별적으로 몇 가지 소개하기로 한다.

제3절 현대 행정학의 주요 접근법

1 이념적 접근 방법

이념적 접근 방법(ideological approach)은 왈도(D. Waldo)에 의해 대표된다. 이 방법은 정신적이거나 규범적 또는 가치 판단적인 측면에 초점을 두고 행정의 사상적·이론적인 구조를 이해하고 설명하려는 것이다. 규범적 접근 방법(normative approach), 가치적 접근 방법(value approach)이라고도 불리는 이념적 접근 방법은 단순히 행정이 가치 중립적인 것이 아니고 가치를 지향해야 한다는 것을 강조한다.

예를 들면, 행정은 단순히 객관적 현상에 근거한 가치 중립적인 과학적 작업이 아니라 무엇이 옳고 그른 것인가에 대한 판단을 요구하는 실천에 관한 것이다. 행정관료들에게 요구되는 것은 외부로부터 주어진 목표를 달성하기 위해 단순히 자원을 잘 관리하는 것만이 아니고, 어떤 이념과 가치 판단의 기준 하에서 어떻게 사회 문제를 정의내리고 해결할지에 대해 고민하는 것이다.

이렇듯 이념적 접근 방법은 행정 분야에서 다루는 민주성, 효율성, 평등, 형평성, 자유, 합법성, 책무성 등과 같은 다양한 가치를 분석 대상으로 삼게 된다. 이념적 접근 방법은 분석의 관점이 형이상학적인 성격을 띠고 실증적 검증을 필요로 하지 않기 때문에 주로 기존의 문헌분석을 활용해 이루어진다.

2 행태론적 접근 방법

행태론적 접근 방법(behavioral approach)은 행정에 관한 제도나 법률보다는 개인의 행태(behavior)를 연구 대상으로 한다. 구체적으로 개인 행태의 인과 관계를 경험적·실증적으로 밝힘으로써 사람의 행태를 설명, 예측, 통제하려는 목적을 가진다. 행정학 분야에서는 개인의 성격, 태도, 학습, 직무 만족, 동기 부여 등의 주제와 조직 차원에서의 의사 결정, 갈등, 리더십 등의 주제와 관련하여 행태주의적 접근 방법이 강조되어 왔다.

행태론적 접근 방법은 1930년대 초 유럽의 사회과학자들이 미국으로 유입되면서 정치 · 사회 현상에 대한 새로운 분석 방법으로 자리를 잡았다. 행정학 분야에서는 사이먼(H. A. Simon)이 1945년에 『행정행태론(*Administrative Behavior*)』을 발표한 후 크게 주목을 받았다. 사이먼은 행정조직 내 모든 의사 결정 형태는 가치와 사실의 두 가지 측면을 가지고 있는데, 가치 측면은 객관적으로 옳고 그름의 결정을 논리적으로 추론해낼 수 없기 때문에 옳은 결정은 관찰 가능한 사실 측면에 기초한 평가를 통해 가능하다고 주장한다. 사이먼을 비롯한 행태론자들은 인간 행태의 규칙성을 전제하고, 그러한 규칙성이 어느 조직에서나 찾을 수 있다는 입장을 취한다.

행태론적 접근 방법의 특징을 살펴보면 다음과 같다.

첫째, 인간 행태를 최우선으로 강조한다는 것이다. 즉, 행정과 관련된 법, 제도, 구조 등의 측면보다 행정에 참여하고 행정에 영향을 미치는 사람들의 동기, 역할, 태도, 행동 등을 중심으로 행정 현상을 이해하는 데 초점을 둔다.

둘째, 인간 행태는 사회과학의 공통된 연구 대상이라는 점에서 행태론적 접근 방법은 비단 행정 현상뿐만 아니라 여러 학문 분야에서 다양하게 사용된다. 정치학, 경제학, 사회학 등 다양한 학문 분야에서 행태론적 접근 방법을 통해 획득된 지식은 학문 분야의 경계를 넘어서 서로 교류되고 활용된다.

셋째, 행태론적 접근 방법은 인간 행태의 규칙성을 가정하고, 이를 경험적으로 관찰함으로써 이론 또는 가설을 검증하는 엄격한 과학적 방법을 강조한다. 과학적 방법이 강조되면서 관찰할 수 없거나 겉으로 드러나지 않는 개인의 의지나 가치 문제 등은 객관성을 확보하기 어렵다는 이유로 연구 대상에서 제외되는 특징을 갖는다. 행태론적 접근 방법은 엄격한 계량적 또는 통계 방식을 통한 행태 관련 변수들 사이의 인과 관계를 규명하는 연구를 강조하고, 시간 · 공간의 차이를 넘어서는 보편적이고 일반화된 이론을 추구한다.

행태론적 접근 방법은 행정학의 과학화에 크게 기여해 왔지만 다양한 측면에서 비판을 받아왔다. 행태론적 접근 방법의 한계는 다음과 같다.

첫째, 행태론적 접근 방법은 과학적 방법론에 지나치게 치중한 나머지 문제 해결이라는 행정학의 본질보다 통계분석과 같은 분석기법 및 지식 축적에만 지나치게 집착한다.

둘째, 실제 사회에서의 의사 결정이나 정책결정은 가치들 사이의 선택 또는 가치 판단과 밀접한 관련이 있음에도 불구하고, 연구 대상에서 가치 문제를 배제하는 것은 비현실적이고 자칫 보수주의에 빠질 수 있다.

셋째, 연구 대상을 인간 행태라는 범위에만 국한시키면서 전체보다는 부분에 초점을 두게 되고, 제도와 구조와 같은 거시적 현상의 영향을 간과하게 된다.

이렇듯 행태주의에 대한 비판, 반성을 통해 행태주의를 극복하자는 움직임을 후기행태주의(post behaviorism)라고 부른다. 후기행태주의자들은 행태주의가 강조하는 가치중립성의 한계를 지적하고, 사회과학 이론의 가치 지향성, 구체적 문제 해결을 위한 적실성(relevance) 등을 강조하기 시작했다.

3 체제론적 접근 방법

체제론적 접근 방법(systems approach)은 행정 현상을 체제(system)의 관점에서 분석하고 이론화하려는 것이다. 체제란 "상호 연관되거나 상호 작용하는 구성 부분들로 이루어진 하나의 통일된 전체(whole)"를 의미한다. 즉, 여러 구성 부분이 모여 하나의 전체를 이루는 모든 현상에 대해 체계라는 개념을 적용할 수 있다.

이때 전체는 굳이 물리적 사물처럼 구체적이고 가시적 형태를 취할 필요는 없다. 원자, 분자, 컴퓨터, 인체의 장기, 사람, 가족, 지역사회, 조직, 국가, 국제 관계, 태양계, 우주 등 어떤 사물이나 현상이든지 구성 부분들이 모여 하나의 전체를 형성한다고 가정했을 때, 전체는 체제로 간주할 수 있다.

체제의 구성 부분들은 하위 체제(subsystem)로 불린다. 어떤 것이 체계가 되고 하위 체계가 되는지는 연구 대상과 목적에 따라 달라질 수 있다. 예를 들면, 개인은 다양한 신체 부분으로 구성된 체계로 간주될 수 있는 반면, 가족이나 지역사회의 관점에서는 하위 체계가 될 수 있다.

체제론적 접근 방법의 특징은 다음과 같다.

첫째, 현상을 전체적 관점(holistic view)에서 바라본다는 것이다. 전체성이란 전체가 부분으로 환원될 수 없고, 전체는 부분들의 단순한 합 이상이며, 각 부분들은 전체의 생존과 발전을 위해 존재한다는 것이다.

둘째, 체제론적 접근 방법은 일반적으로 환경과의 상호작용을 중시한다. 체제이론에서는 체제 내부와 외부를 구분하는 경계(boundary)를 가정하며, 체제 외부를 환경이라고 부른다. 폐쇄 체제(closed system)는 환경과 상호작용이 없는 자급자족적 체제를 말하는 반면, 개방 체제(open system)는 환경과 상호 관련 및 상호작용을 하는 체제를 말한다. 개방 체제에서 체제의 역할은 환경으로부터 투입되는 요구 · 기대에 의해 결정되고, 역할의 수행 정도는 환경으로 내보내는 산출로서 평가된다. 실제로 많은 사회 현상이나 자연 현상을 개방 체제로 간주하고, 투입, 전환, 산출, 환류 등의 개념을 통해 환경과의 관계 속에서 분석이 이루어지고 있다.

셋째, 체제론적 접근 방법의 또 다른 특징은 체계의 구성 부분 또는 하위 체계들 사이의 상호연관성을 강조한다는 것이다. 행태론적 접근 방법의 경우 전체를 부분으로 환원시켜 부분들 사이의 일방적 · 선형적 · 기계적 관계를 주된 연구 대상으로 하는 반면, 체제론적 관점은 부분들 사이의 관계를 전체적 시각에서 바라보고 상호작용하는 유기적 관계로 파악하는 것이 특징이다.

이처럼 서로 흩어져 있는 단편적인 것을 하나의 종합적이고 유기적 관점에서 다룰 수 있다는 장점에도 불구하고, 체제론적 접근 방법은 여러 가지 측면에서 비판을 받아왔다.

첫째, 개인, 집단이 갖는 자율적 선택의 측면보다 상위 체제가 기대하고 결정하는 측면을 강조하면서 개인 차원의 리더십 등을 포함한 미시적 현상이 경시될 수 있다.

둘째, 체제 개념 속에는 체제의 생존 또는 균형, 안전성 등이 강조되면서 현상을 옹호하는 보수성 또는 정태적 성격을 벗어나지 못하는 성향을 가진다.

셋째, 행정 현상과 같은 사회 현상의 경우 체제의 경계를 정하기 쉽지 않고, 하위 체제의 구성을 어떻게 할지 등에 대한 객관적 기준이 존재하지 않음으로써 분석의 타당성을 확보하기 어렵다.

4 제도론적 접근 방법

1) 전통적 방법: 법적 · 제도적 접근 방법

법적 · 제도적 접근 방법(legal-institutional approach)은 행정학 분야의 가장 고전적인 접근 방법으로 간주된다. 근대적 행정학이 성립하기 전 정치학에서는 법적 · 제도적 장치만 잘 갖추면 정치 발전과 사회 발전이 이루어진다는 가정이 지배적이었다. 따라서 법적·제도적 접근 방법은 제도를 잘 구상하고 법제화하면 사람들이 제도에 잘 적응하고 안정된 정치 질서 또는 사회 질서를 유지할 수 있다고 본다. 따라서 법적·제도적 접근 방법은 특정 사회의 법과 제도에 대한 연구를 통해 현상 변화를 설명하는 데 초점을 둔다.

법적 접근 방법은 주로 독일이나 일본 등지에서 많이 사용되어 온 방법으로서 정치나 행정에 관한 연구를 헌법, 행정법 및 각종 법령과 연계지어 접근하는 것이다. 제도적 접근 방법은 삼권분립 제도, 예산 제도, 공무원인사 제도, 선거 제도 등과 같은 정치 제도나 행정 제도를 연구하는 것이다.

CHAPTER 04

법적·제도적 접근 방법은 법과 제도 이면에 작용하는 인간 관계나 권력 갈등 또는 심리 등을 고려하지 못했다는 비판을 받아왔다. 또한 법과 제도의 특징을 있는 그대로 서술하는(descriptive) 수준에 머물면서 행정 현상을 원인과 결과의 관점에서 이론화하는 데는 기여하지 못한 한계를 가진다.

이러한 비판에도 불구하고, 법과 제도는 공무원들에게 입법부가 달성하기 원하는 것을 이야기해 주고, 자신의 권한에 대한 한계를 정해 주며, 개인과 집단의 실질적이고 절차적인 권리를 규정해 준다는 면에서 법적·제도적 접근은 행정학 분야에서 여전히 유용한 접근으로 간주된다.

2) 신제도주의적 접근 방법

근대 행정학이 태동한 이후 전통적 법적·제도적 접근 방법은 법과 제도 대신 사람에 초점을 두는 행태론적 접근 방법에 밀려 행정학 분야에서 쇠퇴하게 된다. 앞서 논의했듯이 행태론적 접근 방법은 행정 현상을 개인 또는 집단 수준에서 설명하면서 법이나 제도는 개인들 사이의 상호작용이 발생하는 배경 정도로 가볍게 다루어 왔다.

신제도주의적 접근 방법(new institutional approach)은 행정을 포함한 사회 현상을 설명하는 데 행태론적 접근만으로는 부족하고, 사람만큼이나 제도가 사회 현상을 설명하는 데 중요한 변수로 다루어져야 한다고 보는 관점이다. 신제도주의에서는 국가별로 다양하게 나타나는 행정 또는 정책 현상의 차이를 국가들 사이의 제도의 차이로 설명한다. 이와는 달리 행태론적 접근 방법은 이론의 일반 법칙성을 강조하면서 국가

간 공통점을 강조하고, 제도적 차이를 간과하는 경향이 있다.

신제도주의는 전통적 법적·제도적 접근 방법과도 차별화된다. 신제도주의는 공식적 정치 제도(예: 대통령중심제), 행정 제도(예: 행정조직 및 인사 제도)뿐만 아니라 행위자들이 공유하는 비공식적 절차, 규칙, 규범까지 제도에 포함시키면서 제도의 범위를 확대 해석하고 있다. 또한 단순히 제도를 기술하는 데 그치지 않고, 제도와 제도, 제도와 개인, 제도와 정책 사이의 인과 관계를 역동적으로 설명하는 데 초점을 둔다.

실제 신제도주의는 서로 다른 사회과학 분야에서 발전해 오면서 단일 관점이 아니라 다양한 시각의 이론이 존재한다. 일반적으로 신제도주의는 역사적 제도주의(historical institutionalism), 사회학적 제도주의(sociological institutionalism), 합리적 선택 제도주의(rational choice institutionalism)로 분류된다.

역사적 제도주의는 서로 다른 국가에서 서로 다른 정책을 채택하고 서로 다른 정책 효과가 나타나는 것은 역사적으로 각국에서 형성된 서로 다른 제도 때문인 것으로 파악한다. 제도가 행위자들의 전략 또는 선호에 영향을 미치고, 그들 사이의 협력 및 갈등 관계에 작용하면서 정책결정 또는 정치적 결과에 중요한 역할을 미치는 것으로 본다. 역사적 제도주의의 특징 중 하나는 제도는 일단 형성되면 방향성과 안정성을 유지하면서 일정한 경로를 유지하는 경로의존성(path dependency)을 갖게 된다는 점을 강조한다는 것이다.

사회학적 제도주의는 제도 개념을 가장 넓게 해석하는 관점이다. 이 관점에서 제도란 사회에서 형성되면서 규칙과 같은 지위를 획득한 모든 인간 행동의 유형(patterns of behavior)을 포괄한다. 결과적으로 규칙 또는 절차뿐만 아니라 전통과 관습, 문화까지도 제도로 해석하면서 제도와 문화 사이의 개념적 경계가 모호해지는 특징을 갖는다. 또한 사회학적 제도주의는 어떤 상황에 직면한 개인에게 제도는 무엇을 해야 하는가뿐만 아니라 무엇을 할 수 있는지를 파악하는 각본(scripts)과 같은 역할을 한다는 면에서 제도의 인지적(cognitive) 측면을 강조하는 것이 특징이다. 또한 사회학적 제도주의는 '제도적 동형화(institutional isomorphism)'에 주목한다. 제도적 동형화는 서로 다른 배경 또는 형태로 출발한 제도라 하더라도 시간이 지나면서 국가나 조직의 경계를 넘어 점차 유사한 형태로 수렴한다는 것이다. 왜냐하면 조직들이 사회로부터 정당성을 획득하고 조직의 생존가능성을 높이기 위해 다른 우수한 제도를 모방하거나 전문가 집단의 규범적 압력에 직면하면서 유사한 성격을 띠게 된다는 것이다.

합리적 선택 제도주의는 '합리적 선택이론(rational choice theory)'을 제도 연구로 확장시킨 것이다. 이 관점에서는 사회구성원 개개인을 제도적 제약 하에서 일련의 선호 체계를 가지고, 자신의 선호 또는 효용을 극대화하기 위해 광범위한 계산 속에서 고도의 전략적 행동을 한다고 본다. 다만, 완벽한 정보와 합리성을 가정하는 전통적 합리적 선택이론과는 달리, 합리적 선택 제도주의의 경우 제약된 정보와 규칙, 규범 등을 고려한 개인의 행동을 강조한다는 것이 특징이다. 합리적 선택 제도주의에서 제도는 각 개인의 효용을 극대화하기 위한 수단으로서 행위자들의 자발적 협력에 의해 생성된다. 특히 사람들이 자신의 효용만을 이기적으로 극대화하려고 노력하는 경우, 그 결과가 서로 협력하는 것보다 못한 '공유재의 비극(tragedy of commons)' 또는 '죄수의 딜레마(prisoner's dilemma)'와 같은 상황이 발생하는데 이러한 딜레마를 벗어나기 위해 고안된 것이 제도라고 본다. 합리적 선택 제도주의에서 개인은 제도의 영향을 고려하지만 단순히 제도의 제약에 의해 기계적으로 움직이는 존재가 아니라 제도를 선택하고 형성하면서 사회 변화를 도모하는 주체로 파악한다는 점에서 앞의 역사적 제도주의 또는 사회학적 제도주의와 차별성을 갖는다.

5 현상학적 접근 방법

현상학적 접근 방법(phenomenological approach)은 행태주의적 접근 방법이 주장하는 실증주의에 기초한 엄격한 과학주의에 대한 반성으로부터 대두되었다. 현상학적 접근 방법에서 사회 현상은 자연 현상과 달리 단순히 사진 찍듯 객관적으로 파악되는 것이 아니라 사람들이 의미(meaning)를 부여하고 해석하는 것을 이해함으로써 가능해진다. 사회 현상은 개인의 인식과 무관하게 객관적으로 존재하는 세계가 아니라 우리가 의미를 부여해서 구성한 세계이다. 따라서 세상을 제대로 이해하려면 겉으로 드러나는 인간의 행태(behavior)만을 강조할 것이 아니라 행위자가 의도한 목적이나 의미를 정확하게 파악할 필요가 있다. 결과적으로 현상학적 접근 방법은 행정의 인간적 측면을 강조하고, 가치, 의미와 함께 이루어지는 행위(action)를 중요하게 여긴다.

인간 행위가 갖는 내면 세계의 의미를 이해하기 위해 현상학적 접근 방법은 계량적 자료보다는 질적인 자료를 강조한다. 즉, 숫자 대신 어휘를 사용하며 숨어 있는 의미나 관계의 유형을 밝혀내는 인문학적 또는 해석학적 방법을 중시한다. 연구 대상은 일반적으로 소규모이고, 각 대상자에게 심도 있는 정보를 수집하는 데 초점을 둔다. 연구 결과를 일반화하기보다는 특정 집단 및 주제에 대해 구체적이고 상세한 내용을 밝히는 데 우선순위를 둔다.

현상학적 접근 방법은 행정 현상과 관련한 사실적이고 자연스러운 인간 행동을 심층적으로 이해하는 데 기여할 수 있다. 하지만 자료에 대한 기술과 해석이 연구자의 주관적 판단에 의존하기 때문에 연구의 객관성과 신뢰성을 확보하기가 쉽지 않다. 특히 행위와 사건에 대한 연구자의 해석이 연구 대상자의 해석과 과연 일치하는지 등을 객관적으로 확인하기 어려운 문제점이 한계로 지적된다.

6 공공선택이론

공공선택론이론(public choice theory)은 1960년대 경제학에서 가정하는 이기적 경제인을 공공 부문의 집단적·정치적 의사 결정 방식에 적용하여 발전한 이론이다. 공공선택론에서는 정치인과 관료를 더 이상 공익을 추구하는 행위자가 아니라 개인의 이기적 사익을 추구하는 행위자로 간주한다. 즉, 정치가는 선거에서 득표행위를 극대화하고, 관료는 예산의 확대 등을 통해 개인 또는 집단 이익의 극대화를 추구하며, 이익집단 구성원들 역시 자신이 속한 집단의 이익을 극대화하기 위해 노력한다. 이러한 가정 하에서 공공선택론은 연역적 이론화와 수학적 공식을 활용해 정부의 집단적 의사 결정이 갖는 비효율성을 지적해 왔다. 결과적으로 시장실패에 따른 정부 개입을 당연시해 왔던 행정학의 전통에 반대하여 '정부실패(government failure)'의 이론적 기초를 제공했다.

공공선택론은 정부를 공공재의 생산자, 시민들을 공공재의 소비자로 간주한다. 그리고 시민 편익을 극대화하기 위해서는 공공 부문이 시장경제에 가깝도록 제도화하고 혁신할 것을 강조한다. 구체적으로 공공 서비스를 제공할 때 개개인의 선호와 선택을 존중하고, 경쟁을 통해 서비스를 생산하고 공급하게 함으로써 행정의 대응성을 높일 것을 강조한다. 이를 위해 지방분권을 통한 지방정부들 사이의 경쟁을 강화하고 민영화 또는 외주화를 통해 공공 서비스에 대한 선택의 폭을 늘리고 비효율성을 줄여 나갈 공공선택론은 인간을 경제인(economic man), 자기 만족을 극대화하고자 하는 합리적 선택의 주체로 이해한다. 정책의 선택이나 선거 과정을 경제학적 시각에서 접근하는 것으로 정치의 경제학적 접근의 방법이라고 할 수 있다.

오스트롬(Vincent Ostrom)은 『미국 행정학의 지적 위기(*The Intellectual Crisis in American Public Administration*)』(1973)라는 책에서 행정학 연구에서 공공선택론적 접근법을 강조했다. 그동안 정책은 주로 엘리트가 선택해 왔지만, 이제는 공공의 합리적 선택 기제에 의한 정책개발과 선택이 가능해야 하며, 그러한 공공 선택의 결과를 토대로 행정이 이루어져야 한다고 보았다. 오스트롬은 공공선택론적 시각에서 접근하는 행정을 민주사회에서의 행정으로 본 것이다.

공공선택론은 효용극대화를 위한 경제적 선택만을 강조하면서 인간의 다양한 가치나 윤리적 판단 등을 고려하지 못하고 있다는 비판을 받는다. 또한 자유시장의 논리를 공공 부문에서 지나치게 강조하면서 처방으로 제시한 행정개혁 방안들이 급진적 성격을 띠거나 시장이 갖는 고유의 한계를 간과하고 있다는 문제점이 지적된다.

7 거버넌스론

거버넌스(governance)는 '통치하다 · 지배하다'라고 하는 의미의 'govern'에서 파생된 명사형이다. 그런데 govern의 명사형은 거버넌스(governance)뿐만 아니라 정부 혹은 통치라고 번역되는 거번먼트(government)도 있다.

'거버넌스'라는 용어는 그리스어 어원을 가진 '키를 잡다(to steer)'라는 의미를 지니며 '사이버네틱스(cybernetics)'와 같은 어원을 갖고 있다고 한다. 즉, 이는 하나의 사회나 조직이 스스로 조정 또는 키를 잡아가는 과정이라는 의미를 갖는다(Resell, 1999: 1). 이에 비해 '정부' 혹은 '통치'라고 번역되는 거번먼트는 주로 권력적 지배의 문제를 다룬다. 즉, 거버넌스는 비권력적 · 비강제력에 기초한 개념으로, 조정 · 통제 · 관리 등과 같은 의미를 가지고 있다. 거번먼트가 항해하는 배를 '누가' 소유할 것인가의 권력적 지배에 관심을 가진다면 거버넌스는 배를 조종하여 안전하게 목적지에 다다를 것인가를 연구하는 '어떻게'라는 문제 해결의 방법과 절차에 주로 관심을 가진다.

거버넌스는 광의와 협의로 이해할 수 있다. 광의로 해석하여, 오스본과 게블러

(Osborne & Gabler, 1992)는 거버넌스를 "우리가 사회 문제를 해결하고 사회 수요를 충족시키는 과정"으로 보았고, 뮬러만(Meuleman, 2006: 2)은 "사회 문제를 해결하고 사회적 기회를 창출하기 위해 정부, 공공기관, 사적 부문, 시민사회가 가담하는 상호작용의 총체"라고 정의한다. 한편 협의로 본다면 거버넌스는 "공공 부문, 사적 부문, 자발적 부문의 행위자들이 네트워크를 형성하여 공동의 문제를 조정과 타협을 통해 해결해 나가는 과정", 즉 네트워크 거버넌스를 의미한다(유재원 · 나찬영, 2008: 2).

다양하게 정의되고 있는 거버넌스 의미 속에는 공통적으로 공공 문제의 해결을 위해 종래와 같이 정부(government)라고 하는 일방적 국가 중심의 제도적 장치에 의존하기보다는 정부와 민간 부문, 그리고 그 사이에 존재하는 중간조직들 간의 네트워크(network)에 의해 문제를 해결하고자 하는 의도가 포함되어 있다. 따라서 현대적 의미의 거버넌스는 사회 중심적 거버넌스이고, 궁극적으로 네트워크 거버넌스를 의미하는 것이라고 할 수 있다. 이러한 네트워크 거버넌스는 고전적 국가 중심의 거버넌스와 비교하여 뉴거버넌스라고 부르기도 한다.

네트워크 거버넌스는 기존의 조직 또는 체계 내부에 고정적으로 존재하는 관료제적 구조에 대비하여 유기적(organic) 또는 비공식적 관계를 특징으로 하는 참여 주체들 사이의 조정이라고 할 수 있다. 즉, 선별된 행위자들이 공식적 · 법적 구속에서 벗어나 사회적인 관계를 형성하고 이를 기반으로 상황에 맞추어 조정해 나가는 개방형 관계 방식이며 공식 계약 관계 내에서 관료제적 구조 대신 비공식적 사회 체계에 의해 의사 결정 조정이 이루어지는 방식을 말한다.

네트워크는 공공 부문과 민간 부문의 행위자들이 상호작용하는 하나의 제도적 환경이며, 비공식적 제도라고 할 수 있다. 즉, 비공식적으로 조직화되고, 영구적인 규칙이 지배하는 관계이다. 합의된 규칙은 신뢰를 형성하며, 의사 소통이 이루어지게 하며, 불확실성을 줄이고, 비계층제적 조정의 기반이 된다.

또한 네트워크 거버넌스는 합의에 의해 작동하는 시스템이기 때문에 네트워크에 의한 문제 해결이 의미 있는 성과를 거두기 위해서는 구성원들 간의 다양한 이해를 조정하고 절충하는 노력이 매우 핵심적인 사항이다. 상호주의에 입각한 네트워크 구성원 간의 신뢰 관계가 폭넓게 형성될 경우 네트워크 작동의 효율성은 더욱 높아진다. 이러한 신뢰의 중요성 때문에 네트워크 참여자나 관리자들은 도발적인 고객은 물론 심지어 경쟁자들과도 좋은 관계를 유지하기 위해 노력한다(Consinine & Lewis,

2003). 신공공관리 관점은 공공조직의 내부관리가 초점이지만, 네트워크 거버넌스는 공공 부문의 외부적 역할과 그 정당성에 더 관심을 둔다.

8 신공공관리론

윌슨(W. Wilson)이 행정 연구의 필요성을 강조한 이래, 초기 행정학은 20세기 초에 생성된 테일러리즘과 같은 관리주의 사상을 기본 토대로 형성되었다. 이러한 전통적 관리주의는 20세기 후반에 와서 신자유주의 이념과 결합하여 시장 원리에 기초한 행정이라는 의미의 새로운 차원의 관리주의 패러다임을 형성했다.

이러한 새로운 패러다임을 고전적 관리주의와 구분하여 신관리주의(new managerialism) 혹은 신공공관리(new public management)라고 부른다. 영국에서는 신관리주의라는 용어를, 미국에서는 신공공관리라는 개념을 주로 사용했다.

참고 4-1 정부혁신의 원리

오스본과 게블러의 10가지 정부혁신 원리

오스본(David Osborne)과 게블러(Ted Gaebler)는 공공 분야를 대표하는 중앙정부나 지방정부에 요구되는 현대적 원리는 경쟁력을 갖춘 정부이어야 하고 시장경제의 원리에 따라 가장 능률적으로 움직이는 생산성 있는 정부이어야 한다는 점을 지적했다. 여기서는 이들이 제시한 10가지 원리를 제시해 본다.

1) 노젓기보다 방향을 잡아주는 정부
2) 주민참여를 통한 지역사회가 주도하는 정부
3) 서비스 제공에 경쟁을 도입하는 정부
4) 규칙 중심의 조직을 개혁한 사명 지향적 정부
5) 결과를 중시하는 성과 지향적 정부
6) 고객 지향적인 정부
7) 지출보다는 수익 창출의 기업가적 정부
8) 치료보다는 예방을 통해 미래에 대비하는 정부
9) 참여와 팀워크를 강조하는 분권적 정부
10) 시장 기구를 통한 변화를 촉진하는 시장 지향적 정부

자료: Osborne & Gaebler(1992).

현재에는 주로 신공공관리라는 개념을 주로 사용하는데, 신공공관리는 이외에도 기업가적 정부, 기업가적 행정, 시장 원리에 의한 행정, 국가 경영, 경영 행정, 국정 관리, 국정 경영 등의 다양한 용어로 번역되어 사용되고 있다.

신공공관리의 초기 개념은 1990년대에 들어서면서 영국의 후드(C. Hood)에 의해 체계화되었는데 그는 신공공관리의 핵심 개념을 일곱 가지로 정의했다. ① 공공 부문에서의 전문가에 의한 관리, ② 성과의 기준과 측정, ③ 산출 통제의 강조, ④ 단위의 분산, ⑤ 경쟁의 강조, ⑥ 민간화, ⑦ 자원 활용에서 절약의 강조 등이다(Hood, 1991).

오스본(David Osborne)과 게블러(Ted Gaebler)는 신공공관리의 이론을 구체화하고 미국 정부의 정부 재창조 프로그램의 기본 틀을 만든 사람으로 실질적으로 신공공관리의 이론과 실천의 모형을 체계화하여 제시했다. 그들은 『정부의 재창조(*Reinventing Government*)』라는 책에서 정부개혁의 10가지 원리를 제시했는데 ① 노를 젓기보다 방향을 잡아주는 정부, ② 지역사회 중심정부, ③ 경쟁적 정부, ④ 사명 지향적 정부, ⑤ 성과 지향 정부, ⑥ 고객 지향 정부, ⑦ 기업가적 정부, ⑧ 미래에 대비하는 정부, ⑨ 분권적 정부, ⑩ 시장 지향적 정부가 그것이다(Osborne & Gaebler, 1992).

이 밖에도 피터스(B. Guy Peters)는 『통치의 미래(*The Future of Governing*)』라는 책에서 미래의 정부 모형을 시장적 정부, 참여적 정부, 신축적 정부, 탈규제적 정부의 네 가지 유형으로 제시하고 있다. 이는 공공 부문의 관리 부분에 전통적인 공권력 중심의 일방적 통치가 아닌 시장과 기업의 원리를 활용한 시장적 관리주의를 제시한 것으로 볼 수 있다(Peters, 1996).

테리(Larry D. Terry)는 관리 스타일을 계량분석적 관리, 정치적 관리, 관리자에 의한 관리, 시장 중심 관리의 네 가지 유형으로 나누고 이 중 관리자에 의한 관리와 시장 중심적 관리를 신공공관리의 영역으로 설정했다. 여기서 관리자에 의한 관리(liberation management)는 공공 관료제의 성과를 높이기 위해서는 관리자가 정부의 불필요한 간섭과 규제(red tape)로부터 자유로워지고, 관리자의 자율과 책임 하에 관리가 이루어져야 한다는 입장이다. 시장 중심적 관리는 경쟁을 통해 능률성을 증대시키고, 기업 등 민간 부문의 참여를 통해 관리한다는 것이다. 테리는 이러한 규제 완화와 경쟁 성과 중심, 민간화를 통한 관리를 신공공관리의 영역으로 보고 있는 것이다(Terry, 1998).

9 신공공서비스론

신공공서비스론(New Public Service)은 신공공관리론의 한계에 대한 반작용으로 민주적 시민이론, 지역공동체와 시민사회모형, 조직인본주의와 담론이론, 포스트모더니즘 등에 기초하여 등장한 이론으로서, 행정가가 책임져야 하는 것은 '능률성(efficiency)'이 아니라 '더욱 좋은 서비스(better service)'를 보장하는 것이라고 주장하며, 신공공관리론에서 강조하는 바와 같이 정부가 방향을 잡는(steering)다는 것은 복잡한 미래 사회에서 어렵거나 불가능하기 때문에 관료의 역할도 바뀌어야 함을 주장한다.

덴하르트와 덴하르트(J. V. Denhardt & R. B. Denhardt, 2007)는 신공공서비스의 일곱 가지 기본 원칙을 다음과 같이 제시하고 있다.

① 고객이 아닌 시민에 대한 봉사

② 공익을 찾으려고 노력해야

③ 기업주의 정신보다는 시민의식의 가치를 중시해야

④ 전략적으로 생각하고 민주적으로 행동해야

⑤ 책임성의 복잡성 인식

⑥ 방향잡기보다는 봉사를 해야

⑦ 단순한 생산성이 아니라 '사람'의 가치를 중시해야

생각과 토론 문제

□ **다음의 이슈를 중심으로 생각해 보고 논의해 봅시다.**

1. 행정학을 배우면서 어려운 점이 무엇인지 이야기해 보자. 어렵다고 생각하는 점이 어떤 부분이고, 그 근거가 무엇인지 토론해 보자.

2. 행정학의 이론이나 모형, 접근법이 무엇인지 다시 생각해 보고, 이들의 유용성과 한계를 논의해 보자.

3. 신제도주의 가운데 역사적 제도주의에서 '경로의존성'을 실제 사례를 찾아 설명해 보자.

4. 대학 조직의 변화를 찾아보고, 사회학적 제도주의의 '제도적 동형화'를 찾아 분석하고 토론해 보자.

5. 신공공관리론과 신공공서비스론을 복습하고, 두 이론의 지향점과 두르러진 차이가 무엇인지 생각해 보고 우리 행정에의 적용을 토론해 보자.

02
PART

행정학의 주요 분야

행정학의 설명 편제는 저자의 관점에 따라 다르다. 이 책에서는 PART 01의 행정현상과 행정학에 이어 PART 02에서는 어떠한 행정이든 공통된 정책, 조직, 인사, 재정을 묶어 구성한다. 국가의 어느 부문의 행정에 있어서나 지방자치단체의 행정에 있어서나, 공공 부문 어느 부문의 행정에 있어서도 반드시 이해가 전제되어야 할 분야를 묶어서 설명한다.

제5장 정책 과정과 정책 연구에서는 정책이란 무엇이고 정책 연구가 어떤 특성을 지니고 어떻게 발전되어 왔는지 설명하고, 정책 유형에 대한 이론을 개관하고, 정책 과정을 중심으로 정책의제 설정 단계부터 정책평가에 이르기까지의 과정별로 기본적인 이론을 소개한다. 정책 과정의 각 과정별로 다양한 정책이론과 모형 가운데 기본적이고 핵심적인 이론과 모형 중심으로 설명한다.

제6장 조직과 개인에서는 현대 사회에서 누구나 속해 있으며, 우리들의 생활과 밀접한 조직과 조직 속의 개인을 다룬다. 행정을 하기 위해서는 조직과 조직화 과정을 전제로 하고 있어, 조직이란 무엇을 말하고 어떻게 정의하는지, 조직화 과정이 왜 필요하고 중요한지 등을 설명한다. 이어 다양한 조직이론 가운데 핵심적이고 기본적인 이론을 설명하고, 조직의 효과성을 위한 조직구조와 설계를 다루고, 조직 속의 개인의 특성과 이들을 통해 조직의 목표를 달성하기 위한 관리의 전제가 되는 심리적 이해와 동기 부여를 다룬다.

제7장 인사와 공무원에서는 인사행정의 기본 원리와 제도의 발달을 설명한다. 이어 제도적 측면에서 공직구조를 다루고 행정을 하는 주체가 되는 공무원의 임용과 능력 발전을 다룬다. '인사가 만사다'라는 말이 있듯이, 누가 공무원이 되는가, 공무원의 자질과 역량을 어떻게 향상시킬 것인가, 공무원이 긍지와 사명감을 지니고 적극적으로 행정을 하게 하기 위한 방법은 무엇인가를 논의한다. 마지막으로 공무원의 행동규범을 다룬다.

제8장 재정과 예산 과정에서는 제7장에서의 인적 자원에 이어 물적 자원의 문제를 다룬다. 정부가 행정을 하는데 전제가 되는 것은 바로 재원 마련이다. 정부의 재정 기능을 설명하고 정부 예산의 개념, 유형, 원칙 등을 소개하고, 예산 과정을 제도 중심으로 설명한다. 이어 기본적인 예산 결정에 대한 이론을 설명하고, 예산 제도의 발달을 다룬다.

05

정책 과정과 정책 연구

제1절 정책 연구의 의의

최근 개봉된 크리스토퍼 놀란(C. Nolan)의 영화 〈오펜하이머(Oppenheimer)〉는 제2차 세계대전 중에 원자폭탄을 만드는 맨해튼 계획(Manhattan Project)에 참여한 과학자들의 이야기이다. 특히 오펜하이머라는 사람이 경험하는 과학자와 인간으로서의 갈등과 고뇌가 잘 묘사되어 있다. 영화는 주인공 오펜하이머가 과학자로 성장하는 과정, 제2차 세계대전의 한가운데 원자폭탄 개발이라는 프로젝트를 위해서 다양한 과학자의 의견을 조율하고 설득하는 과정, 그리고 원자폭탄 투하 이후 오펜하이머에 대한 정치적 공세와 재판의 과정을 흥미롭게 보여주고 있다.

정책학의 측면에서 특히 인상적인 장면은 오펜하이머와 트루먼(Harry S. Truman) 대통령의 만남 장면이다. 오펜하이머가 원자폭탄의 위력과 그 피해의 규모에 대해서 걱정하자 트루먼은 "히로시마와 나가사키의 주민들이 누가 폭탄을 만들었는지 신경이나 쓸 것 같소? 그들에게 중요한 것은 누가 떨어뜨리는 결정을 했는지에 대한 것이요. 내가 결정하고 책임을 지는 것이요"라고 대답한다. 결국 트루먼의 결정은 제2차 세계대전을 끝내는 데도 큰 영향을 주었지만, 히로시마와 나가사키에 사는 주민과 후손의 운명에도 지대한 영향을 미치게 된다.

제2차 세계 대전을 경험한 정치학자 라스웰(Harold D. Lasswell)은 정책(결정)이 인류에 미치는 영향을 인지하고, 「정책 지향(*Policy Orientation*)」이라는 논문을 통해 정책연구의 과학적 접근의 필요성, 다시 말하여 정책과학(policy sciences)의 중요성을 강조한다.

정책학은 우리 사회의 다양한 문제에 어떻게 접근하고, 대안을 마련하며, 해결해 가는가에 대한 일련의 과정을 연구한다. 저출산고령화와 청년인구 감소로 인한 지방소멸, 인공지능의 발전에 따른 규제와 일자리 감소 문제, 우주개발과 관련한 국제질서의 변화, 정부 R&D와 기술혁신의 문제, 기후변화와 탄소중립 정책, 부동산 문제, 세대 갈등 문제 등의 사회 문제를 정부가 어떻게 접근하고 대안을 마련하고 실행에 옮기는지에 대한 학문적 접근이다. 사회가 직면하고 있는 수많은 문제 가운데 정부가 해결해야 하는 문제는 어떻게 선택되며, 이러한 문제를 어떠한 관점으로 접근해야 하는가에 관련된 이해, 문제를 해결하기 위한 다양한 대안들에 대한 분석과 비교, 그리고 가장 적절한 대안의 선택과 집행, 그리고 결과에 대한 평가 및 환류의 과정을 과학적이고 체계적으로 연구하는 것은 중요하다.

이 장에서는 정책학 연구의 역사와 의미, 정책학의 대상으로서 정책의 유형화, 정책 과정으로의 정책의제 설정, 정책분석, 정책결정, 정책집행, 정책평가를 살펴본다.

1 정책학의 학문적 특성과 유형

1) 정책학의 학문적 특성

정책학이 하나의 독립된 학문으로서 성립된 것은 1951년에 라스웰(Harold D. Lasswell)이 「정책 지향(*Policy Orientation*)」이라는 논문을 통해 정책과학(policy sciences)의 필요성과 중요성을 강조하고, 추구해야 할 방법론을 제시하면서부터이다. 라스웰은 "정책과학이란 정책의 결정과 집행의 과정을 설명하는 하나의 분야(discipline)이며, 특히 정책 문제에 접근하는 과정에서 자료를 제시하고 해석에 대한 근거를 제시하는 학문이다"라고 설명한다. 라스웰은 정책학 연구의 두 가지 방향성을 제시한다. 첫째는 정책 과정(policy process)에 관한 연구의 필요성이다. 이는 정책이 어떻게 결정되고 집행되는지에 대한 체계적이고 경험적인 과학적 연구의 필요성에 대한 것이다. 둘째는 정책결정자들이 이용하는 정보의 구체적인 내용과 해석에 도움을 주고 정책 과정의 합리성을 향상하는 것을 목적으로 하는 정책에 필요한 지식(intelligence needs of policy)을 생산하는 것이다. 이는 정책 그 자체의 내용에 대한 학문적 필요성을 의미한다고 해석할 수 있다.

정책학은 다음과 같은 학문적 특징을 지니고 있다.

첫째, 정책학은 다학문적(multi-disciplinary) 접근이라는 특징을 지닌다. 이러한 특징은 정책학의 대상이 되는 사회 문제는 하나의 학문 영역의 지식만으로 해결이 어렵다는 점을 생각하면 쉽게 이해할 수 있다. 예를 들면, 탄소(CO_2)배출과 환경 문제를 해결하기 위한 정책적 연구도 탄소배출의 영향에 대한 과학적 분석, 탄소배출 산업에 대한 이해, 그리고 다양한 이해관계자들의 갈등 관리 등과 같은 다양한 학문적 견해의 융합적 시각이 요구된다.

둘째, 정책학은 인간의 존엄성을 실현하고, 인간이 가지는 근본 문제를 탐색하는 학문이다. 이러한 문제 지향적 접근은 정책학이 공공 문제를 발견하여 문제 해결을 위한 대안을 제시해야 한다는 점에서 실용주의적인 특징을 잘 나타낸다.

셋째, 정책학은 규범적 접근과 실증적 접근을 융합하여 처방적 대안의 제시를 시도한다는 특징을 지닌다. 라스웰은 정책학의 목적이 민주주의의 증진 및 인간의 존엄성 실현에 필요한 지식을 산출하는 것이라고 강조했다. 이는 정책학이 과학적 연구를 통해 정책 현상을 설명·예측하는 데만 치중하지 말고 인간의 가치를 실현할 수 있는 조건들을 확립하는 데 기여해야 한다는 의미이다. 따라서 가치중립적 접근을 강조하는 실증주의적 연구와 더불어 형평, 사회정의 등과 같은 규범적 가치 판단의 내용도 고려해야 한다는 점이 특징이다.

2) 정책의 개념

우리는 실생활에서 탄소중립정책, 지방소멸 방지정책, 저출산정책, 부동산정책, 농업정책, 교통정책 등과 같이 각종 사회 문제 뒤에 정책이라는 용어를 붙여서 사용하며, 사용되는 정책의 의미도 사람이나 상황에 따라 다양하게 해석된다. 이처럼 정책이라는 용어가 광범위하고 다양하게 사용되고 있기 때문에 정책 그 자체를 보편성 있고 명확하게 정의하는 것은 쉽지 않다. 여기서는 대표적인 몇몇 학자의 정의를 소개하기로 한다.

다이(Thomas R. Dye)는 매우 포괄적인 관점에서 "정책이란 정부가 하겠다고 또는 하지 않겠다고 결정한 모든 것"이라고 정의했다(Dye, 1984: 2). 이는 정책의 주체는 정부라는 점을 명확히 하고 있으며 어떤 일을 하겠다는 적극적인 것뿐만 아니라 하지 않겠다는 소극적인 결정도 포함했다는 점에서 의의가 있다. 샤칸스키(Sharkansky, 1975: 4)는 정책이란 "정부의 중요한 활동"이라고 정의하는 데 정책을 구성하는 핵심 요소가 정부의 활동이라는 점을 알 수 있다. 그러나 다이와 샤칸스키의 정의는 정책이 구체적으로 어떠한 내용을 포함하고 있는지를 설명하고 있지 않다는 점에서 한계가 있다. 이런 점에서 "정책을 문제 해결을 위한 목적 있는 행동 방책"이라고 정의한 앤더슨(Anderson, 1984: 3)의 설명은 구체적이다. 앤더슨의 정의는 구체적으로 정책 과정이 지니는 목표의 설정 및 이러한 목표의 달성을 위한 대안 탐색 및 결정에 관련된 측면을 강조한 것이다. 한편 이스턴(Easton, 1953: 129)은 정책을 "사회 전체를 위한 가치들의 권위 있는 배분"이라고 정의하여, 정책 과정의 정치적 측면을 강조했다.

이상과 같은 초기 정책학자들의 정의를 바탕으로 우리나라 학자들은 정책을 좀 더 구체적으로 정의하고 있다. 정정길(1991: 37)은 "바람직한 사회 상태를 이룩하려는 정책목표와 이를 달성하기 위한 정책 수단에 대하여 권위 있는 행정기관이 공식적으로 결정한 기본 방침"이라고 했다. 또 김형렬(1997: 1416)은 계층적 관점에서 정책의 상위 개념인 이상, 목적, 목표와 그 하위 개념인 계획, 사업, 단위사업, 그리고 활동으로 구분하고 이러한 관계 속에서 정책을 설명한다. 이처럼 '목표-수단 계층제'적 관점에서 각 개념을 구분하는 것이 정책 개념을 이해하는 데 도움이 된다. 이 장에서는 정정길의 정의에 집행의 과정을 추가하여 "정책을 권위 있는 행정기관이 바람직한 사회 상태라는 정책목표를 달성하기 위해서 적절한 정책 수단을 선택하고 이를 집행하는 과정"이라고 정의한다.

3) 정책의 유형

(1) 유형화의 필요성

복잡하고 이질적 요소로 구성된 현상에 대해 인과적 설명을 위한 이론을 만들기가 어려울 때가 많다. 이런 경우에는, 몇 개의 구별되는 집단으로 나누어 보면 그 현상의 특성을 용이하게 파악할 수 있다. 마찬가지로 우리는 다양한 정책을 유형화해 봄으로써 각 정책 유형별 특성을 더 잘 이해할 수 있다. 더 나아가 각 유형의 정책별로 서로 다른 대응 방식이나 관리 지침을 마련할 수 있게 되어 문제 해결 지향적인 정책의 목적을 더욱 잘 달성할 수 있게 해준다.

그러면 정책을 어떠한 기준에 따라 유형화할 것인가? 좋은 유형화의 기준은 서로 다른 유형 간 차이가 명확하고, 모든 정책은 하나의 유형에 포함되는 포괄성이 있어야 하며, 또한 한 유형에 속한 정책은 다른 유형에는 포함되지 않는 배타성이 있어야 한다. 가장 간단한 유형화는 교통 · 국방 · 인력 · 노동 등과 같이 정책 내용을 기준으로 하는 것이다. 이러한 분류는 "주택정책은 주택 문제에 관한 것", "노동정책은 노동부에서 하는 것" 등으로 정책의 내용 및 주관 부서를 파악하기가 쉽다. 그러나 환경정책이나 대북정책과 같이 정책 내용을 파악하기에 곤란하거나 정부조직의 기능과 일치하지 않을 경우도 있다. 또한 내용별 분류는 정책의 특성을 밝히거나 비교하는 데 별 도움이 되지도 않는다. 따라서 공통의 특성이 있는 정책별로 일정한 기준에 따라 유형화하는 것이 바람직하다.

CHAPTER 05

(2) 로위(Lowi)의 분류

오늘날 정책 유형화에 관해 가장 잘 알려진 것은 정치학자인 로위(Thedore J. Lowi, 1972)의 정책 분류이다. 로위는 정책을 강제력의 사용되는 정도(likelihood of coercion)와 강제력이 적용되는 대상(applicability of coercion)을 기준으로 배분정책, 규제정책, 구성정책, 재분배정책의 네 가지로 유형화하였다([그림 5-1] 참조).

첫째, '배분정책'은 국가가 자원, 권리, 서비스를 국민에게 나누어 주는 정책이다. 예를 들면, 탄소중립 사회를 위한 전기자동차 보조금, 청년 농부에 월 100만 원을 최대 지원하는 영농 정착 지원금, 지방소멸을 막기 위한 고향사랑 기부금 등의 보조금과 지방정부의 공항이나 도로 및 교통시설, 병원, 하수도, 도서관 등의 건설에 대한 지원금 등이 대표적이다. 이러한 배분정책은 한정된 예산을 나누는 과정에서 다툼의 정치 행위(pork barrel politics)나 정치인들이 자신의 지역구 사업을 유치하기 위해서 표를 주고 받는 거래 행위(logrolling)가 발생할 수 있다는 것이 특징이다. 또한 정책의 비용(=세금)은 다수의 일반 시민이 분산하여 부담하고 있지만 그 혜택은 소수의 개인이나 집단에 집중되어 있다는 점에서 정책의 수혜자와 비용부담자가 직접적으로 대

[그림 5-1] 로위의 정책 유형화

		강제력의 적용 대상			
		개별적 행위		행위의 환경	
강제력의 사용 정도	간접적	**배분정책** (예: 19세기의 토지정책, 특혜관세, 보조금)		**구성정책** (예: 재임용, 새로운 기관 설립, 선전)	정당 (선거조직) 결탁 vs
	직접적	**규제정책** (예: 불량상품, 과대선전 거래)		**재분배정책** (예: 지불준비율 변경, 누진세, 사회보장)	집단 (이해관계집단) 협상
		분산적 구성 요소 수준, 지방적 이해 관계 정체성(identity) (개인)	vs	집권적 체계 수준 세계적 이데올로기 지위(status) (개인의 집합)	

립하지 않는 것이 일반적이다.

둘째, '규제정책'은 특정한 개인, 기관, 조직의 재산권 행사나 행동의 자유를 제한하여 반사적으로 공익을 보호하려는 목적을 가진 정책이다. 코로나 팬데믹 당시 국민의 건강과 생명을 보호하기 위해서 사회적 거리 두기와 영업시간의 제한, 탄소중립사회를 위한 내연기관차의 이산화탄소(CO_2) 배출량 규제, 최근 EU에서 제시한 인간 생명과 생활에 위협을 미칠 수 있는 모든 AI의 포괄적 규제 등이 이에 해당한다.

규제정책은 정부가 특정 개인이나 집단 직접적인 강제력을 행사하기 때문에 정책을 집행하는 과정에서 법적 근거가 있어야 하는 것이 일반적이다. 또한 규제정책의 경우, 정책으로부터 혜택을 누리는 이들은 분산된 다수인 전체 국민이지만 이러한 규제로 인하여 비용을 부담하는 것은 집중된 소수(예: 내연기관 자동차 생산 기업, 인공지능 스타트업, 또는 사업자 등)이기 때문에 피규제자들이 자신들의 이해관계를 반영하기 위해서 정부나 국회에 압력을 행사할 수 있다는 점이 특징이다.

셋째, '재분배정책'이란 사회 계층이나 집단 사이에 존재하는 소득, 권리, 지위 등의 분포 상태를 변화시키는 정책이다. 세입 면에서 누진세, 세출 면에서 사회보장제도 등이 여기에 속한다. 앞에 설명한 정책들은 개인을 대상으로 하는 데 비해, 이 유형의 정책은 계층이나 계급을 대상으로 한다. 일반적으로 비용을 부담하는 고소득 계층과 혜택을 받게 되는 저소득층 사이의 계층 · 계급 간 이해관계가 첨예하게 대립하고 갈등이 발생하는 경우가 많다는 것이 특징이다.

넷째, '구성정책'은 정부 기구의 구조와 기능의 변화나 공직자 보수와 연금제도의 변화와 같은 것을 목적으로 하는 정책이다. 이는 정치 체계에서 투입을 조직화하고 체제의 구조와 운영에 관련된 정책을 의미한다.

(3) 앨먼드와 파월의 분류

앨먼드와 파월(Almond & Powell, 1978)은 정책을 정치 체제가 생산하는 산출물의 성과로 정의하고 배분정책, 규제정책, 추출정책, 상징정책으로 분류했다. 앨먼드와 파월의 분류에서 배분정책과 규제정책은 로위의 유형화와 유사하다. 앨먼드와 파월의 배분정책은 로위의 분배정책과 재분배정책을 포함하는 개념이고, 규제정책은 로위의 규제정책과 유사하게 사회적 필요에 따라 개인이나 집단의 재산이나 행동에 강제적 제한을 가하는 정책이다. 추출정책은 정치 체제의 투입과 관련된 내용으로 정부가 조세, 국방 등과 같이 정치 체계의 유지를 위해 민간 부문으로부터 인적 · 물적 자원을 동원하는 것과 관련된 정책을 의미하며 조세정책이나 징병정책 등이 이에 해당한다. 끝으로 상징정책은 정부가 국민의 설득과 지지를 호소하기 위한 수단으로 정치지도자들이 이념에 호소하거나 미래의 업적 혹은 보상을 약속하는 것과 관련된다. 주로 정치 체제 및 정부의 정통성에 대한 인식을 좋게 하고, 세금 징수나 규제정책에 대한 순응 또는 지지를 확보하기 위한 수단으로 사용된다.

(4) 리플리와 프랭클린의 분류

리플리와 프랭클린(Ripley & Franklin, 1991)은 정책을 국내정책과 대외 및 국방정책으로 분류하고, 국내정책은 배분정책, 재분배정책, 보호적 규제정책, 경쟁적 규제정책으로, 대외 및 국방정책은 무기 체계나 군의 재배치와 같은 구조정책, 정세 변화에 따른 군사적 대응과 같은 전략정책, 외부의 안보 위기나 위협에 대응하기 위한 위기정책으로 구분했다. 특히 로위의 규제정책을 보호적 규제정책과 경쟁적 규제정책으로 구분하였는데 보호적 규제정책은 환경규제와 같이 일반 대중을 보호하기 위해 정부가 기업이나 개인의 자유를 제한하는 것을 의미하며, 경쟁적 규제정책은 여러 경쟁자 가운데 일부에게 이권 또는 지대(rent)를 허용하고 그 이외의 참여자는 참여를 제한하는 것을 의미한다. 경쟁적 규제정책의 예로는 항공권을 배정하는 경우, 일부 항공사에 항공노선 취항을 허가하는 대신 다른 항공사의 진입을 규제하는 것이나 한정된 수의 기업에 케이블 방송권을 허가함으로써 다른 기업들의 진입을 규제하는 경우 등이 이에 해당한다.

2 정책학의 두 가지 접근 방법: 내용 vs. 과정 중심

정책 연구 또는 정책학은 이민정책, 사회복지정책, 환경정책, 과학기술정책, 국방정책 등과 같이 개별 정책의 내용과 역사를 연구하는 내용 중심 접근과 모든 정책에 공통으로 적용될 수 있는 정책의 단계를 중심으로 설명하는 과정 중심 접근의 두 가지가 있다.

정책을 내용 중심으로 접근한다는 것은 해당 정책의 역사적 배경, 이해 관계 집단 간의 갈등과 합의 과정, 법적 근거, 구체적 프로그램의 내용, 정책집행 조직, 예산, 인적 구성 등과 관련된 내용을 연구한다. 이러한 접근은 라스웰의 표현에 따르면 정책 그 자체의 지식과 관련된 것이다. 최근 인구감소와 지방소멸이라는 사회 문제의 대안 가운데 하나로 많은 관심을 받는 이민정책의 경우를 생각하면 내용 중심적 접근을 다음과 같은 주제를 포함한다. 우리나라 국민의 해외 이주의 역사적 배경과 내용과 관련된 송출국으로의 역사와 더불어 1988년 서울 올림픽 이후 시작된 이민 유입국으로 외국인(이주)노동자나 결혼이주자의 국내 이주와 관련된 정부의 법·제도·프로그램의 구성과 내용, 그 영향 요인 등과 관련된 내용, 그리고 이민정책의 결정과 집행 과정에서의 법무부, 행정안전부, 여성가족부, 고용노동부와 지방자치단체 사이의 정부 주체들 사이의 갈등과 조정 등과 관련된 내용이 연구의 대상이 될 수 있다.

정책학 연구의 과정 중심적 접근은 대부분의 정책에 공통으로 적용되는 정책과 관련된 일종의 일반이론을 구성하고자 하는 노력의 결과라고 볼 수 있다. 정책 과정은 정책의제 설정, 정책분석, 정책결정, 정책집행, 정책평가 및 환류의 다섯 개의 과정으로 구성되며, 학자에 따라서 정책의제 설정, 정책분석, 정책결정을 정책형성으로 유형화하여 정책형성-정책집행-정책평가의 세 단계로 구분하기도 한다. 정책의제 설정이란 사회 문제 가운데 정부가 대안을 제시해야 하는 문제를 선택하는 과정을 의미하며, 정책분석은 다양한 정책대안을 모색하고 각각의 미래의 편익(가치)과 비용을 추정하는 과정이다. 정책결정은 다양한 정책대안들 가운데 하나 또는 복수의 대안을 선택하는 과정이며, 정책집행은 정부조직을 구성하고 공무원을 선발·배치하고, 예산을 배정하여 정책을 현실화하는 과정이다. 정책평가는 집행된 정책이 사회 문제 해결이라는 목표를 달성했는지에 대한 것이다.

정책학의 과정 중심 접근은 시간에 따른 흐름에 따른 일방향적·직선적 흐름으로 보는 시각과 양방향적·순환적 흐름으로 보는 두 가지 시각이 있다. 일방향적·직선적 시각은 완전한 합리성에 가정하고 있으며 [그림 5-2]와 같이 정책의제 설정 → 정책분석 → 정책결정 → 정책집행 → 정책평가를 위에서 아래로 하나의 방향으로 진행한다고 가정하고 정책을 집행하는 과정에서 정책목표를 수정하는 것을 인정하지 않는다. 반면에 양 방향적·순환적 시각에서는 정책 과정은 현실적으로 적응적이며 진화적이기 때문에 정책집행의 단계에서 정책목표의 수정이 가능하며, 정책평가와 정책집행 과정도 상호작용할 수 있다고 본다. 정책 과정을 양방향적-순환적으로 인지하는 대표적인 학자들은 나카무라와 스몰우드(Nakamura & Smallwood, 1980)이며, [그림 5-3]에서 보는 바와 같이 정책 과정을 상호순환적으로 이해하는 것이 현실적이며 바람직하다고 주장한다.

이 장에서는 정책의 전체 영역을 이해하는 데 도움이 되는 정책학의 일반이론을 소개한다는 의미에서 과정 중심적 접근의 정책 과정에 대한 연구를 소개한다.

[그림 5-2] 선형적·일방향적 정책 과정

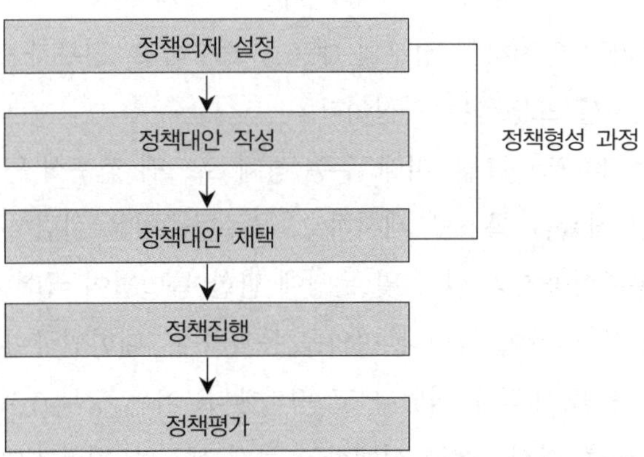

[그림 5-3] 나카무라와 스몰우드의 순환적 정책 과정

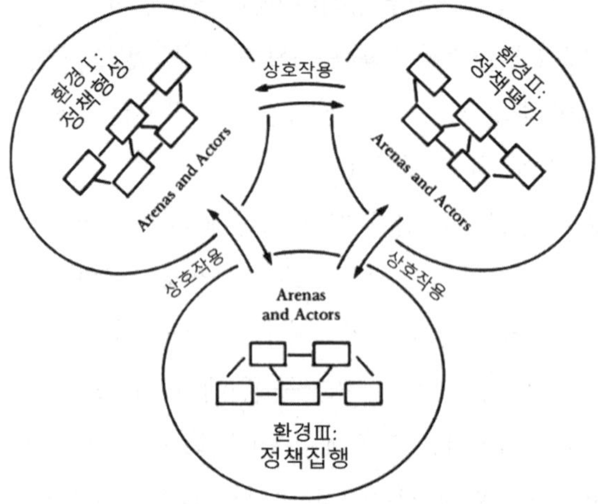

제2절 정책 과정에 대한 이해

1 정책의제 설정

정책의제 설정은 정책 과정의 첫 단계로 다양한 사회 문제 가운데 국민이 정부가 해결해야 하는 문제라고 인지하여 정부의 대응을 요구하고, 정부가 이를 해결하기 위하여 공식적으로 의사를 표명하는 과정이다.

우리나라 정부는 2022년 11월 '미래 우주 경제 로드맵 선포식'을 하여 2032년 달 착륙과 2045년 화성 착륙을 목표로 제시하고, 우주항공청을 설립하겠다고 발표하였으며, 2024년 1월 우주항공청의 설치 및 운영에 관한 특별법이 국회 본회의를 통과하였다. 윤석열 대통령은 법안이 국회 본회의를 통과하자 "대한민국이 우주 강국 도약을 향한 위대한 발걸음을 내딛게 되었다"고 평가했다. 이는 정부가 우주 항공 산업의 중요성을 인지하고 이를 정책의제로 선택하여 문제 해결을 위한 대안 제시의 과정을

거치고 있다는 것을 의미한다.

어느 사회나 다양한 사회 문제로 가득하다. 우리 사회도 최근 지방 청년인구 감소와 지방소멸, 장애인 이동권 보장을 위한 출근길 시위, 자율주행 자동차 발전에 따른 실업 문제, 인공지능의 확산과 개인정보보호 문제 등 많은 사회 문제를 직면하고 있다. 그렇다면 정부는 어떤 사회 문제를 정부가 다뤄야 하는 의제로 선택하는가? 그리고 그 기준은 무엇인가? 이번 절에서는 정부의 의제 선택 과정에 대한 기존 논의를 정리한다.

1) 버클랜드의 의제 수준에 따른 정책의제 설정 과정

버클랜드(Thomas A. Birkland)는 다양한 사회 문제 가운데 일부가 정부의제가 되어 가는 과정을 점점 좁아지는 의제 공간으로 들어가기 위한 경쟁의 과정이라고 표현한다. [그림 5-4]에서 보듯이 의제의 공간에는 네 가지 차원의 의제 공간이 존재한다. 의제 우주(agenda universe)는 모든 사회 문제와 쟁점, 그리고 이를 해결하기 위한 아이디어를 포함하는 공간으로 이론적으로 우주와 같이 무한한 상상의 영역을 의미한다. 체제의제(system agenda)는 정부가 해결할 수 있다고 생각되는 수준의 사회 문제를 의미하며 이는 우주 의제의 일부만을 포함하게 된다. 제도의제(institutional agenda)는 체제의제 가운데 정부가 공식적으로 다루기로 한 의제의 목록이다. 체제의제 가운

[그림 5-4] 버클랜드의 의제의 수준

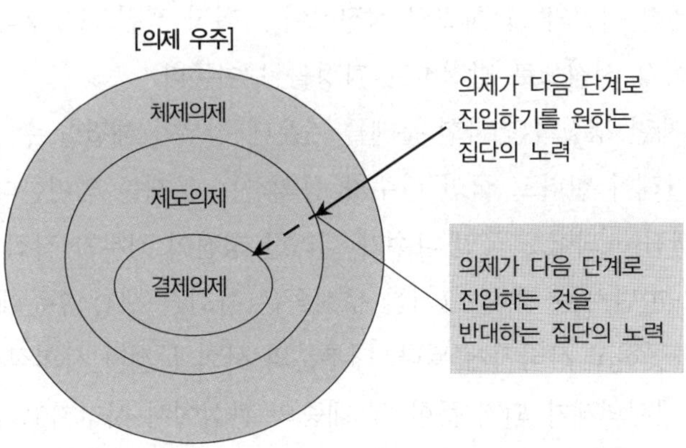

데 일부의 의제만이 제도의제가 된다. 끝으로 결정의제(decision agenda)란 제도의제를 정책 현장에서 실행하기 위해서 채택된 정책대안을 개발하는 과정을 의미한다.

버클랜드에 의하면 우주의제 → 체제의제 → 제도의제 → 결정의제로 이어지는 과정에서 의제 공간은 점차 좁아지며 이러한 좁아지는 공간으로 들어가기 위해서 의제를 지지하는 집단과 반대하는 집단 사이의 경쟁과 타협이 이루어진다고 본다.

2) 콥과 엘더의 의제 설정 과정 모형

콥과 엘더(Roger W. Cobb & Charles D. Elder, 1971)는 의제 설정 과정을 다음의 네 가지의 순차적인 과정으로 설명한다. 첫째, 사회 문제가 있어야 한다. 여기서 사회 문제란 한 명 이상의 구성원이 해당 문제로부터 고통을 겪고 있거나 이러한 문제의 해결이 필요하다고 주장하는 것을 의미한다. 다시 말하면 개인 간의 갈등이나 다툼은 정책의제의 수준으로 가지 못한다. 반복된 음주운전으로 인한 사망 사고, 어린이집 급식 문제, 작업 현장에서 절차를 지키지 않아 발생하는 사망 사고, 환경 문제, 청년 실업 문제 등이 이러한 사회 문제에 해당한다.

둘째, 사회적 쟁점이 되어야 한다. 다양한 사회 문제 가운데 정책의제가 되기 위해서는 사회 문제가 공중의 관심을 받게 되는 특별한 사건(focusing event)이 있거나 통계수치의 발표 등을 통해서 사회적 갈등이 심화하는 과정이 수반되어야 한다. 음주운전으로 인한 사망 사고의 경우 2018년 군에서 휴가를 나온 윤창호 군이 음주 운전자의 차에 사고를 당해 사망하게 되면서, 윤창호 군의 대학 친구들의 문제 제기 과정을 통해서 음주운전 사고와 그 처벌의 적정성이 사회적 쟁점으로 부각되었던 사례로 사회 문제가 사회적 쟁점으로 발전하는 과정을 보여준다.

셋째, 체제의제란 쟁점화된 사회 문제들 가운데 정부가 해결할 수 있는 범위에 있거나 정부가 해결해야 한다고 국민 다수가 동의하는 문제를 의미한다. 따라서 사회 문제가 사회적 쟁점이 되어도 국민 다수가 이러한 쟁점이 정부가 직접 해결해야 하는 문제가 아니라고 판단하는 경우, 그러한 문제들은 사회적 쟁점 수준에서 체제의제의 수준에 도달하지 못하고 사라지게 된다. 대부분의 사회 문제가 사회적 쟁점의 수준까지 도달한 후에 체제의제가 되지 못한 채 대중의 관심에서 사라지고 다른 사회 문제로 대체되는 것을 볼 수 있다.

끝으로 정부의제는 정부가 공식적인 의사 결정 과정에서 문제 해결을 고려하기로 공식적으로 밝힌 문제를 의미한다. 이는 앞에서 설명한 버클랜드의 모형에서 제도의제와 결정 의제를 포함한 것이다.

3) 의제 설정의 주도적 세력에 의한 유형화

의제 설정 과정을 누가 주도하는지를 기준으로 외부 주도형, 동원형, 그리고 내부 접근형으로 구분할 수 있다. 여기서 내부와 외부의 기준은 정부이다.

첫째, 외부 주도형(outside initiative model)은 정부의 바깥에 있는 다양한 이해관계자들이 정책의제 설정 과정을 주도적으로 진행한다. 예를 들면, 2020년 태안화력발전소에서 김용균 씨가 2인 1조로 일해야 한다는 규정을 지키지 못하고 작업하다가 사망하는 사건 이후, 민주 노동조합 등의 노동계와 민중의 소리 등의 진보언론을 통해서 사건이 공론화되고, 고 김용균 씨의 어머니가 국회 밖에서 국회의원들에게 중대재해 처벌 등에 관한 법률의 국회 통과를 호소하는 과정을 거쳐서 정책의제가 만들어지는데 이는 외부 주도형 정책의제 설정에 해당한다.

일반적으로 언론의 자유가 보장되고 자유로운 이익집단과 정당 활동이 보장되며 정부는 여론의 요구에 민감하게 반응하는 다원주의적인 정치 체제에서 나타난다. 특히 허쉬만(Albert O. Hirschman, 1975)은 외부 주도형 의제 설정 과정을 강요된 문제(pressing problem)를 해결하는 과정이라고 표현하며, 이는 외부의 다양한 이해관계집단의 압력이 작동하는 사회 문제라고 설명한다. 강요된 문제에 상대되는 개념은 정부 스스로 문제를 결정하는 선택된 문제(chosen problem)이다.

둘째, 동원형(mobilization model)은 정부 내의 정책결정자가 사회 문제를 정부의제로 채택하고, 정부의제의 공론화 과정을 통해서 시민들의 지지와 순응을 확보하는 과정을 거치는 의제 설정의 유형이다. 주로 정부가 정부 주도의 개발 전략을 지니고 있는 경우나 시민단체나 이익집단 활동이 활발하지 못한 경우, 또는 정부의 힘이 시민사회의 힘보다 강한 경우에 나타난다. 문재인 정부의 탈원전 정책의 추진이나 윤석열 정부의 우주항공청 설치와 같이 대통령의 의지가 강한 의제의 경우, 정부가 의제 설정 과정을 주도하고 언론을 통해서 대중의 지지와 설득을 얻어가는 과정을 밟게 되는데 이 또한 동원형의 한 유형에 해당한다고 볼 수 있다.

셋째, 내부 접근형(inside access model)은 정책의제가 정부의 안에서 발생해서 그 안에 머무르는 경우를 의미한다. 정부가 의제를 주도한다는 점에서 동원형과 유사하지만, 의제의 대중화 과정을 거치지 않는다는 점에서 동원형과 차이가 있다. 주로 보안상의 이유나 외교적 관례에 따라서 사회 문제를 정부가 내부적으로 논의한 뒤 의사결정을 하고 내부에 의제를 가두어 두는 경우가 이에 해당한다.

4) 정책의제 설정에 영향을 미치는 요인

문제가 갖는 사회적 영향력, 문제의 심각성, 문제의 구체성 정도, 해결책의 존재 여부, 정서적 측면, 유행성, 주도 집단의 가치와 특성 등에 의해 의제 설정이 달라진다. 사회적인 영향력이 큰 문제일수록 정책의제가 될 가능성이 높으며, 문제가 구체적이고 심각하며 해결책이 존재하는 경우에 의제로 채택되는 가능성이 높다. 또한 문제와 관련한 사회의 공감대가 형성되어 있고, 대중들의 정서적 반응이 크게 나타나는 경우 의제 채택 가능성이 높아진다. 또한 의제 설정에 주도적인 역할을 하는 주도 집단의 가치에 대한 몰입 정도, 능력과 자원의 보유 정도가 큰 경우, 문제가 정책의제로 성장할 가능성이 결정된다.

2 정책분석

정책분석은 정책의제 설정에서 선택된 정책 문제를 해결하기 위한 대안을 생성하고 이러한 대안의 미래가치와 비용을 추정하는 과정이다. 정책대안은 정책의제에서 제기하고 있는 정책 문제를 해결하거나 경감시키기 위한 다양한 방법을 의미한다. 최선의 정책 수단을 선택하기 위해서는 우선 정책대안을 빠짐없이 광범위하게 탐색하고 개발하는 것이 중요하다. 여기서는 정책대안의 탐색과 개발 방법과 미래가치의 추정에 대한 내용을 살펴본다.

1) 정책대안의 탐색과 개발

정책대안을 탐색하고 개발하는 방법은 다음과 같다. 첫째, 과거의 정책을 조사하는 것이다. 이는 역사적인 관점에서 유사한 문제를 다루었던 경험을 근거로 해서 현재의 문제에 대한 대안을 유추하는 것을 의미한다. 이는 마치와 사이먼(James G. March & Herbert A. Simon, 1958)이 제안하였던 상례화된 의사 결정(routinized decision-making)과 맥락을 같이한다. 이들의 주장에 따르면 조직의 의사 결정 상황에서 "새로운 상황이 발생하는 듯 하지만, 완전히 새롭게 프로그램을 구성하는 경우는 거의 없고, 이미 존재하는 프로그램 요소들을 재구성하여 새로운 상황에 적용하는 것이 대부분이다"라고 한다. 같은 맥락에서 정책대안 개발의 첫 번째 단계는 기존 정책에 대한 조사와 연구를 시행하고 이를 정리하여 분석하는 것이다.

둘째, 외국 정부나 기업의 사례를 조사하는 것이다. 이는 비교의 관점이라고 볼 수 있다. 코로나 팬데믹의 경우에서 볼 수 있듯이 많은 사회 문제는 국제적으로 공유하는 경우가 많다. 환경 문제나 난민 문제 역시 대다수의 국가들이 공유하고 있는 문제에 해당한다. 따라서 유사한 사회 문제에 직면하고 있는 다른 나라의 사례를 조사하는 것은 대안 개발에 도움이 된다. 또한 기업의 경험 역시 정부의 대안 탐색에 많은 도움이 될 수 있다. 특히 인공지능 도입과 관련된 오류나 편견의 문제나 MZ세대 직장인의 인적 자원 관리 문제 등은 기업의 경험을 바탕으로 정부가 정책대안을 발전시키는 데 도움을 받을 수 있다. 단, 기업의 경험을 활용하는 경우 공공 부문과 민간 부문의 차이에 대한 인식과 조정이 필요하다. 외국의 경험을 참고하는 경우 역시 각 국가의 역사 · 제도 · 정치 · 경제적 조건이 상이하다는 점을 고려하는 것이 중요하다.

셋째, 이론모형을 참고하여 대안을 개발할 수 있다. 특히 기존의 사회 문제와는 상이하거나 처음 경험하는 사회 문제인 경우, 시 · 공간적으로 비교할 대상이 없기 때문에 전문가의 도움을 받아서 이론모형을 구성하고 대안을 개발하는 방법을 선택할 수 있다. 특정한 모형들은 사회 현상의 인과 관계를 담고 있는데 이를 활용하여 정책대안을 문제의 원인으로 제시하고 정책목표를 결과로 대입하여 목표 달성을 위한 대안의 가능성을 유추할 수 있다.

끝으로 창의적 대안에 대한 고려는 늘 필요하다. 기존의 정보를 활용하는 것과 함께 정책대안의 탐색과 개발에는 창의성이 중요하다. 창의성은 잘못된 상식, 혹은 고정 관념, 선입견에서 벗어나야만 해결될 수 있다. 문제를 새롭게 인식하면 새로운 해결책들을 찾아낼 수 있는 것이다.

2) 정책대안의 미래가치에 대한 추정

정책분석의 핵심은 정책대안의 미래가치를 추정하는 것이다. 다시 말하면 각각의 대안에 대해서 아직 발생하지 않은 유형과 무형의 가치(비용과 편익)를 산출함으로써 정책대안 선택에 필요한 정보를 제공한다. 정책대안의 미래가치를 추정하는 방법은 다음과 같다.

첫째, 과거의 정책에 기초한 예측 방법이다. 이 방법은 과거와 현재의 상태를 근거로 미래를 예측하는 기법으로 새로운 정책대안이 아니라 과거와 현재의 정책이 그대로 계속되는 경우 적용이 가능하다. 그러나 이러한 접근은 정책대안의 결과가 시간적·공간적 상황에 따라 달라질 수 있으므로 이에 대한 고려가 필요하다.

둘째, 모형·이론에 의한 예측이다. 예를 들면, 인적 자본 이론(human capital theory)에 근거하여 청년이 자신의 미래가치를 개선하기 위한 투자를 할 것이라고 가정하고, 청년취업정책의 결과를 청년세대의 미래가치에 대한 투자의 수준(예: 교육 수준과 취업 프로그램 참여 여부 등)에 근거하여 예측할 수 있다. 모형·이론에 의한 예측은 모형을 어떻게 구성하는지가 가장 중요하며, 이론과 현실을 잘 반영하는 자료의 수집과 모형의 검증 과정에서 많은 시간과 비용이 요구된다. 또한 모형화하기 어려운 주제나 측정하기 어려운 내용에 대해서는 상대적으로 예측이 어렵다는 한계가 있다.

셋째, 정책실험에 의한 예측이다. 특정한 정책대안을 추진하여 나타날 결과를 모형에 의해 정확히 예측하기 어려운 경우, 각각의 대안에 대한 실험을 통해서 결과를 예측하는 방법을 사용할 수 있다. 예를 들면, MZ세대의 직업 만족도를 높이고 이직률을 낮추기 위한 정책대안에 대해서 다양한 동기부여 도구를 실험적으로 적용하는 방법을 사용해서 각각의 대안에 대한 결과를 예측할 수 있다. 단, 사람을 대상으로 하는 실험을 실시하는 경우, 실험 조작으로 인한 실험참가자에 대한 정신적 피해에 대한 세심한 주의가 필요하며 실험참가자가 임의로 실험집단과 통제집단에 배정되는 경우의 공정성의 문제를 고려해야 하는 어려움이 있다. 최근에는 실험 설문(survey experiment) 방법을 활용하여 전통적인 실험 방법의 제한점을 보완하면서 실험 방법의 장점을 활용하고자 하는 시도가 다양하게 사용되고 있다.

끝으로, 주관적·직관적 판단에 기초해서 예측하는 방법이 있다. 주로 새로운 사회 현상에 대한 대안을 구성하는 경우 정책델파이 방법이나 브레인스토밍 방법 등과 같은 전문가 의견을 중심으로 미래를 예측하는 접근을 택할 수 있다. 예를 들면, 우주 광물 채굴을 위한 정책대안을 분석하는 경우, 다양한 이론과 모델을 구성하여 예측 모형의 결과를 산출한 후 이러한 결과들에 대한 전문가들의 주관적 평가에 기초하여 정책의 결과를 예측하는 방법을 택할 수 있다.

3) 불확실성과 미래 결과의 예측

불확실성이란 실제 상황과 의사결정자가 이용할 수 있는 수단 사이의 차이를 의미한다. 이것은 대안의 종류와 수준에 대한 정보는 있지만 확률 분포를 모르는 확률적 불확실성과 환경・상대방의 변화가 어떻게 될지 모르는 실질적 불확실성으로 구분할 수 있다. 퀘이드(E. S. Quade)는 불확실성의 발생 원인을 대상의 성질에서 찾고 있다. 이는 구체적으로 이용자 자신이 자신과 타인을 포함한 인간 행동에 대해 무지하고, 인지 수단인 모형의 정확성과 변수에 대한 자료가 정확하지 못하고, 인지 대상인 상황이 가변적이고 복잡하기 때문이다. 불확실성 하에서 정책대안의 결과를 예측하기 위해서는 불확실성에 대한 적절한 대처 방안이 필요하다. 여기에는 다음과 같은 몇 가지를 제시해 볼 수 있다. 여기서는 적극적 방법과 소극적 방법을 소개해 보기로 한다.

CHAPTER 05

(1) 적극적 방법

적극적인 방법에는 불확실성과 관련된 정보를 수집하는 것, 불확실성의 근원인 환경에 대한 통제 가능성을 확보하는 방법, 보험에 가입하여 위험에 대비하는 방법 등이 있다.

첫째, 정보의 획득 방법이 있다. 이는 불확실성의 원인이 되는 변수들에 대한 정보를 수집하여 불확실성을 줄임으로써 결과를 예측하는 방법이다. 둘째, 환경을 통제하는 방법이다. 불확실성의 원인이 되는 환경을 통제가 가능한 내생 변수화시킴으로써 불확실성을 발생시키는 상황 자체를 통제하는 방법이다. 셋째, 보험에 가입하여 위험에 대비하는 방법이다. 기본 원칙은 보험을 활용해서는 안 된다는 것이지만 최악의 경우 극복할 능력이 없을 때 보험을 이용해 불확실성에 대비하는 방법이다.

(2) 소극적 방법

소극적인 방법으로는 최악의 가정, 가외성의 확보, 민감도분석, 악조건 가중 분석 등의 방법이 있다.

첫째, 최악의 가정이란 가장 좋지 않은 상황을 가정하여 그 상황에서 가장 좋은 대안을 택하는 경우를 의미한다. 둘째, 가외성(redundancy)의 확보는 정책목표가 반드시 달성해야 하는 중요한 사회 문제와 관련된 경우, 예측 불가능한 사태에 대비하여 다소 낭비가 되더라도 복수로 대안을 준비할 필요가 있다는 점이다. 셋째, 민감도분석(sensitivity analysis)은 발생할 수 있는 다양한 시나리오를 구성하여 결과의 변화를 예측한다. 예를 들어, 비용·편익 분석의 경우 이자율을 변화시킴으로써 미래 결과의 불확실성을 예측하여 결정에 참조한다. 마지막으로 악조건 가중 분석은 가장 우수한 정책의 최악 상태를 가정하여 다른 대안의 최선의 상태와 비교하는 방법이다.

4) 비용·편익 분석의 의미

정책대안에서 예측되는 가치를 서로 다른 대안끼리 비교가 가능하도록 단위를 통일시키는 작업이 필요하다. 비용·편익 분석에서 활용하는 여러 가지 기법이 관련된다. 비용·편익 분석은 다양한 정책의 미래가치의 비용과 편익을 비교함으로써 최적의 결과를 얻을 수 있는 대안의 조합을 선정하는 방법이다. 단위를 통일할 필요가 없는 대안 간의 비교를 의미하는 비용·효과 분석(cost-effectiveness analysis)에 비해 비용·편익 분석(cost-benefit analysis)은 대안의 결과를 현금 단위로 통일하여 산출 단위가 다른 대안 간에도 이를 비교하도록 해준다.

3 정책결정

정책결정은 정책분석의 결과 개발된 다양한 대안들 가운데 하나 또는 복수의 대안을 선택하는 과정이다. 여기서는 합리적 정책결정 모형과 제한된 합리성에 기초한 정책결정 모형을 비교·설명하고, 혼합모형, 최적모형, 앨리슨모형을 소개한다.

1) 합리적 정책결정 모형

합리모형(rational model)은 인간이 효용 극대화(utility maximizing)를 추구하는 경제인(homo economicus)이라고 전제하며 목적이 정해진 상태에서 이를 달성하기 위한 최선의 행동을 선택하는 과정을 연구한다. 합리모형은 인간의 완전한 합리성에 가정하고 있으며, 가능한 최대한 활용하여 다양한 대안을 비교 검토하고, 그러한 분석 결과를 통해 가장 최선의 대안(one best way)을 선택하고자 하는 모형이다. 합리적 정책결정 모형의 정책결정 과정은 다음과 같다.

첫째, 해결해야 하는 정책 문제를 정의하고, 이러한 정책 문제를 개선하기 위한 바람직한 상태로의 정책목표를 명확히 한다. 둘째, 정책대안을 광범위하게 탐색한다. 셋째, 정책대안이 가져올 결과를 예측한다. 넷째, 정책대안의 결과를 비교・평가한다. 다섯째, 최선의 정책대안을 선택한다.

합리적 정책결정 모형은 정책 문제의 정의, 목표의 설정, 그리고 대안의 탐색 및 선택이 순차적으로 진행되는 것을 가정한다. 따라서 정책 문제가 명확히 정의될 수 있다는 가정, 정책 문제를 해결되는 바람직한 상태로의 정책목표에 대한 합의가 이루어질 수 있다는 가정에 근거하고 있으며, 가능한 모든 대안의 탐색과 결과의 예측이 가능하다고 가정한다. 또한 정책대안을 비교 평가하는 일관성 있고, 합의된 기준이 존재하며 이에 따라서 최선의 대안을 선택할 수 있다고 가정한다.

합리적 정책결정 모형은 정책결정의 이상적 모형을 제시하고 있다는 점에서 의의가 있다. 대부분의 정책결정자들은 부분적으로 합리적 모형에 참고하여 의사 결정을 진행한다. 그러나 합리적 정책결정 모형은 현실의 정책결정에서 경험하게 되는 제약점을 모형에 반영하지 못하고 있다는 한계가 있다. 예를 들면, 정책 영역에서 문제의 정의와 목표의 설정은 다양한 이해관계자의 의견이 반영되어야 하므로 복잡하며 유동적이다. 때로는 정책대안의 설계 과정에서 정책 문제의 정의나 수정이 요구되기도 한다. 또한 시간과 자원의 한계로 인하여 대안의 탐색과 결과의 예측은 늘 제한적 범위에서만 가능하다. 또한 전체의 과정에 참여하는 정책참여자는 제한된 합리성(bounded rationality)을 지니고 있으므로 대안의 탐색과 결과의 비교는 한정된 범위에서만 이뤄질 수 있다.

2) 제한된 합리성과 정책결정 모형

(1) 사이먼의 만족모형(satisficing model)

사이먼(Herbert E. Simon, 1945)은 조직이론의 핵심은 의사 결정에 대한 이해라고 전제하며 의사 결정에는 완전한 합리성을 가정하는 경제인의 의사 결정과 합리성의 제약을 받는 현실에서 행정인(administrative man)의 의사 결정이 있다고 설명한다. 사이먼에 설명하는 행정인 의사 결정의 특징은 다음과 같다.

첫째, 행정인은 시간과 자원의 제한 속에서 대안을 탐색해야 하므로 한정된 수의 대안 탐색만이 가능하다. 또한 대안 탐색의 과정은 무작위적이며 순차적으로 이루어진다. 대안 탐색이 무작위적(random)인 것은 대안 탐색이 임의적이거나 주관적인 선택에 기초해서 이루어질 수 있으며, 그 순서가 일관성이 있으며 논리적인 기준에 따라서 진행되지 않는다는 것을 의미한다. 그리고 대안 탐색이 순차적(sequential)이라는 것은 정책결정자가 모든 대안을 동시에 종합적으로 평가하는 과정을 거치는 것이 아니라 하나의 대안을 다음 순서의 대안과 비교하고, 또 그 차순위의 대안과 비교하는 단계적 과정을 거치게 된다는 것을 의미한다.

둘째, 대안의 결과가 가져올 상황을 단순화시키고 중요한 부분을 중점적으로 분석하는 과정을 거친다. 이는 복잡한 상황을 종합적으로 반영할 수 있다는 경제인의 결과 예측에 대한 가정과 다르다.

끝으로 만족한 수준의 대안을 선택한다. 사이먼의 의사결정이론은 인간의 제한된 합리성에 기초하고 있으므로 의사결정자가 대안을 비교 평가할 수 있는 인지적 능력은 한계가 있으며 제한된 수준에서 대안을 비교하고 선택한다. 또한 행정인의 의사결정은 정해진 기한 내에서 이루어져야 하며 대안을 분석·평가하는 데 투입할 수 있는 예산이 제한되어 있다. 따라서 의사결정자는 완벽한 수준이 아닌 주관적으로 만족한 수준에서 대안을 선택한다. 경제인의 의사 결정은 목표 달성의 극대화(maximizing)를 도모하는 수준에서 대안 선택을 추구한다.

(2) 린드블럼의 진흙탕 헤쳐 나가기 모형

린드블럼(Charles E. Lindblom, 1959)의 진흙탕 헤쳐 나가기의 과학(science of muddling through)은 사이먼의 제한된 합리성에 기초한 의사결정이론을 정책결정 과정에 현실적으로 적용한 모형이다. 린드블럼은 현실 세계에서 정책결정자는 불확실한 상황 속에서 제한된 정보, 자원, 시간에 의존하여 정책대안을 비교 · 선택해야 하는데 이는 마치 아무것도 보이지 않는 진흙탕에서 조금씩 조금씩 더듬더듬 헤엄쳐나가는 것과 유사하다고 표현하였다.

린드블럼 정책결정 모형의 또 다른 이름은 점증주의 모형(incrementalism)이다. 린드블럼에 의하면 현실 세계의 정책결정은 과감하고 혁신적인 새로운 정책대안의 선택보다는 현재 정책으로부터의 소폭의 변화를 시도하고 그 정책변화의 결과를 평가하면서 조금씩 변화해 나가는 경향을 보인다. 린드블럼은 점증주의적 정책결정을 합리모형과 비교하였는데, 합리모형이 문제를 뿌리서부터 재검토하면서 정책대안을 탐색해 가는 근원적 접근 방법(root method)이라면 점증적 접근 방법은 문제가 존재하는 현장에 접근해서 해결한다는 측면에서 지엽적 접근 방법(branch method)이라고 표현하였다. 점증주의적 접근 방법의 특징을 정리하면 다음과 같다.

첫째, 정책목표를 정의하는 것과 정책목표를 달성하기 위한 수단(정책대안)을 선택하는 것은 서로 밀접하게 연결되어 있다. 또한 정책목표와 정책 수단은 명확히 구분되지 않으며 정책목표와 수단은 동시에 결정된다고 설명한다. 그 이유는 현실에서는 정책목표에 대한 합의가 늘 쉽지 않으며 정책목표의 결정이 종종 정책 수단의 존재 여부는 영향을 받기 때문이다. 따라서 정책목표와 수단은 밀접하게 연계되어 있으며 상호작용을 한다.

둘째, 좋은 정책의 판단 기준은 다양한 분석가들이 정책대안에 얼마나 동의하느냐에 따라서 결정된다.

셋째, 정책대안에 대한 분석은 제한된다. 점증모형에서는 정책대안의 분석에 필요한 자원과 시간은 제한되어 있다는 점을 반영하여 정책대안이 가져올 결과를 포괄적으로 분석하지 않고, 전체의 일부분만 분석하고 이에 근거하여 정책을 시행하고 그 결과를 반영하여 기존 정책을 조금씩 수정 · 보완하는 방법을 선택한다. 따라서 정책대안에 대한 분석은 부분적이며 계속적이라는 것이 특징이다.

끝으로 정책대안의 선택 과정은 비교의 연속이기 때문에 정책대안의 선택 과정에서 이론(theory)에 의존할 필요성은 크지 않다.

(3) 에치오니의 혼합(주사)모형

에치오니(Amitai Etzioni, 1967)는 합리모형과 점증모형을 결합하여 혼합주사모형(mixed scanning model)을 제안하였다. 혼합주사모형은 거시적으로는 합리적 모형을, 미시적으로는 점증모형을 채택하는 절충모형이다. 그는 정책결정을 근본적인 결정과 지엽적인 결정으로 분류했다. 근본적인 결정은 뿌리(root)의 비유로 설명할 수 있는데 중요한 만큼 시간, 인적 자원, 물적 자원, 정보 등을 충분히 투입하여 합리모형의 결정을 수행하는 것이 좋다. 한편 지엽적인 결정은 가지(branch)로 비유되는 결정 유형인데, 과거의 유사한 결정을 기초로 하여 점증적으로 결정할 것을 주장했다.

(4) 드로의 최적모형

드로(Yehezkel Dror, 1964)의 최적모형(optimal model)은 계량적 · 실증적 분석뿐만 아니라, 결정자의 직관적 판단과 같은 초합리성도 중요한 정책결정의 요소로 간주한다. 즉, 양적 분석과 질적 분석을 고려하고, 제약 속에서의 현실주의와 이상주의를 통합한 최선의 합리성 추구한다.

(5) 앨리슨모형

앨리슨(Graham T. Allison, 1969)은 쿠바의 미사일 위기에 따른 미국 정부의 정책결정 과정을 설명하면서 집단적 의사 결정을 국가적 정책결정에 적용하여 유형화한 앨리슨모형을 제시하였다. 그는 이 과정에서 세 가지 정책결정 모형을 제시했다.

모형 1은 합리모형으로 정부와 정책결정 참여자는 국가 이익의 극대화를 위해 노력한다. 모형 2는 조직 과정 모형으로, 정부는 하위조직들의 집합체이며, 이들 하부조직이 전문성에 근거하여 표준운영절차(Standard Operation Process: SOP)에 따라 상대적으로 독립적인 의사 결정을 수행한다. 이때 정책결정 참여자들은 국가적 목표보다는 자신이 속해 있는 하위조직의 목표를 우선시한다. 모형 3은 정치 과정 모형으로 국가정책의 결정 주체는 단일 주체로서 정부나 하위조직으로서 부처 연합체가 아니고 참여자 개개인이라고 본다. 이러한 참여자들의 갈등과 타협, 흥정 등의 정치적 게임에 의해 정책결정이 이루어진다고 본다.

4 정책집행

2024년 5월 많은 시민의 기대를 받는 수서-동탄 수도권 광역급행철도(GTX-A) 노선이 개통되었는데 개통 이후 이용객이 기대 수준을 미치지 못해서 논란이 되고 있다. 국토교통부의 설명에 따르면 1일 평균 이용객을 2만 명으로 예측했으나 개통 이후 5월 4일까지 평균 이용객은 약 8,000명으로 집계되어서 추정치의 약 37%에 머무른다고 발표하였다. 국책사업이 정책결정 당시에는 사회적 합의와 지지를 받았지만 집행 과정에서 우여곡절과 조정과 변동을 경험하고, 결과적으로 기대했던 목표를 달성하지 못하는 경우는 많다. 의정부 경전철 사업의 경우에도 1996년 민자유치사업으로 확정된 후, 1998년 사업계획이 정해지고 사업주관기관이 변경되는 과정을 거치면서 약 10년 후인 2007년 공사를 시작하였고 2012년 개통되었지만, 수요의 과다 예측 문제로 예상했던 효과를 내지 못하였고 결과적으로 2017년 파산신청을 하는 과정을 거쳤다. 위와 같은 사례들은 정책결정이 성공적인 집행을 보장하지 못하며 정책집행 과정에 대한 과학적인 연구와 분석이 필요하다는 점을 시사한다. 여기서는 정책집행 연구를 하향식 접근과 상향식 접근 방법, 그리고 통합적 접근 방법을 중심으로 살펴봄으로써 집행 과정에 대한 이해를 도모한다.

1) 정책집행 연구의 출발점

프레스만과 윌다브스키(Jeffrey Pressman & Aaron Widavsky, 1984)는 "워싱턴의 기대가 어떻게 오클랜드에서 무너져 내렸는가 또는 성공하는 정부정책이 있다는 사실이 얼마나 놀라운가?"라는 질문으로 『집행(*Implementation*)』이라는 책을 시작한다. 이들은 미국 오클랜드의 일자리 창출 프로그램의 실패 사례를 통해서 정책집행 과정이 얼마나 복잡하며 성공하기 어려운지를 적나라하게 보여준다. 1960년대 당시 오클랜드는 실업률이 높고 인종 간의 불평등도 심각하며 정부의 일자리 사업이 필요하다는 점에서는 사회적 합의의 수준이 높았다. 정책목표는 취약 계층을 위한 2,200개의 일자리를 만드는 것이었으며 유진 홀리(Eugene Folley)라는 강력한 리더, 경제개발국(Economic Development Agency)이라는 조직, 그리고 23억 달러의 예산을 지원받았으며 공항 격납고, 항만, 터미널 건설 등의 정책 수단을 통해서 공공 일자리를 창출한다는 구체적인 계획도 가지고 있었다.

프레스만과 윌다브스키는 오클랜드 일자리 사업의 사례분석을 통해서 정책의제에 대한 사회적 합의, 구체적인 정책목표의 선정, 공공사업을 통해서 일자리 창출이라는 정책대안, 그리고 강력한 리더십, 조직, 예산이 확보된 상태에서도 정책이 실패하는 원인은 "복잡한 집행 과정(the complexity of joint action)" 때문이라고 설명한다. 정책의 집행은 다양한 이해관계집단의 끊임없는 합의의 과정인데 각각의 참여자들은 정책집행의 과정에서 자신의 이익을 최대한 반영하려고 하므로 조정의 과정은 쉽지 않으며 합의의 과정에서 사업 기한은 계속 지연되며 비용은 추가되기 마련이라는 것이다. 따라서 정책집행의 문제를 개선하고 정책목표를 성공적으로 달성하기 위해서는 정책설계의 단계에서 이러한 복잡한 집행의 과정을 예측하고 준비해야 한다는 것이다.

프레스만과 윌다브스키의 연구는 정책이 결정된다고 그대로 집행되는 것이 아니며, 집행 과정은 매우 복잡하며 독립적인 연구의 대상이 되어야 한다는 점을 제시했다는 점에서 큰 의의가 있다.

2) 하향식 접근과 상향식 접근 방법

정책집행 연구는 정책결정과 집행의 관계를 어떻게 이해하는가에 따라서 하향식 접근 방법과 상향식 접근 방법으로 구분하여 살펴볼 수 있다.

하향식 접근 방법은 정책결정이 집행보다 선행하고 상위의 기능으로 간주하며 기본적으로 합리적 정책 과정 모형에 근거하고 있다. 정책결정과 집행의 관계를 목표와 수단, 원인과 결과의 인과적 구조로 파악하며, 집행 과정은 정책목표를 달성하기 위한 수단적 과정으로 이해한다. 따라서 정책집행 연구는 정책집행자와 정책의 대상 집단의 행동에 정책목표에 얼마나 부합하는지를 파악하는 과정으로 본다. 정책집행이 성공적으로 이루어지기 위해서는 정책결정자가 정책이 추구하는 목표를 분명히 하는 것과 이러한 정책목표가 집행담당자에게 명확히 전달되는 것이 중요하다. 정책의 평가 역시 최초의 정책목표를 얼마나 달성하였는지를 기준으로 이루어진다. 전술한 프레스만과 윌다브스키의 사례 연구에서 정책설계의 중요성을 강조했다는 것은 하향식 접근 방법을 취하고 있다는 것을 의미하며, 의정부 경전철 사업이 실패하게 되는 과정에 대한 설명 역시 정책실패의 원인을 정책결정 이후의 집행 과정의 복잡성에서 찾고 있다는 점에서 기본적으로 하향식 접근 방법에 가깝다.

상향식 접근 방법은 집행이 일어나는 현장에 초점을 맞추며 집행 현장의 일선 공무원과 정책의 영향을 받는 정책대상 집단이 집행연구의 중심이 되어야 한다고 설명한다. 특히 립스키(Michael Lipsky, 1980)에 의하면 일선 공무원(street-level bureaucracy)은 정책 문제에 가장 근접해 있고 정책대상자들과 일상적으로 상호작용하기 때문에 정책집행에서의 전문가이며, 이들은 현장에서의 재량적 판단을 통해서 실질적으로 정책을 결정한다고 설명한다.

상향식 접근의 대표적인 사례로는 치안 현장 문제 해결의 장으로서의 폴리스 랩을 생각할 수 있다. 폴리스 랩 사례는 사회 문제 해결 R&D의 리빙랩이라는 사용자 주도의 혁신 R&D 방법을 치안 문제 해결의 과정에 적용한 것으로 치안 현장에서 발생하는 문제의 발굴과 대안의 탐색 과정에 국민, 경찰, 연구자가 협업하는 방식을 택한다. 이는 기존의 연구 개발사업이 주로 연구자 중심으로 이루어진 것과 비교하여 문제의 발굴과 아이디어 개발에 경찰과 시민들이 함께 참여하는 사용자 주도 혁신이라는 점이 특징이며 현장에서부터 정책의 단계로 움직이는 상향식 접근 방법의 사례이다.

3) 매틀랜드의 모호-갈등 모형

매틀랜드(Richard E. Matland, 1995)는 하향식 접근을 주장하는 학자들과 상향식 접근을 주장하는 학자들이 분석하고 있는 정책이 유형이 다르다고 지적하며 두 가지 접근 방법이 언제(when) 더 적합한지에 대한 모형을 개발하는 방법을 제안한다. 매틀랜드는 정책집행의 모형설계를 위해서 정책의 성격을 정밀하게 분석하는 것이 중요하며 정책의 성격은 정책의 모호성(ambiguity)과 갈등(conflict)이라는 두 가지 차원으로 특징지어질 수 있다고 설명한다. 따라서 매틀랜드의 집행 모형을 모호-갈등 모형이라고 하며, 정책집행에 대한 상황적 접근 방법이다.

[그림 5-5]에서 보는 바와 같이 매틀랜드 모형의 정책집행은 정책 갈등의 정도와 모호성의 정도에 따라서 네 가지 유형으로 구분할 수 있다. 첫째, 정책 모호성이 낮고 갈등이 적은 경우는 행정적 집행에 해당한다. 합리적 의사 결정에 가정하고 있으며 목표가 주어져 있고 문제 해결을 위한 수단(기술)이 미리 알려진 경우의 집행을 의미

한다. 행정적 집행 모형의 정책집행 과정은 마치 기계(machine)에 비유할 수 있다. 중앙에서 정책과 관련된 모든 정보, 자원, 처벌의 권한을 지니고 있으며 정보는 늘 위에서 아래로 흐르게 된다. 집행 과정은 계층제구조에서의 상위에서 명령하고 하위에서 실현하는 방식으로 진행된다.

둘째, 정책 모호성이 낮고 갈등이 심각한 경우는 정치적 집행에 해당한다. 정책이 명확할수록 이해관계자들의 충돌이 첨예하게 발생할 수 있다는 점을 고려하면 상당수의 정책집행 과정이 정치적 집행에 해당한다고 생각할 수 있다. 정책집행의 성공과 실패는 집행 과정에서 이해관계자 사이의 권력 관계에 의해서 좌우된다. 정치적 정책집행의 경우, 정책목표에 대한 갈등이 존재하기 때문에 정책집행자는 목표에 합의하지 않는 이들의 협력(cooperation)이 필요하며 이러한 협력을 얻기 위한 충분한 자원을 지니고 있는지가 중요하다. 정치적 집행은 전형적인 하향식 집행에 해당한다.

셋째, 정책 모호성이 높고 갈등의 정도가 낮은 경우는 실험적 집행에 해당한다. 실험적 집행의 경우는 정책집행의 맥락(context)이 중요하며 정책환경에 따라서 정책집행이 다양한 방식으로 이루어질 가능성이 크다. 실험적 집행은 주로 새롭게 나타난 정책 문제와 관련된 정책집행 사례에 적용되며 지역 수준에서 정책참여자의 의견과 노력이 중시된다. 일반적으로 상향식 접근이 유용하게 작동하는 유형에 해당한다.

끝으로 상징적 집행은 정책의 내용이 모호하지만, 상징성이 크기 때문에 높은 수준의 갈등이 발생하는 경우이다. 이러한 상징적 집행의 대상이 되는 정책은 기존의

[그림 5-5] 매틀랜드의 모호-갈등 모형

모호성 \ 갈등	낮음	높음
낮음	행정적 · 관리적 집행 자원	정치적 집행 권력
높음	실험적 집행 맥락적 조건	상징적 집행 연합체 권력 관계

정책을 재확인하거나 오래된 정책목표를 재승인하는 경우가 많다. 주로 중요한 가치나 원칙에 관계되는 내용이다. 일반적으로 상징적 집행은 지역 수준에서 연합(coalition)이 얼마나 강력하게 형성되어 있는지에 따라서 정책의 결과가 결정된다.

4) 버만의 적응적 집행

버만(Paul Berman, 1978)의 적응적 집행(adaptive implementation)은 집행 현장의 중요성을 강조하며 정책집행은 정책과 그것을 둘러싼 제도적 환경 간의 상호작용의 결과라고 설명한다. 집행을 둘러싼 제도적 환경은 거시적 집행구조와 미시적 집행구조로 구성되어 있다. 거시적 집행구조란 중앙정부에서 지방의 집행 조직에 이르기까지의 정책 분야의 전체 참여자(행정관료, 법원, 이익집단, 지방정부, 개인 고객 등)의 활동을 포함하며, 미시적 집행구조는 서비스 전달조직을 의미한다. 버만은 미시적 집행의 중요성을 강조하는데 미시적 집행이란 지방정부가 채택한 사업을 실제 현장에서 실행할 수 있는 정책으로 변화시키는 것을 의미한다. 지방정부는 각자가 처한 제도적 환경이 다르므로 환경에 맞추어 프로그램의 성격을 변화시키며 집행하는 것이 필요하며 이를 변이(mutation)라고 한다.

버만은 최선의 집행은 정책결정자의 결정을 그대로 집행하는 것이 아니라 개별적인 집행환경에 부합하는 방식으로의 집행인 적응적 정책집행이라고 설명한다. 적응적 정책집행은 다시 네 가지 유형으로 구분해 볼 수 있다. 첫째, 사업이나 표준운영절차 모두 적응이 발생하지 않는 불집행, 둘째, 집행 조직이 개발해 놓은 기존의 표준운영절차에 맞춰서 사업이 적응하는 흡수, 셋째, 집행 조직이 표준운영절차가 채택한 사업에 맞게 변하는 기술적 학습, 끝으로 사업과 조직이 모두 서로에게 적응하는 상호적응이다. 버만은 사업과 조직이 서로에게 적응하는 상호 적응 경로를 따를 때 정책집행이 가장 효과적이라고 주장한다. 다시 말하면 바람직한 정책집행이란 집행기관의 표준운영절차가 변화하는 조직의 적응(organizational adaptation)과 집행환경의 특수성에 맞춘 정책결정자의 정책프로그램 자체의 적응(project adaptation)이 동시에 일어나는 상호 적응적 집행이다.

5 정책평가

정책 과정의 마지막 단계는 정책집행의 결과에 대한 평가와 환류의 과정이다. 여기서는 정책평가의 개념과 유형을 소개한다.

1) 정책평가의 개념

정책평가의 개념을 가장 좁게 정의한 것은 정책산출(policy output)에 초점을 두는 것이다. 정책산출이란 정책집행으로 나타난 실체적 결과나 상징적 표현을 의미한다. 여기서 실체적 결과란 정부가 실제로 행한 것에 대한 관찰 가능한 지표이다. 예를 들면, 청년실업 문제를 개선하기 위한 정부의 취업 정보 프로그램 교육의 횟수, 국회에서 통과된 법안의 수, 대기오염을 정화하기 위해 사용된 예산 총액 등이 정책산출이다. 그리고 상징적 표현이란 관찰 또는 측정하기 곤란한 추상성을 지니는 정책 내용이다. 정책평가를 정책산출에 국한하게 되면 정책을 통해 실제로 이룩한 정책성과(policy outcomes)는 포함하지 않는다. 민원 처리 건수, 수혜자 수 또는 사용된 총비용 등과 같은 정책산출에 대한 측정이 곧 정책을 통해 달성하고자 하는 바람직한 상태나 문제가 해결된 정도를 나타내는 것은 아니기 때문이다. 즉, 정책산출은 정책으로 인해 사회에 나타난 의도되었거나 의도치 않은 변화인 정책효과를 포함하지는 않는 개념이다.

넓은 의미의 정책평가는 정책산출, 정책성과, 정책효과(policy impact)에 대한 평가를 의미한다. 이러한 정의에 따르면, 정책평가는 정부가 달성하고자 하는 목표를 기준으로 정책효과에 대한 객관적 · 체계적 활동이다. 때로는 정책평가의 내용으로 정책산출, 정책성과, 정책효과뿐 아니라 과정이나 노력(정책투입)에 대한 평가 활동을 포함하기도 한다.

정책평가의 특징을 구성 요소로 구분하여 설명하면 다음과 같다. 첫째, 정책평가의 목적은 정책의 대상이 되는 사회 문제의 개선에 도움이 되는 것이다. 다시 말하면 정책평가 연구는 통제된 변수만을 취급하는 실험실 상황의 순수 학문 연구와는 달리 실용적 성격을 지닌다. 정책평가자는 정책실무자가 더 나은 결정을 할 수 있도록 도움을 주어야 하므로 순수 연구자보다 더 높은 수준의 기술을 발휘해야만 한다.

둘째, 정책평가는 일정한 기준에 따라 정책의 성공 여부를 판단하는 것이다. 평가 활동의 핵심은 자료 수집과 수집한 자료를 평가 기준에 따라 판단하는 것이다. 일반적으로 공식적 정책목표가 평가 기준으로 사용되지만, 정책목표가 정책평가의 유일한 기준은 아니며 해당 정책과 관련된 이해관계집단의 기대도 정책의 성공 여부를 판단하는 기준이 될 수 있다.

셋째, 정책평가 활동은 정책목표를 포함한 정책의 결정 과정, 정책의 집행 및 정책효과에 대해 가치 판단을 하는 것이다. 정책평가의 결과가 다시 정책 과정에 환류되어 정책 개선에 이바지되기 위해서는 정책목표가 제대로 수립되었는지, 정책결정 과정에서 문제점은 없었는지를 밝혀내어야 한다. 또한 정책평가의 내용으로 정책집행뿐만 아니라 일상적 관리행위가 집행 결과에 어떤 영향을 미쳤는가에 대한 내용도 포함되어야 한다. 그리고 정책산출, 정책성과, 정책효과에 대한 평가 활동도 포함한다.

끝으로 정책평가는 과학적 방법에 따라 행하는 일종의 탐구 활동이다. 이는 평가 절차가 일종의 연구 활동이라는 의미이다. 따라서 정책평가의 과정은 사회과학적 연구로 받아들여질 수 있는 공식적이고 엄격한 방법과 절차에 기초해서 이루어져야 한다. 특히 정책환경의 복잡성과 정책 과정에 영향을 미치는 다양한 요인들을 생각하면 정책평가의 과정에서 타당성과 신뢰성의 확보는 매우 중요하다. 이러한 점을 고려하면 정책평가의 과정은 전문가의 직관 또는 권위에만 의존하는 방법은 바람직하지 않으며 엄밀한 과학적 방법에 근거한 평가연구가 이루어지는 것이 바람직하다.

2) 정책평가의 유형

(1) 평가성 사정

평가성 사정(evaluability assessment)이란 본격적인 평가 활동을 하기 전에 평가 활동의 적합성, 기술적인 적용 가능성 등을 검토하기 위한 일종의 예비평가이다. 실제로 평가 활동이 비협조적인 상황에서는 수행되거나, 평가 결과가 환류되지 못하고 그 자체로 끝나버리는 경우가 많다는 점을 고려하면 실효성 있는 평가 활동을 보장하기 위해서는 평가성 사정이 필요하다.

평가성 사정 방법은 소규모 표본을 추출하여 정책의 가정들을 정책의 명시된 목표에 비추어 비교하고, 이들 가정이 합리적이라고 할 수 있는지에 대한 규범적 질문을 하는 것이다(노화준, 1996). 또는 정책효과를 평가하기 위해 개발한 성과지표나 평가 절차가 의도한 평가를 할 수 있으며, 실제의 평가 시간은 어느 정도 소요되는지 등을 파악함으로써 전면적 평가의 실행 가능성을 검토한다. 이러한 평가성 사정을 통해 평가자는 평가 작업을 계속 수행할 것인지를 결정하게 되며, 본격적인 평가 작업을 수행할 때 사용할 수 있는 평가 방법 및 구체적인 평가 절차를 수립하는 데 도움을 받을 수 있다. 또한 평가성 사정의 결과는 정책목표의 명확성과 측정 가능성, 그리고 집행 활동을 통한 목표 달성 가능성을 알 수 있다.

(2) 내부평가와 외부평가

정책평가는 평가를 담당하는 부서가 자체적으로 하는 '자체평가' 또는 '내부평가'와 외부기관에 의한 '외부평가'로 구분할 수 있다. 내부평가와 외부평가 가운데 어느 것이 더 바람직한지는 평가에 대한 신뢰도, 객관성, 정책에 대한 이해, 활용 가능성, 자율성, 책임성 등의 요소를 중심으로 판단할 수 있다.

첫째, 신뢰성의 차원이다. 정책결정자는 정책평가자의 전문적 기술이나 이들이 만든 평가 결과를 신뢰해야 한다는 점을 고려하면 컨설팅회사나 연구기관과 같은 전문성을 인정받는 외부기관의 정책평가가 내부평가보다는 신뢰도를 확보하기가 쉽다고 생각할 수 있다. 일반적으로 내부평가보다는 외부의 기관이나 전문가에 의해 수행된 평가가 공적 신뢰를 얻기가 쉽다. 그러나 외부평가는 종종 지나치게 추상적이거나 방법론만을 중시하고 정책 현장의 중요한 문제와 관련한 정보를 빠뜨리고 정책의 현실 문제를 반영하지 못하는 경우가 있는데, 이 경우 외부평가의 신뢰도가 내부평가와 비교하여 상대적으로 낮게 평가될 수도 있다.

둘째, 객관성은 정책평가의 자료 분석이나 결과의 해석에 있어서 주관적 의견이나 편견이 개입해서는 안 된다는 점을 의미한다. 내부평가자가 정책결정자보다 조직 계층에서 하위직에 있는 경우에는 상급자인 정책결정자와 우호적 관계를 유지하기 위해 정책평가 결과를 왜곡할 가능성이 있다. 외부평가자는 상대적으로 조직의 정치적 역학 관계나 계층제적 서열로부터 자유로운 위치에 있으므로 평가의 객관성 확보가 용이하다. 그러나 외부평가자가 정책평가의 과정에서 정부로부터 자금을 지원받았거나 정책집행자와 장기간에 구조화된 관계 등이 있다면 외부평가자 역시 편견으로부터 완전히 자유로운 것은 아니다. 정책평가자의 정치적 신념이나 가치에 따라 평가자가 선택하는 방법이나 해석이 달라질 수 있다는 점에 대한 고려 역시 중요하다.

셋째, 정책에 대한 이해도의 여부가 중요한 기준이 될 수 있다. 현실성 있는 정책평가를 위해 정책평가자는 정책이 어떻게 집행되었는지를 자세히 이해할 수 있어야 하며 피평가기관의 집행환경과 정책 과정에서 일어난 문제나 사건에 대해서 잘 알아야 한다. 내부평가자는 정책 현장에 가까이 있다는 점을 고려하면 정책의 현실적 문제와 한계, 환경을 잘 이해하고 있다고 생각할 수 있다. 또한 내부평가자는 실무자와의 협의를 거치는 과정에서 피평자가의 저항이 상대적으로 적으며 평가에 필요한 정보를 얻기 용이하기 때문에 정책에 대한 이해도는 외부평가자와 비교하여 높다고 볼 수 있다.

넷째, 정책평가의 결과가 활용되도록 하기 위해서는 정책평가자의 적극적인 활동이 필요하다. 내부평가자는 평가 결과를 회의 참석이나 보고 등 공식 절차뿐만 아니라 실무자와 비공식 만남을 통해 적극적으로 알릴 수 있다는 장점이 있지만 외부평가자는 평가 결과가 활용되도록 노력할 기회가 상대적으로 적다. 단, 외부평가자의 경우에서도 평가기관의 명성이나 권위가 높은 경우에는 피평가기관과 정책 관련자들이 평가의 결과에 관심을 가질 수 있고, 결과적으로 정책평가의 결과가 다음의 정책 과정으로 환류될 가능성이 높아질 수 있다.

다섯째, 외부평가자는 상대적으로 폭넓은 자율성을 가지고 포괄적인 시각에서 평가를 실시하고 다양하고 혁신적인 개선 방안을 제시할 수도 있다. 내부평가자는 정책의 기본 전제나 조직 상황을 주어진 것으로 받아들이고 현존하는 틀 안에서 평가 활동을 하는 것이 일반적이기 때문에 자율성의 정도는 상대적으로 낮다.

끝으로 정책평가의 책임성 측면에서 내부평가의 경우는 피평가자와의 관계를 고려하면 평가 결과에 대하여 광범위한 책임성을 보장할 수 있다. 반면에 외부평가의 경우, 계약을 통해 수행한 평가의 경우는 평가의 질이나 효용에 대한 책임 문제가 발생할 가능성이 있다.

(3) 과정평가와 결과평가

정책 과정평가는 정책이 진행되고 있는 동안에 무엇이 일어나고 있는지를 검토하는 것이다. 여기서는 주로 의도된 행동과 실제적 행동, 참여자들의 활동, 고객의 반응

등에 초점을 맞춘다. 이에 비해 결과평가는 정책집행의 결과 대상 집단에 미친 영향에 대한 평가 활동을 말한다.

이러한 과정평가와 결과평가의 구분은 스크라이븐(Michael Scriven, 1991)이 제시한 형성평가와 총괄평가의 구분과 유사하다. 스크라이븐은 교과 과정에 대한 평가를 논의하면서 평가를 목적을 기준으로 형성평가(formative evaluation)와 총괄평가(summative evaluation)로 구분했다. 형성평가는 교과 과정을 개발하는 동안의 개선에 도움을 주기 위한 정보를 산출하는 것이며, 교과 과정 개발자에게 도움을 주고자 하는 것이다. 이에 비해 총괄평가는 교과 과정을 확정한 후에 행하는 것이다. 총괄평가는 교과 과정 채택을 고려하고 있는 학교의 정책결정자에게 그 효과성에 대한 정보를 제공하기 위한 것이다.

형성평가는 정책집행 단계에서 정책개발자 및 정책집행자를 돕기 위해 고안된 것이다. 그리고 총괄평가는 정책결정자에게 평가 결과를 환류하여 최종안을 개선하는 것이 목적이다. 그러나 사실상 정책이 특정 시점에서 종결되는 경우는 드물다. 특정 정책이 실패한 것으로 평가되었다 하더라도 정책결정자는 평가 결과에 따라 정책을 포기하기보다는 이를 수정하여 다시 시도하는 경우가 많다. 이처럼 정책이 종결과 지속의 두 경우만으로 선택되기보다는 계속 수정되는 것이 일반적이기 때문에 형성평가와 총괄평가의 구분은 상대적이라 하겠다.

생각과 토론 문제

□ **다음의 이슈를 중심으로 생각해 보고 논의해 봅시다.**

1. 행정학의 발달 과정에서 정책 연구가 등장하게 된 배경을 살펴보고, 오늘날의 행정 개념과 연계하여 논의해 보자.

2. 사회적 이슈 가운데 정부의 정책적 개입이 필요하다고 생각하는 공공 문제를 제시하고, 이에 대한 논리적 설명을 해보자. 정부 개입의 필요성과 기대 효과에 대하여 토론해 보자.

3. 시장실패 사례를 찾아보고, 이 사례의 경우 시장실패가 발생하게 된 원인이 무엇인지 생각해 보자. 이에 대한 정부 개입이 필요한지, 정책적 개입으로 기대하는 효과를 달성할 수 있는지 토론해 보자.

4. 좋은 정책이란 무엇을 말하는지 각자의 생각을 제시하고 토론해 보자.

5. 정책 과정을 살펴보고, 각 과정에서 어떠한 전문성이 필요한지 이러한 전문성을 지니기 위해서는 어떤 학습이 필요한지 생각하고 논의해 보자.

06

조직과 개인

제1절 조직과 조직 과정

현대 사회에서 개인의 삶은 그 개인을 둘러싼 여러 조직과의 관계를 통해 규정된다. 스스로 의도했든 의도하지 않았든 개인은 학교, 기업, 정부조직 등 하나 이상의 조직에 속해 조직구성원으로서의 지위와 자격을 지니고, 구성원으로서 요구되는 역할을 수행하고 있다. 조직구성원으로서 개인의 활동은 대체로 과거로부터 이어져 온 반복적이고 일상적 활동이며, 조직 내 다른 구성원과 상호 영향을 주고받으며 이루어진다. 따라서 오늘날 개인의 삶을 이해하고, 그들의 삶의 질을 향상시키기 위해서는 조직에 대한 이해가 반드시 선행되어야만 한다.

행정은 어떤 사회의 개인이나 집단에게 공공 서비스를 제공하며, 이와 동시에 사회를 구성하는 개인이나 집단을 일정한 기준에 따라 통제하기 위해 조직화하는 활동이다. 행정 활동은 조직을 반드시 필요로 한다. 행정을 위한 조직은 매우 다양한 형태를 지닐 수 있고, 다양한 가치들을 구현해 낼 수 있다. 조직의 구조와 운영 과정은 조직 전체와 조직구성원 개개인의 행태에 큰 영향을 미친다. 즉, 조직의 구조와 과정을 어떻게 설계하느냐에 따라 추구하는 가치가 달라질 수 있으며, 충족하고자 하는 욕구나 달성하려는 목적도 달라지게 되는 것이다. 그러므로 행정 활동을 어떻게 조직하는가 하는 것은 행정 실무자와 연구자가 관심을 가져야 하는 가장 중심 문제인 것이다(Rosenbloom, 1989: 128).

1 조직의 정의

조직이란 무엇인가에 대해 수많은 학자가 다양한 관점으로 자신들의 의견을 개진해 왔다. 조직의 정의는 학자들의 오랫동안의 노력에도 불구하고 일치된 견해에 도달하고 있지 않을 뿐 아니라, 각각의 정의들이 나름대로의 장점과 한계를 지니고 있기 때문에 조직에 대한 단적인 정의는 조직에 대한 생각을 전개하는 데 장애가 될 수도 있다. 여기서는 많은 학자의 정의를 세밀하게 분석하고 이를 종합적인 관점에서 정리한 스콧(W. R. Scott)의 조직에 대한 정의를 소개하고, 레이니(Hal G. Rainey)의 개념적 틀을 살펴봄으로써 조직연구의 기본 개념을 이해하는 데 도움을 주고자 한다.

스콧(Scott, 1998)은 조직의 개념을 세 가지 체계의 관점에서 정의한다.

첫째, 합리적 체계로서 "조직이란 상대적으로 구체적인 목적을 추구하며, 상대적으로 높은 수준의 공식화된 사회구조를 드러내고 있는 집합체"라고 할 수 있다.

둘째, 자연 체계로서 "조직이란 조직의 구성원들이 공통된 이익뿐 아니라 서로 다른 이해 관계를 추구하고 있지만 자신들이 속한 조직의 지속성을 중요한 자원으로 인식하고 있는 집합체이다. 구성원 간에 발생하는 인간 관계의 비공식적 구조가 공식적인 구조보다 조직의 행태를 이해하는 데 더 많은 정보를 제공하며, 정확한 지침이 된다."

셋째, 개방 체계로서 "조직이란 계속 변동하는 구성원 간의 연합체를 연결해 주는 상호 의존적인 활동들의 체계라 할 수 있다. 이 체계는 조직이 활동하고 있는 환경과 지속적으로 상호 교류를 하고, 환경에 의해 구성되기도 하면서 환경에 내재화된다."

즉, 조직을 구체적인 목적을 지닌 공식화된 합리적 체계로서 인식하는 관점, 조직 구성원의 인간적 측면에 초점을 두어 조직의 목적과 조직 참여자의 목적의 불일치성과 공식적 관계와는 상이한 비공식적 관계구조의 존재를 인정하는 관점, 그리고 환경과의 상호작용을 중요시한 개방 체계로서의 관점을 제시하고 있다. 이들 관점은 정의된 시기와 배경이 모두 다르고, 서로 다른 강조점을 지니고 있으나 오늘날의 조직을 이해할 때 분석적으로 유용한 개념이며, 조직을 하나의 관점에서 배타적으로 해석하기보다는 세 가지 관점을 상호 보완적으로 활용하는 것이 바람직하다.

한편 레이니(Rainey, 1997: 15-18)는 조직에 대한 개념을 다음과 같이 제시하고 있다.

> 조직이란 어떤 특정한 목적을 추구하기 위해 함께 일하는 사람들의 집단이다. 그들은 환경으로부터 자원을 얻어서 그들의 목적을 추구하기 위해 함께 일한다. 그들은 그러한 자원을 변형하여 과업을 달성하고, 그들의 목표를 효과적으로 달성함으로써 새로운 자원의 획득에 성공한다. 그들은 조직화를 통해 활동 과정에서 수많은 불확실성과 다양성에 대처해 나간다. 조직화는 리더가 목표 달성을 위한 전략을 개발하고 그러한 전략들을 지원하기 위한 구조와 과정의 확립을 지도해가는 리더십 과정을 포함한다.
>
> 구조는 권위적 계층구조, 규칙과 규정, 그리고 개인, 집단 및 하위 단위의 전문화 등과 같은 수단을 통해 얻을 수 있는, 조직 내에서 비교적 안정적이고 관찰할 수 있는 책임의 할당과 분담이다. 이러한 책임의 분배는 개별 활동과 각각의 단위들에 대한 조정의 필요성을 제기한다. 규칙과 규정, 권위적 계층구조와 같은 구조는 조정에 도움이 된다. 과정은 직접 관찰하는 것이 어려운 좀 더 동적인 활동이지만 조정에 매우 중요한 역할을 수행한다.
>
> 과정에는 권력 관계의 결정, 의사 결정, 평가, 의사 소통, 갈등 해결 및 변화와 혁신 등이 포함된다. 이러한 구조와 과정 내에서, 가장 효과적인 업무 수행을 통해 제품과 서비스를 생산하고 기여함으로써 집단과 개인은 그들에게 제시된 인센티브에 민감하게 반응한다.

즉, 레이니의 조직이론은 조직을 연구할 때 위에서 강조한 용어들과 관련된 논의들이 중요한 틀을 이루고 있음을 보여준다. 따라서 조직 연구에서 조직의 목적과 환경, 과업(업무), 성과 달성, 조직화, 전략, 리더십, 과정, 개인 및 집단, 동기 부여(인센티브) 등이 주요 연구 주제가 된다.

위에서 두 학자의 정의를 바탕으로 조직의 개념에 대해 살펴보았다. 조직은 눈으로 확인할 수 없는 추상적인 개념이지만, 우리는 그 조직이 있는 높은 빌딩, 조직이 생산해내는 자동차, 맥주, 책 등과 같은 제품과 서비스, 그리고 그 조직에서 일하는 구성원들을 눈으로 볼 수 있다.

우리는 매일 조직 안에서 살아가기 때문에 조직이라는 것을 너무나 당연하게 받아들인다. 사람들은 병원에서 태어나고, 정부기관에 출생 신고를 하고, 학교에서 교육을 받으며, 기업에서 생산해 낸 생활용품들을 이용하고, 건축회사가 지은 집에서 살며, 문제가 발생하면 경찰서나 소방서의 도움을 받으며, 매주 40시간 이상을 직장에서 보내고, 주말에는 교회나 휴양지를 찾기도 한다. 이렇게 사람들은 태어나서 죽을 때까지 조직을 떠나서는 생활할 수 없지만, 평소에는 조직의 중요성에 대해 별로 인식하지 못하고 살아간다.

이와 같이 대부분의 사람이 조직에 대해 무관심한 태도를 갖게 되는 것은 아마도 눈으로 볼 수 있는 조직의 실체가 없기 때문일 것이다. 그러다가 어떤 방식으로든 조직이 우리의 기대에 어긋났을 때 그때서야 조직에 대해 자각을 하게 된다. 예를 들면, 월말에 은행에서 차례를 기다리고 있는 사람들의 긴 행렬을 볼 때 왜 은행에서는 월말이면 사람들이 몰리는 것을 예상하여 더 많은 출납계원을 배치하는 등 인력을 탄력적으로 운영하지 않을까 하는 생각을 하게 된다.

조직은 다양한 목표를 달성하기 위해 개인 혹은 집단이 이용하는 수단이다. 조직에는 달성하고자 하는 무언가를 얻기 위해 노력하는 사람들의 집합적 지식, 가치, 비전 등이 스며들어 있다(Johns, 1995: 4). 예를 들면, 안전을 중요시하는 사람들은 경찰, 군대, 은행 등과 같은 조직을 만들고, 오락 및 여흥의 가치를 추구하는 사람들은 월트디즈니사, 방송국, 클럽 등과 같은 조직을 만든다.

조직은 인간의 욕구에 반응하여 그 욕구를 충족시키는 수단이다. 새로운 기술이 생겨나고 새로운 욕구가 발견될 때 새로운 조직이 생겨나며, 조직이 충족시켜야 할 욕구가 더 이상 존재하지 않을 때 그 조직은 사라지거나, 다른 욕구를 충족시킬 수 있는 조직으로 전환되기도 한다. 이처럼 조직은 변화하지 않는 정태적인 실체가 아니라 환경의 요구 및 변화에 따라 계속적으로 적응하고 진화해 나가는 동태적인 실체이다. 오늘날의 조직이 처해 있는 환경은 매우 불확실하기 때문에 불안정한 환경 속에서 조직이 살아남고 성장, 발전하기 위해서는 새롭게 대두되는 문제에 대한 해결 방안을 지속적으로 모색하는 노력이 요구된다(박경원 · 김희선, 1998: 45-46).

2 조직의 존재 이유

이러한 조직을 통해 우리는 무엇을 기대하는 것일까?

첫째, 조직은 지속적이라는 것이다. 조직은 특정한 목적을 지속적으로 일정하게 추구하도록 설계된다. 조직구성원의 교체에도 불구하고 공식화된 조직의 기능 때문에 조직은 안정성을 갖는다. 지속성을 견고함과 혼동해서는 안 된다. 오늘날 많은 조직은 인력과 구조, 심지어 목적 등의 결합을 변화시킴으로써 핵심 역량은 유지하면서 융통성을 부여하도록 설계되어 있다.

둘째, 조직과 관련된 이점은 신뢰성이다. 조직은 계속해서 동일한 제품을 생산하거나 서비스를 제공한다. 이것은 공식화, 권위의 계층적 구조, 정교한 규칙과 규정, 강한 조직문화, 전문화된 장치 등을 통해 가능하다.

셋째, 조직은 책임성을 갖는다. 조직은 문서나 법규정 등 여러 장치를 통해 조직 활동에 대한 책임 소재를 분명히 함으로써 조직 활동의 한계와 책임을 확립한다 (Scott, 1998: 23-24).

일반적으로 조직을 생각할 때, 삼성이나 현대와 같이 규모가 크고, 역사가 오래되었으며, 지명도가 높은 조직, 더 나아가 정부조직을 떠올리면 아마도 조직은 매우 견고하고 지속적이며 질서가 있는 실체로 생각될 것이다. 결국은 이러한 특성 때문에 조직이라는 명칭이 쉽게 사용되고 있는 것이다. 많은 조직 관련 교재에서도 조직을 견고하고, 지속적이며 질서 있는 실체로 다루고 있다.

그러나 조직에 대한 이러한 이해는 또 다른 측면에서 조직에 대한 이해를 어렵게 만든다. 즉, 조직의 뒤에 도사리고 있는 혼돈과 실수, 그리고 조직을 견고하고 질서 있는 실체로 만들기 위한 인간의 막대한 노력과 에너지에 대해 이해할 기회를 차단하는 것이다.

3 조직화

따라서 조직에 대한 올바른 이해를 위해서는 조직화에 대한 이해가 이루어지지 않으면 안 된다. 우리가 조직을 견고하고 지속적이며 질서 있는 실체로 인식할 수 있는 것은 조직 내에서 조직화의 과정이 계속적으로 이루어지고 있기 때문이다.

조직화는 해야 할 일들을 논리적으로 연결하고, 관리 가능한 활동 단위로 배열하고, 작업이 효과적으로 달성될 수 있도록 이러한 활동 단위들을 구조화하고, 서로 다른 활동 단위들이 상충되지 않도록 통합하는 것 등 관리적 활동을 지칭할 때 사용되는 용어이다(Graham, Jr. & Hays, 1993: 70).

조직화란 질서와 무질서(혼돈)가 상존하는 상황과 불확실성이 존재하는 상황 속에서 이루어지는 개인의 의미 창출 과정과 집단 간의 사회적 과정으로 정의할 수 있다. 조직화와 조직은 분명히 구분되는 개념이다. 즉, 조직화는 조직을 형성하고 유지하기 위한 동태적인 개념이고, 조직은 조직화의 결과로 나타나는 실체로서 정태적인 개념이다.

조직화는 조직을 유지하기 위한 활동이 계속적으로 이루어지는 과정으로, 만약 이러한 조직화의 기능이 느슨해진다면 조직은 곧 혼돈(chaos) 속으로 빠져들게 될 것이다. 예를 들어, 가정에서 청소를 중단한다면 책상은 곧 서류더미들로 가득하게 될 것이다. 조직의 경우도 마찬가지이다. 조직의 안정성을 보장하고 목표 달성을 위해 조직구성원들이 협조적으로 일할 수 있는 기본 체계를 만들어 내는 조직화의 기능이 제대로 이루어지지 않는다면 조직이 방향을 잃고 표류하게 되는 것은 시간 문제일 것이다.

조직화에서 가장 중요한 개념은 계획과 통제이다. 조직화를 위해서는 먼저 조직의 목표를 규명하고, 조직의 현재 위치를 확인하고, 제약 조건을 충분히 검토한 후에 조직이 나아갈 방향을 제시하는 계획이 수립되어야 한다. 조직화는 일반적으로 조직목표의 달성을 위해 필요한 과업의 규명, 직위 및 직무의 설정, 직위들 간의 체계적인 관계(권한, 책임, 의무)의 설정, 각 직위에 적합한 사람의 충원 등 네 단계를 거치면서 이루어진다(한희영, 1987: 557-563).

물론 성공적인 조직화는 훌륭한 계획에 의해 좌우되지만 계획만 가지고서는 조직화의 성공을 보장할 수 없기 때문에 통제라는 활동이 요구된다. 즉, 계획과 함께 조직자원, 정보, 조직구성원들을 조정하는 통제 활동이 이루어져야 조직화의 과정이 성공적으로 이루어질 수 있다. 조직화가 성공적으로 이루어지면, 업무의 흐름이 명확해지며, 개인별 직무에 대한 지침이 마련되며, 각 업무를 성공적으로 수행하는 데 요구되는 행동 체계가 마련되어 업무 활동의 계획과 통제가 가능해지며, 의사 소통과 의사 결정을 위한 경로가 설정되며, 직무의 중복을 방지하고 과업에 관련된 갈등을 막을 수 있으며, 각 구성원들의 활동을 조직 목표에 연결시킴으로써 직무 수행 성과를 증대시켜 준다(박경원 · 김희선, 1998: 25-26).

제2절 조직이론의 이해[1]

1 폐쇄형 조직이론

공 · 사를 막론한 조직학계와 실무계에서 현대 조직이론의 태두로 테일러(Frederick W. Taylor)를 거명하는 데 이론의 여지는 없을 것이다. 또한 그의 『과학적 관리론(*Scientific Management*)』(1911)을 조직과 성과에 관한 시원적 이론으로 제시하는 것 역시 논란의 여지는 없을 것이다. 실제로 테일러는 생산조직에서의 능률성을 제고하고자 하는 일련의 흐름에 대해 시간과 동작연구(time and motion study)를 통해 최선의 방법(one best way)을 실증적으로 연구함으로써, 능률성의 제고를 통한 조직의 성과를 극대화하는 방안을 도출했다. 비록 인간의 기계화 등과 같은 비난을 받아왔지만 분업화와 표준화, 그리고 작업자에 대한 차별적 성과급제 도입을 통한 생산성 제고는 200여 년이 지난 지금도 여전히 유효한, 조직에 관한 논의에서 기본적인 토대를 마련했다고 할 수 있다.

테일러가 조직 내의 생산노동자를 중심으로 한 조직의 성과 제고를 논의했다면, 페이욜(Henri Fayol)은 『산업과 일반관리론(*General and Industrial Management*)』(1916)에서 관리자를 중심으로 한 조직의 관리 방법을 설파했다는 점에서 테일러와 대비될 만하다.[2] 특히 계획, 조직, 명령, 조정, 통제 등을 포함하는 관리 기능이[3] 기술, 영업,

---

1) 조직이론의 이해는 이덕로(2009), "조직성과 평가모형의 새로운 접근," 「창조와 혁신」, 2(11): 133-162 내용을 중심으로 요약함.

2) 페이욜의 이론은 1916년에 프랑스에서 처음 발표되었지만, 1949년의 영문 번역으로 미국에서 간행된 후 학계에 전파되기 시작했다.

3) 이 원칙은 현대 조직관리의 기본이라 할 수 있는 귤릭(Luther Gulick, 1937)의 POSDCoRB 원칙의 시원

재무, 보안, 회계 기능 등 구체적인 조직 기능 등을 통할하는 종합 기능이라고 설명한 페이욜의 논리에서 그의 공·사조직의 관리와 운영에 대한 통찰력을 엿볼 수 있다. 또한 분업, 명령의 통일, 집권화와 분권화를 포함하는 14개 조직관리의 원칙과[4] 교육을 통한 조직원의 관리 능력 제고 방안을 제시한 것은 효과적인 조직관리의 기본이라 하겠다.

초기의 조직 운영의 기본을 제시한 학자로 귤릭(Luther Gulick)과 어윅(Lyndall F. Urwick)을 간과할 수 없다. 조직의 관리에 관한 당대의 이론을 집대성한 『행정과학논집(*Papers on the Science of Administration*)』(1937)을 통해 조직관리의 시대를 열었다고 해도 과언이 아니다. 이 논집에는 페이욜은 물론 인간관계론의 대표자인 메이요(Elton Mayo)도 참여하여 조직관리의 전형이라 할 만하다. 특히 귤릭은 조직의 관리를 위한 기본적인 기능으로 POSDCoRB, 즉 기획(planning), 조직(organinizing), 인사(staffing), 지휘(directing), 조정(co-ordinating), 보고(reporting), 예산(budgeting)를 적시한 바 있다. 조직의 관리자는 현대에도 이 기능을 필수적으로 관장해야 할 덕목으로 상기하고 있다.

버나드(Chester I. Barnard)는 페이욜의 이론에 필적할 만한 관리자 중심의 조직관리와 성과이론을 제시한 바 있다(Barnard, 1938). 그는 벨 통신회사(Bell Telephone)와 록펠러재단(Rockefeller Foundation), 그리고 미국친선협회(United Service Organization) 등 공·사를 넘나드는 조직의 최고관리자로 재임하며 얻은 혜안을 바탕으로 목표 달성을 위한 성공적인 조직 운영의 방법을 제시했다. 특히 조직의 목표를 달성하기 위한 조직구성원 간의 협동행위와 의사 소통의 중요성을 강조했고, 현대적 의미에서 성과의 중요한 척도가 되는 효율성(efficiency)과 효과성(effectiveness)의 개념을 정의하며, 조직의 성과 제고를 위한 관리 방법을 설파했다. 또한 조직의 추상적인 일반 목표는 조직의 하부 단위조직별로 세분화되어야 하고, 이 세부적인 하부 단위조직의 목표 달성이 궁극적으로 전체 조직의 목표 달성과 연계되어야 한다는, 조직의 목표 달성과 성과를 제고하기 위한 실천적 지침을 제안했다. 이러한 목표의 연계는 균형성과표(Balanced Scorecard: BSC; Kaplan & Norton, 1996)에서 논의되고 있는 목표 연계의 시원

이라 할 수 있다.

4) 페이욜이 제시한 관리의 일반 원칙은 분업, 권한과 책임, 규율, 명령의 일원화, 지시의 일원화, 전체 이익 우선, 보상, 집권화, 계층화, 질서, 공정, 직업 안정, 자발성, 단결의 원칙 등 14개로 구성된다.

이라 할 수 있다.

조직에 관한 논의에서 가장 기본적인 논의로 관료제(bureaucracy)를 거론할 수 있다. 독일의 사회학자인 베버(Max Weber, 1864~1920)는 조직 운영의 전형으로서 이상형(ideal type)을 제시한 바 있다(Weber, 1946). 이는 ① 일정한 직무 범위, ② 계층제, ③ 실적제, ④ 폐쇄적 조직구조, ⑤ 대규모 조직과 같은 조직구조와, ① 문서화, ② 비정의성(impersonal), ③ 합법성, ④ 상명하복과 같은 계서(階序)화와 같은 조직 과정을 특징으로 한다. 사실상 현대의 모든 조직은 기본적으로 관료제적 특성을 포괄하고 있으며, 그 효율성만큼이나 병폐 현상에 대한 논의가 빈번하다(Merton, 1968).

조직과 관리에 관한 연구들이 주로 인간에 대한 고려가 없었다면, 인간관계론의 대두는 조직의 성과는 몰인간적 관리 방법이 아닌 인간에 대한 이해와 인간의 사회적 · 심리적 요소에 관심을 제고함으로써 달성될 수 있음을 일깨워준 쾌거라 할 수 있다. 메이요 등은 1927~1932년의 5년 간 시카고의 서부전력회사(Western Electric Company)에서 수행된 호손(Hawthorne) 실험에서 작업자의 생산성이 조명의 개선과 같은 물리적인 조건의 개선보다는 감독의 행태, 자신이 속한 집단, 비공식집단과의 관계에 더 많은 영향을 받는다는 사실을 확인했다. 이에 따라 생산성의 제고를 위해서는 ① 사회적 · 심리적 요인, ② 비경제적 보상이나 제재, ③ 비공식조직 등과 같은 인간적 요인에 더욱 관심을 가져야 한다는 중요한 결론에 도달하게 되었다(Rosenbloom, 1998: 151-152).

이와 같은 조직에 관한 초기 연구는 환경과의 적합성보다는 조직의 내적 요소 관리 방법을 모색하는 데 중점을 두었다. 그러나 조직의 고전이론으로 제시한 이론이 비록 현대 조직이론에서는 상식이 되어버린 조직과 환경과의 상호작용을 도외시하고, 조직의 내적 요인을 중심으로 한 성과 제고의 논리를 전개했다는 점에서 흠결이 있을지라도 동시대의 조직관리에서 가장 중요한 성과 제고의 첩경을 제안했다는 공로는 인정하지 않을 수 없다. 더구나 이들이 제시하고 있는 조직의 내적 관리를 통한 조직의 생산성 증대는 마르크스(Karl Marx)가 예언한 자본주의의 내적 모순에 의한 붕괴를 막고, 자유주의와 민주주의에 기초한 현대 국가의 번영을 가능하게 했다는 점에서 중대한 의의가 있다고 하겠다.

2 개방형 조직이론

변화하지 않는 조직이 도태된다는 것은 이미 평범한 진리이다. 1955년부터 40여 년 간 『포춘(*Fortune*)』 500대 기업의 68%인 340개 기업이 도태되었고, 1917년 당시 대표적인 미국의 100대 기업 중에서 1987년까지 살아남은 기업은 39개에 불과했다(감덕식, 2007). 굳건하기 짝이 없는 정부의 조직도 항상 변화한다. 우리나라의 경우만 하더라도, 1948년 정부 수립 당시 11부와 4처였던 정부조직은 행정 수요의 확대와 더불어 2024년 12월 현재 19부 3처 20청으로 팽창했으며, 지난 70여 년 간 환경의 변화에 적응하기 위해 항상 노력해 왔다.

그러나 사회학, 정치학, 경제학 등 다양한 사회과학 분과의 공통된 연구 주제인 조직 문제에서 환경에 대해 논의하기 시작한 것은 그리 오래되지 않았다. 이미 논의된 이전까지의 조직 연구의 중심은 환경에 대한 고려가 없는 상태에서 조직 성과를 극대화할 수 있는 최적의 관리 방법을 모색하는 것이었다. 즉, 초기의 조직 연구는 인적 · 물적 자원을 포함한 조직의 내적 요소를 중심으로 조직의 성과를 극대화하는 최적의 방법을 모색하는 데 몰두했다. 그러나 조직을 개방 체계로 파악하면서, 이후 조직 연구는 조직의 외부 환경을 인지하고, 조직과 환경의 상호작용에 관한 연구를 시도했으며, 초기의 조직과 환경과의 상호작용에 관한 연구들은 주로 환경에 적응하는 조직의 유형과 구조에 관해 논증하고 있다.

셀즈닉(Philip Selznick)의 연구는 조직과 외부 환경과의 상호 관계에 관한 시원적 연구라 할 수 있다. 셀즈닉은 미국의 대공황 이후 경기 부양을 위해 시작한 테네시강 유역의 종합적 개발을 위해 설치된 기관인 TVA(Tennessee Valley Authority)에 관한 연구에서 정부에 의해 설치된 TVA가 목표 달성을 위한 전략의 일환으로 채택한 현지인들과의 협조 관계가 결국 조직과 환경 간 상호작용의 산물임을 실증적으로 밝힌 바 있다(Selznick, 1949). 즉, TVA는 현지인들을 조직 내로 포용(cooptation)함으로써 자신의 정당성과 정책에 대한 지지를 획득하여 궁극적인 조직의 목표 달성에 경주했다. 다만, 이 연구가 환경의 존재를 인정함으로써 조직을 이전의 폐쇄적인 체계에서 개방 체계로서 파악하는 인식의 전환을 했지만, 여전히 조직의 내부적인 관리 문제에 초점을 두었다는 점에서 성숙한 개방 체계에 관한 논의로 보기에는 다소 미흡했다.

좀 더 진전된 형태로 조직과 환경의 상호작용에 관해 검토한 논의의 출발점은 번스(T. Burns)와 스토커(G. M. Stalker)의 연구라 할 수 있다. 번스와 스토커는 환경의 안정성 정도에 따라 이에 적합한 조직의 구조가 달라진다고 주장했다(Burns & Stalker, 1961). 즉, 안정적인 환경에서는 기계적 조직구조가, 유동적인 환경에서는 유기적 조직구조가 적합하다는 것이다. 환경과 조직의 상호작용에 관한 연구를 수행한 로렌스(P. R. Lawrence)와 로쉬(J. W. Lorsch)는 조직을 개방 체계로 규정하면서 외부 환경의 불확실성의 정도에 따라 조직의 유형이 달라진다고 주장했다(Lawrence & Lorsch, 1967). 이들의 연구에 따르면 환경의 불확실성의 정도에 따라 가장 불확실한 환경에 처한 플라스틱업계, 중간 정도의 불확실성을 가진 식품업종, 그리고 상대적으로 가장 안정적인 컨테이너업계를 선정하여 살펴본 결과 각각의 업종에서 분화와 통합의 정도에 따라 조직의 성과 정도가 달라진다는 것을 확인했다. 즉, 환경의 불확실성이 높은 업종의 경우 이에 대응하기 위한 조직의 분화와 통합의 정도가 높은 조직이 성과가 높다는 점을 입증했다. 물론 불확실성의 정도가 낮은 산업군에서도 환경에 대응한 분화와 통합의 정도가 상대적으로 높은 조직이 다른 조직에 비해 성과가 높다는 사실도 입증했다. 즉, 이들의 연구는 조직의 성과가 환경에의 적응 정도에 따라 결정된다는 연구 결과를 도출하여 조직의 성과와 환경과의 관계를 입증했다는 점에서 이전과는 다른 차원의 조직 연구를 수행했다고 할 수 있다.

CHAPTER 06

페퍼(J. Pfeffer)와 살란식(G. R. Salancik)은 조직 연구의 관점을 조직 내부 요소에서 조직의 외부 요소, 즉 조직의 생존에 필요한 자원의 공급원으로서의 환경으로 전환시켰다. 동시에 기존의 조직환경에 대한 연구가 주로 조직의 피동성에 국한되어 있는데 반해, 조직의 능동적인 환경 조작 가능성도 제기함으로써 좀 더 적극적인 조직과 환경과의 상호작용을 논의했다. 특히 조직의 효과성이라는 논지를 제안하여 조직의 성과와 조직, 그리고 환경의 삼자 간 상호작용 관계를 적시함으로써 조직의 생존을 위한 결정 요소로서의 환경을 조직의 성과 제고를 위한 변수로 인식했다는 점에서 현대의 조직성과 논의에 대한 시발점이 되었다고 이해할 수 있다. 즉, 페퍼와 살란식은 조직의 환경에 대한 피동성을 능동성으로, 조직의 생존 변수로서의 환경을 조직의 성과 제고를 위한 변수로 전환시켰다는 점에서 그 학문적 의의를 찾을 수 있다.[5)]

---

5) 조직과 환경에 관한 또 다른 논의들로 캠벨(Campbell, 1977)은 조직의 생존은 조직의 내적 일관성(internal consistency)과 외부로부터의 자원 획득 등을 통해 평가될 수 있다고 주장했고, 휘튼과 카메론(Whetten & Cameron, 1994)은 더 나아가 성과를 대변하는 조직의 효과성은 조직의 성격과 외부 환경의 상호 적응 정도에 따라 결정된다고 했다. 특히 페퍼와 살란식(Pfeffer & Salancik, 1978)의 논의는 조

이 밖에도 민츠버그(Henry Minzberg)는 조직의 구성 요소로 최고관리층, 중간관리층, 작업층, 기술구조, 지원참모 등 다섯 가지 세부 계층을 설정하고, 이들의 조합에 따라 조직의 유형을 단순구조, 기계적 관료제, 전문적 관료제, 분권화 조직, 임시조직(adhocracy) 등으로 구분하여, 각 조직 유형의 성과는 조직의 연령, 규모, 기술, 외부환경 등의 변수에 의해 결정된다는 사실을 제시한 바 있다(Minzberg, 1979). 이 역시 환경을 포함한 내·외부의 변수에 따라 효과적인 조직 유형이 결정된다는 결론을 도출하여 조직과 환경의 상호 관련성을 제시했다는 측면에서 의의를 찾을 수 있다.[6)]

제3절 조직의 효과성[7)]

조직의 효과성은 조직에 관한 연구와 현실 조직의 운영에서 가장 핵심적인 과제라 할 수 있다(Whetten & Cameron, 1994). 홀(Richard H. Hall)에 의하면 우리는 조직의 효과성을 이해하기 위해 조직을 연구한다고 한다(Hall, 1999). 실제로 조직효과성에 관한 이론의 발전은 조직이론 자체의 발전과 그 맥을 같이하고 있다(Gouldner, 1959; Goodman & Pennings, 1980). 즉, 조직이론의 발전이 조직 성과를 제고하기 위한 방법론의 변화와 맥을 같이해 온 것과 같이 조직효과성에 관한 이론의 발전도 이와 같은 변화를 겪어 왔으며, 동시에 조직효과성에 관한 이론들 간에는 상당한 정도의 긴장관계가 형성되어 있다.

조직효과성이 가지는 의미의 다양성이 조직효과성 이론이 범람하는 중요한 원인 중의 하나이다. 즉, 조직의 효과성에 관한 개념과 효과성 평가 기준에 관한 이론적 합

직의 생존과 성과 제고를 위해 환경으로부터의 자원 획득을 중요시하는 시쇼어와 유트만(Seashore & Yuchtman, 1967)의 체계자원이론(system resource theory)과 일맥상통한다고 할 수 있다.

6) 또한 우드워드(Woodward, 1965)는 테일러, 페이욜 등을 포함하는 관리학파와 메이요로 대표되는 인간관계학파 등 고전적인 조직이론가들이 추구한 보편적인 조직의 최고관리 원칙(one best way)을 찾으려는 노력에 대한 검증을 시도하여 조직의 유형은 조직이 사용하는 기술에 따라 달라진다는 상황이론(contingency theory)을 제시하며, 조직의 상황에 따라 조직의 관리 원칙은 달라질 수 있다고 설파하여 조직 연구의 유연성을 제고함으로써 조직 연구의 발전에 기여했다.

7) 이 부분은 이덕로(2008), "통합적 성과평가모형의 시험적 제안", 「한국행정학회 동계학술대회 발표문」 내용에서 발췌 요약함.

의가 별로 이루어지지 않았다는 점이 조직의 효과성에 관한 이론 정립에 혼선을 빚는 요인이 된다는 것이다(Cameron & Whetten, 1983). 성과(performance), 효율성(efficiency), 생산성(productivity), 탁월성(excellence), 고품질(quality), 그리고 효과성(effectiveness) 등이 조직의 성과와 효과성 관한 문헌에 빈번하게 등장하는 개념들이다.

프라이스(Price, 1972)와 같은 학자는 일정한 상황에 대한 논의를 위해 사용되는 개념들은 상호배타적(mutually exclusive)이어야 한다고 주장한다. 예컨대 효율성으로 기술된 현상이 효과성으로 설명되어서는 안 되며, 이 역의 경우도 마찬가지라는 것이다. 따라서, 전술한 다양한 용어가 가지는 의미의 명확한 구분은 조직의 효과성에 관한 이론의 진전에 도움이 될 수 있다. 이를 위해 몇몇 학자는 용어의 구분을 위한 시도를 해오고 있으나,8) 이러한 조직효과성의 정의를 명확히 하려는 노력에도 불구하고, 현실적으로는 많은 학자가 조직의 성과와 효과성에 관한 의미를 각각의 조직이 처한 상황과 목표에 부합하도록 정의함에 따라 조직효과성에 관한 이론은 다양한 모습으로 나타나고 있다.

조직효과성 평가 기준의 복잡성은 조직효과성 이론의 범람을 유발하는 또 다른 요인이다. 조직효과성의 정의에 대한 다양한 접근으로 말미암아 수십 가지의 효과성에 대한 평가 기준이 파생되고(Campbell, 1977), 이로 인해 효과성 평가에는 품질, 성장, 이직률 등과 같이 이질적으로 보이는 기준들이 동시에 활용된다. 예컨대 효과성과 효율성은 조직효과성 평가에서 동시에 사용되는 경우가 많다(Lyden, 1975; Ostroff & Schmitt, 1993). 효과성은 조직의 목표달성도를 말하므로 조직의 목표에 따라 결정된다(Hannan & Freeman, 1977). 그러나 한 단위의 생산에 투여되는 자원의 양에 따라 결정되는 효율성은 일정한 산출에 대한 비용의 감축 또는 비용에 따른 산출의 극대화 등으로 결정된다(Katz & Kahn, 1978). 그러므로 한 조직이 자신이 정의한 조직의 목표를 성공적으로 달성했다 하더라도, 이를 위해 투입된 자원의 양이 지나치게 많다면 이 조직은 효과적일 수는 있지만, 효율적이라 할 수는 없을 것이고, 이 반대의 경우라면 효율적이지만 효과적으로 조직이 운영되었다고 말하기 어려울 것이다. 이와 같이 조직효과성에 대한 정의와 이에 따른 기준의 규정, 그리고 조직효과성과 성과를 바라보

8) 케메론(Cameron, 1985)은 고품질(quality)을 오류가 없는 상태나 상황으로, 탁월성(excellence)을 일정한 기준을 초과하는 성과로 정의하고 있으며, 퀸과 로바우(Quinn & Rohrbaugh, 1981)는 생산성(productivity)을 주어진 시간에 생산된 제품의 수량으로 정의함으로써 시간 개념을 성과에 도입하고 있다. 따라서 생산성의 향상이란 동일한 시간에 생산 또는 처리되는 제품이 많아졌다는 것이다.

는 학자들의 시각 차이는 조직의 성과와 효과성 평가의 어려움을 가중시키는 원인이라 할 것이다.

사회학, 심리학, 정치학, 경제학 등과 같은 학문들이 상호 연관되어 있는 대표적인 학제간 연계 학문(interdisciplinary study)으로서 조직학은 조직효과성에 초점을 두고 있기 때문에(Hall, 1999), 이미 언급한 것처럼 조직효과성에 관한 이론의 발전은 조직이론의 발전과 그 맥을 같이한다(Whetten & Cameron, 1994; Lewin & Minton, 1986). 이런 주장은 조직이론의 하부 학문이라 할 수 있는 조직행태론(organizational behavior), 조직발전론(organization development), 그리고 조직학습론(organizational learning) 등이 조직효과성과 성과를 제고하는 데 초점을 두고 있다는 점에서 타당해 보인다.

1 합리적 목표이론

조직효과성에 관한 이론 중에서 가장 대표적인 이론은 베버의 사상에 근거한 합리적 목표이론(rational goal approach)이라 할 수 있다(Scott, 1998). 합리적 목표이론을 주장하는 학자들 간에도 조직효과성의 정의에 관한 완전한 합의는 없지만(Quinn & Rohrbaugh, 1981), 일반적으로 합리적 목표이론에서의 조직효과성이란 한 조직이 자신의 목표 또는 목적을 달성한 정도를 말한다. 그러나 조직이 지향하는 목표의 다양성에 비추어볼 때, 조직효과성이란 일원적이고 불변이기보다는 다원적이고 조직이 처한 상황에 따라 가변적이다. 그러므로 조직효과성은 해당 조직이 자신의 목표와 목적을 어떻게 정의하는가에 달려 있다. 결국 조직의 목표가 조직이 달성해야 하는 지고의 선이고, 성과와 효과성을 평가하는 준거가 되며(Hannan & Freeman, 1977), 따라서 조직은 자신의 목표를 달성하기 위한 수단으로써 존재의 이유가 있다(Goodman & Pennings, 1980).

조직효과성이 조직의 목표 설정에 따라 결정되는 만큼 조직의 목표에 대한 정의가 합리적 목표이론의 주된 연구 대상이 되었다. 그로스(E. Gross)에 따르면 조직의 목표는 산출 목표(output goals)와 지원 목표(support goals)로 대별된다(Gross, 1968: 1969). 조직의 산출 목표란 조직이 외부 사회에 제공하는 재화나 용역 등을 말하며, 지원 목표란 조직이 자신이 처한 환경에서 생존을 유지할 수 있도록 지원하는 활동, 조직구성원들이 적극적으로 조직 활동에 참여하도록 독려하기 위한 동기 부여 활동, 조직이 바람직한 방향으로 운영될 수 있도록 보장하는 활동 등을 포함한다. 모(L. B. Mohr)도 그로스와 유사한 유형으로 조직의 목표를 구분했는데, 그는 조직의 목표를 조직의 외부 또는 환경에 의도된 영향을 주는 외부 지향 목표(transitive goals)와 모든 조직구성원이 조직에 기여하도록 유인(inducement)하는 내부 지향 목표(reflexive goals)로 조직의 목표를 대별했다(Mohr, 1973). 셀즈닉(Selznick, 1943), 페로(Perrow, 1961), 그리고 사이먼(Simon, 1964)은 조직의 목표를 공식문서나 주요 관리자에 의해 선포된 공식 목표(official goals)와 공식 목표가 무엇이든 간에 조직이 실제로 추구하는 운영 목표(operative goals)로 구분하면서 조직의 실제적인 의사 결정에 내재되어 있는 운영 목표 또는 비공식 목표가 조직의 행태를 이해하는 데 유용하다고 주장한다.

2 체계이론

체계이론(systems approach)은 조직의 규모가 일정 정도를 넘어서면 조직의 목표를 간결하게 추론해내기 어렵다고 주장하면서, 조직의 생존 자체를 조직의 목표로 간주하고 있다. 따라서 조직 목표의 실현이 조직의 궁극적인 존재 이유인 합리적 목표이론에 비해 체계이론에서 조직의 목표는 조직이 지향하는 다양한 가치 중의 하나일 뿐이다(Gouldner, 1959). 생존으로서의 조직 효과성은 조직을 규정하는 대표적인 요소라 할 수 있는 조직의 내적 일관성(internal consistency)과 외부로부터의 자원 획득 등을 통해 평가될 수 있고(Campbell, 1977), 결국 효과성은 조직의 성격과 외부 환경의 상호적응 정도에 따라 결정된다(Whetten & Cameron, 1994).

조직효과성에 관심을 갖는 체계이론 중에서 굴드너(A. W. Gouldner)의 자연체계이론(natural system model)은 조직 자체의 목적성을 주장하고 있으며(Gouldner, 1959), 스콧(R. W. Scott)은 조직의 환경과의 교호를 설명하는 개방체계이론(open systems perspective)을 제시함으로써 체계이론의 이론적 논거를 강화했다(Scott, 1977). 스콧의 이론은 환경으로부터의 자원 획득에 중점을 두고 있는 시쇼(S. Seashore)와 유트만(E. Yuchtman)의 체계자원이론(system resource theory)과 유사한 측면도 있다(Seashore & Yuchtonan, 1967). 총체적으로 조직효과성에 초점을 두고 있는 대표적인 이론으로서의 체계이론은 조직의 내적 측면을 강조한다는 점에서 인간관계론(human relations theory)과 내부과정론(internal process theory), 그리고 외부 환경과의 상호작용을 강조한다는 측면에서 체계자원이론을 포괄하는 개방체계이론 등을 아우르는 거시적인 이론이라 할 수 있다(Rainey, 1991).

체계이론은 조직과 조직효과성에 관한 다양한 시각을 제공한다는 점에서 탁월한 이론적 토대를 제공하고 있다. 그러나 결국 현대의 조직이 어떤 목적을 도모하기 위한 인위적인 결합체이며, 조직이 속한 환경에 어떤 산출물을 제공함으로써 사회의 구성 인자로서 중요한 역할을 한다는 면을 고려한다면, 조직 자체가 조직의 목적이라는 주장과 조직의 생존 자체가 효과성의 기준이 된다는 주장은 체계이론이 일반이론으로 발전할 수 있는 가능성을 저해하는 요인이라 할 것이다(Yuchtman & Seashore, 1967).

3 이해관계자이론

합리적 목표이론과 체계이론의 대안으로서 복수의 이해관계자이론(multiple-constituency approach)은 해당 조직과 직·간접의 이해를 가진 관계자들의 입장에 따라서 조직효과성이 다양하게 정의되고, 평가된다고 주장한다(Tsui, 1990). 즉, 조직에 이해를 갖는 관련자들의 만족도에 따라 조직효과성이 결정된다는 것이다. 따라서 조직효과성이란 한가지로 규정하기 어렵고, 다양한 이해관계자들의 효과성에 관한 평가에 따라 달라진다.

복수의 이해관계자이론은 몇 가지 주요한 이론으로 구성되고 있는데, 권력이론은 조직구성원 중 가장 강한 권력을 지닌 이해관계자 또는 이해관계자군의 요구를 만족시키는 조직이 효과적이라고 주장한다(Thompson, 1967). 하넨과 프리먼(Hannen & Freeman, 1977)이 주장하는 바와 같이 조직 내의 주요 집단(dominant coalition)은 조직의 비용으로 자신의 권력을 유지하려고 하는데, 이들의 주장은 이해관계자이론 중에서 권력이론에 해당한다고 하겠다. 이와 관련하여 페퍼와 살란식(Pfeffer & Salancik, 1978)은 조직 내에서 가장 강한 이해관계자군을 찾아내고, 이들을 서열화하는 방법을 제안하기도 했다.

또 다른 이론은 사회정의이론(social justice approach)으로 이해관계자들의 불만을 최소화하는 조직이 효과적이라고 주장하고 있다(Keeley, 1978). 또한 자무토(R. F. Zammuto)는 조직의 효과성은 시간에 따라 변화하는 이해관계자들의 요구를 충족시켜주는 조직의 역량에 달려 있다고 주장하며(Zamyto, 1982), 이 진화이론은 조직의 생애주기(life cycle)에 따라 조직효과성이 달라진다는 퀸과 카메론(Quinn & Cameron, 1983)의 이론과 유사하다.

조직이론에서 이해관계자군(constituency)이란 일반적으로 조직 활동과 관련하여 유사한 이해를 가지는 사람들의 집단이라고 정의한다(Tsui, 1990). 조직의 참여자(participants)보다는 이해관계자라는 표현을 사용함으로써 이 이론을 주장하는 학자들은 해당 조직에 직접적인 관계가 없는 사람들도 조직에 영향을 미치고 조직을 평가할 수 있다는 가능성을 강조하고 있다(Connolly et al., 1980). 그러나 이 이론은 조직과 관련된 가장 중요한 이해관계자군의 식별이 용이하지 않다는 점과 한 이해관계자군을 만족시키는 요인이 다른 이해관계자의 불만을 초래할 수 있다는 점에서 일반화에 어려움을 겪고 있다.

CHAPTER 06

4 경쟁가치이론

경쟁가치이론(competing values approach)은 조직에는 다수의 이해관계자들에 의해 결정된 복수의 상반된 조직 목표가 공존하고 있다는 점과 시간의 흐름에 따라 조직이 중요시하는 목표가 변화한다는 점을 인정하면서 조직효과성을 논의해야 한다고 주장하고 있다(Quinn & Rohrbaugh, 1981). 따라서 효과적인 조직은 단기·장기의 목표가 있고, 집권적일 수도 있고, 분권적일 수도 있으며, 조직구성원의 이해를 더욱 중시할 수도 있고, 고객의 이해를 더욱 중시할 수도 있다(Whetten & Cameron, 1994). 즉, 시간과 공간, 그리고 조직을 둘러싼 이해관계자들이 조직의 목표와 생존을 결정하는 요소이고, 이에 따라 조직효과성과 성과를 평가하는 척도가 달라져야 한다는 점에서 기존의 관련 이론을 아우르면서 조직과 조직효과성에 좀 더 유연하게 접근하려는 이론이라 할 수 있다. 이런 이유로 경쟁가치이론은 복수의 이해관계자이론을 배경으로 합리적 목표이론, 개방체계론, 내부과정론, 인간관계론 등 조직과 조직효과성에 관한 대표적 이론들을 한 틀 안에 담아내고 있다(〈표 6-1〉 참조). 이 이론은 다양한 조직과 조직효과성에 관한 이론을 통합적으로 활용한다는 점에서 학문적인 의미가 있는 동시에 조직효과성에 정통한 전문가와 학자들의 참여를 통해 실증적으로 이론적 틀을 구축했다는 점에서 또 다른 의미를 찾을 수 있다(Rohrbaugh, 1981).

많은 조직이론 관계자가 공통적으로 인식하는 것처럼 경쟁가치이론의 제안자인 퀸과 로바우(Quinn & Rohrbaugh, 1981)도 조직효과성과 성과의 문제는 조직이론의 중심에 위치하고 있다는 전제에 동의하고 있다. 또한 조직효과성은 아직도 일반적인 동의를 얻은 정의조차 존재하지 않은 개념적 요소(construct)일 뿐이라는 주장에도 동의한다. 그러나 두 학자는 조직효과성에 관한 일반이론의 도출이 요구된다는 필요성과 당위성을 담보로 조직효과성 이론의 일반화를 시도했다. 경쟁가치이론은 조직효과성 제고에 다소 상이한 방법론을 지향하는 대표적인 이론들을 한 틀 안에 통합시켰다는 점에서 모순모형(contradiction model; Hall, 1999) 또는 역설모형(paradox model; Cameron, 1986; Whetten & Cameron, 1994)으로 불리기도 한다.

〈표 6-1〉 조직효과성에 관한 이론의 구성

이론			효과성의 정의
합리적 목표이론			조직의 목표달성도
체계이론	고전체계론	인간관계론	조직원의 만족도
		내부과정론	내부 업무 체계의 원활성
	개방체계론	자원획득론	외부로부터의 자원 획득
복수의 이해관계자이론			모든 이해관계자의 만족
경쟁가치이론			상기 효과성의 정의 통합

자료: Cunningham(1977), Goodman & Pennings(1980), Quinn & Rohrbaugh(1981), Cameron(1986), 그리고 Lewin & Minton(1986)의 재구성.

제4절 조직구조와 설계

조직은 어느 특정한 가치와 목적을 달성하기 위해 설계될 수 있다. 오늘날 대부분의 생활이 조직과 관련되어 있기 때문에 적절하게 조직을 설계하는 데 많은 관심을 기울이고 있다. 행정에서는 관료제 조직이 매우 일반적이다(Rosenbloom, 1989: 127). 그러나 정보사회에 들어오면서 관료제 조직이 갖고 있는 장점보다는 문제점이 두드러지면서 새로운 조직구조로의 변화가 불가피하며 이를 위한 다양한 노력이 기울여지고 있다(Barzelay, 1992).

1 조직구조

일단 사람들이 공동의 목표를 달성하기 위해 조직을 형성하고 나면, 목표를 달성하는 데 필요한 모든 활동을 효과적으로 통제하기 위해 조직구조가 발달하게 된다. 조직구조는 규칙, 과업, 권한 관계의 공식적인 체제로 정의할 수 있는데, 조직구조에 의해 과업의 할당 방식, 보고 체계, 공식적인 통합, 상호작용 패턴, 자원 할당 등이 결정된다. 즉, 조직구조는 조직의 성공적인 활동을 위해 필요한 일과 부서, 직위나 권한 관계 등을 안정적으로 짜놓은 틀 또는 뼈대를 의미한다. 이러한 조직구조의 주요 목적은 바로 통제에 있다.

어떤 조직이든지 적절한 조직구조는 환경적 · 기술적 · 인간적 차원에서 발생할 수 있는 조정 혹은 동기 부여의 문제에 효과적인 대응을 촉진하는 하나의 요소이다. 조직이 성장하고 다각화함에 따라 조직구조도 진화를 하게 되는데, 조직구조는 조직 설계의 과정을 통해 관리되고 변화될 수 있다.

상이한 조직구조는 사람들로 하여금 다른 방식으로 행동하게 만든다. 그러므로 조직구조를 설계하는 관리자는 자신이 속해 있는 조직이 달성하고자 하는 것이 무엇인가에 대해 분명하게 이해하고 있어야 그 조직에 적합한 조직구조를 설계할 수 있다. 즉, 조직이 성장 · 변화하고, 조직의 환경이 변화하는 속에서 효과적이고 성공적인 조직이 되기 위해서는 조직 및 환경의 변화에 따라 조직구조(조직이 보유하고 있는 자원의 통제 방법과 조직의 과업을 분담하는 방법)에 대한 계속적인 평가가 요구된다.

2 조직구조의 구성 요소

1) 복잡성

복잡성(complexity)이란 조직 내에 존재하는 분화의 정도를 의미하는 개념이다. 분업의 결과 나타나는 이러한 과업의 분화는 조직의 목표를 달성하기 위해 필요한 활동을 결정하고 명확히 하여 담당자에게 할당하고, 세분화된 업무를 다시 유사한 활동들로 묶는 활동을 말한다. 조직의 복잡성은 과업의 분화가 많이 되어 있느냐 그렇지 않느냐를 가지고 파악할 수 있다. 과업의 분화는 수평적 분화, 수직적 분화, 공간적 분화로 구분된다.

(1) 수평적 분화

수평적 분화는 조직에서 수행되어야 하는 과업의 성격, 조직구성원들의 특성과 교육 수준을 기초로 한 조직 단위(부서) 간의 분화의 정도를 의미한다. 즉, 조직 목표를 효과적으로 달성하기 위해 여러 전문화된 업무와 부서를 형성해 가는 과정을 말한다. 조직 내에서 쉽게 찾아볼 수 있는 수평적 분화는 분업화와 부문화이다.

첫째, 분업화(specialization)는 분업의 원리에 따라 과업을 세분화하여 개인에게 할당하는 것을 말하며, 이는 기능적 분업화와 사회적 분업화의 두 가지 방법에 의해 이루어진다. 기능적 분업화(functional specialization)는 직무를 단순하고 반복적인 여러 가지 과업으로 나누는 것을 의미하며, 사회적 분업화(social specialization)는 직무보다는 개인이 전문화되어 있는 경우에 나타나는데, 이러한 사회적 분업화는 쉽게 일상화될 수 없는 기술을 보유하고 있는 전문가를 고용함으로써 이루어진다.

둘째, 부문화(departmentation)는 수평적으로 분화된 활동들을 유사한 직무로 집단화시켜 조정하는 방법을 의미한다.

(2) 수직적 분화

수직적 분화(vertical differentiation)는 조직구조의 깊이를 나타내는 개념으로, 과업의 분화가 상하 관계를 가지고 이루어지는 것을 의미한다. 이러한 수직적 분화는 통제의 폭(span of control)의 원리에 의해 이루어진다. 조직 내의 분화가 증가하면 계층의 수도 증가하게 되는데, 최고경영자와 일반 종업원 사이에 많은 계층이 존재할수록 의사 소통 왜곡의 가능성이 높아지고, 결정 사항의 상호 조정이 어려워지며, 최고경영자가 일반 종업원들의 활동을 감독하는 것이 어려워진다. 그리고 수직적 분화와 수평적 분화를 서로 독립적인 것으로 이해해서는 안 된다. 즉, 수직적 분화는 수평적 분화의 증가에 대한 반응으로 이해하는 것이 바람직하다.

(3) 공간적 분화

동일한 수준의 수평적 분화와 수직적 분화가 이루어진 조직이 여러 지역에서 활동을 할 수 있다. 이러한 조직이 운영되는 지역 수의 증가도 복잡성을 증가시킨다. 공간적 분화(spatial differentiation)는 조직의 사무실, 공장, 인적 자원이 지리적으로 분포되어 있는 정도를 의미한다. 공간적 분화는 수평적 분화와 수직적 분화의 연장으로 생각할 수 있다.

(4) 복잡성의 중요성

조직은 많은 하위 시스템으로 구성되어 있기 때문에 효과적인 조직이 되기 위해서는 이들 간의 조정, 통제, 의사 소통이 필요하다. 즉, 조직의 복잡성이 증가할수록 효과적인 의사 소통, 조정, 통제의 방법이 요구된다. 이러한 요구에 대응하여 위원회 조직, 컴퓨터화된 정보 시스템, 공식적인 정책 매뉴얼 등이 조직에 출현하게 된다. 그리고 복잡성의 증가는 경영자로 하여금 의사 소통, 조정, 통제로 인한 문제에 많은 신경을 쓰게 함으로써 경영자의 시간 할애에도 영향을 미친다.

2) 공식화

공식화(formalization)란 조직 내의 직무들이 표준화되어 있는 정도를 나타낸다. 만약 직무가 고도로 공식화되어 있다면 그 직무를 수행하는 사람은 어떤 일을, 어떤 방법으로, 언제까지 해야 하는가에 대해 재량권을 행사할 여지가 거의 없다. 즉, 공식화가 높은 조직에서는 조직구성원들이 동일한 투입 요소를 동일한 방식으로 처리하여 항상 일정하고 일률적인 산출물을 생산해 낼 것으로 예측할 수 있다. 이런 조직에서는 명백한 직무기술서, 많은 규칙, 정확하게 정의된 작업 절차 등이 규정되어 있다. 공식화의 정도가 낮은 조직의 구성원 형태는 비정형화되어 있어 그 행태를 예측하기가 어렵다. 그리고 직무 수행 과정에서 구성원들에게 재량권을 행사할 수 있는 자유가 주어진다. 직무에 관한 개인의 재량권은 조직에 의해 정형화된 형태의 양과 역의 관계가 있다. 따라서 공식화는 조직 내 표준화의 정도를 측정할 수 있는 하나의 기준이 된다.

3) 집권화

집권화(centralization)는 조직구조의 세 가지 구성 요소 가운데 가장 문제가 많은 요소이다. 집권화는 의사 결정 권한이 조직의 어느 한 지점에 집중되어 있는 정도를 의미한다. 의사 결정 권한의 집중도가 높다는 것은 집권화의 정도가 높다는 것을 의미하며, 의사 결정 권한의 집중도가 낮다는 것은 집권화의 정도가 낮다는 것을, 즉 분권화(decentralization)되어 있다는 것을 의미한다.

집권화 혹은 분권화는 공간적 분화와는 분명히 구분되는 개념이다. 즉, 집권화는 조직 내의 의사 결정 권한의 분포를 의미하는 것이지 지리적인 분포를 의미하는 것이 아니다.

3 조직설계 유형

1) 조직 유형의 분류를 위한 공통적인 구성 요소

1970년대 중반 이후 수많은 조직구조를 유형별로 몇 개의 범주로 묶어 조직구조 유형을 분류해 내려는 연구들이 계속 증가되어 왔다(Mintzberg, 1979).

민츠버그는 조직을 구성하는 기본 부문을 다섯 가지로 설명한다. 즉, 조직은 핵심 운영 부문, 전략 부문, 중간 라인 부문, 기술구조 부문, 지원 스태프 부문으로 구성되어 있다는 것이다.

첫째, 핵심 운영 부문(operating core)은 현장에서 실제로 제품이나 서비스를 생산해 내는 곳을 의미한다.

둘째, 전략 부문(strategic apex)은 조직에 대해 전반으로 책임을 지고 전사적인 관점에서 조직을 관리하는 최고경영층을 의미한다.

셋째, 중간 라인 부문(middle line)은 핵심 운영 부문과 전략 부문을 연결시키는 라인에 위치한 모든 중간관리자를 의미한다.

넷째, 기술구조 부문(technostructure)은 조직 내의 기술적인 문제를 전문적으로 다루는 부문으로 조직 내의 과업 과정과 산출물의 표준화를 담당하는 분석가들로 구성된다.

다섯째, 지원 스태프 부문(support staff)은 조직의 기본적인 과업 외에 발생하는 문제에 대해 간접적인 지원을 하는 스태프 부서에 속한 전문가들로 구성된다.

이러한 다섯 가지 기본 부문 가운데 어떤 부문이라도 조직을 지배할 수 있는데, 조직 내에서 어떤 부문이 통제력을 갖느냐에 따라 조직구조의 유형이 결정된다. 즉, 민츠버그에 따르면 통제력의 위치에 따라 조직구조 유형(단순구조, 기계적 관료구조, 전문적 관료구조, 사업부제 구조, 애드호크라시)이 나타난다는 것이다.

2) 조직구조의 유형

위에서 언급한 다섯 가지 조직구조 유형을 각각 그들이 갖는 특성 및 장·단점에 대해 살펴보기로 하겠다.

(1) 단순구조

단순구조(simple structure)는 분업화의 정도가 낮고, 공식화도 거의 이루어지지 않았으며, 권한이 최고경영자에 집중되어 있는 조직구조 형태이다. 단순구조의 장점은 '단순성'에 있으며, 이로 인해 환경 변화의 대응에 신속하고 유연하며 유지 비용이 적게 들며, 책임 한계가 분명하고 조직의 목표가 정확하게 구성원들에게 인식된다. 반면 단점으로는 적용 범위가 제한된다는 점과 의사 결정 권한의 집권화로 인한 문제점을 들 수 있다.

(2) 기계적 관료구조

기계적 관료구조(mechanic bureaucracy structure)의 핵심적인 개념은 표준화이다. 은행, 우체국, 세무서 등에서 이루어지는 작업은 일상적이고 반복적이기 때문에 표준화가 가능하다. 이러한 특성을 갖는 조직이 기계적 관료조직으로, 이 조직의 과업은 철저하게 세분화되어 있으며 일상적이고 반복적으로 수행되며, 규칙이나 규정이 명확하게 공식화되어 있으며, 의사 결정은 명령 계통을 따라 이루어지고, 라인의 활동과 스태프의 활동을 명확하게 구분짓는 관리구조가 형성되어 있다. 기계적 관료조직에서 중요한 역할을 하는 것은 기술구조 부문이다(Mintzberg, 1983: 194). 요약하면, 기계적 관료구조는 베버(Max Weber)가 언급한 관료제 조직구조와 가장 가까운 형태로서, 명확하게 규정된 권한 계층, 표준화된 의사 소통 경로, 명문화된 책임 규정 등을 특징으로 하는 조직구조이다(김인수, 1995: 381). 기계적 관료조직의 장점은 효율적인 방법으로 표준화된 과업을 수행함으로써 얻어지는 업무 수행의 정확성 · 신속성 명확성 · 지속성 · 단일성 갈등의 감소 등이다. 그리고 조직을 기능별로 분화함으로써 규모의 경제를 달성할 수 있으며, 인력이나 장비 등 조직자원의 중복을 방지할 수 있다. 그러나 지나친 업무의 세분화는 부서 간의 갈등을 초래할 뿐만 아니라 하위 목표에 대한 집착으로 조직 전체의 목표가 위협을 받을 수 있다. 그리고 조직구성원들이 지나치게 규정이나 규칙을 따르려고 하는 경향도 기계적 관료조직의 단점으로 지적된다.

(3) 전문적 관료구조

전문적 관료구조(professional bureaucracy)는 표준화를 통한 효율성을 유지하면서 핵심 운영 부문에 고도로 훈련받은 전문가를 고용하여 운영되는 조직을 의미한다. 즉, 표준화와 분권화를 결합한 형태가 바로 전문적 관료구조이다.

전문적 관료구조의 장점은 전문적인 과업을 수행하는 데 기계적 관료조직과 같이 상당히 효율적으로 과업을 수행할 수 있다는 점이다. 그리고 자신의 과업에 상당한 자율권을 부여받기 때문에 동기 부여가 잘 되고, 자신의 파업에 대한 책임 의식이 높아진다. 반면 단점으로는 기계적 관료구조의 단점과 같이 하위 단위 간의 갈등이 일어날 수 있으며, 전문가들이 조직의 규칙을 잘 따르려 하지 않는 경향이 있고, 전문가들 사이의 의견 조정이 어렵다는 점이다.

(4) 사업부제 구조

사업부제 구조(divisional structure)에서는 중간 라인 부문이 권력을 갖고 있는 구조로 자율적인 사업 단위들의 집합체이며, 각 사업부는 사업 활동에 필요한 자율권을 부여받아 하나의 이익책임 단위로 운영된다. 그리고 사업부 간의 조정은 중앙본부에 의해 이루어진다. 사업부는 기능별로 분화되고 각 사업부들은 분화의 정도가 크고, 공식화의 정도도 높다. 사업부제 구조의 장점은 다음과 같다.

첫째, 기계적 관료구조에서보다 구성원들의 강한 책임감과 산출물에 대한 높은 관심을 끌어낼 수 있다.

둘째, 매일매일 운영 상황의 검토로부터 중앙본부의 스태프들을 자유롭게 하여 이들이 장기적인 계획에 관심을 집중할 수 있다.

셋째, 구성원들에게 자율권을 부여함으로써 훈련 기회를 제공하고 경영자로서의 자질을 키울 수 있다.

넷째, 사업부별로 독자적으로 운영되기 때문에 한 사업부의 잘못된 운영이 다른 사업부에 미치는 영향을 최소화시킬 수 있다. 사업부제 구조의 가장 큰 단점은 각 사업부 안에 모든 기능 부서를 설치함으로써 같은 기능 부서들의 중복으로 인한 조직자원의 낭비가 초래된다는 점이다. 그리고 사업부서 간에 갈등이 존재하며, 사업부 간의 조정이 어렵다.

(5) 애드호크라시

애드호크라시(adhocracy)는 높은 수평적 분화, 낮은 수직적 분화, 낮은 공식화, 분권화, 유연성, 신속한 반응 등을 특성으로 하는 조직구조이다. 높은 수준의 전문성을 지닌 전문가들에 의해 조직이 운영되기 때문에 수평적 분화가 커지고, 공식화의 정도는 매우 낮아진다. 애드호크라시의 장점은 환경의 변화에 신속하게 대응하고 다양한 전문가들의 조정을 가능하게 하며, 구성원의 능력을 최대한 발휘하게 함으로써 혁신을 촉진할 수 있다. 그러나 애드호크라시에는 항상 갈등이 내재되어 있다는 부정적인 측면도 있다. 즉, 조직 내에 분명한 상사-부하의 관계가 설정되어 있지 않기 때문에 권한과 책임을 둘러싸고 항상 갈등이 존재한다.

4 효과적 조직설계

민츠버그는 위에서 설명한 다섯 가지 조직 유형의 분류 외에도 조직을 효과적으로 운영하기 위한 아이디어를 제시하고 있다(Mintzberg, 1991: 54-67). 효과적인 조직이 되기 위해서는 조직에 요구되는 일곱 가지 요구의 상호작용을 적절하게 관리해야 한다. 조직구조 유형은 다음과 같은 각 요구들의 상호작용의 관리를 촉진할 수 있도록 설계될 수 있다.

첫 번째 요구는 조직의 비전, 목표, 사명을 의미하는 명확한 방향(direction)의 제시이다. 단순구조 유형은 명확한 조직 목표와 방향을 갖는 전형적인 조직이다.

두 번째 요구는 효율성(efficiency)으로 조직은 비용을 최소화하고 이익을 극대화하는 방향으로 운영되어야 함을 나타내는 개념이다. 가장 효율적인 조직구조로 알려진 것은 기계적 관료조직으로, 기계적 관료조직이 효율적인 이유는 조직 활동의 합리화와 표준화에 기초하고 있기 때문이다.

세 번째 요구는 숙련성(proficiency)으로 고도의 지식과 기술을 이용하여 과업을 수행해야 함을 의미한다. 이러한 숙련성의 이점은 목표 달성을 위해 고도로 훈련받은 전문가를 고용하는 전문적 관료조직에서 찾아볼 수 있다.

네 번째 요구는 혁신(innovation)으로 변화하는 외부 환경에 적응하기 위해 새로운 제품과 서비스를 개발해야 하는 필요성을 의미한다. 애드호크라시가 혁신과 변화의 필요성을 충족시키는 데 가장 적절하다.

다섯 번째 요구는 중점화(concentration)로 조직의 자원과 노력을 특정 시장에 집중해야 하는 것을 의미한다. 중점화는 조직 활동을 특정 제품과 시장에 집결시키는 사업부제 구조의 이점이다.

나머지 두 가지 요구는 협력(cooperation)-문화(culture)와 경쟁(competition)-정치(politics)이다. 협력은 공통된 문화가치 공유의 결과로 나타나는 것으로 조직 내 다양한 구성원들 간의 조화와 협력의 필요성을 반영한다. 조직 내 경쟁은 조직정치를 야기하고, 개인적인 성공에 대한 욕구로 인해 개인과 부서를 분열시킨다.

조직구조 설계의 가장 중요한 목적은 이 일곱 가지 요구들이 균형과 조화를 이룰 수 있는 조직구조를 구축하는 것이다. 모든 조직은 그 조직이 효과적으로 활동할 수 있도록 하는 조직구조를 찾아야만 한다. 어떠한 조직구조 유형도 앞에서 설명한 일곱 가지의 요구를 충족시킬 수는 없기 때문이다. 따라서 효과적인 조직이 되기 위해서는 이러한 요구에 대해 충분히 이해하고 조직이 추구하는 전략에 적합한 조직구조를 설계해야 한다. 그러나 일단 설계된 조직구조는 일정 기간 동안에는 그 효과를 발휘하지만, 외부 환경이 변화하면 새로운 환경에 적합한 조직구조로 재구조화되어야 한다. 따라서 이러한 환경의 변화를 계속 감지하는 관리자의 계속적인 노력이 요구된다(Miller, 1990: 771-789). 궁극적으로 조직구조 유형은 변화하는 환경과 선택되는 전략의 요구와 적합 관계를 이루어야 한다.

제5절 조직에서의 개인

개인은 출생으로 시작하여 죽음으로 끝나는 생물학적 존재이며, 독특한 욕구와 성격을 가진 주체적 존재이다. 이러한 개인의 행동을 이해하고 예측하기 위해서는 개인의 심리적·생물학적 특성에 초점을 맞추는 심리학적·생물학적 접근이 필요하다.

그런데 개인의 심리적·생물적 특성은 사회로부터 고립되어서 나타나는 것이 아니라 사회로부터 영향을 받고 영향을 미치는 사회 생활을 통해 나타난다. 그러므로 개인 행동의 이해와 예측은 사회 속의 인간 행동에 관심을 갖는 사회심리학·사회학·문화인류학 등의 학문적 성과를 종합과학적으로 접목시킬 때 더욱 정확해진다.

사회 속의 인간 행동을 종합과학적 연구 방법에 따라 구명하고자 하는 학문을 행동과학(behavioral science)이라 하는데, 행동과학은 사회 속의 인간 행동을 연구 대상으로 하므로 범죄·유희 행동 등 그 영역이 광범위하다.

사회는 무수한 조직들로 구성되어 있다. 정부조직·기업조직·종교조직·문화조직 등 사회는 조직으로 가득 차 있기 때문에 우리는 사회를 조직사회라고도 한다. 이러한 조직 속에서의 인간 행동을 다루는 것을 조직행태론이라 한다. 그런데 조직은 설립(혹은 구성)으로 시작하여 해체로 끝이 나며 한정된 목표를 합리적으로 지향하는 사회적 존재이기 때문에 조직과 개인은 존재의 의미가 각기 다르고 추구하는 목표 또한 다른 점이 많다.

개인은 여러 조직의 구성원으로서 사회 생활을 한다. 어떤 개인은 정부조직에서 근무하는 공무원이면서, 가톨릭교회 조직의 신자이며, 개인의 능력 발전을 위해 전문대학원에 재학 중인 학생이며, 자원봉사 조직의 회원이다. 이 개인은 동시에 여러 조직의 구성원으로서 각 조직이 요구하는 역할을 수행하지만 그가 관여(몰입)하는 정도에 따라 중심 조직과 부수적 조직으로 나눌 수 있다. 그가 신앙 생활에 열심인 경우 정부조직의 구성원으로서의 그의 지위는 단순히 생계를 유지시켜 주는 수단이 될 것이고 정부조직은 그의 부수적 조직이 될 것이다. 그렇지만 다수의 공무원의 경우 깨어 있는 시간 중 많은 시간을 정부조직에 노동력을 제공하고 그 반대급부로 보수를 받아 경제 생활을 영위하고, 공무원의 사회적 지위를 토대로 사회 활동을 하기 때문에 정부조직은 그들의 주된 조직이 된다.

사회과학에서 다루는 조직과 개인의 관계는 주로 중심 조직에서의 개인이다. 조직이란 구성원들이 반응하는 실체로서 존재하는데, 조직에 대한 개인의 의존성으로 인해 동일화와 협동이 이루어지고 조직과 개인의 본질적인 차이로 인해 갈등 관계가 형성된다. 개인은 생계 등 여러 가지 욕구나 이유로 조직(직장)에 관여하지만 조직이 개인에게 보상해 줄 수 있는 것에는 한계가 있을 수밖에 없다.

조직에서는 조직구성원인 개인의 능력을 극대화시켜 조직 목표 달성을 하고자 하며 개인은 조직을 통해 개인의 욕구를 충족시키고자 한다. 따라서 조직관리자들은 조직구성원인 개인의 능력(인적 자원의 관리)을 극대화시키는 방법을 개발하고자 노력해 왔다.

조직은 인간 활동의 설계이므로 개인이 활동을 효과적으로 수행할 수 있도록 제도화되어야 한다. 이러한 제도화는 조직설계를 통한 직무와 개인의 관계 설정(직위분류제 또는 계급제), 부서들 간의 관계 설정, 나아가서 인적 자원을 담당하는 부서의 지위와 역할(중앙인사기관과 인사운영기관)이 결정됨으로써 가능해진다. 조직의 제도화가 이루어진 후에 조직관리자들은 인력기획을 통한 구성원의 임용, 구성원의 생산성을 측정하고 보상 체계의 근거를 마련하기 위한 근무성적 평정, 능력 발전을 위한 교육훈련 등의 인적 자원을 효과적으로 활용하는 전략 수립과 그 집행을 한다.

조직구성원들을 조직의 목표에 합치시키고자 하는 조직관리자들은 의도했거나 그렇지 않았거나 간에 구성원을 동기 부여시키는 전략을 활용하게 되며, 이러한 동기부여 전략은 조직관리자들의 구성원에 대한 인간관으로부터 출발한다. 관리자들의 인간관은 두 가지 측면에서 개관할 수 있다.

첫 번째는 조직관리자들은 인간은 왜 행동을 하며 어떻게 행동하는가를 과학적으로 규명하고자 노력한 학문적 성과를 토대로 조직구성원에 대한 혹은 인간에 대한 인간관을 갖게 된다. 학문적 성과를 토대로 한 인간관은 복잡한 인간(complex man)의 수준을 넘어서지 못하고 있다. 두 번째는 단편적인 사례 연구의 일반화, 일부 동기 부여 변수의 과잉 강조, 개인이 다른 사람들과 구별되는 개체성을 간과한 일반화 등과 조직관리자의 신념이나 편견에 의한 인간관을 들 수 있다.

이제까지의 많은 조직관리자는 두 번째의 인간관의 경향을 보여 왔는데 그들은 개인을 개인 그 자체로서 파악하기보다는 관리와 통제를 용이하게 하는 인간관을 갖고 조직관리를 해 왔다. 인간에 대한 정확한 이해 없이 인간을 예측하고 관리한다는 것은 조직효과성 측면에서도 실효성이 없으며 경우에 따라서는 위험하고 무모하기까지 하다. 조직관리자의 측면에서 관리자의 신념이나 편견은 차치하고 조직관리자들이 조직관리를 위한 구성원에 대한 이해, 즉 인간관이 어떻게 변화해 왔는가를 살펴보면 다음과 같다.

1 조직관리자 중심의 인간관의 변천

조직관리자들은 각각 자기자신의 세계관을 가지고 있고 조직구성원에 대한 인간관도 그들이 갖고 있는 세계관의 일부이다. 그들은 조직의 정책결정을 하고, 법규(규정)를 만들고, 조직관리를 하는 사람들이기 때문에 그들이 갖고 있는 인간관은 유인제도, 보상 및 다른 인사 제도에 그대로 반영된다.

1) 합리적 · 경제적 인간관

20세기 초반에 고전이론으로서 위세를 떨쳤고, 지금도 관리 실무에서는 지배적 위치에 있다. 이러한 인간관은 그리스의 쾌락주의 철학에서 출발했고, 개인은 스스로의 이익을 극대화시키도록 행동한다는 가정을 한다.

이러한 가정을 조직의 상황에 대입시켜 보면 ① 구성원은 주로 경제적 유인에 의해 동기 부여되며, 자신에게 가장 큰 경제적 이익을 주는 것이면 무엇이든지 하려고 한다. ② 조직의 통제 하에 경제적 유인이 있기 때문에 구성원은 조직에 의해 통제되는 수동적인 존재이다. ③ 감정 등의 특성들은 합리적 계산을 방해하기 때문에 조직은 이러한 특성들을 통제할 수 있도록 설계되어야 한다.

합리적 · 경제적 인간관은 구성원들을 믿을 수 없고 돈에 의해서만 동기 부여되는 타산적인 개인으로 파악한다. 만약 조직구성원들이 단지 경제적 유인에 의해서만 동기 부여된다면 조직관리자들은 구성원들을 그러한 방식으로만 행동하도록 동기 부여

시킬 가능성이 크다. 경제적 유인들이 많은 조직에서 효과적인 동기 부여 요인으로 작용해 왔던 것이 사실이지만 그 밖의 많은 유인도 작용한다. 합리적 · 경제적 인간관의 문제는 인간 행동을 과도하게 일반화시키고 단순화시켰다는 데 있다.

2) 사회적 인간관

호손 연구(Hawthorne Study) 이후 20세기 중반에 커다란 영향력 행사했으며, 조직이론에서는 인간관계론에서 주장되는 인간관이다. 이미 앞에서 논의한 바와 같이 메이요(Elton Mayo)를 비롯한 심리학자들이 행한 1927년부터 1932년까지의 미국 호손시 서부전기회사에 대한 연구 결과는 작업 실적은 개개인에 의해서만 결정되는 것이 아니라 조직구성원들 사이의 사회적 관계의 망에 의해 결정된다는 것이다.

비공식 집단을 통해 형성되는 조직구성원의 사회적 욕구는 인간 행동의 가장 근본적인 동기 부여 요인이기 때문에 조직관리자들은 과업보다는 구성원의 인정, 소속감 등의 욕구에 더 많은 관심을 가져야 한다는 것이다. 조직관리자가 구성원들의 욕구에 관심을 많이 갖는다면 구성원들과 집단을 조직의 목표와 일치시키는 방향으로 유도시킬 수 있다는 가정을 갖는다. 이러한 사회적 인간관은 조직관리자의 온정에 의존하는 조직관리자 중심의 온정주의적 인간관이라고 할 수 있다.

조직구성원들이 사회적 욕구에 의해 동기 부여되고 구성원의 사회적 욕구가 경제적 욕구에 우선할 수도 있지만 사회적 인간관이 조직은 없고 구성원만이 존재하는 인간관이라는 비판을 받는다. 또한 인간 행동을 과도하게 일반화시키고 단순화시켰다는 경제적 · 합리적 인간과 같은 문제를 갖는다.

3) 자아 실현적 인간관

조직관리자들의 조직구성원의 사회적 욕구에 대한 관심은 구성원의 사기는 진작시켰지만 생산성 증가는 그 효과가 분명치 않았다. 1950년대 이후에 머슬로(Abraham H. Maslow)를 비롯한 일단의 심리학자들이 인간 욕구의 계층성과 인간은 결핍이 심한 자아 실현적(성장, 성숙) 욕구를 충족시키고자 한다는 인간에 대한 가정을 제시했다. 이들은 조직의 직무가 개인의 자아 실현을 시킬 수 있거나, 있는 방향으로 조직된다면 개인은 자기 실현을 통해 조직 목표를 달성할 수 있다고 본다. 만약 조직관리자들이 구성원에 대해 자아 실현적 인간관을 갖는다면 조직관리자들은 단순히 구성원의 사회적 욕구를 충족시키는 것이 아니라 구성원이 자기 통제와 자기 개발을 통해 자아실현을 할 수 있도록 도와주는 역할을 해야 한다. 특히 전문직 · 관리직 · 기술직 등에 종사하는 조직구성원들은 자신의 일에 몰두하고 또 도전적이며 의미 있는 일에 가치를 두는 경향이 있으므로 이들에게는 적합한 인간관이라 할 수 있다. 그러나 자아 실현적 인간관 역시 앞서 논의된 다른 인간관과 마찬가지로 과도한 단순화 · 일반화의 문제점을 가지고 있다. 또한 조직의 성격이나 구성원의 직무에 따라 적용의 한계가 있다.

4) 복잡한 인간관

샤인(Edgar H. Schein)은 조직이론가들이나 조직관리자들이 흔히 범하기 쉬운 과도하게 단순화된, 일반화된 인간관에 대한 의문을 제기하고 그 대안으로서 복잡한 인간관을 제시한다. 개인은 많은 욕구와 잠재성을 가지고 있고 개인이 가지고 있는 욕구들은 연령과 발달 단계에 따라, 역할의 변화에 따라, 또한 상황 및 대인 관계의 변화에 따라 바뀐다. 또한 개개인은 각기 다른 욕구에 따라 조직의 목표 달성에 관여하게 된다. 따라서 조직관리자들은 개개인의 욕구의 차이와 특정 개인의 욕구도 변화한다는 사실에 입각한 인간관을 갖는 것이 필요하다. 그러나 현장의 많은 조직관리자는 아직 충분히 규명되지 않은 '복잡한 인간'에 대한 이해 없이 개인의 특성이나 성향을 단순하고 일반화된 개념으로 구성해서 조직 문제를 해결하고자 한다. 조직관리자들의 이러한 성향은 조직구성원의 동기 부여에 관한 부정확한 지식이나 정보도 검증이나 여과 없이 쉽게 수용하게 된다. 조직관리자들의 이러한 행태는 위험하다. 현재로서는 인간에 관한 어떠한 이론도 조직에서 관찰되는 아주 다양한 구성원의 행동을 설명할 능력을 가지고 있지 못하다. 따라서 조직관리자들은 개인이 복잡한 인간이라는 전제하에 조직구성원의 문제에 조심스럽게 접근해야 한다.

2 조직구성원으로서의 개인

조직관리자가 조직구성원에 대해 어떠한 인간관을 갖고 있는가와는 별도의 문제로 조직구성원의 행동에 대한 이해가 필요하다. 이러한 이해가 전제될 때 관리전략의 수립과 실행이 가능해진다. 개인은 각자의 입장에서 보면 주체적 존재로서 소우주이지만 조직이나 조직의 다른 구성원의 입장에서 보면 개인은 조직과 구성원들로부터 영향을 받고 영향을 미치는 조직구성원이다. 조직구성원으로서의 개인 행동을 이해하고 예측하기 위해서는 먼저 개인 행동에 대한 이해가 필요하다. 특정 개인의 행동 성향을 드러내 주는 개인의 성격, 가치관, 태도 등을 알 수 있을 때 그 개인의 행동을 이해하고 예측할 수 있게 된다.

개인의 행동은 비교적 지속적 경향을 갖는 성격, 가치관, 태도 등의 심리적 요인, 신체적 특성, 유전적 특성 등의 생리적 요인과 개인의 행동에 영향을 미치는 환경(또는 상황)적 요인의 함수로써 이루어진다. 여기서는 심리적 요인들을 중심으로 다루고자 한다.

1) 성격

일상생활에서는 성격을 "사회적 기술 또는 능숙함'이나 '남에게 미치는 가장 두드러지고 뚜렷한 인상"의 뜻으로 사용한다. 그러나 심리학에서의 성격은 "환경에 독특한 적응을 하게 되는 개인의 동태적인 심리적 · 생리적 체계로서, 개인 간의 공통점과 차이점을 결정하는 일련의 경향성과 특성"을 의미한다. 성격은 현재의 개인의 성격을 기술하고 분류할 수 있는 행동으로 추론되거나 심리검사를 통해 관찰되는 다수의 성격 특질로 구성되어 있는데, 성격 특질은 특정 개인의 행동에 영향력이 큰 핵심 특질과 영향력이 작은 주변 특질로 나뉜다. 또 성격은 통합성을 가지고 있으며 가치를 내포하지 않는다. 개인의 성격에 유아기가 중요한 영향을 미치지만 개인의 성격은 성격 발달 과정을 통해 심리적으로 자기 성장을 하고 자기 개선을 하고자 하는 자아 실현 경향성을 갖기 때문에 조직에서의 개인에 대한 인정 여부도 중요한 영향을 미친다. 특정 개인의 행동에 영향을 미치는 것은 그 개인의 과거의 경험이라는 주장도 있지만 과거의 경험 그 자체라기보다는 과거의 경험에 대한 현재의 해석이다. 개인의 성격은 타인이나 조직으로부터 인정을 받을 때는 긍정적 자기상을, 그렇지 못할 때는 부정적 자기상을 갖게 된다. 성격 발달을 통해 성숙한 개인은 사회에 적응하는 사람, 타인에 대한 관심이 자기 자신에 대한 관심만큼 있는 사람을 뜻하고 이러한 개인은 긍정적 자기상을 갖는다.

개인의 성격은 각자의 경험, 자기 개념에 따라 다르기 때문에 조직관리자들이 조직구성원에게 활용하는 강화, 동기 부여, 리더십 등의 관리기술이 개인에 따라 다른 효과를 갖는다. 그러나 다수의 조직관리자가 활용하고 있는 인적 자원 관리 기술은 개인의 성격을 단순화시킨 단순이론과 개인차를 고려하지 않는 일반이론에 그 기반을 두고 있다.

2) 가치관

가치관은 '바람직한 행동 선택의 기준'으로서 인간의 태도 및 신념 체계에서 가장 중요하고 핵심적인 요소이다. 개인의 가치관은 단 하나의 가치로 구성된 것이 아니라 수많은 가치로 체계를 형성하고 있는데, 이들 가치들은 개인이 중시하는 중요도에 따라 우선 체계의 형태를 갖추고 있다. 태도가 특정 대상이나 현상에 대한 반응 경향이라면 가치관은 이들 수많은 대상이나 현상 중에서 유사한 대상이나 현상에 대해서는 일관성 있게 반응하는 행동 성향이다. 규범적 성격을 갖는 가치관은 오랜 기간 동안 형성되어 온 신념 체계이기 때문에 신념 체계가 변화하지 않는 한 가치관의 변화는 기대하기 어렵다. 조직구성원의 개인 행동을 이해하기 위해서는 태도나 성격 등에 큰 영향력을 미치는 구성원의 가치관을 이해하고 가치관이 그들의 행동에 어떠한 영향을 미치는지를 알아야 한다. 특정 개인의 가치관은 그가 속한 집단, 조직, 사회의 전통과 관습, 제도의 영향을 크게 받는다. 사회와 조직이 추구하는 가치들이 일관성이 있거나 충돌을 일으키지 않는 경우 개인은 가치관의 갈등을 느끼지 않는다. 그러나 우리 사회와 우리 사회의 하위 체계인 조직들에서처럼 신·구 가치의 혼재와 가치들 간의 충돌로 가치 갈등이 심화되고 있을 때에는 개인의 가치관도 갈등을 겪게 된다.

개인주의와 집단주의, 도덕주의와 물질주의, 합리주의와 인정주의 간의 갈등이 바로 우리 사회와 조직의 가치 갈등이다. 이러한 가치 갈등 속에서 개인의 가치관 역시 갈등을 일으키고 있으며 적지 않은 개인들이 양가적(兩價的) 가치관을 갖게 되기도 한다. 개인의 가치관 갈등은 개인의 내적 갈등, 개인간 가치관 갈등, 개인과 조직 간의 가치관 갈등으로 구분지을 수 있다.

가치관은 당위를 지향하는 개념이므로 가치관 정립을 위해서는 무엇보다도 개인의 노력이 가장 중요하지만 사회와 조직의 가치 갈등이 완화될 때 개인의 노력은 좀 더 큰 성과를 거둘 수 있다. 그러므로 조직관리자들은 조직구성원의 가치 갈등을 개인의 책임으로 돌리기보다는 조직의 가치 체계를 정립하고자 하는 노력을 선행해야 할 것이다. 조직에서는 도덕주의의 회복, 합리주의의 존중, 보편주의적 인정주의(we-relation), 건전한 개인주의 등이 조직 가치로서 강조되어야 하며, 이러한 가치들은 인간 존중의 토대 위에서 추구되어야 한다.

3) 태도

조직관리자들이 조직구성원의 태도에 관심을 갖는 이유는 구성원의 태도가 그들의 생산성에 중대한 영향을 미친다는 것과 행동 예측, 행동 수정에 도움이 된다는 데 있다. 태도는 어떤 사람, 대상, 사건, 활동 등에 대한 개인의 감정과 신념이라고 할 수 있다. 이러한 태도는 비교적 지속적인 신념 조직으로서 특정 대상이나 상황에 선택적 반응을 유발하는 성향의 조직이라는 특성을 갖는다. 태도는 정의적, 인지적, 행동적 요소를 포함한다. 정의적 요소는 대상이나 사건에 의해 발생된 정서로서 대상에 대해 선호를 느끼는 것을 의미한다. 이러한 정의적 요소는 대상을 긍정적으로 또는 부정적으로 연상하기 때문에 발생한다. 인지적 요소는 대상의 진실 여부를 평가하는 것이다. 행동적 요소는 어떤 대상이나 사건에 대해 행동을 하게 되는 것을 의미한다. 특정 개인은 어떤 대상에 대해 느끼고 믿는 바에 따라서 그 대상에 대해 행동하게 될 방법을 결정하게 된다.

태도에 대한 연구가 특정 개인의 태도를 알게 되면 행동을 예측할 수 있을 것이라는 전제하에 행해지는 것처럼 태도 변화에 대한 연구도 개인의 태도가 변하면 행동도 변할 것이라는 전제 하에서 행해지고 있다. 그리고 조직구성원으로서의 개인의 태도는 과거의 경험, 현재의 상황과 밀접하게 연관되어 있지만 조직관리자들은 개인의 태도 변화와 관련된 미래 차원에 더 많은 관심을 표명한다. 그런데 태도는 지속적 성향을 가지고 있어서 그 변화에 상당한 시간을 필요로 하며, 태도가 갖는 정의적 인지적 요소 때문에 변화에 저항을 일으키기 쉽다. 만약 조직관리자들이 변화를 위한 유인이나 전략이 없이 조직구성원의 태도를 급격하게 변화시키고자 한다면 그러한 시도는 조직구성원을 당황하게 만들고 구성원은 조직과의 관계에서 좌절을 경험하거나 갈등을 일으키게 된다. 이 경우 구성원은 상대 주장에 대한 반박, 정보원의 격하, 메시지의 왜곡, 합리화, 전면 거부 등의 방법으로 변화에 저항하게 된다.

설득자의 신뢰의 증가, 설득 메시지의 강화, 설득 대상자의 수용성 강화를 통해 태도 변화는 유도될 수 있다. 다양한 사람들의 태도와 태도 변화를 단순화된 이론으로써 설명하기는 어렵기 때문에 인간에 대한 다양한 관점들이 만들어져야 한다.

4) 동기 부여

이제까지 기술한 개인의 성격, 가치관, 태도 등은 조직구성원인 개인의 행동에 작용하는 중요한 요소들로서 개인의 행동 형성 과정을 설명해 줄 뿐만 아니라 행동 경향도 예측할 수 있게 한다.

조직관리자들이 조직 목표 달성을 위해 구체적 과업을 추구할 때 조직구성원인 개인의 행동 경향성을 성과 지향적 행동으로 유도해 나가는 것이 필요하게 됨에 따라 조직에서 조직구성원의 동기 부여가 중요한 요인으로 등장하게 되었다.

동기(motive, 심리학에서는 동인)는 개인의 행동을 어떤 목적을 위해 어떤 방향으로 작동시키는 개인의 내적 심리 상태를 의미하고 동기 부여(motivation, 심리학에서는 동기)는 개인의 행동이 실제로 작동되는 과정 또는 작동되도록 유도 내지 기도하는 과정을 의미한다.

동기 부여는 조직구성원인 개인의 행동을 활성화시키며, 행동의 방향을 설정하거나 목표를 지향하도록 통로화시키고 행동을 유지시키거나 지속시키는 속성을 가지고 있다. 구성원의 동기 부여를 설명하는 동기부여이론들은 개인의 행동을 작동시키고 에너지를 일정한 방향으로 조정하고 유지시키는 내적 요인(욕구)에 초점을 둔 내용이론과 개인 행동이 형성되는 과정에 초점을 둔 과정이론으로 대별할 수 있다.

내용이론은 인간은 충족되지 못한 욕구들을 만족시키기 위해 동기 부여된다고 전제하기 때문에 욕구이론이라고도 불린다. 내용이론에는 욕구단계론, ERG(존재-관계-성장)이론, 2요인(위생-동기)이론, 성취동기이론 등이 있다. 과정이론은 동기 과정에서 발생하는 인지 요소(심리적 매력, 목표 달성 가능성, 기대, 타인과의 사회적 비교 등)들을 강조하면서 이들 요소 간의 상호 연관성을 검토함으로써 개인의 동기 발생과 행동 선택 과정을 설명하고자 한다. 이 이론에는 기대 이론, 공정성(형평)이론 등이 있다.

이러한 이론들이 시사하는 바는 개인의 동기 부여는 개인의 다양한 욕구, 기대, 타인과의 비교, 조직의 환경 등과 관련이 있다는 것이다. 또한 개인의 욕구가 시간의 흐름에 따라 변하고, 직업과 조직 내 계층에 따라 개인의 욕구도 다를 수 있으며, 개인간 욕구의 차가 있다는 것도 인식해야 한다. 그러므로 조직관리자들의 조직구성원에 대한 동기 부여 전략은 조직환경과 조직의 특성, 개인의 특질들을 고려하여 다중적으로 마련되어야 한다.

3 동기부여이론

1) 내용이론

(1) 머슬로의 욕구충족 5단계이론

머슬로(Abraham H. Maslow)는 인간의 욕구는 다섯 가지로 대별되며, 다섯 가지 욕구는 계층을 형성하고 있다고 설명한다. 인간은 근본적으로 하위 욕구의 달성 이후 점차 상위 욕구를 달성하기 하고자 하는 동기를 가지고 있으며, 이런 동기에 의해 행위가 유발된다는 것이다(Maslow, 1954).

첫 번째 욕구는 생리적 욕구(physiological needs)로 인간이 생물로서의 항상성(homeostasis)을 유지하고, 식욕과 같은 원초적 욕구를 의미한다. 두 번째 욕구는 안전 욕구(safety needs)이다. 이는 두려움으로부터의 해방, 안정성, 법과 질서에 대한 욕구와 같이 최소한의 사회적 삶을 유지하기 위한 동기를 말한다. 세 번째 욕구는 소속과 사랑의 욕구(belongingness and love needs)로 가정, 조직과 같은 관계에 관한 욕구를 의미한다. 네 번째 욕구는 존경의 욕구(esteem needs)로 자존을 포함하여 소속된 사회로부터 존경받기를 원한다는 것이다. 마지막은 자아 실현의 욕구(need for self actualization)로 앞의 모든 욕구가 충족되더라도 자신에게 꼭 들어맞는 어떤 일을 하지 못한다면 결국 불만스럽게 되는데 바로 이 문제를 해결할 수 있는 자기 능력에 맞는 일의 수행을 통해 충족될 수 있는 욕구를 말한다.

인간의 동기부여이론의 기초로서의 이 이론은 그 중요성에도 불구하고, 인간의 욕구 충족의 일방향성과 다원성을 도외시한다는 점에서 비판이 수반되고 있다.

[그림 6-1] 머슬로의 욕구 5단계

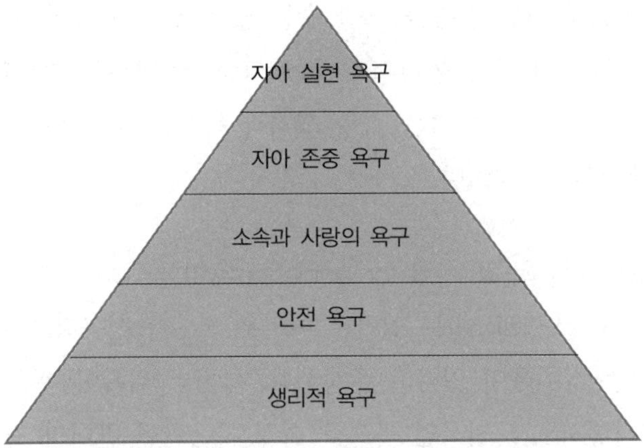

(2) 앨더퍼의 ERG이론

앨더퍼(Clayton R. Alderfer)는 머슬로 이론의 부적절함을 지적하면서 존재(existence), 관계(relatedness), 그리고 성장(growth) 등 세 가지 차원의 욕구를 제안한 바 있다. 그러나 존재의 욕구는 머슬로의 생리적 욕구와 · 안전 욕구와 유사하고, 관계 욕구는 소속과 사랑의 욕구와 유사하며, 성장 욕구는 자아 존중과 자아 실현의 욕구와 유사하다(Alderfer, 1969).

다만, 앨더퍼는 인간은 다양한 욕구를 동시에 발현할 수 있다는 점, 인간의 욕구는 만족과 진전의 일방향이 아닌 상위 욕구 충족이 실패에 따른 좌절과 퇴행도 겪을 수 있다는 점에서 머슬로의 논리보다는 더 탄력성을 가지고 있다.

(3) 허즈버그의 2요인(two-factor)론

허즈버그(Frederick Herzberg)는 작업환경에 적합한 욕구 충족에 관한 최초의 이론가이다. 허즈버그는 200여 명의 엔지니어와 회계원에게 자신의 직업에 대한 만족과 불만 요인을 묻는 인터뷰를 통해 만족과 불만의 원인이 다르다는 점에 확인했다. 이를 통해 불만 요인으로 위생 요인과 만족 요인으로 동기 요인을 제시했다(Herzberg, 1967, 1968).

위생 요인(hygiene factors)은 직업 자체보다는 작업 조건과 관련된 불만 요인이다. 이는 작업 조건 중 불만 요인은 되지만 조직의 구성원을 만족하게 할 수는 없는 조건들을 말한다. 즉, 이는 조직이 훌륭한 점심 메뉴를 제공하면 조직의 구성원은 불만을 갖지는 않으나, 직업에 대한 만족을 느낄 수는 없는 정도의 요인을 의미한다.

만족 요인(job satisfier) 또는 동기 요인(motivators)은 직무의 내용과 관련 있는 것으로 성장과 보상을 유도할 수 있는 직무 성격과 특성을 말한다. 즉, 만족은 직무의 성취를 통해 얻게 된다는 것이다.

(4) 맥클랜드의 성취 욕구(need for achievement)론

맥클랜드(David C. McClelland)는 인간은 어려운 직무를 성공적으로 완수하여 목표를 달성하고자 하는 성취욕이 있다고 주장했다. 특히 성취욕이 높은 사람(high-need achievers)은 적절하면서도 도전적인 목표를 설정하는 반면 반대의 경우는 매우 낮거나 높은 목표를 설정한다고 한다. 또한 자신의 직무 성과에 대한 상급자나 하급자의 환류(feedback)를 매우 선호하고, 이에 부응하려고 한다. 성취욕이 높은 사람은 성과달성에 대한 측정여부를 선호할 뿐 아니라 성과급과 같은 반대급부를 단순한 금전적인 가치보다는 성취의 지표로 간주하는 경향이 있다. 이로 인해 동료들과의 교류보다는 자신에 직무에 매몰되는 경향이 있다(McClelland, 1962).

(5) 애들러와 맥클랜드의 권력(power)론

애들러(Alfred Adler)는 인간의 권력욕이 인간이 성장하고, 강해지려는 동기 요인이라고 설파하고 있다. 즉, 인간의 머릿속은 열등함을 극복하고, 권력을 하려는 욕구로 꽉 차 있다는 것이다(Adler, 1930).

조직에서는 이를 타인에게 영향을 끼치려는 욕구로 정의하고 있는데, 맥클랜드(McClellend, 1970)는 이를 개인적 권력과 사회적 권력의 두 종류로 구분하고 있다. 개인적 권력(personal power)은 개인적 만족과 자신의 과시욕으로 지나친 과음, 비싼 자동차 등의 구매 등과 같은 현시적 과시를 말하고, 사회적 권력(socialized power)은 집단의 공동 목표와 구성원들의 지원을 위한 권력욕을 말한다.

2) 과정이론

(1) 브룸의 기대이론(expectancy theory)

브룸(Victor H. Vroom)은 욕구의 충족과 직무의 동기 부여는 별 관계가 없다는 점을 발견했다. 이에 따라 동기 부여의 대안으로 동기 부여의 과정이론으로서 기대이론을 제안했다. 이 기대이론은 여러 가지 요소가 동기 부여 과정에서 상호작용하는 점을 강조하고 있다(Vroom, 1964).

즉, 인간의 동기부여는 자신의 노력이 성과를 이룰 것이라는 성과에 대한 기대(expectation)와 개인이 이룩한 성과에 대해 보상이 주어질 것이라는 보상에 대한 기대(instrumentality), 그리고 그러한 보상에 대해 개인이 평가하는 보상의 중요성에 대한 인식 정도(valence)에 따라 결정된다고 보는 것이다([그림 6-2] 참조).

이러한 성과에 대한 기대를 통해 1차적 동기가 부여되고, 성과에 대한 보상에 대한 기대로 2차적 동기가 부여된다. 마지막으로 보상에 대한 개인적 중요성 평가에 의해 동기가 부여된다. 3요소는 일련의 기대 과정 속에서 존재하고, 그런 과정 속에서 동기 부여가 이루어진다고 보는 것이다.

[그림 6-2] 브룸의 기대이론

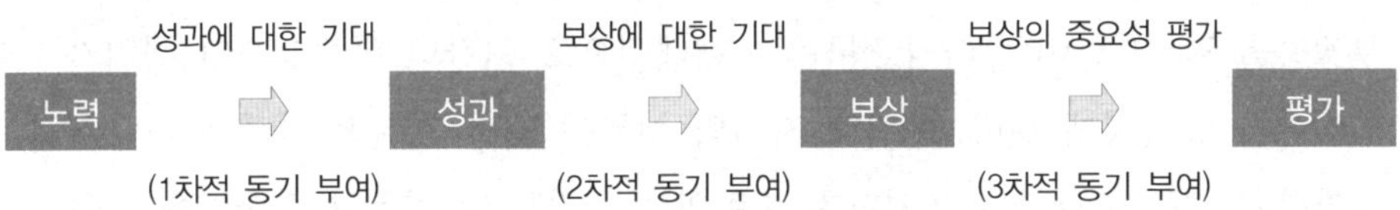

(2) 포터와 롤러의 기대이론(expectancy theory)

포터(Lyman W. Porter)와 롤러(Edward E. Lawler, Ⅲ)는 브룸(Vroom, 1964)의 이론을 확장한 이론을 제시하고 있다. 이들은 만족이 노력과 성과를 얻어낸다는 전통적인 욕구이론과 달리, 업무의 성과가 직무 만족으로 나타난다는 점을 강조하고 있다(Porter & Lawler, 1968).

이를 설명하기 위해, 포터와 롤러는 몇 가지 개념을 추가하고 있다. 능력(ability)은 개인의 직무 능력을, 직무 인지(job perception)는 자신의 업무에 대한 정확한 숙지의 정도, 공정성(equity)은 성과와 보상의 형평성을, 보상(rewards)은 물질적 보상과 같은 외연적 보상과 정신적 만족과 같은 내면적 보상을, 그리고 기대(expectancy)는 행위의 성과에 대한 예상을 말한다. 자신의 직무에 대한 정확한 숙지를 바탕으로 능력을 발휘하여 성과를 산출하고, 이에 대한 적절한 보상이 주어진다는 전제가 성립되면 직무의 만족을 얻을 수 있다고 한다.

(3) 애덤스의 공정성이론(equity theory)

애덤스(J. Stacy Adams)의 공정성이론은 개인의 성과에 대한 보상의 공정성이 만족을 이끌어 낸다는 것이다. 이때 공정성은 절대적 공정성(absolute equity)과 상대적 공정성(relative equity)으로, 절대적 공정성은 자신의 노력에 상응하는 절대적인 보상에 대한 것을, 상대적 공정성은 자신의 노력과 보상을 타인의 노력과 보상에 비교하여 추론하는 공정성을 말한다. 공정성이론에 의하면 한 개인이 불공정하다고 인지하면 개인은 자신의 노력을 감소시키거나, 보상을 더 받음으로써 이를 시정하려고 노력하게 된다. 따라서 공정성이 직무 만족과 행위의 동기 부여 요인이 되는 것이다. 따라서 조직원의 성과에 대한 보상과 처벌은 매우 공정하게 접근해야 한다(Adams, 1963, 1965).

(4) 페스팅거의 인지부조화이론(cognitive dissonance)

페스팅거(Leon Festinger)가 제안한 인지 부조화란 정신적 일관성의 결여로 나타나는 부적응을 말한다. 이에 따라 정신적・행태적으로 인간의 비이성적인 행위가 나타나는 이유를 설명하게 된다. 예컨대 자신의 직무에 대한 객관적 가치를 지나치게 높이 평가하기 때문에 나타나는 지나친 노력의 투여라든가, 열등한 하급자에 대한 지나치게 낮은 평가를 하고, 우수한 하급자에게는 지나치게 높은 평가를 하는 등의 사례를 들 수 있다. 이러한 이론은 조직구성원이나 조직관리자의 행위를 정상화할 수 있는 계기를 만들 수 있도록 도와줄 수 있다는 점에서 의의를 찾을 수 있다(Festinger, 1957).

생각과 토론 문제

❑ **다음의 이슈를 중심으로 생각해 보고 논의해 봅시다.**

1. 내가 속한 조직이라고 생각하는 것이 무엇인지 모두 열거해 보자. 이 가운데 조직의 정의에 적합하지 않은 것이 있는지 찾아보고, 그 이유가 무엇인지 논의해 보자.

2. 중앙정부의 부서별 조직도를 찾아보고, 부서별 공통점과 차이점을 찾아 그러한 조직설계의 근거가 무엇인지 분석하여 토론해 보자.

3. 여러분이 속한 조직을 대상으로 그 조직의 구조를 이야기해 보자.

4. 조직 속의 개인에 대한 이론들을 복습하고, 조직을 관리함에 있어 개인에 대한 이해가 왜 중요한지 논의해 보고, 여러분 각자의 인간관에 대하여 토론해 보자. 조직관리자의 입장과 구성원의 입장에 대하여 논의해 보고, 이들의 입장 차이와 조화 가능성을 토론해 보자.

5. 조직문화를 논의해 보고, 젊은 세대의 동기 부여 방법을 토론해 보자.

07

인사와 공무원

제1절 인사행정의 개념과 원리

1 인사행정과 인적 자원의 관리

인사행정이란 “정부 업무에 종사하는 인력을 관리하는 활동”이라고 정의할 수 있다. 어느 조직에서든지 주어진 과업을 달성하기 위해서는 그것을 담당하는 인력이 필요하며, 조직의 성패는 그 인력이 주어진 업무를 얼마나 잘 수행하느냐에 의해 판가름난다. 그러므로 인력의 관리는 모든 조직에서 가장 핵심적인 관리 활동이다.

정부도 이에서 예외가 아니다. 이 사회에는 정부가 수행해야 할 수많은 일이 있으며, 이를 위해 수많은 인력을 필요로 한다. 정부는 그 임무를 다하기 위해 적절한 능력을 구비한 충분한 인력을 동원하고 관리해야 한다. 따라서 인사행정은 그것 자체가 정부가 국민들에게 어떤 서비스를 제공하는 사업은 아니지만, 그러한 사업이 원활히 수행되는 데 필수불가결한 관리 활동이다.

따라서 정부의 인사행정은 민간 부문의 인사관리와 그 목표에서는 차이가 없다. 그러나 정부의 활동과 민간조직의 활동이 다르듯이 정부의 인사행정과 민간의 인사관리는 운영 원리에서 차이가 난다.

첫째, 정부의 활동은 특정 집단의 이익을 위한 것이 아니라, 사회 전체의 공익을 위한 것이다. 따라서 무엇보다도 중립성과 공평성이 필요하다. 인사행정도 중립성과 공평성이 강조되며, 이를 보장하기 위해 법규와 절차에 의한 제약이 강하다.

둘째, 정부의 활동은 그 효과성을 객관적으로 판단하기 어려운 부분이 많다. 따라서 결과보다 절차가 중요시되는데, 인사행정도 인력관리의 객관적 절차가 중요시되며, 민간 부문에 비해 관리자의 재량권이 제약된다.

셋째, 정부의 활동은 기본적으로 사회의 이익을 배분하는 정치적 활동과 무관할 수 없다. 따라서 인사행정은 상대적으로 정치적 영향을 받을 소지가 강하다. 국가나 시대에 따라 정도의 차이는 있을 수 있으나, 인사행정에서 정치성을 배제하는 것은 불가능하다.

넷째, 인사행정은 그 사회에서 인정받는 우월한 사회적 가치가 무엇인지를 반영한다. 일반적으로 제시되는 행정의 합법성이나 능률성과 같은 이념도 사회의 우월한 가치 판단에 따라서 그 내용과 정도가 달라지며, 그것이 인사행정에 반영되어 나타나는 결과도 달라진다.

그러나 20세기 말에 이르러 행정환경의 변화는 각국 정부로 하여금 정부의 생산성을 높이는 쪽으로 행정개혁을 추진하도록 하고 있으며, 민간 부문의 관리 방식이 대폭 정부에 도입되고 있다. 이것은 인사행정에도 영향을 미쳐 이전의 법규 중심의 '행정(public personnel administration)' 개념에서 '인력관리(human resource management)'의 개념으로 그 강조점이 바뀌고 있으며, 그에 따른 제도의 변화를 야기하고 있다.

중요한 변화로는 다음과 같은 것이 있다.

첫째, 인력관리의 책임이 중앙인사기관에서 각 행정부처로, 그리고 일선관리자에게로 위임되었다. 둘째, 고위공무원들(senior public servants)의 관리에 초점이 두어지며, 새로운 방법이 사용되었다.[1)] 셋째, 교육훈련 및 성과관리에 대한 강조이다. 넷째, 보수, 임용 조건, 공직의 분류, 충원 및 직무 과정의 조정 등에서 좀 더 탄력적인 정책이 개발되고 시행되었다(OECD, 1995: 53-54).

이러한 변화는 조직이 수행하고 달성해야 할 목표와 중요한 자원인 인력의 관리를 통합하려는 노력의 결과이다. 종전에 중앙에서 통제 중심으로 세밀하게 작성되어

1) 고위공무원들을 관리하는 새로운 방법의 대표적인 것은 성과와 책임을 강조하고, 계약제를 통해 성과에 입각한 보상을 받도록 하는 것이다.

각 기관의 특성에 상관없이 적용되던 자세한 인사 규정은 느슨해져 일종의 참고용 지침이나 기본적 기준의 제시 정도로 전환되었으며, 반면에 조직의 고위관리자들에게는 달성해야 할 목표가 주어지고, 그 달성 정도에 따라 긍정적·부정적 보상이 주어지게 되었으며, 조직 전반에 걸쳐 성과가 관리의 중심에 놓이게 되었다.

인사행정에서의 변화 내용이나 정도가 모든 나라에서 동일하게 일어나고 있는 것은 아니지만, 최소한 법규와 통제 중심의 전통적 인사행정이 변화되고 있는 것은 부정할 수 없다.

우리나라에서도 1999년부터 대대적인 인사 제도의 변화가 있었다. 2000년부터 3급 이상의 직위(현재, 고위공무원과 과장급)에 대해 개방형 직위제를 실시토록 하여, 주로 승진에 의해 충원되던 고위직에 외부로부터의 충원이 가능해졌으며, 이를 통해 전문지식의 활용과 조직의 활성화를 기대할 수 있게 되었다.

이는 계약제 및 연봉제와 병행하여 실시됨으로써 성과 중심의 인력관리를 위한 제도적 뒷받침이 이루어졌다. 따라서 이제는 인력에 들어가는 비용을 단순히 소비가 아니라 조직의 성과를 최대화하기 위한 투자로서 관리·운용해야 한다는 점에서 정부도 인력을 자원의 관점에서 인식해야 할 것이다.[2]

2 인사행정의 기본 원리

인사행정은 단순히 기술적인(technical) 또는 가치 중립적인 것으로 인식되어 왔다.[3] 그러나 정부의 모든 활동이 그 사회의 가치(value) 기준의 영향을 반드시 인사행정도 영향을 받는다. 이러한 가치 기준의 영향은 제도의 수립 및 집행으로 구체화되며, 제도 운영의 중심 원리로 작용한다. 즉, 인사행정도 사회적 가치관을 반영한 중심 원리에 따라 제도화가 이루어진다. 그러므로 정부의 인력관리는 정부를 둘러싼 다양

2) 다만, 사회에서 수행하는 정부의 역할이 근본적으로 달라졌다고 볼 수는 없기 때문에 '자원의 관리'라는 측면에서의 인력 활용이 공정성, 객관성, 정치성 등과 관련해서 대두될 수 있는 엽관주의, 객관성의 결여로 인한 갈등, 단기적 목표에의 집착 등의 문제들을 어떻게 해결할 수 있는가 하는 점은 지속적으로 해결해야 할 과제라고 할 수 있다.

3) 우리나라에서 이런 인식이 특히 심했다. 이는 인사행정을 단순히 공무원법과 같은 법규에 규정된 내용을 집행만 하면 되는 것으로 인식하는 것이다. 인사행정에 대한 이러한 인식은 공무원 제도가 사회 변화에 대응하여 발전함으로써, 정부 활동의 성과를 높이는 데 커다란 장애 요인으로 작용한다.

[그림 7-1] 인사행정에 대한 다양한 영향 관계

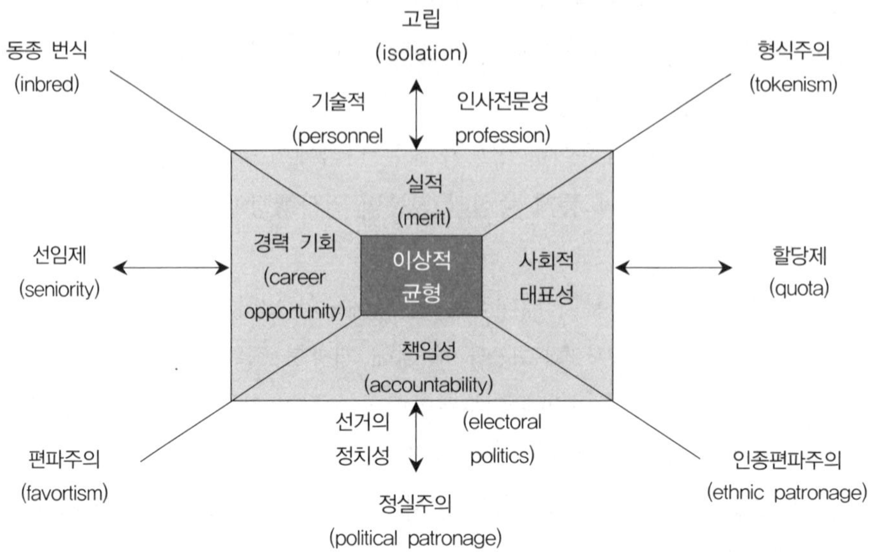

자료: Dresang(1999).

한 사회적 구성체로부터 영향을 받게 되므로 복잡성을 띠게 된다.

인사행정의 원리에 영향을 주는 다양한 요인과 인사행정의 관계를 보여주는 것이 드레생(Dennis L. Dresang)에 의해 제시된 [그림 7-1]이다. 그림에 나타나듯이 이상적인 인사행정이란 다음 네 가지 수요를 충족시킬 수 있어야 한다.[4] 이 네 가지 수요가 균형있게 반영되면 이상적인 인사행정 제도가 되겠지만, 어느 쪽으로든지 불균형적으로 강조되면 부작용이 나타난다(Dresang, 1999: 11-12). 이 네 가지 인사행정의 원리를 검토하면 다음과 같다.

1) 실적 지향의 원리

실적 지향의 원리는 전문적 기술을 활용하여 유능한 공무원을 가려낼 수 있도록 실적(merit) 지향적인 인사행정을 운용하는 것이다. 인사행정은 유능한 인력이 공직에 근무하도록 관리하는 활동이다. 유능한 인력을 활용하기 위해서는 그들의 능력이나

4) 드레생은 공무원의 임용에 초점을 맞추었지만, 인사행정의 의의가 공직에 적절한 인력이 활동하도록 하는 것이므로 이 그림은 인사행정 자체에 관한 것이라고 할 수 있다.

업적이 인력관리의 기준이 되어야 한다. 따라서 실적주의가 중요한 운영 원리로 작용하게 된다. 실적주의를 반영한 인사 제도를 실적제라고 하는데, 공무원의 선발이나 승진, 보수 지급 등이 실적에 따라 이루어지는 것이며, 실적을 정확히 반영하는 제도를 개발하고 운영하기 위해 전문적 인사관리 능력이 요구된다. 즉, 공개경쟁시험, 근무평정, 성과급 등은 실적제가 반영되도록 개발된 인사 제도인 것이다.

2) 책임성의 원리

책임성의 원리는 선출된 국민의 대표를 통해 대국민 책임성(accountability)을 확보하는 것이다. 정부의 활동은 국민의 요구에 부응하는 것이어야 한다. 그런데 정부 업무에 종사하는 모든 공무원이 직접 국민의 의사를 확인하기는 불가능하다. 이들이 국민의 의사를 확인하는 것은 선거를 통해 국민의 대표로 선출된 정치인을 통해서이다. 따라서 공무원들은 정치인의 정책결정에 따름으로써, 국민의 의사를 국정에 반영할 수 있다. 즉, 정치인은 국민들에게 약속한 공약을 실현시킬 책임이 있고, 공무원은 정권을 담당한 정치인들에게 복종해야 할 의무가 생긴다. 이는 공무원들이 국민에게 간접적으로 책임을 지는 것이다. 그리고 정치인은 공무원의 임용 시에, 자신들이 국민에게 정책을 충실히 집행할 수 있는 인력을 활용할 수 있어야 하는 것이다. 그러므로 인사행정에서 책임성의 원리가 작용하게 되며, 어떤 형태로든 공무원의 임용 시에 정치적 고려는 피할 수 없는 것이다. 장 · 차관과 같은 정무직뿐 아니라 실국장급의 인사에 장관의 신임도가 작용하게 되는 것은 이러한 이유에서이다.

3) 대표성의 원리

인사행정은 사회의 다양한 집단에 대한 대표성을 확보하는 방향으로 이루어져야 한다. 정부의 활동은 사회의 어느 한 집단에게만 유리하게 작용해서는 안 된다. 공무원은 중립적인 입장에서 공직을 수행해야 하지만, 개인으로서의 공무원은 사회적 존재이기 때문에 혈연, 지연, 성, 종교 등 자신이 속한 사회적 집단에 대한 선호나 호감으로부터 완전히 자유로울 수 없다. 따라서 가능한 다양한 사회적 집단으로부터 공무원이 구성되어야 한다. 이것을 사회적 대표성이라고 한다. 사회적 대표성의 원리가 인사행정에 적용되어야 할 필요성은 다민족 국가인 미국과 같은 나라에서 매우 크지만, 우리나라에서도 성(性)이나 지연, 학연에 따른 갈등이 있기 때문에 그 필요성이 있다. 공무원 시험에서의 여성 고용 할당제라든지, 승진에서 지역 안배를 한다든지 하는 것은 사회적 대표성이 적용된 예라고 할 수 있다. 임용에서 부당한 차별을 받지 않는 소극적 의미의 평등고용제를 넘어서 사회약자나 소외집단에 대해 특별한 배려를 하는 적극적 조치(affirmative action)와 같은 제도를 시행할 수 있다.

4) 경력 기회 제공의 원리

인사행정은 공직자 개인에게 만족스러운 경력상의 기회(career opportunity)를 제공할 수 있어야 한다. 즉, 공무원 개개인이 공직에 근무함으로써 만족을 느낄 수 있도록 개인적 욕구도 충족시켜 줄 수 있어야 하는 것이다. 특히 평생을 공직에 종사함으로써 자신의 능력과 경력을 발전시키고, 지위 상승의 만족도 얻도록 하는 것은 매우 중요하다. 이를 위해서는 경력 발전의 원리가 작용되어야 한다. 즉, 공무원들이 안정적으로 경력을 발전시킬 수 있도록 해주어야 하는 것이다. 승진에서 근무 경력이 중요 고려 요인이 되는 것은 경력이 많으면 그만큼 근무 능력도 향상되었을 것이라는 전제가 작용하기도 하지만, 이러한 경력 발전의 원리가 적용되기 때문이기도 하다.

위와 같은 인사행정의 네 가지 원리들은 공무원의 인력관리가 적절하게 이루어지도록 하는 데 필요한 것이지만, 편중되면 부작용이 나타나기도 한다. 대표적인 것이 인사행정의 고립화, 정실주의, 나눠 먹기식 할당제, 공직의 침체를 가져오는 선임제 등이다.

실적의 의미가 기계적으로 강조되면, 인사행정이 사회적 수요나 정부의 필요, 공무원들의 요구와 상관없이 비현실적 법규의 집행에 그치게 될 염려도 있다. 이는 인사행정이 다른 정부 활동과 조화를 이루지 못한 채 고립되는 결과를 낳고, 정부에 대한 적절한 인력의 공급에 악영향을 미치게 된다.

국민의 의사의 반영을 위해 정치인에게 복종할 것이 지나치게 강조되면, 정실주의라는 부작용을 낳게 된다. 정실주의는 자칫 부정과 무능, 상하 관계에서의 무질서 등이 정부를 지배하게 하는 원인이 된다.

할당제(quotas)란 공직에의 임용 시에 사회의 주요한 집단 간에 균형이 이루어지도록 집단별로 일정한 인원을 분배하는 제도로서, 사회적 대표성을 달성할 수 있는 유용한 수단이 된다. 그러나 중요한 사회적 집단 간에 안배를 강조하게 되면, 국민에 대한 책임이나 실적 중심의 인력관리가 저해될 수 있다. 즉, 할당에 의해 유능한 인력의 활용을 막게 되는 것이다.

선임제(seniority)는 승진의 기준을 공직에서의 근무 경력 기간으로 하는 제도로서, 시간이 지나면 누구나 승진을 하게 되는 것이 예측되므로 공무원들에게 조직에서의 안정감을 주기 때문에 사기 진작 및 조직에의 충성에 긍정적으로 기여할 수 있다. 그러나 공무원들만의 집단성을 강화시킴으로써 사회의 요구에 둔감하게 하고, 능력 향상이나 수요에 부응하는 행정 서비스의 공급보다 공직의 유지에 더 치중하게 함으로써 무사안일한 근무 태도와 공직의 침체를 가져올 수 있다.

인사행정에는 다양한 원리가 복합적으로 작용한다. 그리고 어느 것도 절대적인 지배성이나 가치를 갖지 못한다. 사회가 변화하기 때문에 시대에 따라 강조되는 원리도 달라지게 된다. 인사행정의 기본 원리들 간에 균형을 유지한다는 것은 각 원리 간의 비중을 동일하게 한다는 것보다 사회적 수요가 적절히 반영되도록 한다는 것이다. 이것이 인사행정이 단순한 기술적 집행 업무에 그칠 수 없는 이유이다.

위 네 가지 기본 원리 중에서도 우리나라의 인사행정을 강하게 지배해 온 기본 원리를 꼽으라고 한다면 직업공무원제와 실적주의제이다. 국가공무원법 제2조에 의하면, 공무원은 경력직과 특수경력직으로 구분되며, 경력직 공무원은 "실적과 자격에 의하여 임용되고 그 신분이 보장되며 평생토록 공무원으로 근무할 것이 예정되는 공무원"이라고 정의되어 있다. 여기서 "실적과 자격에 의하여 임용"된다는 것은 실적주의를 의미하고, "신분이 보장되며 평생토록 공무원으로 근무할 것이 예정"되어 있다는 것은 직업공무원을 의미한다.

CHAPTER 07

3 인사행정 제도의 발달

1) 엽관주의와 정실주의

엽관주의(獵官制度, spoils system)란 공무원 임용에서 인사권자의 정치적 관계를 기준으로 공무원을 선발하고 인사 조치하는 것을 말한다. 소위 '코드 인사'라고 불리는 것을 엽관주의라 생각해도 좋다. 실제 한국 공무원 중에서도 정무직 공무원과 별정직 공무원과 같은 특수경력직 공무원의 대부분이 인사권자와의 정치적 관계를 이유로 임명되고 있어 엽관주의의 활용의 폭은 실제로 넓다.

엽관주의와 혼재되어 쓰이지만 구별되어야 할 개념으로서 정실주의가 있다. 정실주의(情實主義, patronage system)란 인사권자의 개인적 인간 관계를 기준으로 공무원을 선발하고 인사 조치하는 것을 말한다. 이 경우 인사 결정이 학연, 혈연, 지연 등을 토대로 이루어지기 때문에 현대 행정에서는 정실주의 그 자체가 매우 위험하다. 반면 엽관주의는 공공의 이익을 위해 장점이 있기도 하기 때문에 상황에 따라 실적주의와 적절히 병행되어 활용되고 있다.

엽관주의는 1829년 미국의 잭슨(A. Jacson) 대통령이 처음 도입했다. 당시 관직은 기존의 귀족이나 엘리트 등의 지배 세력이 독점하고 있었고, 평민은 관직을 차지하기 어려운 상황이었다. 이러한 폐쇄된 공직 체계를 일반 국민에게 개방하기 위해 정권의 교체와 함께 기존의 기득 공직 체계를 전반적으로 교체하는 엽관주의를 도입하게 된 것이다. 엽관주의는 당시 공직을 통해 민주적 가치를 실현하려는 것처럼 보였으나, 시간이 지날수록 관직이 정권의 소유물로 전락하고, 국가행정의 불안이 가속되는 등 부작용이 매우 심각하게 나타나기 시작했다. 1881년에는 전국적으로 공직개혁운동이 일어났고, 당시 대통령 당선자이던 가필드(J. A. Garfield)가 관직 배분에 불만을 품은 청년에게 암살당했다. 이를 계기로 엽관주의의 폐해를 극복해야 한다는 공감대가 형성되었고, 1883년 펜들턴법(Pendleton Act)의 제정으로 실적주의 제도와 직업공무원 제도가 도입되었다.

2) 실적주의와 직업공무원제

실적주의와 이를 바탕으로 하는 직업공무원제는 엽관주의의 폐해를 극복하고자 만들어진 1883년 펜들턴법에 의해 정립되었다. 이 법률 제정 이후로 공무원은 신분보장과 정치적 중립을 지키며, 실적과 능력에 의해 임용되었다.

실적주의(實績主義, merit system)란 능력, 자격, 성적을 기준으로 공무원을 선발하거나 인사 조치를 하는 것을 말한다. 특히 한국의 실적주의는 헌법과 국가공무원법 등을 통해 다음과 같은 특징이 보장되어 있다. 첫째, 공직에 지원할 수 있는 기회가 대다수의 국민에게 균등하게 열려 있다. 둘째, 직무 수행 능력과 관련 없는 요소를 공무원 선발이나 인사행정의 기준으로 삼는 것을 금지하고 있다. 셋째, 공무원의 정치적 중립성이 보장되어 정권의 변화에도 동요되지 않도록 지원한다. 넷째, 공무원의 신분이 보장되어 신분 위협 없이 공무에 전념하도록 되어 있다.

직업공무원제(職業公務員制)란 직업공무원을 지원하기 위한 인사 제도이다. 좀 더 구체적으로 말하면 젊고 우수한 인재가 공직에 들어와서 국민에 대한 봉사를 보람 있는 생애라고 생각하며 공직을 일생의 본업으로 하여 일할 수 있도록 설계된 인사 제도를 말한다. 따라서 직업공무원제의 적용을 받는 직업공무원은 공직을 잠시 머물렀다 떠나는 경력의 일부로 보는 것이 아니라 평생의 본업이며 생계 유지의 유일한 수단으로 생각하는 직업 의식을 갖는 경향이 있다. 이 목적을 위해 정년퇴임 시까지 장기간 근무할 수 있도록 신분 보장을 하는 것이 전제되어야 한다.

3) 엽관주의와 실적주의의 비교

공직을 비직업공무원이나 정치인이 아닌 직업공무원에게 맡기어 기대할 수 있는 효과는 첫째, 공직자로서의 봉사정신과 행동 규범이 자부심과 일체감의 토대 위에 윤리적 가치로서 공고히 정립된다. 둘째, 정권은 변동해도 신분 안정 속에서 정부 업무의 수행을 안정성과 계속성으로 유지할 수 있게 된다. 셋째, 우수 재원이 조기에 유치되어 공직의 우수성이 보장된다.

그러나 단점으로는 첫째, 특권집단화, 무사안일, 환경 대응에 대한 둔감 등 관료제의 전형적인 역기능의 원천이 되며, 둘째, 공직 재임 기간이 길어지면서 조직 내에 승진 적체가 심화되면 직원들의 불만이 증대되고, 셋째, 외부 전문가의 임용이 차단되면서 행정의 전문성이 저하될 수 있다. 개방형 직위제는 외부 전문가를 영입하여 행정의 전문성을 향상시킨다는 기능 외에도, 외부 인사가 공직에 진입하여 직업공무원제의 폐쇄성을 타파할 수 있는 기회를 제공하는 효과도 있다. 즉, 국민의 요망이 반영되는 정책결정을 유도할 수 있을 것이다.

〈표 7-1〉과 같이 엽관주의의 부작용을 극복하기 위해 실적주의가 탄생했으므로 엽관주의의 단점이 실적주의의 장점과 일치하고 〈표 7-2〉와 같이 실적주의의 부작용을 극복하기 위해 엽관주의가 탄생했으므로 실적주의의 단점이 엽관주의의 장점과

CHAPTER 07

일치한다. 〈표 7-1〉에서 보는 바와 같이 행정의 주요 가치로서 능률성, 안정성(계속성), 청렴성의 측면에서는 엽관주의가 취약하지만 실적주의는 이들을 향상시킬 수 있는 기능이 있다. 〈표 7-2〉에서 보는 바와 같이 행정의 주요 가치로서 대표성(형평성), 개방성(역동성), 대응성의 측면에서는 실적주의가 취약하지만 엽관주의는 이들을 향상시킬 수 있는 기능이 있다.

〈표 7-1〉 엽관주의의 단점과 실적주의의 장점

행정의 가치	엽관주의의 단점	실적주의의 장점
행정의 능률성	저하(−)	향상(+)
	실적이나 능력이 적은 인물이라도 정치적 관계 때문에 임용 가능함.	실적이나 능력이 높은 인물을 임용함.
행정의 안정성 및 계속성	저하(−)	향상(+)
	정권 교체 혹은 정치인의 의지에 따라 공무원도 교체함.	정권 교체 혹은 정치인의 의지와 관계없이 실적이나 능력에 따라 신분이 보장됨.
행정의 청렴성	저하(−)	향상(+)
	정치적 충성도라는 모호한 기준 때문에 매관매직과 같은 정치 부패가 만연될 가능성이 높음.	객관적이고 공정한 기준으로 인사 결정이 이루어짐.

〈표 7-2〉 실적주의의 단점과 엽관주의의 장점

행정의 가치	실적주의의 단점	엽관주의의 장점
행정의 대표성 및 형평성	저하(−)	향상(+)
	교육의 기회가 불평등한 사회에서는 공직 진입이 구조적으로 어려운 소외집단이 발생함.	인사권자와 정치적 관계를 맺고 있다면 누구나 공직 진입이 가능함.
행정의 개방성 및 역동성	저하(−)	향상(+)
	직업공무원 아닌 외부 인사의 영입과 통제가 적으므로 무사안일 등 관료제적 정체성이 심화됨.	직업공무원 아닌 외부 인사가 공직에 진입하여 활력소를 제공함.
행정의 대응성	저하(−)	향상(+)
	신분 보장이 강해 관료들이 정치인의 정책 방향과 국민 여망에 대해 무감각함.	정치인이 인사권을 통해 관료를 통제하면서 관료들이 공약 실천이나 여론 청취에 적극적으로 동참함.

제2절 공직구조와 임용

공직구조는 공무원들을 일정한 기준에 따라 분류(classification)하여 직업구조를 형성한 것을 말한다. 공무원을 분류하는 목적은 공무원을 통해 정부가 수행하는 기능과 직무의 종류가 매우 다양하기 때문이다. 공직구조의 형성 과정을 통해 정부 내에서 행해지는 일과 그것을 수행하는 사람들이 기준에 의해 질서 있게 배열되며, 이에 따라 공무원에 대한 직무의 부여와 보상이 이루어지게 된다.

1 공직구조

1) 국가공무원과 지방공무원

우리나라의 공무원은 임용 주체가 누구인가에 따라 국가공무원과 지방공무원으로 구별된다. 국가공무원은 중앙정부에 의해 임용되는 공무원으로서 국가공무원법 및 관련된 대통령령 또는 국회나 대법원 등 소속 헌법기관의 규칙의 적용을 받는다.

지방공무원은 각 지방자치단체에 의해 임용되는 공무원으로서 지방공무원법과 관련 대통령령, 그리고 각 지방자치단체의 조례나 규칙의 적용을 받는다. 우리나라는 아직까지 지방공무원법의 내용이 국가공무원법과 다른 점이 거의 없으며, 지방자치단체의 인사에 관해 중앙에서 제정한 법과 행정명령에 비교적 상세히 규정했기 때문에, 중앙과 지방 간에, 그리고 지방자치단체 간에도 공무원 제도에서 별 차이가 없다.

2) 경력직과 특수경력직

공무원은 그 직무 및 직위의 특성에 따라 인사행정상의 혹은 법률상의 취급을 달리할 수 있다. 예를 들면, 공무원의 임용 절차가 다르다든가, 일반적인 공무원법의 적용을 받는지의 여부, 공무원으로서 신분 보장의 적용 여부 등은 공무원의 직무 및 직위의 특성에 따라 달라지게 된다. 이렇게 법률상의 취급이 달라지는 공무원의 종류는 어느 나라에서든지 크게 두 가지로 나뉘는데, 임용이 객관적 절차에 따라 이루어지며, 신분 보장이 되는 공무원과, 임용이 객관적이라기보다 임용권자의 주관적 판단 혹은 선거와 같은 정치적 절차에 따라 이루어지며, 신분 보장도 되지 않는 공무원으로 나눌 수 있다. 어느 경우든지 그 직무의 특성에 따라 더 세분된다.[5]

우리나라 국가공무원법 제2조에는 이러한 기준에 따라 공무원을 경력직 공무원과 특수경력직 공무원으로 구분한다고 규정되어 있으며, 법에 그 종류를 명시하고 있다. 경력직 공무원이라 함은 실적과 자격에 의하여 임용되고 그 신분이 보장되며 평생토록 공무원으로 근무할 것이 예정되는 공무원을 말하며, 그 종류로는 일반직 공무원, 특정직 공무원이 있다.

〈표 7-3〉 우리나라 공무원의 공직 분류 체계

<table>
<tr><th colspan="3">구분</th><th>예시</th></tr>
<tr><td rowspan="4">국가 공무원</td><td rowspan="2">경력직</td><td>일반직</td><td>기술 · 연구 또는 행정 일반에 대한 업무를 담당하는 공무원</td></tr>
<tr><td>특정직</td><td>법관, 검사, 외무공무원, 경찰공무원, 소방공무원, 교육공무원, 군인, 군무원, 헌법재판소 헌법연구관, 국가정보원의 직원과 특수 분야의 업무를 담당하는 공무원으로서 다른 법률에서 특정직공무원으로 지정하는 공무원</td></tr>
<tr><td rowspan="2">특수 경력직</td><td>정무직</td><td>선거로 취임하거나 임명할 때 국회의 동의가 필요한 공무원, 고도의 정책결정 업무를 담당하거나 이러한 업무를 보조하는 공무원으로서 법률이나 대통령 비서실 및 국가 안보실의 조직에 관한 대통령령에서 정무직으로 지정하는 공무원</td></tr>
<tr><td>별정직</td><td>비서관 · 비서 등 보좌 업무 등을 수행하거나 특정한 업무 수행을 위해 법령에서 별정직으로 지정하는 공무원</td></tr>
<tr><td rowspan="4">지방 공무원</td><td rowspan="2">경력직</td><td>일반직</td><td>기술 · 연구 또는 행정 일반에 대한 업무를 담당하는 공무원</td></tr>
<tr><td>특정직</td><td>공립 대학 및 전문대학에 근무하는 교육공무원, 교육감 소속의 교육전문직원, 자치경찰공무원 및 지방소방공무원과 그 밖에 특수 분야의 업무를 담당하는 공무원으로서 다른 법률에서 특정직 공무원으로 지정하는 공무원</td></tr>
<tr><td rowspan="2">특수 경력직</td><td>정무직</td><td>선거로 취임하거나 임명할 때 지방의회의 동의가 필요한 공무원, 고도의 정책결정 업무를 담당하거나 이러한 업무를 보조하는 공무원으로서 법령 또는 조례에서 정무직으로 지정하는 공무원</td></tr>
<tr><td>별정직</td><td>비서관 · 비서 등 보좌 업무 등을 수행하거나 특정한 업무 수행을 위해 법령에서 별정직으로 지정하는 공무원</td></tr>
</table>

5) 이러한 공직의 구분을 미국에서는 경쟁직(competitive service)과 제외직(excepted service)으로 나누며, 일본은 일반직과 특별직으로 구분하고 있고, 우리나라는 경력직과 특수경력직으로 분류되어 있다.

특수경력직 공무원이라 함은 경력직 공무원 이외의 공무원을 말하며, 그 종류로는 정무직 공무원, 별정직 공무원이 있다. 이들이 임용될 때 대체로 엽관주의에 의거한다는 사실은 앞에서 밝힌 바 있다(〈표 7-3〉 참조).

국가공무원법의 규정은 제5장 보수 및 제7장 복무의 규정을 제외하고, 이 법 기타 다른 법률에 특별한 규정이 없는 한 특수경력직 공무원에게 적용되지 아니한다. 다만, 대통령령으로 정하는 공무원에 대하여는 제65조(정치운동의 금지)와 제66조(집단행동의 금지)의 규정을 적용하지 아니한다(법 제3조).

3) 계급제와 직위분류제

공직구조는 직무 배분 기준에 따라 계급제와 직위분류제로 구분해 볼 수 있다. 공무원의 개인적 요소를 중심으로 하는 것을 계급제적 분류(rank-in-corps)라고 하고, 직무의 내용을 중심으로 하는 것을 직위분류제적 분류(rank-in-job or position classification)라고 한다.

공직의 계급제적 분류는 사람에 초점을 두어 그의 특성 즉, 그의 학력, 자격, 경력 등을 기준으로 유사한 개인적 특성을 가진 공무원을 하나의 범주로 구분하여 계급을 형성하는 것을 말한다. 즉, 사람들을 서로 비교하여 비슷한 개인적 특성을 가진 사람들을 함께 묶어 계층적으로 범주화한 다음에, 할 일을 수준별로 구분하여 배분하는 방식이다. 인적 특성이 직무의 특성보다 우선이기 때문에 인간 중심적 제도(person-oriented system)라고도 불린다. 이는 직위분류제가 특정 직무의 특정 성격과 수준을 우선 정해놓은 다음에 그 틀에 적합한 사람을 맞추어 가는 직무 중심적 제도(job-oriented system)와 대조된다. 계급제에서는 수행되어야 할 직무의 수준이나 특정한 직무의 달성 정도보다도 근무 기간, 같은 집단 내의 타인과의 유사성, 그리고 일반행정가적인 소질(general aptitude)이 더 중요하다(Stahl, 1983: 177). 계급제는 전통적인 계급사회에 근원을 두고 있기 때문에 그 역사가 직위분류제보다 깊다. 오늘날 계급제를 중심으로 한 분류 제도를 채택하고 있는 나라는 영국 · 프랑스 · 독일 등을 들 수 있다.

직위분류제는 말 그대로 공직을 직무의 내용에 따라 분류하는 것이다. 직무는 그 직무에 부과되는 의무나 달성해야 할 책임, 그리고 그것을 달성하기 위해 요구되는 지식과 기술에 기초하여 분석되고 같은 범주끼리 조직화된다(Stahl, 1983: 184). 직위분류는 직무의 내용을 기술하고, 범주화하며, 분석 · 평가하기 위한 기본적 과정이다. 직위의 분류를 통해 다양한 관리 목적이 달성될 수 있는데, 개별 직위들을 그 책임이나 요구되는 자질에 따라 분류하고, 동일한 직무에 동일한 보수를 지급하고자 하는 원리(principle of equal pay for equal work)를 달성하는 데 활용될 수 있다. 즉, 직무에서 요구하는 질을 정하거나 보수 수준을 정하는 데 활용될 수 있다(Warman, 1986: 27). 따라서 직위분류제에서 기초로 삼는 직위는 한 사람이 수행할 수 있는 업무와 책임의 단위이므로 개인이 직무가 요구하는 능력을 갖추었는가가 중요하지 그의 신분이나 교육의 정도와 같은 인적 특성은 중요하지 않다. 직위분류제의 효시는 미국의 시카고시의 공무원 제도에서 찾아볼 수 있고, 제도의 발달도 전적으로 미국에서 이루어졌다. 직위분류제는 미국의 인사관리에 많은 공헌을 했을 뿐 아니라, 공무원에게는 동일 직무에 대한 동일 보수의 실현에 확신을 안겨주었다.

계급제와 직위분류제의 상대적 특성을 보면 전자의 경우 장기적이고 신축적인 인력의 활용이 가능한 반면, 후자의 경우는 객관적이고 현재의 필요성에 적합한 인력 활용이 가능하다고 할 수 있다.

계급제의 경우는 충원에서 개인적 특성과 일반적 소양을 중시하므로 동일한 인적 요소를 지닌 인력이 담당할 수 있도록 되어 있는 직위라면 별다른 장애 없이 해당 인력에게 담당시킬 수 있다. 따라서 순환보직이 가능하고 조직의 변동에 대한 신축적 인력관리가 가능하다. 이러한 분류 체계에서는 현재의 적합성보다 장기적 가능성에 초점을 두어 충원이 이루어지게 되며, 공무원이 행정 전반에 걸친 시야가 넓어질 수 있고 공무원 간에 협조가 용이할 수 있다.

직위분류제의 경우는 직무가 요구하는 특성에 따른 분류와 충원이 이루어지므로 현재 필요한 인력을 충원할 수 있는 등 보직관리의 합리화를 기할 수 있다. 또한 공무원에 대한 대우가 합리적 기준에 따라 이루어지며, 현재의 조직구조와 일치하는 직무구조를 형성하게 된다. 공무원의 전문성을 높일 수 있는 반면, 공무원의 이동이 제한되고 협조나 조정의 문제가 발생할 경우 해결이 어렵고 신축적이지 못하다. 따라서 계급제와 직위분류제의 특성은 상대적이라고 할 수 있다.

우리나라의 일반직 공무원은 직군, 직렬, 직류로써 직무의 내용이 구별되어 있으며, 권한과 책임에 관해서는 1급부터 9급까지 9단계로 구별되어 있다. 이러한 공직 구조는 원칙적으로 직위분류제의 원리에 따른 것이나 실질적으로는 여전히 계급제적으로 운영되고 있다.

국가공무원법에는 제3장의 제목을 직위분류제로 하여 그 실시를 원칙으로 하고 있으며, 공무원임용령에서는 직렬 간 이동(전직)을 할 때에는 전직시험을 치르도록 하고 전직시킬 수 있는 경우를 제한함으로써(제28조의3) 직위분류제적 특성을 나타내고 있다. 국가공무원법 제21조에는 직위분류제의 확립에 관한 내용이 규정되어 있고, 제22조에는 직위분류제의 원칙이 규정되어 있으며, 제23조에는 직위의 정급에 관한 내용이 규정되어 있다. 공직의 구체적인 분류구조는 공무원임용령에 규정되어 있다.

그런데 직위분류제의 구체적 실시를 위한 대통령령의 규정이 미비하여 위의 규정들은 형식화되어 있으며, 특히 직류로 세분화되었다고는 하나 행정직렬의 범위가 커서 직위분류제의 전문적 특성을 살리기 어렵다. 국가공무원법 제24조에서도 직위분류제의 실시에 관해 일반직에 대한 직위분류제의 실시는 대통령령이 정하는 바에 따라 그 실시가 용이한 것부터 단계적으로 실시할 수 있다고 하여 실시의 유보를 법률적으로 뒷받침하고 있다.

또한 공무원의 분류에 관해서는 국가공무원법 제4조와 제5조에 명기되어 있는데, 제5조의 개념 정의는 직위분류제적 내용을 담고 있으나[6] 그 전제가 되는 제4조의 내용은 직무분석을 전제로 하고 있지 않고 단순한 수직적 분류만을 언급함으로써 오히려 전체적으로 계급제적 분류의 성격을 강하게 나타내고 있다.

각 직급에 따른 직무의 곤란성이나 책임의 정도가 예시되어 있지 않으므로 결국 직무에 근거한 직급 구분의 기준을 제시하지 못하고 있으며, 전문화의 정도가 낮은 것도 직위분류제가 실시된다고 보기에는 미비한 점이다. 다만, 고위공직자에 한해서 직위분류제적 요소가 강화된 점은 변화된 모습이다. 국장급 이상 고위공무원에 대해서는 1~3급의 계급을 폐지하고 고위공무원단으로 통폐합하여 직무와 직위에 따라 인사관리를 하고 있다. 이에 따라 계급에 구애되지 않는 폭넓은 인사로 적격자를 임

6) 직위(職位)란 1명의 공무원에게 부여할 수 있는 직무와 책임을 말하고(예: 시장, 부시장, 기획실장, 총무과장, 건설과장 등), 직급(職級)이란 직무의 종류, 곤란성, 책임도가 상당히 유사한 직위의 군을 말한다(예: 행정사무관, 행정주사, 행정주사보, 행정서기, 행정서기보). 동일한 직급에 속하는 직위에 대해서는 임용자격, 시험, 보수 기타 인사행정에서 동일한 취급을 한다. 모든 직무는 범주에 따라 직군, 직렬, 직류로 나눈다. 일반적 공무원은 전체적으로 행정과 기술 두 개의 직군(職群)으로 구분된다. 직군은 다시 세부 직렬(職列)로 나뉘는데, 행정직군은 14개의 직렬로, 기술 직군은 19개 직렬로 나뉜다. 직렬은 다시 세부 분류인 직류로 나뉜다. 즉, 직무 범주에 따라 직군>직렬>직류로 구분되는 것이다. 직렬을 달리하는 임명은 전직, 같은 직렬의 직급 내에서 보직을 변경하는 것을 전보라고 한다.

용할 수 있게 되었다. 또한 고위공무원단에 대해서는 계급과 연공서열보다는 업무와 실적에 따라 보수를 지급한다. 즉, 직무의 중요도 난이도 및 성과에 따라 보수를 차등 지급하고 있다.

고위직의 개방을 확대하고 경쟁을 촉진한 점도 주로 외부채용으로 공석을 보충하는 직위분류제적 요소가 강화된 점이다. 개방형 직위제도란 공직 내외를 불문하고 공개 모집에 의한 선발시험을 거쳐 직무 수행 요건을 갖춘 최적격자를 선발하여 임용하는 제도로서 공무원과 민간이 경쟁을 하게 된다. 또 공모직위 제도는 결원 발생 시 정부 내 공개 모집을 통해 적격자를 선발 · 임용하는 제도로서 당해 부처 공무원과 다른 부처 공무원이 경쟁하게 된다. 개방형 직위제와 공모직위제 모두 그 직위에 적합한 인재를 유치하기 위해서는 먼저 그 직위가 어떤 일을 하는 곳이며 자격 요건은 무엇인지 직무분석이 선행되어야 하므로, 결국 직위분류제적 요소를 강화시킬 수밖에 없다.

2 공무원 임용

1) 임용의 의의

위에서 공직구조를 만드는 방법을 학습했고, 이제는 그 공직구조에 사람을 채워 넣는 방법을 학습할 차례이다. 공석에 공무원을 채워넣는 모든 활동을 임용이라 생각해도 좋다. 공무원임용령에 의하면 임용이란, "신규채용 · 승진임용 · 전직 · 전보 · 겸임 · 파견 · 강임 · 휴직 · 직위해제 · 정직 · 복직 · 면직 · 해임 및 파면"이라고 되어 있다(제2조 제1항). 따라서 임용이란 [그림 7-2]와 같이 외부임용과 내부임용 모두를 망라하는 방법이다.

외부임용이란 행정조직 외부에서 사람을 선발하여 쓰는 활동을 말한다. 여기에 포함되는 공개경쟁채용 제도는 자격 있는 모든 사람에게 지원 기회를 부여하고 공개된 경쟁시험을 통해 임용후보자를 선발하는 제도를 말한다. 실적주의의 핵심적 요소에 속한다. 경력경쟁채용은 경쟁을 제한하는 별도의 선발 절차를 거치는 제도를 말한다. 우리나라에서는 특수 직무의 경우나 공개채용이 부적절한 경우에 한해 예외적으

[그림 7-2] 임용의 범위

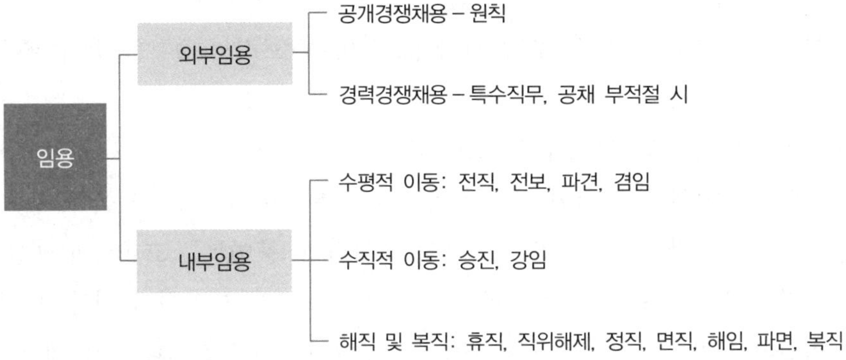

로 인정하고 있다. 예외적이라고는 하지만 인사행정의 권한이 각 부처로 분산되고 있을 뿐만 아니라 사회 수요가 다양해지고 급변하면서 각 기관이 이에 신속하게 대응해야 할 필요성이 늘어남에 따라 경력경쟁채용의 실제 활용은 공개채용의 활용 빈도만큼 높다.

내부임용은 수평적 이동에 전직, 전보, 파견, 겸임이 있고, 수직적 이동에 승진과 강임이 있으며, 기타 해직 및 복직이 있다. 전직(轉職)은 상이한 직렬의 동일한 계급 또는 등급으로 수평 이동하는 것을 말하고, 전보(轉補)는 동일한 직렬이나 직급 내에서 직위만 바꾸는 것을 말한다. 전직과 전보는 직렬이 상이하냐 동일하냐에 따라 구분되며, 직렬을 바꾸는 전직에는 일반적으로 시험을 요청한다는 면에서 차이가 있다. 겸임은 한 사람의 공무원에게 둘 이상의 직위를 부여하는 것을, 파견은 공무원의 소속을 바꾸지 않고 일시적으로 다른 기관에서 근무하는 것을 의미한다. 승진(昇進)은 하위 직급에서 상위 직급 또는 상위 계급으로 올라가는 것이고, 강임(降任)은 하위 직급으로 이동하는 것을 말한다. 파면과 해임은 공무원을 강제로 퇴직시키는 중징계 처분의 하나이다. 해임은 연금법상 불이익이 없으나, 파면의 경우에는 일반적으로 퇴직급여의 1/2이 삭감된다(5년 미만 근무자의 경우 퇴직급여의 1/4 삭감).

2) 인적 자원의 확보

인적 자원의 확보란 사회의 인적 자원을 대상으로 공직에 지원하도록 유도하고,

그 중에서 사람을 뽑는 활동이다. 따라서 신규채용 혹은 외부임용이라고 보면 된다. 이 활동은 통상적인 절차를 수반하게 되는데, 순서대로 인력계획, 모집, 시험, 채용후보자명부 작성, 임용 추천, 시보(試補) 임용, 임명 및 보직의 절차를 밟게 된다. 다음에서는 단계별 활동의 개념 및 이슈를 알아보기로 한다.

첫째, 인력계획은 정부조직에 필요한 인적 자원의 수요를 예측하고 공급 방안을 결정하는 활동을 말한다. 조직이 달성할 목표에 맞추어 이러한 방법들을 체계적으로 고안해 내는 과정이라고 할 수 있다. 오늘날 조직의 생존 여부는 효율성과 생산성의 정도에 따라 결정되는 만큼, 최소한의 필수적 인력 소요를 예측하여 이를 충원하는 수단을 마련하고 아울러 효율적으로 운용하는 정책개발이 필요한데, 인력계획은 이 같은 활동의 기반이 된다.

둘째, 모집이란 젊고 능력 있는 인재들이 공직에 매력을 느끼고 지원하도록 유도하는 활동을 말한다. 적극적 모집(positive recruitment)은 계획을 공고하고 지원자가 찾아오도록 기다리는 자세로 임하는 것이 아니라 민간 부문에 인재들을 빼앗기기 전에 선점하려는 노력을 말한다. 따라서 공직에 대한 사회적 평가를 향상시키고 고용 조건을 개선하는 것뿐만 아니라 시험의 정기적 실시 및 시험 공고 방법의 개선, 시험 과목 및 응시 절차의 간소화 등 수험생들에게 편의를 제공하는 활동이 포함된다.

셋째, 선발이란 확보된 지원자들 중 가장 우수한 적격자를 뽑는 과정을 말한다. 대표적인 선발 수단인 시험은 직무 수행에 필요한 지식·기술·능력을 측정하는 표준화된 기구일 뿐만 아니라 장래의 발전 가능성까지 예측할 수 있어야 한다. 목적과 여건에 따라서 서류전형, 필기시험, 면접시험, 실기시험 등을 선별하여 사용할 필요가 있다. 특히 시험은 최종 선발에 가장 결정적인 역할을 하는만큼 타당도(validity: 평가 내용이 평가 목적을 반영하고 있는 정도)와 신뢰도(reliability: 측정하고자 하는 평가 내용이 정확하게 측정된 정도)를 극대화하고 난이도와 경쟁률을 적정하게 고려해야 한다.

넷째, 시험을 통과한 사람이 채용후보자명부(eligible lists)에 채용 가능성의 순위(일반적으로 성적순)에 따라 이름을 올리면 중앙인사기관의 장(행정안전부 장관)은 각 기관의 결원 및 예상 결원 인원을 감안하여 시험성적, 훈련성적, 전공, 경력, 적성 등을 참작하여 최종 채용 정원보다 많은 인원을 임용권자나 임용제청권자에 추천한다.

다섯째, 일정 기간의 시보(probation)로 근무한 뒤에 정식 공무원으로 임명된다. 시보 기간의 본래 목적은 대상자의 적격성 여부를 실무 현장에서 최종적으로 평가하려는 실적주의적 요소가 강하지만, 실제 우리나라에서는 새내기를 대상으로 현장 오리엔테이션을 실시하기 위한 교육적 성격이 강하다.

여섯째, 최종적으로 임명을 통해 공무원 신분을 부여받게 되고 보직을 통해 일정한 직무나 직책을 맡게 되어 배치된다.

제3절 공무원의 능력 발전

1 능력 발전의 의의

어느 조직체이든지 그 조직의 목표를 달성하기 위해 언제나 필요로 하는 능력을 갖춘 인력을 충원하기 위해 노력한다. 또한 조직을 둘러싼 환경은 계속 변화하며, 조직도 그러한 환경과 계속적인 교호작용을 하는 유기체이므로, 그 목표 달성을 위해 조직원이 환경 변화에 대응한 새로운 능력을 갖출 것을 요구하게 된다.

그런데 조직이 필요로 하는 새로운 능력을 갖춘 조직원을 충원하는 방법은 크게 두 가지로 나누어 볼 수 있다. 하나는 필요한 능력을 갖춘 신규 인력을 유입하는 방법이고, 다른 하나는 기존의 조직원이 새로운 능력을 갖추도록 하는 방법이다. 전자의 방법이 간단하며, 환경 변화에 대응하기도 쉽다. 고러나 조직의 인력은 기계의 부속품과는 달리 쉽게 교체할 수 없으며, 조직의 생산성을 위해서는 축적된 경험도 필요하기 때문에 능력의 채용을 신규 충원에만 의존할 수는 없다. 따라서 모든 조직은 기존의 조직원들이 지속적으로 능력을 향상시킬 수 있도록 관리해야 한다.

능력 발전은 반드시 환경 변화에 대응해서만 필요한 것이 아니다. 승진이나 담당직무의 변화를 통해 조직원이 새로운 임무를 맡게 될 때에도 그에 상응한 능력을 갖출 것이 요구되기 때문에 능력 발전이 필요하다. 이것은 특히 인력의 유동성이 제도적으로 제한되어 있는 공공 부문에서 필요한 활동이다.

현대 사회에서 공무원의 능력 발전은 그 중요성이 더해가고 있다. 사회 각 부문이 점점 다양화·개별화되는 환경에서 정부는 각 부문 간의 조정과 사회 통합의 구심점 역할을 해야 한다. 그렇기 때문에 공무원은 자신의 전문 분야뿐 아니라 사회의 각 부문에 대한 폭넓은 이해를 가져야 한다. 사회 변화의 추세를 잘 파악해야 할 뿐 아니라 바람직한 방향으로 유도해야 한다. 더욱이 사회가 발전할수록 이러한 통합 활동은 강제적으로 수행될 수 없기 때문에 좀 더 정교한 제도적 장치와 세련된 공무원의 공공 활동을 필요로 한다. 즉, 공무원은 자신의 담당 분야 업무 수행에 대한 전문적 능력과 함께, 사회통합자로서의 조정 능력도 필요로 하는 것이다. 그리고 그 내용은 사회 변화에 대응하여 늘 변화하는 것이다.

2 능력 발전의 방법

흔히 공무원의 능력 발전이라고 하면, 교육훈련과 혼동되어 사용되는 경우가 많다. 그러나 능력 발전은 그 자체가 공무원에게 변화를 주는 방법이나 제도라기보다는 달성해야 할 목표이다. 이에 비해 교육훈련은 능력 발전을 이루기 위한 방법이며, 이 외에도 다양한 방법이 공무원의 능력 발전을 위해 활용될 수 있다.

1) 교육훈련

교육훈련이란 학습 활동을 통해 공무원의 능력을 향상시키려는 활동이다. 본래 교육이란 개인이 잠재력을 종합적으로 개발하는 것을 뜻하며, 훈련이란 공무원이 맡은 바 직책을 수행하는 데 필요한 지식과 기술을 연마하는 것을 의미한다. 따라서 훈련은 특정한 직책과 관련된다는 점에서 교육과 구별된다(강성철 외, 1999: 281-282).

그러나 이러한 구별이 공무원의 교육훈련을 위해 특별한 실제적 이익이 있다고 보기 어려우며, 우리나라의 경우 법에서도 개념에 대한 구별이 없이 사용하고 있다. 따라서 공무원의 교육훈련은 장기적인 잠재력 개발과 단기적인 업무 능력 향상을 모두 목표로 하고 있다고 하겠다.

2) 근무성적 평정

근무성적 평정이란 개인이 근무하고 있는 조직체에서 능력, 가치, 업적을 체계적이고 정기적으로 평가하는 것을 말한다.[7] 근무성적 평정은 인사행정에서 승진이나 상벌의 기준과 같은 관리 수단으로 활용될 수 있으며, 채용시험과 같은 다른 제도가 제대로 작동하는지 타당성을 검증하는 데에도 사용될 수 있다. 또한 다음과 같이 능력 발전의 수단으로도 활용된다.

첫째, 교육훈련의 필요성을 파악하는 데 도움이 된다. 즉, 개별 공무원의 능력을 알게 되고, 현재 그가 담당하는 직책이 요구하는 능력과 비교하는 것을 용이하게 하며, 그 차이가 교육훈련의 필요가 되는 것이다.

둘째, 적재적소(適材適所) 배치에 이용된다. 공무원의 능력이 아무리 보아도 현 직책에 부합되지 않을 뿐 아니라 훈련을 통한 발전의 가능성도 보이지 않는 경우 그에 알맞은 새로운 직책으로 전보시키게 되는데 이러한 것의 파악을 용이하게 한다.

셋째, 개인의 가치 인정(recognition)과 직무 능률의 향상을 기하는 데 도움이 된다. 근무성적 평정 활동을 통해 개인은 조직의 관심을 받게 되며, 이 과정에서 사기가 향상될 수 있고, 장단점이 파악되므로 그 시정 노력을 통해 근무 능률도 향상될 수 있는 것이다.

3) 배치전환

공무원이 담당하는 직무를 바꾸는 것도 능력 향상에 활용된다. 전직 혹은 전보와 같은 수평적 이동은 공무원에게 새로운 직무를 담당케 함으로써, 이전보다 직무 수행의 시야를 넓히고, 폭넓은 사고를 할 수 있게 한다. 이것은 다양한 사회 부문과 접해야 하는 공무원에게 매우 필요한 능력이므로 그 의의가 크다. 그러나 담당 직무의 너무 잦은 변동은 공무원의 전문성 확보에 장애가 될 수 있다.

4) 승진

승진이란 일반적으로 상위 계급의 직위로 이동하는 것을 말하며, 직무에 대한 책임도와 곤란도가 높아지게 된다. 따라서 승진은 능력 발전을 위한 방법이라기보다 그

7) 전통적으로 근무성적 평정은 상급자에 의해 시행되는 것으로 인식되고 있으나 참여정부에서는 다면평가, 혹은 360도 평가라고 하여, 상급자뿐 아니라 동료나 부하 직원, 더 나아가 고객으로부터도 평가가 이루어지도록 하는 방법이 시행되었다. 그러나 인기투표 논란, 감사 · 경리 등 특정 부서에 불리한 평가 등의 문제점이 있어 2010년부터 공무원 역량 개발 및 교육훈련 등에 주로 활용토록 하고, 승진, 전보, 성과급 등에는 참고만 하도록 되었다.

결과로 이해된다. 그러나 승진은 공무원에게 더 많은 권한과 수입의 욕구를 충족시켜 줌으로써, 사기를 앙양하고, 이를 위해 자기의 능력 발전을 도모하는 유인을 제공한다. 또한 이전에 비해 새롭고 곤란도가 높으며, 많은 책임을 요하는 일을 함으로써 새로운 능력을 갖추게 할 수 있다.

5) 경력개발 제도

경력개발 제도(Career Development Program: CDP)란 개인이 경력 목표(career goal)를 설정하고, 그 목표를 달성하기 위해 임용에서 퇴직 때까지 거칠 필요가 있는 경력 또는 보직 등의 경력 경로(career path)를 계획하며 체계적·합리적으로 관리하는 것을 의미한다. 이 제도의 핵심은 경력을 중심으로 개인의 성장과 조직의 인사관리 간에 상호 조화를 도모하는 것이다. 따라서 직원 자신이 가지고 있는 능력과 관심에 대한 정확한 평가가 우선되어야 한다. 그 다음으로 조직의 인력계획과 나의 경력계획이 잘 어울릴 수 있는가에 대해 상관이나 상담사와 협의하는 과정을 거치게 된다(유민봉·임도빈, 2012: 301-307).

3 공무원 교육훈련

공무원의 능력 발전을 위해 다양한 인사 제도가 활용될 수 있지만, 그 중심은 교육훈련이다. 교육훈련은 그 목적 자체가 공무원의 능력 발전이기 때문이다. 그러므로 대부분의 국가에서는 공무원의 교육훈련을 위한 별도의 기관이나 프로그램을 운영하는 경우가 많고 때에 따라 민간 혹은 해외기관에 위탁하는 경우도 있다.

1) 교육훈련의 종류

첫째, 교육 내용이 얼마나 전문화된 직무와 관련되어 있는가에 따라 기본교육과 전문교육으로 구분할 수 있다. 기본교육 훈련 과정은 직급별로 관리자 훈련(3급 이상 고위정책 과정), 감독자 훈련(4·5급의 중견관리자 과정), 재직자 훈련(6급 이하 실무자 과정), 신규채용자 훈련으로 구분할 수 있다. 전문교육 훈련 과정은 담당하고 있거나 담당할 직무 분야에 필요한 전문적인 지식과 기술을 습득할 수 있도록 실시하는 것이다.

둘째, 교육훈련의 장소에 따라 훈련기관 교육훈련과 현장훈련으로 구분할 수 있다. 교육훈련기관 교육은 교육훈련 기능을 전담하는 기관에서 실시하는 교육훈련이고, 현장훈련(on-the-job training)은 직무 수행을 하는 과정에서 동시에 실시되는 교육훈련이다.

교육훈련기관에 의한 교육은 피교육자가 직무를 떠나서 교육훈련을 받게 되므로 다음과 같은 장점이 있다.

첫째, 직무를 떠나 있으므로 교육훈련의 주제에 집중할 수 있다.

둘째, 다른 조직체의 사람들과의 만남을 통해 생산적인 인식의 전환이 가능하다.

셋째, 비슷한 직무를 담당하는 관리자들 사이에 상호 비교 연구가 가능하다.

넷째, 포괄적인 훈련 프로그램을 위해 필요한 기구나 장서를 구입하고 유지하는 데 비용을 줄일 수 있다.

반면 현장훈련은 직무 수행과 교육훈련이 동시에 이루어지며, 상급자나 선임자가 교육훈련을 실시하는 역할을 담당하게 되므로 다음과 같은 장점이 있다

첫째, 교육훈련기관은 직책의 성격이 고도의 기술·전문성·정밀성을 요구하는 경우 구체적인 수요를 충족시켜 주기 어렵지만 현장훈련은 이에 적합하다.

둘째, 현장훈련은 교육훈련기관보다 훈련의 내용이 이론적이지 않고 좀 더 실용적이다.

셋째, 현장훈련은 훈련을 받으면서도 직무 수행에 중단이 없다(오성호, 1990: 101-103).

CHAPTER 07

2) 교육훈련의 방법

교육훈련의 방법으로는 강의, 토론, 회의, 역할 연기, 사례 연구, 모의실험, 액션러닝(action learning) 등 다양한 방법이 사용될 수 있다. 공무원의 교육훈련이 성인을 대상으로 한 것임을 감안하면, 일방적인 지식 전달식의 방법보다도 피교육자의 적극적인 참여를 유도할 수 있는 강의 방법이 더 효과적이다. 그러나 단기적이고 새로운 지식의 습득을 목적으로 할 때는 강의가 가장 효과적인 방법이 될 수도 있다. 그러므로 어떤 교육 방법이 절대적으로 가장 좋다고 말할 수 없으며, 교육 목적과 상황에 따라

적절한 방법을 활용해야 한다. 다만, 지금까지 우리나라의 공무원 교육훈련에서는 강의식 방법이 지나치게 많은 비중을 차지하고 있어 개선되어야 한다는 비판이 지속적으로 제기되고 있다.

제4절 공무원의 행동규범

1 직무 수행상의 의무

공무원들은 국가 업무를 능률적으로 수행해야 할 책임을 질 뿐만 아니라, 공공의 이익을 수호해야 하는 책무를 지고 있다. 행정 업무를 능률적으로 수행하지 못하거나, 행정 권한을 자신의 영향력 확대의 기회나 친지들에게 호의를 베푸는 기회로 이용하는 공무원은 국민 전체에 대한 봉사자여야 한다는 측면에서 공공의 이익을 침해하는 것이 된다(강성철 외, 1999: 466). 그러므로 공무원에게는 일반 시민보다 더 엄격한 직무 수행상의 윤리적 의무가 요구된다. 즉, 공무원들에게는 공공의 이익을 수호해야 하는 책임과 그것을 수행하기 위하여 공권력[8]을 행사할 수 있는 권한이 주어졌기 때문에 좀 더 엄격한 윤리 기준을 통해 공익을 지킬 필요가 있는 것이다.

이런 점에서 공무원이 국민 전체에 대한 봉사자로서 지켜야 할 행동규범인 공직윤리 혹은 행정윤리(administrative ethics)는 인간으로서 지켜야 할 도덕(morality)과는 구분된다. 공직윤리에는 단지 부정부패, 비리 및 부조리를 범하지 않는 것뿐만 아니라 국민에 대한 불공정한 대우, 절차의 위반, 무사안일, 의회의 입법 의도 무시 등을 범하지 않는 것은 물론 지나치게 무능하지 않는 것도 포함된다.

공직윤리는 보통 공무원의 신조, 공무원 윤리헌장 및 실천강령, 공직자 10대 준수사항 등 강령의 형태로 공포되기도 하지만 법률 몇 가지를 통해 명문화되어 있다.

8) 여기서의 공권력이란 경찰과 같은 물리적인 힘뿐만 아니라, 대중에게 직접적 영향을 줄 수있는 정책을 공공의 대리인으로서 결정하고 집행할 수 있는 힘을 의미한다.

1) 공무원법

국가공무원법과 지방공무원법에 공무원들이 지켜야 할 직무 수행상의 윤리적 내용을 규정하고 있다. 여기에는 성실 의무, 복종의 의무, 직장 이탈 금지의 의무, 친절·공정의 의무, 종교 중립의 의무, 비밀 엄수의 의무, 청렴의 의무, 외국 정부로부터 영예 또는 증여를 받을 경우 대통령의 허가를 얻을 의무, 품위 유지의 의무, 영리업무 및 겸직 금지의 의무, 정치운동의 금지 의무, 집단행위의 금지 의무 등이 있다.

2) 공직자윤리법

또한 1981년에 제정된 공직자윤리법에서는 부정부패를 방지하기 위해 공직자의 재산 등록 및 공개, 선물에 대한 신고, 퇴직 공무원의 취업 제한 등을 규정하고 있다. 공무원의 재산이 많다고 해서, 선물을 받는다고 해서, 혹은 퇴직 후 취업한다고 해서 그 자체가 문제되는 것은 아니지만, 재산이 갑자기 늘어났다거나, 일정 가격 이상의 선물을 받았다거나, 평소 직무상 고객으로 상대해 오던 기업에 퇴직 후 취직한 경우는 공익에 반해 이면에 무엇인가 반대급부가 있었을 것이라는 의혹을 받을 수 있다. 개인의 재산에 대한 정보 공개와 취업의 제한 등 기본권이 침해될 수 있는 위험에도 불구하고 고위공직자이거나 직무상 특성 때문에 일어날 가능성이 높은 부정한 사익 추구 행동을 사전에 방지하기 위한 것이다(유민봉·임도빈, 2012: 359).

3) 부패방지권익위법

공직자윤리법이 예방적 기능이라면 2001년 제정된 부패방지권익위법은 부패 근절의 실효적 기능을 목적으로 한다. 이 법에 따르면, 같은 공직자가 부패 사실을 알게 되었을 경우 부패행위를 신고하도록 의무화되어 있고, 부패행위 신고자인 내부 고발자(whistle blower)는 신분상 불이익을 받지 않도록 보호받도록 되어 있다. 또한 국민감사청구가 인정되어 공직자가 공익을 현저히 침해하는 경우 국민 300인 이상이 연서하여 감사원에 직접 감사 청구가 가능하게 되었다.

4) 청탁금지법

청탁금지법은 일명 “김영란법”이라고 불리며 그 적용 대상자로는 국가 · 지방공무원은 물론 공직유관단체 및 공공기관의 장과 임직원, 각급 학교의 장과 교직원, 학교법인의 임직원, 언론사의 대표자와 임직원 등 광범위하다. 법의 목적은 공공기관에 대한 국민신뢰 확보와 공직자와 공적 업무 종사자의 보호라는 두 가지이다.

첫 번째로, 국민신뢰를 확보하기 위하여 부패가 빈번하게 나타나는 분야의 부정청탁 행위를 제재하고 청탁을 방지하여 공직자 등이 공정하게 직무 수행을 할 수 있도록 보장할 뿐만 아니라 공직자가 금품 등을 수수한 경우 직무 관련성과 대가성에 관계없이 제재가 가능하도록 하였다. 두 번째로, 선량한 공직자를 보호하기 위하여 공직자가 부정한 청탁을 정당하게 거부하고 그것으로부터 보호될 수 있도록 제도적 장치를 마련하였다.

5) 이해충돌방지법

이해충돌방지법은 공직자가 직무를 수행함에 있어 자신의 사적 이해 관계가 관련됨으로써 공정하고 청렴한 직무 수행이 저해되거나 저해될 우려가 있을 때, 이를 효과적으로 관리하고 통제하기 위해 제정되었다.

예를 들어, 이해충돌은 공무원의 가족이 해당 공무원의 직무와 관련하여 개인적인 이해나 이익을 얻을 때 발생할 수 있다. 또 공무원이 특정 업체와 경제적 이해 관계를 가지거나 해당 업체의 계약에 영향을 미칠 수 있는 경우도 발생할 수 있다. 또는 정부의 정책개발이나 결정에 대해 공무원의 개인적인 이익이나 정치적 이해가 영향을 미칠 수도 있다.

2 참정권의 제한과 신분 보장

공무원에게는 국민으로 누려야 할 기본권인 참정권의 일부가 제한되며, 이것은 일반적으로 ‘공무원의 정치적 중립’으로 이해된다. 그리고 구체적으로는 공무원의 정치 활동 금지와 공무원에 대한 부당한 정치적 간섭의 금지로 나타난다.

공무원에게 일반 시민보다 더 엄격한 정치적 중립을 요구하는 이유는 공무원의 직무 특성상 사회에 미치는 영향력이 매우 크기 때문이다. 공무원이 공평한 직무 수행의 범위에서 벗어나 사회 특정 집단의 편을 들게 되면, 사회집단 간에 공적 의사 결정에 참여하는 능력에서 사회적 균형이 깨어지게 되며, 이것은 국민의 의사를 왜곡하여 공익을 저해하게 된다. 따라서 공무원에게는 그 정치적 활동이 일정한 범위 내로 제한되는 것이다.

한편 공무원을 정치적 영향으로부터 격리시키지 않는다면, 그 압력으로 인해 공무원의 직무 수행이 사회적 공평성을 유지하기 어렵게 된다. 따라서 신분 보장을 통해 공무원이 가능하면 정치적 변화에 대해 자유로울 수 있게 하는 것이다.

우리나라의 공무원은 정치적 중립을 지키도록 법률로 명문화되어 있다. 헌법에서 공무원의 신분과 정치적 중립은 법률에 의해 보장된다(제7조)고 규정하고, 국가공무원법(제65조)과 지방공무원법(제57조)에서 공통적으로 다음 내용을 명문화하고 있다. 첫째, 공무원은 정당이나 그 밖에 정치단체의 결성에 관여하거나 이에 가입할 수 없다. 둘째, 공무원의 선거에서 특정 정당 또는 특정인의 지지나 반대를 하기 위한 행위는 금지된다. 구체적으로 ① 투표하도록 혹은 하지 말도록 권유운동을 하는 것, ② 서명운동을 기도 · 주재하거나 권유하는 것, ③ 문서 또는 도서의 공공시설 등에 게시하거나 게시하게 하는 것, ④ 기부금 모집 또는 모집하게 하거나 공공자금을 이용 또는 이용하게 하는 것, ⑤ 타인에게 정당 가입 또는 가입하지 아니하도록 권유운동을 하는 것이 금지된다. 셋째, 다른 공무원에게 위의 금지 사항에 위배되는 행위를 하도록 요구하거나, 정치적 행위에 대한 보상 또는 보복으로서 이익 또는 불이익을 약속해서도 아니 된다.

이에 비해 공무원은 형의 선고 · 징계 처분 또는 이 법에 정하는 사유에 의하지 아니하고는 그 의사에 반해 휴직 · 강임 또는 면직을 당하지 아니한다고 규정하여(국가공무원법 제68조), 공무원의 신분을 보장하고 있다. 또한 정부의 생산성을 높이고자 민간의 탄력적이고 경쟁 지향적 인사 체계를 도입하려는 신관리주의적 행정개혁의 입장에서는 공무원의 신분 보장을 완화하여 무사안일 및 선례 답습의 폐해를 개선해야 한다는 주장도 하고 있다.

3 근로기본권의 제한

일반 국민이 누리는 기본권 중 공무원들에게 제한되는 중요한 권리의 하나가 근로기본권이다. 국가마다 정도의 차이는 있으나 공무원에게는 일반 근로자에게 허용되는 단결권, 단체교섭권, 단체행동권이 제한된다.

1) 공무원노동조합의 효용

공무원에게 근로기본권을 허용한다면, 이는 공무원노조의 결성을 통해 행사된다. 공무원노조의 효용은 다음과 같다(강성철 외, 1999: 499-501).

첫째, 공무원노조는 공무원의 집단적 의사 표시의 수단이 된다. 공무원은 집단으로서의 자신의 이익을 표출함으로써 근로 조건을 향상시킬 수 있을 뿐 아니라, 인사행정 문제에 관한 집합적 의견을 전달함으로써 정부의 정책결정에 영향을 미칠 수 있다.

둘째, 공무원노조의 활동은 참여 의식, 가치 인정, 귀속감 등의 충족을 통해 동기부여 효과와 아울러 사기의 앙양을 기할 수 있다.

셋째, 공무원노조는 행정의 민주화와 행정 발전에 기여할 수 있다. 공무원단체는 하급 공무원과 관리층 간에 쌍방적인 의사 전달 통로를 제공함으로써 상호 이해의 증진을 도모할 수 있다.

넷째, 공무원노조는 실적제를 강화하는 기능을 수행한다. 부당한 정실인사나 자의적인 인사 조치 혹은 소위 '낙하산 인사'에 대해 개인적으로는 대항하기 어려우나 노조라는 집단적 힘을 빌리는 경우 대응력에 힘이 실릴 수 있다.

다섯째, 공무원노조는 공무원들의 올바른 직업윤리 확립과 부패 방지에 기여할 수 있다. 공무원노조의 기본 역할은 구성원의 집단이익을 옹호하는 데 있으나, 다른 한편으로 공무원들이 직업적인 행동규범으로부터 이탈되는 것을 막는 사회적 견제 작용을 함으로써, 건전한 직업 윤리의 확립과 자질 향상을 위한 교화 활동을 수행한다. 나아가 전문직업화를 통한 자율 통제 효과를 통해 부패 방지에 기여할 수 있다.

2) 우리나라의 공무원노동조합

헌법에 따라 우리나라 근로자는 근로3권이 보장되지만, 공무원인 근로자는 법률이 정하는 자에 한해 단결권 · 단체교섭권 및 단체행동권을 가지는 것으로 되어 있어 근로3권에 제약이 가해질 수 있는 가능성을 열어놓고 있다(제33조 제2항). 또 국가공무원법에 의하면, 공무원은 노동운동 기타 공무 이외의 일을 위한 집단적 행위를 해서는 아니 된다. 다만, 사실상의 노무에 종사하는 공무원은 예외로 하고 있어 이런 종류에 한해 근로3권이 모두 보장된다(제66조 제1항). 근로3권별 개념과 세계 각국의 추세를 보면 다음과 같다.

첫째, 단결권이란 공무원들이 근무 조건을 향상시키기 위해 자주적 단체를 구성하고 이에 가입할 수 있는 권리를 말한다. 국제노동기구(ILO) 헌장에 의하면 "군대와 경찰을 제외하고는 누구나 단결권의 제한을 받지 않는다"는 규정에 따라 오늘날 대부분의 나라에서 공무원의 단결권을 인정하고 있다. 둘째, 단체교섭권이란 공무원들이 근무 조건을 향상시키기 위해 관리층과 자주적으로 교섭하는 권리를 말한다. 공무원의 단결권을 인정하고 있는 나라는 대부분 단체교섭권도 허용하고 있다. 셋째, 단체행동권이란 단체교섭이 원활하게 되지 않아 분쟁 상태가 생긴 경우 동맹파업 · 태업 · 직장폐쇄 등 쟁의행위를 통한 실력 행사를 할 수 있는 권리를 말한다. 외국에서도 대체로 금지되고 있으나 예외적으로 영국 · 프랑스의 노무자적 성격을 띠는 하위직을 중심으로 제한적으로 인정하고 있다.

헌법과 국가공무원법을 통해 공무원의 단체 활동이 엄격히 제약받던 시절을 지나 2006년 '공무원의 노동조합 설립 및 운영 등에 관한 법률'이 시행됨으로써 합법적인 공무원 노조가 허용되었다.

이 내용에 따르면, 단결권과 관련하여 공무원노조의 가입 범위는 6급 이하 일반직공무원 등으로 하되, 다른 공무원을 지휘 · 감독하는 공무원, 인사 · 보수에 관한 업무를 수행하는 공무원, 교정 · 수사 그 밖에 이와 유사한 업무에 종사하는 공무원 등은 가입을 금지한다.

단체교섭권과 관련해서는, 공무원노조의 대표자가 노동조합에 관한 사항 또는 공무원의 보수 · 복지와 그 밖의 근무 조건 등에 대해 인사혁신처 처장 등 정부측 교섭대표와 교섭하고 협정의 일종인 단체협약을 체결할 권한을 가진다. 다만, 근무 조건과 직접 관련이 없는 사항은 교섭 대상이 될 수 없다. 또 설령 근무 조건과 직접 관련이 있는 것이라도 법령 · 조례 또는 예산에 의해 규정되는 내용에 대해서는 단체교섭은 할 수 있어도 법적 효력이 발동할 수 있는 단체협약으로서의 효력은 인정하지 않고 있다. 그 이유는 법령·조례 또는 예산에 관한 사항은 입법부에서 결정할 사안이므로 인사혁신처 처장 등 정부측 교섭 대표가 결정할 수 없기 때문이라고 한다. 그러나 이로써 단체교섭권이 사실상 크게 제약되고 있는 것은 사실이다.

단체행동권은 대부분의 외국 사례처럼 여전히 제한을 받고 있다. 파업·태업 등 업무의 정상적인 운영을 저해하는 일체의 행위를 할 수 없다. 또 공무원 노조와 그 조합원은 국가공무원법에서 금지하는 정치 활동도 할 수 없다.

생각과 토론 문제

❑ **다음의 이슈를 중심으로 생각해 보고 논의해 봅시다.**

1. 인사행정의 원칙 중 하나인 실적주의를 강화하고자 한다면, 어떤 제도들이 실적주의를 강화시킬 수 있을지 토론하고, 한편 어떤 제도들이 실적주의를 약화시킬 수 있을지도 토론해 보자.

2. 공직의 매력은 무엇이고, 공직의 불만 요인은 무엇인지 생각해 보고 논의해 보자. 지금의 공직에 대한 사회적 평가를 고려하여, 이에 대한 대책은 무엇이 적합할지 토론해 보자.

3. 공무원의 교육훈련 제도를 찾아보고, 능력 발전을 위한 새로운 방법을 모색해 보자.

4. 공무원의 윤리 문제를 생각해보고, 공무원의 부패 현상과 원인에 대하여 토론해 보자. 공무원의 부패를 방지하기 위한 효과적인 방안은 무엇이 있을지 토론해 보자.

5. 공무원이라는 특수한 신분 때문에 대한민국 국민으로서 제한되는 기본권이 있다. 대한민국의 시대적 환경 변화를 고려하면서, 공무원의 기본권 제한이 유지되어야 한다고 생각하는지, 아니면 완화되어야 한다고 생각하는지, 각자 자신의 생각을 제시하고 토론해 보자.

08

재정과 예산 과정

제1절 정부 예산과 재정 기능

1 정부 예산의 개념

일반적으로 정부는 국민을 위해 다양한 활동을 수행하는데, 이를 위해서는 인적・물적 자원 등 많은 자원이 필요하다. 특히 개인이나 기업과 마찬가지로 정부 활동의 원활한 수행을 위해서는 물적 자원(돈)이 필요하다. 정부가 국민을 위해 좋은 활동을 추진하려 해도 이를 뒷받침해 줄 수 있는 돈이 없다면 정부 활동은 불가능하다.[1)]

정부 활동에 필요한 돈은 주로 국민들에게 징수하는 세금으로 충당하게 되며, 징수된 세금을 다양한 활동에 배분하여 국민의 복리 증진을 위해 사용한다. 기업이나 개인이 경제 활동을 위해 돈을 벌고 쓰는 과정을 반복하는 것과 마찬가지로 정부도 다양한 활동을 위해 세금을 징수하고 사용하는 과정을 매년 반복함으로써 정부가 달성하고자 하는 목표를 추진한다. 이처럼 정부가 거둬들인 재원을 세입이라 하며, 이

1) 이하의 글은 원구환(2012). 「재무행정론」, 서울: 대영문화사. 제1장, 제3장, 제4장, 제6장에서 발췌한 내용을 보완・수정하여 작성하였다.

를 다양한 활동에 배분하여 사용하는 것을 세출이라고 한다.

정부 예산(豫算)이란 목적 달성에 필요한 일정 기간 동안의 재원을 사전에 계획하고, 계획된 만큼 거두어들여 효율적으로 사용하기 위한 모든 활동을 미리 문서화한 계산서라고 정의할 수 있다. 이러한 개념 정의에는 정부 예산을 과정적으로 이해하는 입장과 결과적으로 이해하는 입장이 모두 포함되어 있다. 즉, 정부 활동 수행에 필요한 재원 규모를 확인하고 징수하여 적정하게 배분하는 일련의 과정적 의미와, 그 결과로서 나타난 문서화된 계산서의 의미를 모두 포함하고 있다. 문서화되기 위한 과정과 문서화된 계산서 모두 예산이라는 개념에 포함되어 있다.

2 정부 재정의 기능

일반적으로 예산이 갖는 기능은 사기업에 의해 공급될 수 없는 공공 서비스의 급부를 포함한 자원 배분의 기능, 국민소득의 편차를 시정하고 평등한 분배를 목표로 하는 소득재분배의 기능, 경제의 안정적 성장을 유지하기 위한 경기 조정의 기능이라는 세 가지로 나눌 수 있다(Musgrave & Musgrave, 1984).

1) 자원 배분 기능

자원 배분(resources allocation) 기능이란 어떤 재화나 서비스를 어느 방법으로 얼마나 누구에게 나누어 줄 것인가를 결정하는 것이다. 이용 가능한 자원을 효율적으로 배분한다는 것은 우리 사회의 경제적 자원들이 적재적소에 배치되어 최적의 경제성과를 달성하는 것을 의미한다. 이는 적절한 자원 배분의 실패가 사회 전체적으로도 큰 손실을 가져올 것을 의미하는 것이기에 자원의 효율적 배분은 사회 전체적으로 볼 때 매우 중요하다. 따라서 자원 배분 기능은 효율성이라는 사회적 가치를 중시하게 된다.

예산이 수행하는 기능 가운데 가장 중요한 것이 자원 배분의 기능이다. 오늘날의 경제 체제에서는 시장 기구를 통해 실현되는 자원 배분 이외에 공공적 또는 사회적 입장에서 정부가 시장에 개입하고 자원 배분의 조정을 도모할 필요성이 강조되고 있다. 정부가 행할 재화 및 서비스의 공급은 국방, 경찰, 소방, 교육, 의료, 보건위생, 환경, 상하수도, 도로, 공원, 문화 등 국민 생활에 기반을 이루는 모든 분야에 미치지만, 이러한 서비스 및 재화의 대부분은 정부의 재정 활동을 통해 공급되고 있으며, 이러한 공공 서비스 및 재화를 제외한다면 오늘날 국민의 일상생활은 성립되지 않는다고 해도 과언이 아니다(안용식 외, 2006: 442).

그러나 자원은 풍부하지 않고 한정되어 있기에 예산의 적절한 자원 배분은 매우 어려운 문제이다. 한정된 자원을 어떻게 하면 모든 구성원이 만족할 수 있는 수준에서 최적(最適)의 방법으로 배분할 것인가를 결정하는 것이 중요하다. 이러한 기준으로는 주관적 가치 판단에 따라 사람마다 다를 수 있지만, 주관적 가치가 가장 덜 개입되어 있다고 인식되어 널리 사용되고 있는 기준이 파레토 효율성(Pareto efficiency)이다.2)

2) 소득재분배 기능

성장률이 저하되고 소득불평등의 속도가 빠르게 증가하고 있는 현실에서 자원을 효율적으로 배분하는 것 못지않게 공평하게 분배하는 것 또한 중요하다. 사회에는 구성원의 능력 및 제도적 차이로 인해 빈부 격차가 존재하지만, 그렇다고 해서 일부만이 잘살게 된다는 것은 사회적으로 바람직하지 못하다. 따라서 정부는 대다수가 골고루 잘사는 정책을 취하게 되는데, 이는 소득재분배 정책으로 귀결된다. 따라서 소득재분배 기능은 형평성(혹은 공평성)의 가치를 중시하게 된다.

사회적 형평의 문제는 사회적 불평등이나 배분의 불공평성을 전제로 한다. 사회적 불평등이나 빈곤이 개인의 책임이 아니라 경제 체제나 사회구조의 책임이라고 생각될 때 사회적 형평은 심각한 문제로 대두되는 것이다. 만일에 빈곤이나 경제적 불평등이 사회구조상의 책임이라고 생각한다면 국가는 이것을 해결해야 할 의무와 책임이 있는 것이다. 설혹 빈곤이나 경제적 불평등이 개인적 책임이라고 하더라도 국가는 이것을 좌시만 할 수는 없는 것이다(백완기, 1998: 438).

형평성은 과세이론적 측면에서 수평적 형평성, 수직적 형평성, 세대 간 형평성 등

2) 파레토 효율성이란 "적어도 어떤 한 사람에게 손해를 주지 않고서는 다른 어떤 사람이 더 나아질 수 있는 여지가 없는 상태"로 정의된다. 만약 어떤 다른 자원 배분으로서의 변화로 인해 손해를 보는 사람에게 가상적 보상을 해주고 나서도 적어도 한 사람이 더 나아질 수 있는 여지가 있는 경우에 그 변화는 파레토 개선(Pareto improving)이라고 한다(김성순, 1999: 56).

으로 구분해 볼 수 있다. 수평적 형평성은 동일한 조건에서 동일한 소득을 얻는 사람들이 동일한 액수의 세금을 내야 한다는 것이며, 수직적 형평성은 소득이 낮은 사람보다는 소득이 높은 사람이 상대적으로 더 많은 세금을 부담해야 한다는 것이다. 또한 세대 간 형평성은 현재 세대와 미래 세대 간에 세금 부담이 어느 정도 조화를 이루어야 한다는 개념이다. 최근 지속 가능 발전의 중요성이 강조되면서 세대 간 형평성이 예전보다 더 중요하게 논의되고 있다.

3) 경제 성장 및 안정 기능

오늘날 경제 성장은 국민경제의 목표로서뿐 아니라 이에 따라 나타나는 물가의 안정, 실업의 해결, 국제수지의 균형 달성을 위한 제반 경제정책의 전제 조건이다. 안정적 경제 성장은 중앙계획 경제 체제 국가들을 포함하여 대부분의 국가에서 가장 중요한 정책으로 부각되고 있다(이광수, 1980: 3). 또한 경제 안정화 기능은 완전 고용과 물가 안정이라는 두 가지 측면이 부각되는데, 높은 고용을 유지하면서도 물가를 안정시키는 것은 현대 정부의 중요한 책임이며 재정의 중요 기능이다(안용식 · 강동식 · 원구환, 2006: 442).

정부 예산은 국민경제의 완전고용, 경제 안정 및 경제 성장과 같은 경제정책적 목표를 달성하기 위한 재정 수단으로 등장하게 되었다. 특히 국가적 위기 상황에 직면하여 모든 사회경제 문제가 재정 문제와 긴밀하게 연계되고 있으며, 단순히 경제 지표만의 문제가 아니라 사회의 구조적 특징과 연계하는 정책이 필요하게 되었다(우명동, 1998: 91-92).

세계대공황과 이에 이은 경기 침체는 자유자본주의 경제 체제에 의해 경제적 자원의 완전 이용이 자동적으로 달성 유지되어 풍요한 사회가 실현되리라는 기대를 완전히 무산시켰으며, 여기서 정부정책은 종래의 소극적 재정에서 적극적 재정인 재정정책(fiscal policy)으로 전환되었다. 재정정책은 정부의 재정을 경제 안정을 위한 조정요인(balancing factor)으로서 이용하는 것을 의미하며 불황 극복의 수단으로 등장했다. 즉, 수요가 공급을 초과하는 경우 다시 말하면 인플레이션의 경향이 있을 때에는 증세(增稅)와 재정 지출의 삭감을 통해 총수요를 감소시키고, 반대로 수요가 공급에 미달할 경우 즉 디플레이션과 과소 고용의 경우에는 감세(減稅)와 재정지출의 증가를 통해 유효 수요를 증대시키는 정책이다(김두희, 1982: 279-281).

제2절 정부 예산의 유형과 원칙

1 정부 예산의 유형

경제 주체로서의 개인과 기업이 통장을 소유하고 있듯이 정부도 통장을 보유하고 있는데, 정부가 지니고 있는 통장은 일반회계, 특별회계, 기금이라는 세 가지이다.

1) 예산

(1) 일반회계

예산은 성질, 절차, 기법 등에 따라 다양한 형태로 구분되는데, 우선적으로 정부가 수행하는 사업의 성질에 따라 일반회계와 특별회계로 구분된다. 일반회계는 조세수입 등을 주요 세입으로 하여 국가의 일반적인 세출에 충당하기 위해 설치한다(국가재정법 제4조 제1항 및 제2항). 정부의 사업은 기본적으로 국민의 기본 욕구를 충족시키기 위한 것으로 공공성이 매우 큰데, 이 가운데 좀 더 기초적이고 항구적인 것이 일반회계이고 일시적이고 사업적 성격이 큰 것이 특별회계이다.

일반회계와 특별회계의 구분은 세입에서도 찾아볼 수 있다. 일반회계의 세입은 주로 조세이며, 특별회계의 세입은 자체수입, 일반회계로부터의 전입금 등이다. 특별회계의 설치는 예산 운영의 능률을 위한 것이지만, 너무 많이 설치되면 운영이 방만하여 예산 통제에 어려움이 있으므로 오히려 능률이 저하될 수 있다.

(2) 특별회계

특별회계는 ① 국가에서 특정한 사업을 운영하고자 할 때, ② 특정한 자금을 보유하여 운용하고자 할 때, ③ 특정한 세입으로 특정한 세출에 충당함으로써 일반회계와 구분하여 계리할 필요가 있을 때에 법률로써 설치하도록 규정하고 있다(국가재정법 제4조 제3항).

특별회계의 설치를 위해서는 해당 법률안을 입법 예고하기 전에 특별회계의 신설에 관한 계획서를 기획재정부 장관에게 제출하여 그 신설의 타당성에 관한 심사를 요청해야 하며, 기획재정부 장관은 ① 일반회계나 기존의 특별회계·기금보다 새로운 특별회계나 기금으로 사업을 수행하는 것이 더 효과적일 것, ② 특정한 사업을 운영하거나 특정한 세입으로 특정한 세출에 충당함으로써 일반회계와 구분하여 계리할 필요가 있을 것 등을 기준으로 심사해야 한다(국가재정법 제14조).

2) 기금

정부의 재정 활동은 주로 일반회계와 특별회계로 구성된 예산에 의해 이루어지고 있으나, 특정 분야의 사업에 대해 지속적이고 안정적인 자금 지원이 필요하거나 사업 추진 시에 탄력적인 집행이 필요한 경우에 예산과는 별도로 기금을 설치·운용하고 있다. 즉, 기금은 복잡다기하고 급변하는 현실에서 정부의 특수한 정책목적을 실현하기 위해 예산 원칙의 일반적인 제약으로부터 벗어나 좀 더 탄력적으로 운용할 수

〈표 8-1〉 예산과 기금의 차이점

구분	예산		기금
	일반회계	특별회계	
설치 사유	국가 고유의 일반적 재정 활동	특정 사업 운영 특정 자금 운용 특정 세입으로 특정 세출 충당	특정 목적을 위해 특정 자금을 운용 일정 자금을 활용하여 특정 사업을 안정적으로 운영
운용 형태	공권력에 의한 조세수입과 무상급부 원칙	일반회계와 기금의 혼용	출연금, 부담금 등 다양한 재원으로 융자사업 등을 수행
예산	세입 = 세출예산	세입 = 세출예산	조성 > 운용
수입 지출	특정 수입과 지출 연계 배제	특정 수입과 지출의 연계	특정 수입과 지출의 연계
결산	국회 결산 심의 승인	좌동	좌동

* 기금의 경우 주요 항목 지출 금액의 20% 미만 변경 시에는 기획재정부 장관과 협의.
자료: 기획재정부 홈페이지 내용을 바탕으로 재구성.

있도록 세입·세출예산에 의하지 않고 특정 사업을 위해 보유·운용하는 특정 자금이라 할 수 있다. 경제 및 사회적 여건 변화에 따라 신속하게 변경되어야 할 사업이 예산으로 운영된다면 추가경정예산 편성 등 예산에 적용되는 일반적인 제약 때문에 사업 목적을 효과적으로 달성하기 어렵기 때문이다.

3) 예산과 기금의 차이

기금은 국가의 특정 목적사업을 위해 특정 자금을 운용하며 출연금, 부담금 등을 주요 재원으로 한다는 점, 특정 수입과 지출의 연계가 강하다는 점, 합목적성 차원에서 상대적으로 자율성과 탄력성이 강하다는 점에서 예산과 차이가 있다. 또한 일반적으로 예산은 세입과 세출이라는 운영 체계를 지니고 있는데 반해, 기금은 조성과 운용이라는 운영 체계를 가지고 있다(〈표 8-1〉 참조).

2 정부 예산의 원칙

예산의 원칙이란 예산 전 과정에서 준수해야 할 규범을 의미하는데, 예산 과정은 행정부 입장의 편성 및 집행, 입법부 입장의 심의·의결 및 결산 등으로 대별할 수 있으므로 각 과정에 상응하는 규범을 살펴보면 다음과 같다.

1) 예산 편성 및 집행상의 원칙(행정부 입장의 원칙)

정부는 예산의 편성 및 집행 시에 준수해야 할 몇 가지 원칙을 제시하고 있는데(국가재정법 제16조), 이를 구체적으로 살펴보면 다음과 같다.

첫째, 정부는 재정건전성의 확보를 위해 최선을 다해야 한다. 재정의 건전성은 수입과 지출의 적정 균형에서 비롯된다. 수입과 지출이 균형을 이루지 못하고 수입에 비해 지출이 많은 경우 적자를 실현하게 되는데, 이는 재정의 건전성을 위태롭게 할 수 있다.

둘째, 정부는 국민 부담의 최소화를 위해 최선을 다해야 한다. 정부의 재정지출은 그만큼 국민의 부담으로 귀결된다. 따라서 국민의 재정 부담이 수반되는 법령이나 지

CHAPTER 08

출에 대해서는 엄격한 법적 규제가 필요하며, 정부가 수행해야 할 기능 및 활동을 명확히 정의하고 그에 상응하는 조세를 징수할 필요가 있다.

셋째, 정부는 재정을 운용할 때 재정지출 및 조세지출의 성과를 제고해야 한다. 재정지출 및 조세지출은 단순히 돈을 지불하는 행위가 아니라 지출을 통해 국민의 복리 증진과 연계되어야 하며, 조세의 공평성과 사회적 형평성의 구현에 기여해야 한다. 성과와 연계되지 못한 재정 및 조세지출은 좋은 예산이라 하기 어렵다.

넷째, 정부는 예산 과정의 투명성과 예산 과정에의 국민 참여를 제고하기 위해 노력해야 한다. 정부 활동에 소요되는 예산은 국민의 세금이 근간이므로 국민이 예산의 편성, 심의 · 의결, 집행, 결산 과정에 모두 참여할 수 있는 제도적 공간이 마련되어야 하며, 정부의 입장에서도 예산 전 과정에 대한 공개를 통해 투명한 예산 운용을 도모해야 한다.

다섯째, 정부는 예산이 여성과 남성에게 미치는 효과를 평가하고, 그 결과를 정부의 예산 편성에 반영하기 위해 노력해야 한다. 과거 예산은 성인지가 부재했으나, 향후 예산은 예산집행을 통해 발생할 수 있는 파급 효과를 성인지(性認知)의 관점에서 모색해야 한다(국가재정법 제26조). 특정 성에 지나치게 유리하거나 불리한 예산은 좋은 예산이라 할 수 없다.

이러한 원칙 이외에도 다양한 원칙이 예산 편성 및 집행 과정상에 제시될 수 있는데, 예산 편성 및 집행상의 명확한 절차적 보고, 예산집행에 대한 책임, 예산과 결산의 차이를 최소할 수 있는 명료한 예산 편성, 예산집행의 신축적 운영 등이 포함될 수 있다.

2) 입법부 입장의 원칙

입법부 우위의 예산 원칙이란 행정부의 자의적 예산 운영을 지양하고 국민의 입장에서 예산을 통제하기 위해 제시된 규범이다.

(1) 예산 공개의 원칙

정부의 예산은 국민의 알 권리 신장을 위해 투명하게 공개되어야 한다. 국가재정법 제9조에서도 국가와 지방자치단체의 재정에 관한 중요한 사항을 매년 1회 이상

정보통신 매체·인쇄물 등 적당한 방법으로 알기 쉽고 투명하게 공표하도록 규정하고 있다. 예산 공개의 원칙은 예산이 지켜야 할 일반적인 규범일 뿐 아니라 행정부 입장이나 입법부 입장에서 모두 우선적으로 지켜야 할 준칙이다.

(2) 예산 사전 의결의 원칙

예산과 관련된 권한은 행정기관과 입법기관 간에 분립되어 있다. 즉, 어느 한 기관이 예산과 관련된 모든 권한을 소유하게 되면 권력의 집중으로 인한 남용이 발생할 수 있다. 따라서 입법부의 의결 없이 행정부가 예산을 집행하는 것은 무효이며 반드시 국민의 대표기관인 의회의 의결을 거쳐 집행되어야 한다. 그러나 예외적으로 준예산, 예비비 지출, 전용, 사고이월 등은 예산 사전 의결 원칙의 예외가 된다.

(3) 예산 한정성의 원칙

예산의 각 항목은 상호 명확한 한계를 지녀야 한다는 원칙으로 질적 한정(목적 외 사용 금지 원칙), 양적 한정(초과지출 및 예산외 지출 금지 원칙), 시간적 한정(회계연도 독립의 원칙) 등을 내용으로 하고 있다.

첫째, 목적 외 사용 금지의 원칙으로 예산은 의회에 의해 결정된 대로 예산을 집행해야 한다는 원칙이다. 세출예산에 정해진 항목대로 예산을 집행토록 함으로써 행정부의 자의적 해석이나 자유재량을 제한하려는 데서 비롯되었다. 따라서 입법부 우위의 입장에서 행정부를 통제하기 위해 활용되는 예산 원칙으로 예산의 집행과 관련된 원칙이며 세입예산보다는 세출예산에 적용되는 원칙이다. 그러나 예산의 이용과 전용은 목적 외 사용 금지 원칙의 예외라 할 수 있다.

둘째, 예산 각 항목은 초과 지출되어서는 안 되며 예산외 지출도 금지된다. 세입예산의 경우는 다음 연도에 거두고자 하는 정부 수입의 예정적 수치이므로 세입 항목에 따라 초과 징수될 수도 있고, 과소 징수될 수도 있다. 그러나 세출예산은 국회의 심의, 의결을 거쳐 확정된 예산이므로 법적 구속력이 강하며, 정해진 항목의 금액을 초과하여 지출할 수 없으며, 예산 외로 지출되어서도 안 된다. 이 원칙 또한 입법부 우위의 입장에서 행정부를 통제하기 위해 활용되는 예산 원칙으로 예산의 집행과 관련된 원칙이며 세입예산보다는 세출예산에 적용되는 원칙이다. 그러나 예산의 이체는 초과 지출 금지 원칙의 예외라 할 수 있다.

셋째, 회계연도 독립의 원칙이다. 정부의 예산은 일정한 기간을 정해놓고 있는데, 이를 회계연도라 한다. 우리의 경우 회계연도는 매년 1월 1일부터 12월 31일까지이며, 각 회계연도의 경비는 그 연도의 세입 또는 수입으로 충당하도록 규정하고 있다(국가재정법 제2조 및 제3조). 따라서 예산은 대체적으로 1회계연도를 기준으로 편성·집행되며, 매년 편성된 예산은 다음 연도와는 독립되어 있다. 그러나 회계연도 독립의 원칙에 예외가 되는 것으로 예산의 이월, 계속비 등을 들 수 있다. 이는 1회계연도만으로 국한되는 것이 현실적으로 어려운 예산 편성 및 집행을 다음 연도로 넘겨 사용하거나 또는 장기적으로 운영하기 위해 도입된 개념이다.

(4) 예산총계주의 원칙(예산 완전성의 원칙)

한 회계연도의 모든 수입을 세입으로 하고 모든 지출을 세출로 하며, 세입과 세출은 모두 예산에 계상해야 한다(국가재정법 제17조). 그러나 예산총계주의 원칙에도 예외가 인정되고 있는데(국가재정법 제53조), 수입대체경비 등은 대표적인 예이다.

(5) 예산 통일성의 원칙

특정한 수입과 특정한 지출과의 관계를 각각 독립적으로 표시할 것이 아니고 총수입과 총지출을 통일적으로 표시해야 하며, 모든 수입은 국고에 편입되어 여기서부터 지출이 이루어져야 한다는 원칙이다. 특별회계, 기금, 목적세 등은 예산 통일성 원칙의 예외이다.

(6) 예산 단일성의 원칙

정부의 재정 활동을 하나로 묶어야 하며 예산 편성은 1회에 한한다는 원칙이다. 그러나 우리 예산의 경우 일반회계, 특별회계, 기금 등으로 구분됨으로써 재정 활동이 하나로 통합되고 있지 못하며, 추가경정예산을 통해 예산 편성이 재차 이루어짐으로써 재정 활동이 하나로 통합되지 못하고 있다. 특별회계, 추가경정예산 등은 예산 단일성 원칙의 예외라 할 수 있다.

제3절 예산의 과정

1 정부 예산의 회계연도

정부가 예산을 편성, 심의, 집행, 결산하는 과정은 특정한 기간을 설정하여 연도별로 운영되는데, 이를 회계연도라 한다. 따라서 예산은 회계연도를 벗어나서 사용할 수 없는 특성을 지니고 있으며, 이를 회계연도 독립의 원칙 혹은 예산 단년도주의라 한다.

우리나라의 회계연도는 1월 1일부터 12월 31일까지이다. 1967년 3월 예산회계법을 개정하여 회계연도를 4월 1일부터 다음해 3월 31일까지로 변경했으나 1967년 10월 원상 회복하는 것으로 법을 재개정하여 실질적인 회계연도의 변경은 없었다. 회계연도의 개시 시기는 나라마다 다르다. 독일, 프랑스, 이탈리아, 스페인 등은 우리와 같은 1월이고 뉴질랜드, 호주 등은 7월, 캐나다와 일본은 4월, 미국 등은 10월부터 새로운 회계연도가 시작된다(디지털예산회계시스템 참고 자료).

따라서 우리의 회계연도는 1 회계연도를 중심으로 운영되지만, 1 회계연도를 운영하기 위해서는 전년도에 예산의 편성, 심의 · 의결 과정을 거치며, 당해 회계연도에 따른 예산집행 결과를 다음 회계연도 상반기까지 결산하는 과정을 겪는다. 결국 1 회계연도의 예산은 평균 2.5년 동안에 걸쳐 운영되는데, 1년 동안의 사전 준비 과정, 1년 간의 실제 운영 과정, 반년 동안의 결산 및 환류 과정을 거치게 된다.

2 정부 예산의 편성

정부 예산은 예산안의 편성부터 시작되며 예산안의 편성 권한은 행정부에 있다. 일반적으로 행정부제출예산 제도라고 명명되는데, 이는 곧 예산안의 편성권이 의회에 있는 것이 아니라 행정부에 있음을 의미하는 것이다. 정부 예산안의 편성 과정은 다음과 같은 일련의 과정을 거치게 되는데, 이를 좀 더 구체적으로 살펴보면 다음과 같다(〈표 8-2〉 참조).

〈표 8-2〉 예산안 편성 절차

시기	절차	주체 및 대상	근거
12월 말	국가재정운용계획 수립지침 통보	기획재정부 장관 → 중앙관서의 장	시행령 제2조
1월 말	중기사업계획서 제출	중앙관서의 장 → 기획재정부 장관	법 제28조
4월 말	예산안편성지침 통보	기획재정부 장관 → 중앙관서의 장 (국무회의 심의, 대통령 승인)	법 제29조
	예산안편성지침 보고	기획재정부 장관 → 국회 예결특위	법 제30조
6월 말	예산요구서 제출	중앙관서의 장 → 기획재정부 장관 (세입세출예산, 계속비, 명시이월비, 국고채무부담행위 요구서 제출)	법 제31조
회계연도 개시 90일 전까지	예산안 편성	기획재정부 편성 (국무회의 심의, 대통령 승인)	법 제32조
	예산안 자문회의	재정정책자문회의	법 제10조
10월 2일	예산안 국회 제출	회계연도 개시 90일 전까지 국회 제출	법 제33조

* 법: 국가재정법, 시행령: 국가재정법 시행령.

1) 국가재정 운용계획 수립지침 통보

기획재정부 장관은 국가재정 운용계획의 수립을 위한 지침을 마련하여 당해 회계연도의 전년도 12월 31일까지 각 중앙관서의 장에게 통보해야 한다(국가재정법 시행령 제2조 제1항).

국가재정 운용계획은 예산과 기금을 통합하여 5개년 연동계획으로 수립되며, 예산과 정책의 연계를 통해 중장기적 관점에서 국가재원을 전략적으로 배분하는 것으로 단년도 예산 편성의 기초 자료가 된다. 국가재정 운용계획은 예산의 단년도주의에 따른 협소성을 극복하기 위한 대안이며, 국가의 정책적 우선순위를 기획한다는 점에서 예산과 계획의 유기적 연계를 도모하고 있다.

2) 중기사업계획서의 작성

각 중앙관서의 장은 지방자치단체의 장이 제출한 사업계획을 중기사업계획서에 반영하여 매년 1월 31일까지 기획재정부 장관에게 제출해야 한다(동법 시행령 제2조 제10항). 이 과정에서 전반적인 세입 여건과 재원 조달 방안 등에 대한 점검을 통해 적정 재정 규모가 추산되고 예산 편성의 기본 방향이 모색될 뿐만 아니라 기준 단가의 책정, 예산 과목 정리, 사업별 추진 실태 및 성과 분석 등 예산 편성을 위한 사전 준비와 재정지출의 생산성을 높이기 위한 각종 대안이 마련된다.

3) 재정전략회의 및 예산안편성지침 통보

기획재정부는 국무회의의 심의를 거쳐 대통령의 승인을 얻은 다음 연도의 예산안 편성지침을 매년 4월 30일까지 각 중앙관서의 장에게 통보하는데(국가재정법 제29조), 기획재정부는 예산안편성지침을 통보하기 이전(4월 이전)에 대통령 주재 국무위원 재정전략회의를 거쳐 부처별로 다음 연도 지출한도를 확정한다. 특히 이 과정에서 예산안편성지침을 의회의 예산결산특별위원회에 보고하도록 규정하고 있는데, 이는 의회의 예산 심의 과정에서 행정부의 예산 편성과 관련된 정보를 획득하여 심의 과정을 좀 더 효율적으로 진행하기 위함이다.

4) 예산 요구 및 예산 편성 준비(독립기관과 중앙관서의 예산 요구)

각 중앙관서의 장은 4월 말까지 시달된 예산안편성지침을 바탕으로 6월 30일까지 부처별 예산요구서를 작성하여 기획재정부에 제출해야 한다. 각 중앙관서의 장은 지출 한도의 범위 내에서 산하기관 및 지방자치단체로부터 예산 요구를 받아 내부적으로 예산요구서를 작성한다. 기획재정부의 입장에서도 소관 부서의 예산요구서를 작성하게 되며, 국가 전체적인 차원에서 재정사업의 타당성 여부, 예산개혁을 위한 일련의 작업 등을 동시에 수행하게 된다.

각 중앙관서 이외에 독립기관의 예산 편성은 독립성 원칙을 적용한다. 독립기관이란 국회, 대법원, 헌법재판소 및 중앙선거관리위원회를 의미하는데, 국가재정법에 독립기관의 예산 편성 관련 규정을 별도로 규정한 것은 독립기관의 고유한 권한을 인정하고 예산과 관련된 독립성을 보장하기 위한 조치라 할 수 있다.

5) 사업별 심의 및 예산안 편성

6월 말까지 각 중앙관서로부터 예산요구서를 제출받은 후 기획재정부는 정부 예산안 편성을 위한 실무작업을 7월 초부터 수행한다. 기획재정부는 예산요구서가 접수되면 요구 규모를 취합하여 가용재원과 비교 · 검토한 후, 국정 목표와 연계한 중점 지원 내용 등 분야별 예산 편성을 위한 심의 방향을 마련한다. 각 중앙관서의 예산요구서가 예산안편성지침을 바탕으로 작성되었는지를 면밀히 검토하고 지출 한도의 범위 내에서 사업을 조정하게 된다.

정부 예산안을 편성하는 데 기본적인 예산구조는 프로그램 예산 제도를 채택하고 있으므로 정부 예산안도 분야, 부문, 프로그램, 단위사업별로 구성되며, 각 행정부처의 의견과 국가재정 운용계획과의 연계를 통해 정부 예산안을 편성하게 된다.

정부 예산안의 마련은 기획재정부 예산실을 주도로 실무안이 편성되는데, 실무안을 바탕으로 8월 중순부터 9월 중순 사이에 관계 기관과의 협의가 이루어지게 된다. 즉, 재정정책자문회의, 당정협의회, 시도지사협의회 등과의 협의가 이루어지는데, 이는 예산 편성에서 각계 각층의 폭넓은 의견을 수렴하고 절차적 투명성을 높이기 위한 것이다.

6) 정부 예산안 확정 및 국회 제출

기획재정부에서 마련된 예산안은 국무회의의 의결과 대통령의 승인을 얻어 회계연도 개시 90일 전인 10월 2일까지 국회에 제출된다(헌법 제54조 제2항). 행정부의 예산 제출 기한을 헌법으로 규정한 것은 법률로써 자의적으로 개정할 수 없음을 의미하며, 이를 통해 예산안 편성권과 심의권을 구분하고 국회의 심의 기간을 헌법으로 보장하기 위함이다.

7) 국회 제출 중인 예산안의 수정

정부는 예산안을 국회에 제출한 후 부득이한 사유로 인해 그 내용의 일부를 수정하고자 하는 때에는 국무회의의 심의를 거쳐 대통령의 승인을 얻은 수정 예산안을 국회에 제출할 수 있다(국가재정법 제35조).

3 예산의 심의 · 확정

예산 과정을 편성, 심의 · 의결, 집행, 결산으로 구분할 때 예산 심의 및 의결권은 입법부의 전속 권한이다. 편성 단계 다음에 심의 및 의결 단계를 부여한 것은 행정부의 자의적 권한 행사를 제어하기 위한 제도적 장치로서 재정민주주의의 관점에서 비롯되었다. 즉, 국민의 대표기관인 입법부에서 시민의 입장에서 행정부의 예산 편성을 견제하기 위해 도입된 것으로 헌법에서 보장된 권한이다.

행정부가 제출한 예산안은 국회에서 최종 심의 확정된다(헌법 제54조 제1항). 즉, 정부는 회계연도마다 예산안을 편성하여 회계연도 개시 90일 전(10월 2일)까지 국회에 제출하고, 국회는 회계연도 개시 30일 전(12월 2일)까지 이를 의결해야 한다(헌법 제54조 제2항).

국회에서 예산 심의 시 가장 중요한 원칙은 헌법 제57조의 규정으로 국회는 정부의 동의 없이 정부가 제출한 지출예산 각항의 금액을 증가하거나 새 비목을 설치할 수 없다.

〈표 8-3〉 국회의 예산 심의 절차

<table>
<tr><th>시기</th><th>절차</th><th>주체 및 대상</th><th>근거</th></tr>
<tr><td>9월 10일~</td><td>국정감사</td><td>예산 심의 자료 수집 등을 위한 국정감사</td><td>일정 변경 가능</td></tr>
<tr><td rowspan="5">10월 2일
~
12월 2일</td><td>시정연설</td><td>본회의에서 정부의 시정연설</td><td rowspan="5">국회법
제84조</td></tr>
<tr><td>예비심사</td><td>16개 소관 상임위원회별로 예비심사</td></tr>
<tr><td>전문심사</td><td>예산결산특별위원회의 전문심사</td></tr>
<tr><td>계수 조정</td><td>특별위 소속 예산안 등 조정소위원회 운영</td></tr>
<tr><td>최종 의결</td><td>본회의에서 예산 의결</td></tr>
</table>

1) 시정연설

정부는 국회에 제출한 예산안에 대한 시정연설을 한다(국회법 제84조 제1항). 시정연설은 국회에 정부 예산안을 제출한 이후에 실시되며, 10월 초순경에 대통령에 의해 실시된다.

2) 상임위원회의 예비심사

(1) 상임위원회의 기능 및 역할

국회 상임위원회는 예산에 대한 예비심사 기능만을 수행하는 것이 아니라 입법 및 기타 의안 처리도 담당하고 있다. 상임위원회는 정부의 행정 기능에 따라 조직되어 소관 부처의 의안 처리 및 국정감사를 담당하고 있기 때문에 해당 소관 부처의 업무를 좀 더 잘 이해하고 있다. 따라서 각 상임위원회에서 소관 행정부처의 예산을 1차적으로 심의함으로써 정부 예산을 검토하게 된다.

헌법 제57조의 규정에 따라 일반적으로 상임위원회의 예산 행태는 삭감 지향적이라 할 수 있다. 예산 심의 과정에서의 증액은 국민의 조세 부담으로 연결되기 때문이다. 그러나 상임위원회의 예산 행태는 정치적 성향을 띠게 되며, 의회 의원들이 자신의 지역구 사업을 고려할 경우 사업 지향적, 예산 증액적 성향을 갖게 된다. 즉, 세입 증액보다는 세출 증액에 관심을 기울이며, 지역구의 이해 관계와 연계된 사업에 대해서는 적극적인 옹호자로서의 역할을 수행하게 된다. 특히 각 행정부처의 예산 요구가 중앙예산기관에 의해 삭감된 경우 각 행정부처는 자신들의 삭감된 예산이 예산 심의 과정에서 다시 편성, 증액되기를 기대하게 된다.

(2) 상임위원회의 절차

국회에 제출된 정부 예산안에 대해 10월 초·중순부터 11월 초순까지 의회의 소관 상임위원회의 예비심사를 거치는데, 먼저 그 취지의 설명과 전문위원의 검토 보고를 듣고 대체토론(안건 전체에 대한 문제점과 당부에 관한 일반적 토론을 말하며 제안자와의 질의·답변을 포함)과 축조심사 및 찬반 토론을 거쳐 표결한다(국회법 제58조).

상임위원회의 예비심사가 끝나면 심사 결과 보고서를 의장에게 보고하며, 국회의장은 정부 예산안에 이를 첨부해 예산결산특별위원회에 회부한다(국회법 제84조).

(3) 상임위원회와 예산결산특별위원회와의 관계

상임위원회와 예산결산특별위원회와의 관계는 다음과 같이 안건에 따라 상이하다.

첫째, 예산결산특별위원회는 소관 상임위원회의 예비 심사 내용을 존중해야 하며, 소관 상임위원회에서 삭감한 세출예산 각항의 금액을 증가하게 하거나 새 비목을 설치할 경우에는 소관 상임위원회의 동의를 얻어야 한다. 다만, 새 비목의 설치에 대한 동의 요청이 소관 상임위원회에 회부되어 그 회부된 때부터 72시간 이내에 동의 여부가 예산결산특별위원회에 통지되지 아니한 경우에는 소관 상임위원회의 동의가 있는 것으로 본다(국회법 제84조).

둘째, 기획재정부 소관에 속하는 재정 관련 법률안과 상당한 규모의 예산 또는 기금상의 조치를 수반하는 법률안을 심사하는 소관 위원회는 미리 예산결산특별위원회와의 협의를 거쳐야 한다. 소관 상임위원회의 위원장은 법률안을 심사함에 있어 20일의 범위 이내에서 협의 기간을 정해 예산결산특별위원회에 협의를 요청해야 하지만, 예산결산특별위원장의 요청에 따라 그 기간을 연장할 수 있다(국회법 제83조의2).

셋째, 정보위원회는 국가정보원 소관의 예산, 국가정보원법에 규정된 정보 및 보안업무의 기획·조정 대상 부처 소관의 예산에 대한 심사를 하여 그 결과를 해당 부처별 총액으로 하여 의장에게 보고하고, 의장은 정보위원회에서 심사한 예산에 대해 총액으로 예산결산특별위원회에 통보한다. 이 경우 정보위원회의 심사는 예산결산특별위원회의 심사로 본다(국회법 제84조 제4항).

3) 예산결산특별위원회의 전문심사

의회 소관 상임위원회별 예비심사보고서가 제출되면 11월 초순부터 예산결산특별위원회의 종합심사가 이루어지는데, 제안 설명, 검토 보고, 종합정책 질의, 부별 심사(분과위 심사) 소위심사, 찬반 토론, 위원회 의결 순으로 진행된다(국회법 제84조 제3항).

(1) 예산결산특별위원회의 구성

예산결산특별위원회는 1999년까지는 한시 조직이었으나, 2000년 2월 국회법이 개정됨에 따라 50인으로 구성된 상설화된 특별위원회로 운영되고 있다. 예산결산특별위원회는 예산안·기금운용계획안 및 결산을 심사하기 위해 설치되며, 위원의 선임은 교섭단체 소속 의원 수의 비율과 상임위원회의 위원 수의 비율에 따라 각 교섭단체대표의원의 요청으로 의장이 행한다. 예산결산특별위원회의 위원의 임기는 1년으로 하며, 예산결산특별위원회의 위원장은 예산결산특별위원회의 위원 중에서 임시의장선거의 예에 준해 본회의에서 선거한다(국회법 제45조).

(2) 예산결산특별위원회의 심의 절차

예결위에 정부 예산안이 상정되면 기획재정부 장관의 제안 설명과 국회 예결위 전문위원의 검토 보고에 이어 종합 정책 질의가 열린다. 종합 정책 질의에서는 모든 부처를 대상으로 예산 관련 사항뿐만 아니라 국정 전반에 걸쳐 질의 응답이 진행된다.

또는 부처별 또는 분야별로 세부예산 내역을 심사하는 부별 심사가 열린다. 부별 심사에서는 종합 정책 질의 때와는 달리 구체적인 세부사업에 대해 예결위원이 질의하고 부처 관계자 및 예산 당국이 설명하는 형태로 운영된다.

(3) 예산안조정소위원회

정부 예산안의 구체적인 금액을 조정하기 위해 10명 내외의 예결위원으로 구성된 예산안조정소위원회를 운영한다. 예산안조정소위원회는 각 상임위원회의 소관 예산에 대한 예비심사 결과, 종합 정책 질의 및 부별 심의 결과 등을 토대로 사업별로 구체적인 예산 금액을 조정한다. 예산안조정소위원회에서 조정된 예산안은 예산결산특별위원회 전체회의에 상정되어 의결된다.

예산안조정소위원회는 부별 심의 결과 등을 바탕으로 예산안에 대한 계수 조정을 수행하고, 예산안조정소위원회에서 결정된 사항은 예산결산특별위원회에서 수정 없이 받아들이는 것이 관례로 되어 있기 때문에 소위원회의 권한은 매우 크다.

4) 본회의 의결

정부의 예산안은 국회 본회의에서 의결함으로써 확정된다. 헌법에서는 국회에서 회계연도 개시 30일 전인 12월 2일까지 의결해야 한다고 규정하고 있으나, 정치 현안을 둘러싼 여 · 야 간의 대립이나 예산안에 대한 의견 차이 등으로 의결이 지연되는 경우도 있다.

5) 준예산

헌법 제54조의 규정에 따라 새로운 회계연도가 개시될 때까지 예산안이 의결되지 못한 때에는 정부는 국회에서 예산안이 의결될 때까지 ① 헌법이나 법률에 의해 설치된 기관 또는 시설의 유지 · 운영, ② 법률상 지출 의무의 이행, ③ 이미 예산으로 승인된 사업의 계속을 위한 경비는 전년도 예산에 준해 집행할 수 있다.

4 예산의 집행

예산집행이란 국회에서 의결된 범위 내에서 세금 및 각종 재원을 징수하고, 국회에서 확정된 지출 항목 내에서 경비를 지출하는 모든 재정행위를 의미한다.

1) 예산 배정 제도

국회에서 심의, 확정된 예산은 중앙예산기관인 기획재정부의 예산 배정으로부터 시작된다. 예산 배정은 국회에서 심의, 확정된 예산을 합리적으로 집행하기 위해 일정한 기간을 두고 집행계획을 수립하는 것으로 각 중앙관서에 예산집행 권한을 부여하는 것을 의미한다. 예산 배정은 분기별로 이루어지며, 회계연도 기간 중에 완료된다. 분기별 예산 배정에 따라 수입 및 지출계획이 월별로 작성되며, 이에 따라 자금배정, 지출원인행위, 지출이 이루어진다.

일반적으로 예산집행은 예산 배정으로부터 시작되는데, 예산 배정 제도를 도입한 이유는 다음과 같이 요약할 수 있다. 첫째, 국민의 세금이 일괄적으로 징수되지 못하고 일정한 기간을 두고 유입되기 때문에 유입되는 양에 따라 집행을 조정해야 하기 때문이다. 둘째, 세출의 경우도 한순간에 모든 지출이 이루어지는 것이 아니라 일정한 기간을 두고 이루어지기 때문에 재원배분계획을 수립할 필요가 있다. 셋째, 국회에서 확정된 예산은 전년도에 의결된 상황이므로 실제 예산집행에서는 상황에 따라 조정할 필요가 있기 때문이다. 넷째, 수입과 지출의 합리적 연계를 도모하고 재정수지의 합리적 관리를 도모하기 위해 필요하다.

결국 예산 배정 제도는 확정된 예산을 합리적으로 배분하여 국가재정 운영의 효율성 및 효과성을 배가하기 위해 도입된 제도인데, 예산 배정의 종류는 정기배정, 수시배정, 조기배정, 당겨배정, 감액배정, 배정유보, 회계연도 개시전 배정 등이 있다.

2) 예산집행 절차

예산배정계획의 작성 및 예산 배정이 이루어진 후 예산집행지침의 통보를 받은 각 중앙관서는 국가재정법에 근거하여 예산을 집행하는데, 예산집행과 관련된 절차를 좀 더 구체적으로 살펴보면 〈표 8-4〉와 같다.

〈표 8-4〉 예산집행의 절차

절차	주체 및 대상	근거
예산배정요구서 제출	중앙관서의 장 → 기획재정부 장관	법 제42조
분기별 예산배정계획 작성	기획재정부(국무회의 심의, 대통령 승인)	법 제43조
예산 배정 통보	기획재정부 장관 → 중앙관서의 장(감사원)	법 제43조
예산집행지침 통보	기획재정부 장관 → 중앙관서의 장	법 제44조
집행	중앙관서별 예산집행지침에 따른 집행	
준예산의 집행	회계연도 개시 전까지 예산 미의결 시 집행	법 제55조
추가경정예산의 편성	예산 확정 후 예산 변경 사유가 발생할 때 편성	법 제89조
세계잉여금의 처리	세입세출결산에 따른 잉여금의 처리	법 제90조

* 법: 국가재정법.

3) 예산집행의 신축성 방안

각 중앙관서의 장은 세출예산이 정한 목적 외에 경비를 사용할 수 없는 것이 기본 원칙이지만(국가재정법 제45조), 다음과 같은 경우에는 예산집행의 융통성을 부여하고 있다.

(1) 예산의 전용

예산 항목은 크게 장, 관, 항, 세항, 목으로 구분되는데, 일반적으로 장, 관, 항을 입법 과목이라 하며, 세항, 목을 행정 과목이라 한다. 예산의 전용(轉用)은 행정 과목인 세항, 목 간의 금액을 바꾸어 사용하는 것을 의미한다. 예산의 전용은 예산의 원칙 중 목적 외 사용 금지 원칙(한정성의 원칙)의 예외라 할 수 있다.

(2) 예산의 이용

예산의 이용(移用)은 입법 과목인 장, 관, 항 간의 금액을 바꾸어 사용하는 것을 의미한다. 예산의 이용은 원칙적으로 허용되지 않지만 사전에 국회의 의결이 얻은 경우에는 가능하도록 규정하고 있다. 예산의 이용은 예산의 원칙 중 목적 외 사용 금지 원칙(한정성의 원칙)의 예외라 할 수 있다.

(3) 예산의 이체

예산의 이체(移替)란 정부조직 등에 관한 법령의 제정 · 개정 또는 폐지로 인해 중앙관서의 직무와 권한에 변동이 있는 때에 그 중앙관서의 장의 요구에 따라 그 예산을 상호 이용하거나 이체하는 것을 의미한다(국가재정법 제47조 제2항). 예산의 이체는 예산의 원칙 중 초과 지출 금지 원칙(한정성의 원칙)의 예외라 할 수 있다.

(4) 예산의 이월

각 회계연도의 경비는 그 연도의 세입 또는 수입으로 충당하도록 규정하고 있으며, 당해 연도의 예산은 다음 연도의 예산과 독립되어 있는 것이 원칙이다. 그러나 예산주기에 대한 융통성을 부여하여 당해 연도 예산액의 일정 부분을 다음 연도로 넘겨서 사용할 수 있는 제도가 이월 제도이다(국가재정법 제48조). 예산의 이월(移越)은 예산의 원칙 중 회계연도 독립의 원칙(한정성의 원칙)의 예외라 할 수 있다.

(5) 계속비

정부의 사업 중에는 1 회계연도 이상에 걸쳐 지출되어야 완성될 수 있는 사업이 존재하는데, 공사, 연구개발사업 등은 대표적이 예이다. 이러한 사업에 대해서는 1 회계연도에 따른 예산을 편성, 집행하기보다는 사업 기간 동안에 총액으로 예산을 배분하고 관리하는 것이 효율적일 수 있다. 따라서 계속비는 장기간에 걸쳐 소요되는 사업에 대해서는 지출 총액과 연도별 지출액(年賦額)을 미리 국회의 의결을 얻어 결정하고, 의결된 범위 내에서 1 회계연도 이상에 걸쳐 지출할 수 있는 경비를 의미한다(국가재정법 제23조). 계속비는 일종의 이월과 유사한 제도로서 예산의 원칙 중 회계연도 독립의 원칙(한정성의 원칙)의 예외라 할 수 있다.

(6) 예비비

당해 연도의 예산은 전년도에 편성되어 확정되기 때문에 1년 후의 예산 상황을 정확히 예측하기란 불가능하다. 이러한 예측 불가능한 상황에서 소요되는 경비를 충당하기 위해 특정 지출 목적을 결정하지 않고 별도의 예산을 편성하는 것이 예비비이다. 따라서 예비비는 예산 사전 의결 원칙 및 한정성 원칙의 예외라 할 수 있다.

국가재정법(제22조)에 의하면, 정부는 예측할 수 없는 예산 외의 지출 또는 예산초과 지출에 충당하기 위해 일반회계 예산총액의 100분의 1 이내의 금액을 예비비로 세입세출예산에 계상할 수 있다. 다만, 예산총칙 등에 따라 미리 사용 목적을 지정해 놓은 예비비는 본문의 규정에 불구하고 별도로 세입세출예산에 계상할 수 있다. 그러나 공무원의 보수 인상을 위한 인건비 충당을 위해 예비비의 사용 목적을 지정할 수 없다.

(7) 수입대체경비

일반적으로 한 회계연도의 모든 수입을 세입으로 하고 모든 지출을 세출로 하며, 세입과 세출은 모두 예산에 계상해야 한다. 또한 중앙관서의 장은 소관 수입을 국고에 납입해야 하며, 이를 직접 사용하지 못한다(국고금관리법 제7조). 그러나 수입을 국고에 납입하지 않고 직접 사용할 수 있는 경비를 인정하고 있는데, 이를 수입대체경비라 한다(국가재정법 제53조). 대표적인 예로는 외교통상부의 여권 발급 경비를 예시할 수 있다. 따라서 수입대체경비는 예산총계주의(예산 완전성의 원칙)의 예외라 할 수 있다.

(8) 국고채무부담행위

국고채무부담행위란 말 그대로 국가가 채무를 부담하는 행위를 의미하는데, 정부의 사업 중 장차 국고 부담이 예견되는 사업에 대해 미리 국회의 의결을 얻도록 하는 개념이다(국가재정법 제25조). 국고채무부담행위는 국가가 다음 연도에 부담해야 할 채무 부담만을 인정하는 개념이지 지출 권한까지 부여하는 것은 아니다. 또한 국고채무부담행위는 부담행위를 할 연도와 상환 연도, 채무 부담 금액을 표기해야 하므로 실제 채무 이행은 다음 연도 이후 부담하게 된다. 따라서 국고채무부담행위는 단년도 예산 원칙의 예외라 할 수 있다.

(9) 추가경정예산

추가경정예산의 근거는 헌법 제56조에 규정되어 있는데, 정부는 예산에 변경을 가할 필요가 있을 때에는 추가경정예산안을 편성하여 국회에 제출할 수 있다. 즉, 추가경정예산은 예산 성립 후 이미 성립된 예산에 변경을 가할 필요가 있을 경우 편성하며, 국회 의결을 거쳐 최종 확정된다. 추가경정예산은 예산 단일성 원칙의 예외라 할 수 있다.

그러나 국가재정법 제89조 제1항에서는 정부가 ① 전쟁이나 대규모 자연재해가 발생한 경우, ② 경기 침체 · 대량 실업 등 대내외 여건에 중대한 변화가 발생했거나 발생할 우려가 있는 경우, ③ 법령에 따라 국가가 지급해야 하는 지출이 발생하거나 증가하는 경우를 제외하고는 추가경정예산안을 편성할 수 없도록 규정하고 있다.

5 결산

1) 결산의 의미

예산이 국가의 목적을 달성하기 위한 사업의 예정된 수치라고 한다면, 결산은 당해 회계연도의 정부 세입과 세출 결과를 확정된 수치로 표현되는 개념이다. 즉, 결산은 결과적 의미가 강하며, 마감(closing)의 의미를 지니고 있다.

결산의 주체는 감사원과 국회로 구분된다. 결산안의 작성 및 심사는 감사원에서, 결산안의 최종 승인은 국회에서 담당한다. 각 중앙관서의 장은 예산집행 결과를 기획재정부 장관에게 제출하며, 기획재정부 장관은 각 중앙관서의 예산집행 결과를 바탕으로 국가결산보고서를 작성하여 감사원에 제출한다. 감사원은 제출된 국가결산보고서를 바탕으로 결산심사를 실시하고 이를 다시 기획재정부 장관에 송부하면, 정부는 국가결산보고서를 국회에 제출하고 국회에서 최종 승인 과정을 거치게 된다.

결산은 재정에 관한 유용하고 적정한 정보를 제공하는 것이므로 법적 책임보다는 정치적 책임을 강조한다. 즉, 결산은 사후적 의미에서 예산집행의 결과를 확정된 수치로 표현하는 것이고 결산 주체에게 사법적 기능이 부여되지 않기 때문에 법적 책임보다는 정치적 책임이 강조된다. 그러나 결산 과정에서 감사원과 국회의 시정 요구사항 등은 행정부의 예산 편성 및 집행을 견제하는 데 중요한 역할을 하게 된다. 즉,

국회법 및 감사원법에 따르면 시정 등을 요구받은 정부 또는 해당 기관은 시정 요구를 받은 사항을 지체 없이 처리하여 그 결과를 국회에 보고하도록 규정하고 있다.

2) 결산의 절차

결산은 크게 행정부에서 결산안의 작성 및 심사, 입법부의 결산안 최종 승인 등의 절차를 거치게 되는데, 국회는 결산에 대한 심의 · 의결을 정기회 개회 전까지 완료해야 한다(국회법 제128조의2).

(1) 행정부에서의 결산 절차

행정부에서 수행하는 결산 절차는 다음과 같다.

첫째, 결산은 세입세출의 출납에 관한 사무가 완결됨으로써 진행된다. 한 회계연도에 속하는 세입세출의 출납에 관한 사무는 다음 연도 2월 10일까지 완결해야 한다(국고금관리법 제4조의2).

둘째, 각 중앙관서의 장은 국가회계법에서 정하는 바에 따라 회계연도마다 작성한 결산보고서(중앙관서결산보고서)를 다음 연도 2월 말일까지 기획재정부 장관에게 제출해야 한다(국가재정법 제58조 제1항). 또한 국회의 사무총장, 법원행정처장, 헌법재판소의 사무처장 및 중앙선거관리위원회의 사무총장은 회계연도마다 예비금사용명세서를 작성하여 다음 연도 2월 말까지 기획재정부 장관에게 제출해야 한다(국가재정법 제58조 제2항).

셋째, 기획재정부 장관은 국가회계법에서 정하는 바에 따라 회계연도마다 작성하여 대통령의 승인을 받은 국가결산보고서를 다음 연도 4월 10일까지 감사원에 제출해야 한다(국가재정법 제59조).

넷째, 감사원은 기획재정부 장관이 제출한 국가결산보고서를 검사하고 그 보고서를 다음 연도 5월 20일까지 기획재정부 장관에게 송부해야 한다(국가재정법 제60조).

다섯째, 정부는 감사원의 검사를 거친 국가결산보고서를 다음 연도 5월 31일까지 국회에 제출해야 한다(국가재정법 제61조).

〈표 8-5〉 결산의 절차

시기	절차	주체 및 대상	근거
2월 10일	출납기한	세입세출의 출납사무 완결	국고법 제4조의2
2월 말	중앙관서결산보고서 제출	중앙관서의 장 → 기획재정부 장관	법 제58조
4월 10일	국가결산보고서 제출	기획재정부 장관 → 감사원	법 제59조
5월 20일	결산검사 및 송부	감사원 결산검사 → 기획재정부 송부	법 제60조
5월 말	국가결산보고서 제출	정부 → 국회	법 제61조
정기회 전까지 (8월 말)	예비심사	16개 소관 상임위원회 예비심사	국회법 제128조의2
	전문심사	예산결산특별위원회 전문심사	
	본회의 의결	본회의에서 최종 결산 승인	
	시정 요구	최종 결산 후 시정 요구	

* 법은 국가재정법을 의미하며, 국고법은 국고금관리법을 의미함.

(2) 의회의 결산 승인 절차

의회에서의 결산 승인 절차는 다음과 같다.

첫째, 상임위원회의 예비심사를 실시한다. 정부가 제출한 결산안은 소관 상임위원회에 회부하고, 소관 상임위원회는 예비심사를 하여 그 결과를 의장에게 보고한다.

둘째, 예산결산특별위원회의 전문심사를 실시한다. 국회의장은 결산에 대한 소관 상임위원회의 결산보고서를 첨부하여 이를 예산결산특별위원회에 회부하고 그 심사가 끝난 후 본회의에 부의한다(국회법 제84조 제2항). 예산결산특별위원회의 결산의 심사는 제안 설명과 전문위원의 검토 보고를 듣고 종합 정책 질의, 부별 심사 또는 분과위원회심사 및 찬반 토론을 거쳐 표결한다(국회법 제84조 제3항). 또한 예산결산특별위원회는 결산에 대해 공청회를 개최해야 한다. 다만, 추가경정예산안, 기금운용계획변경안, 결산의 경우에는 위원회의 의결로 이를 생략할 수 있다(국회법 제84조의3).

셋째, 본회의의 최종 승인을 거친다. 국가결산보고서에 대한 상임위원회 및 예산결산특별위원회의 심의 이후 최종적인 승인은 본회의에서 이루어지는데, 국회는 결산에 대한 심의 · 의결을 정기회 개회 전까지 완료해야 한다. 국회법 제4조에서는 "정기회는 매년 9월 1일에 집회한다. 그러나 그 날이 공휴일인 때에는 그 다음날에 집회한다"고 규정하고 있으므로 국회의 결산은 8월 말까지 완료되어야 한다.

CHAPTER 08

국회는 결산의 심사 결과 위법 또는 부당한 사항이 있는 때에 국회는 본회의 의결 후 정부 또는 해당 기관에 변상 및 징계 조치 등 그 시정을 요구하고, 정부 또는 해당 기관은 시정 요구를 받은 사항을 지체 없이 처리하여 그 결과를 국회에 보고해야 한다(국회법 제84조 제2항). 따라서 국회의 결산 심사 권한은 법적 책임을 부과하는 기능이 존재하지 않으며, 다만 변상이나 징계 조치 등 시정을 요구할 수 있을 뿐이다.

제4절 예산 결정의 이론

1 예산이론으로서의 점증주의와 총체주의

예산이론에 대한 논의는 예산이론의 빈곤(Key, 1940: 1137-1144)이라는 논문이 발표되면서 촉발되었다. 그는 예산 편성 및 심의 과정 등이 과학적 · 경제적 분석 없이 정치적으로 행해지는 관행을 비판했다. 즉, 예산은 경제적 이론에 입각하여 예측되는 효과분석에 의거하여 결정되어야 한다는 논리를 주장했으며, 경제적 관점에서 한정된 자원으로 최대 성과를 창출할 수 있는 예산 편성 및 심의에 관한 규범적 이론의 중요성을 제기하면서 예산이론의 선구자가 되었다.

예산의 편성 및 심의에 관한 규범적 이론은 크게 총체주의와 점증주의로 구분되어 발전되어 왔는데, 대표적인 논쟁은 윌다브스키(Aaron Wildavsky)와 쉬크(Allen Schick)의 이론으로 집약되고 있다. 윌다브스키는 예산의 정치적 과정을 중시하면서 점증주의를 규범이론으로까지 승화시키고 있는데 비해, 쉬크는 예산의 경제적 과정을 중시하면서 합리적 예산 개혁을 강조하고 있다.

정부의 예산을 효율적으로 결정하고 배분하기 위한 방법으로는 총체주의와 점증주의로 대별해 볼 수 있다. 예산 결정은 경제적 합리성과 정치적 합리성을 잇는 선상에서 결정되는데, 경제적 합리성은 예산의 총체적 분석을 강조하는 데 비해, 정치적 합리성은 예산의 부분적 점증적 분석을 강조하고 있다(Kramer, 1979: 2). 예산 결정의 전제 조건으로서 총체적 시각에서 합리적 분석을 도모하고 대폭적이고 체계적인 변화를 도모하는 총체주의와, 정보 및 능력 부족에 따라 제한적 분석을 시도하고 소폭적인 변화를 추구하는 점증주의가 그것이다(이명헌, 2000: 6-7; Skok, 1980: 447).

2 점증주의

1) 점증주의이론의 기본 가정[3)]

예산결정이론에서 점증주의는 합리적 선택모형에 입각한 총체주의 입장과는 달리 인간의 능력 부족과 환경의 불확실성에 기초한 제한된 합리성을 전제하고 있다. 즉, 점증주의자들은 인간의 인지적 능력 한계에 따라 예산을 결정할 때 모든 가능한 대안을 고려하지 못하며, 제한된 정보와 경험에 근거하여 만족할 만한 수준에서 예산을 결정한다는 것이다. 따라서 예산 결정은 전년도 예산 규모에 근거하여 소폭의 변화만이 이루어질 뿐이라고 주장한다(Green & Thompson, 2001: 67; Lynch, 1995: 18-21; Tucker, 1982: 327-338; 윤영진, 2010: 294). 예산의 내용 자체가 복잡하고 전체 예산을 면밀하게 검토하기에는 시간과 인간의 능력에 한계가 있고, 정보도 제약되어 대안 비교의 기준으로 이용할 만한 기준이 불분명한 상황에서 예산 결정 기준을 간소화시키려는 방법이 점증주의이다. 즉, 제한된 합리성 내에서 예산 결정의 기준은 전년도 예산을 바탕으로 소폭의 변화만이 이루어진다는 것이다. 따라서 각 기관의 예산 편성 작업은 모든 가능한 대안과 비교해서 현재의 모든 대안의 가치를 재평가하는 일은 없으며, 전면적인 재검토란 무의미함을 주장한다. 점증주의자들은 합리적이려고 노력하여 혼란의 죄를 범하느니 차라리 생략의 죄를 범하기를 원한다는 것이다(Lindblom, 1958: 175).

또한 점증주의는 예산 결정을 경제적 과정으로 이해하기보다는 정치적 과정으로 이해한다. 예산을 결정하는 과정은 다양한 이해관계자들이 여러 단계를 거치기 때문에 예산 결정에 참여하는 결정자들은 각자의 가치와 선호를 가지고 협상을 통해 예산 결정에 도달하게 된다. 예산 결정 과정에 참여하는 행정부와 의회, 각 중앙부처와 중앙예산기구, 중앙정부와 지방정부, 이해관계자들은 자신들의 이익을 극대화하기 위해

3) 이하 점증주의와 관련된 내용은 원구환(2009: 41-64)에서 발췌했다.

예산 확보를 위한 가치 배분 투쟁을 지속적으로 전개하게 되는데, 이 과정에서 권력에 의한 협상과 조정이 나타나게 된다. 따라서 예산은 각계각층의 요구가 다양한 형태로 분출되어 집약된 정치적 과정의 산물이다.

2) 점증주의이론의 기본 구조

점증주의모형은 사이먼(Herbert A. Simon)의 제한된 합리성의 개념을 전제로 린드블롬(Charles E. Lindblom)에 의해 주창되었는데, 의사 결정이 기존의 결정에서 크게 벗어나지 않는다는 것이다(Lindblom, 1959). 이러한 점증적 의사 결정이 예산 결정에 접목된 것은 윌다브스키에 의해 이루어졌다. 즉, 그는 "당해 연도 예산 규모를 결정하는 가장 큰 요소는 전년도 예산이다"라는 가설을 주창했다(Wildavsky, 1975). 전년도 예산과 당해 연도 예산 간에는 반복적이고 순차적인 관련성이 있다는 것이다(Wildavsky, 1984: 60-62).

3) 점증주의이론의 유용성

점증주의 예산결정이론의 유용성은 다음과 같이 정리할 수 있다.

첫째, 현실 적합성이 높은 이론이다. 예산결정이론을 구성할 때 현행 이론 및 분석 방법의 추세는 점증주의적 요소만을 변수로 설정하는 것이 아니라 다양한 요인들을 추출하여 결합하고 있다. 즉, 통합모형을 강조하는 경향이 증대되고 있지만, 대부분의 연구에서도 전년도의 예산 규모가 당해 연도의 예산 규모에 중요한 영향을 미치고 있음을 증명하고 있다. 따라서 점증주의는 우리가 흔히 비판하는 구습적이고 과거 지향적이므로 개혁의 대상이 된다는 비판은 여전하지만, 기술적인 측면에서 볼 때 점증주의만한 예산결정이론은 없다(Swain & Hartley, 2001)는 주장은 경험적으로 어느 정도의 설득력이 있다고 할 것이다.

둘째, 점증주의는 예산 결정에 참여하는 다양한 주체들 간의 상호 조절 과정을 통해 민주적 협상과 타협을 유도할 수 있다는 점이며, 예산 과정에 참여하는 다양한 주체 간의 상호 조절과 조정에 의한 정치적 합리성을 추구할 수 있다는 점이다.

셋째, 제한된 합리성을 바탕으로 실현 가능한 대안만을 검토하여 매년 반복되는 예산 과정을 더욱 단순화시킬 수 있다는 점이다.

4) 점증주의이론의 한계

점증주의 예산이론의 기본적 한계는 다음과 같이 정리할 수 있다.

첫째, 점증주의는 수요 측면의 이론이기보다는 공급 측면의 이론이다. 점증주의는 한정된 재원을 바탕으로 예산을 배분하게 되며, 이러한 예산 배분 과정에서 수요자의 의사가 반영될 소지가 크지 않다는 점이다. 점증주의는 정부의 공급 중심적 시각에서의 이론이라 할 수 있으며, 경제학에서 주장하는 수요자의 선호(preference)를 반영하기에는 한계가 있다.

둘째, 예산 제도와 관련하여 점증주의의 한계가 나타날 수 있다. 즉, 예산 편성 자체가 사업별 예산 제도로 명확히 전환되지 못한 상태에서는 예산 결정은 점증적일 수밖에 없다(Dye, 1975: 217-219). 사업별 예산 제도는 예산을 체계적으로 분석하여 목표와 수단을 연계하고자 하는 총체적 관점을 전제로 하고 있기 때문에 예산의 점증성이 어느 정도 배제될 수 있는 예산 제도이지만, 사업별 예산 제도가 확립되지 못한 상태에서는 전년도 예산 기준을 중심으로 정치적 타협이 이루어질 가능성이 높다. 예산이 합리적 결정을 통한 최선이 아니라 정치적 흥정이나 타협을 통한 차선이 될 수 있다.

셋째, 점증성의 판단 기준 논쟁과 관련하여 점증성의 수준을 어느 정도 수준에서 이해할 것인가의 문제이다. 전년 대비 몇 % 증가해야 점증적인지의 여부를 판가름하기가 쉽지 않다. 또한 점증주의를 소폭적 감소의 개념도 포함되는 것으로 이해한다면 점증주의의 개념 자체도 변화되어야 한다. 즉, 점증주의라기보다는 점변주의로 이해할 필요가 있다.

넷째, 점증주의는 정치적 다원주의와 사회적 안정성을 전제로 한 예산이론이다. 따라서 정치환경이 가변적이고 사회적 불안정이 지속될 경우 예산 결정을 파악하는 이론으로 적합하지 않을 수 있다.

다섯째, 점증주의는 예산 팽창을 초래한다. 만약 예산 총액이 삭감된다면 삭감되는 대상 집단은 불만을 가질 수밖에 없으며 이는 정치적으로 매우 부담스러운 상황이 될 수 있다. 예산 규모가 증액되어야 불만 집단을 줄일 수 있기 때문에 예산은 증가될 수밖에 없는 것이 일반적이다. 특히 경직성 경비의 경우는 특별한 고려 없이 예산이 점진적으로 증액되는 현상이 나타나고 있다.

여섯째, 점증주의는 과거를 바탕으로 현재 상태를 옹호하는 보수주의적 성향을 지니고 있다. 따라서 미래 개혁적 관점이 부족한데, 과거와 현재의 상태가 바람직하지 않을 경우 바람직하지 못한 상태가 미래에도 지속화될 수 있는 문제점이 있다.

3 총체주의

1) 총체주의 이론의 기본 가정

총체주의(synopticism)라는 용어는 점증주의와 대비하기 위해 사용된 개념으로 합리모형, 분석모형 등을 전제로 하고 있다(Braybrooke & Lindblom, 1974: 25). 즉, 예산결정이론에서 총체주의는 인간의 능력 부족과 환경의 불확실성에 기초한 제한된 합리성을 강조한 점증주의 입장과는 달리 합리적 선택모형을 강조한다. 즉, 합리성을 바탕으로 의사 결정의 목표와 가치가 명확하고, 목표를 달성할 수 있는 가능한 한 모든 대안을 도출할 수 있으며, 각 대안에 대한 체계적 분석이 가능할 수 있는 완전한 정보를 지니고 있다고 전제한다.

또한 총체주의는 예산 결정을 정치적 과정으로 이해하기보다는 경제적 과정으로 이해하는데, 예산 결정을 한정된 자원을 효율적으로 배분하는 과정으로 이해한다. 아울러 총체주의는 종합적이고 체계적인 분석을 강조하는 데 비해, 점증주의는 연속적이고 한정된 분석을 강조하고 있으며, 총체주의는 제도화된 사업별 예산 제도를 강조하는 데 비해, 점증주의는 정치적 협상이나 상호 조절의 불가피성을 전제로 한다. 그 결과 총체주의 입장에서는 예산의 대폭적 변화를 초래하지만, 점증주의 입장에서는 소폭의 변화만이 초래된다(Skok, 1980: 445-447).

결국 총체주의는 과정적 측면에서 인간의 합리성을 바탕으로 종합적이고 체계적인 분석을 추구하며, 결과적 측면에서는 목표와 수단의 체계적 연계와 최적 대안의 합리적 선정으로 예산 결정의 합리성을 도모하는 입장이다.

2) 총체주의이론의 기본 구조

총체주의란 예산 결정과 관련된 모든 요소를 종합적으로 고려하여 한정된 예산을 최적으로 배분함으로써 목적 달성을 극대화하고자 한다. 즉, 총체주의는 의사 결정의 합리성과 최적의 자원 배분을 전제로 하며, 다음과 같은 단계적 사고를 중시한다.

첫째, 목표의 명확성이다. 예산결정자는 사회적으로 추구해야 할 목표와 가치에 대한 이해가 충분하며, 추구하고자 하는 목표를 명확하게 정의할 수 있으며, 다양한 목표 간의 우선순위도 명확하게 정의할 수 있다고 본다.

둘째, 대안분석의 종합성이다. 목표를 달성할 수 있는 모든 대안을 도출할 때 부분적이고 점증적인 대안만을 고려하는 것이 아니라 목표 달성과 관련된 가능한 모든 대안을 종합적으로 분석할 수 있다고 강조한다.

셋째, 목표-수단 분석의 체계성이다. 예산결정자는 명확한 목표를 설정하고, 이를 달성할 수 있는 가능한 모든 대안을 도출할 수 있으며, 도출된 대안에 대한 과학적 분석을 통해 가장 최적의 대안을 선정할 수 있다고 본다.

넷째, 분석 도구의 정밀성이다. 총체주의에서는 단순히 전년 대비 증감률을 기준으로 활용하는 것이 아니라 대안에 대한 과학적·체계적 분석을 전제로 한다. 목표와 수단의 체계적 분석, 비용과 편익에 대한 합리적 추론 등을 통한 최적 대안 선택을 강조한다.

다섯째, 대안 선정의 최적성이다. 최종적인 대안 선정이 단순히 만족스러운 수준에서 결정되는 것이 아니라 모든 종합적인 대안 중에서 가장 최적의 대안을 선정한다고 본다.

여섯째, 예산 배분 결정의 효율성이다. 예산은 한정되어 있으며, 무한하지 않다. 따라서 한정된 재원을 효율적으로 배분하여 최적의 효율성을 달성하는 것이 중요하며, 이를 위해서는 이상의 단계를 거쳐 합리적으로 결정되어야 한다는 것이다.

3) 총체주의이론의 유용성

총체주의 예산결정이론의 유용성은 다음과 같다.

첫째, 예산 결정의 분석적 사고를 중시한다. 분석적이고 체계적인 예산 결정 과정을 통해 최적의 합리성에 도달하고자 노력한다는 점에서 유용성은 매우 크다. 종합적이고 합리적인 분석 과정을 통해 최적의 결과에 도달한다는 완벽한 인과적 보장은 어렵지만, 합리성에 도달하고자 하는 내부 분석 역량을 강화할 수 있다.

둘째, 총체주의는 목표의 명확한 설정과 우선순위에 따른 사업의 재검토를 통해 종합적 분석을 도모하므로 예산 결정에서 기존 사업에 대한 당위적 예산 배분을 제어할 수 있다.

셋째, 총체주의적 예산 결정을 통해 예산결정자들의 전문성을 제고할 수 있으며, 예산 결정 및 배분을 통해 지향하고자 하는 사회적 가치에 대한 우선순위를 반영할 수 있다.

넷째, 사업별 예산 제도의 구현에 적합한 예산결정이론이라 할 수 있다. 많은 국가에서 적용되고 있는 사업별 예산 제도의 정책사업, 단위사업, 세부사업 등의 개념은 총체주의 예산결정이론에서 지향하고 있는 목표-수단 분석과 일맥상통한다고 볼 수 있다.

4) 총체주의이론의 한계

총체주의 예산결정이론의 한계점은 다음과 같다.

첫째, 총체주의가 가정하고 있는 본질적 측면에서 한계를 지니고 있다. 즉, 사회경제적 불확실성의 증가와 복잡다기한 상황 속에서 인간의 완전 합리성을 전제로 하고 있다는 점은 한계로 지적될 수밖에 없다. 모든 사업에 대한 완전한 지식과 정보를 보유하기 어렵고, 설사 보유한다 하더라도 분석을 위한 시간과 비용이 제도적으로 고려되기 어렵다는 점이다.

둘째, 총체주의는 목표의 명확성을 전제로 하고 있다. 그러나 현대 사회의 복잡성을 고려한다면 정확한 목표의 설정이 쉽지 않으며, 사회적 이해 관계에 따라 갈등적 요소가 내포되어 있다. 특히 사회적 가치에 대한 이해관계자들의 가치는 항시 충돌적이므로 목표의 정의가 쉽지 않고, 목표의 우선순위도 합리적으로 최적화하기 어렵다. 따라서 목표와 수단의 체계적 구현이 쉽지 않으며, 체계적 설정에 대한 가치 갈등이 혼재될 수 있다.

셋째, 총체주의는 대안에 대한 과학적·체계적 분석을 전제로 하지만, 대안에 대한 비용과 편익을 객관적으로 분석하기에는 한계가 있다. 민간 부문과는 달리 공공부문에서 추구하는 공익적 측면의 요소는 화폐 단위로 계량화하기 어려운 단점이 있으며, 복합적 요인이 내재해 있어 종합적 분석이 어려울 수 있다.

넷째, 예산 결정과 관련된 총체주의는 전문가에 대한 의존도를 높일 수 있으며,

조직구성원의 예산 결정에의 민주적 참여를 어렵게 할 수 있다.

제5절 예산 제도의 발달

1 통제, 관리, 계획, 감축의 예산 제도

1) 품목별 예산 제도

품목별 예산 제도(Line Item Budget)란 예산을 편성할 때 정부가 지출하고자 하는 지출 대상 품목별로 예산을 편성하도록 하고, 실제 집행에서도 당초 편성된 지출 항목에 따라 집행을 강제하도록 하는 예산 제도이다.

품목별 예산 제도는 조직별로 예산을 구분하고, 이를 다시 지출 대상 품목별로 세분화해서 금액을 표시하는 것으로 정부가 어느 대상에 얼마만큼을 지출하는가에 초점을 맞추고 있다. 따라서 통제(control)와 감시가 용이하도록 설정된 예산 제도이다.

2) 성과주의 예산 제도

성과주의 예산 제도(Performance Budget)는 예산 과목을 기능 및 활동 주요 사업, 세부 사업별로 분류 편성하여 사업별 업무량과 비용을 합리적으로 표시함으로써 사업별 성과를 제고하려는 예산 제도를 의미한다.

품목별 예산제도는 지출 항목에 대한 통제에 초점을 맞춤으로써, 예산의 적법한 사용을 강조했으나 지출 항목에 대한 예산 사용으로 무엇을 달성하려고 하는지에 대한 검토가 없었다. 성과주의 예산은 '예산=단위원가×업무량'으로 표시된다. 따라서 예산 관리에서 성과와 결과를 중시하는 관리중심형 예산 제도로 이해된다.

3) 계획예산 제도

계획예산 제도(Planning Programming Budget)는 장기적 계획 수립과 단기적 예산 편성을 사업계획의 작성을 통해 유기적으로 연결시킴으로써 자원 배분에 관한 합리적 의사 결정을 도모하려는 제도이다.

계획예산 제도의 핵심적 특징은 예산을 단기적 관점이 아닌 장기적 계획에 의해 운영하려는 것이다. 계획예산 제도는 장기적 계획에 따라 모든 대안에 대한 비용과 효과를 분석함과 아울러 각종 프로그램의 목표달성도와 비용에 대한 장기적 검토를 체계화하고자 한다.

4) 영기준 예산 제도

영기준 예산(Zero Base Budget)이란 예산을 편성할 때 전년도 답습주의에 따라 점증적으로 자원을 배분하는 것이 아니라 영(0)에서 새롭게 출발하자는 것이다. 이는 전통적인 점증주의적 예산 편성 관행이 예산의 확충과 낭비를 초래할 것이라는 인식에서 출발한다. 영기준 예산 제도는 정부의 모든 활동이나 사업에 대한 근본적으로 새로운 분석 평가를 진행하고, 우선 순위를 정하며, 우선순위에 따라 예산을 편성하는 제도이다. 과거 점증주의와 관례주의의 전통에서 벗어나 모든 기준을 새롭게 설정 평가함으로써 예산의 낭비를 줄이고, 능률 절약 감축을 추진하는 예산 제도라고 볼 수 있다.

2 기타 예산 제도

1) 목표관리 예산 제도

목표관리 예산 제도(MBO)란 미국 닉슨(Richard M. Nixon) 대통령 시절 목표와 관련하여 예산을 배정했던 예산 제도로서, 부처의 예산 요구서를 목표와 관련하여 편성한다. 각 관리자가 스스로 자신이 추구해야 할 목표를 발견하고, 상급자와의 협의를 통해 목표를 설정하고, 그에 상응한 예산을 배분하는 제도이도. 따라서 목표관리제는 목표와 성과 달성, 참여를 강조하는 예산 제도이다.

2) 자본예산 제도

정부 지출은 반복적인 경상지출과 반복적이지 않은 자본적 지출로 구분되기 때문에 경상지출과 자본지출을 구분하자는 것이 자본예산(Capital Budget)이다. 경상지출은 인건비, 기관유지비, 물건비 등 경상적 지출을 계상하며 이에 대한 세입원은 경상적 세입인 조세수입으로 충당한다. 반면 자본지출은 새로운 투자를 형성하는 지출로서 투자적 지출이며 이에 대한 세입원에서는 국공채의 비중이 상당하다. 자본지출은 능률적 사업 추진의 성과를 가져오기도 하지만 무리한 재정의 팽창을 가져올 위험을 가지고 있다.

3) 성인지 예산 제도

예산이 남성과 여성에게 미치는 효과를 분석하여 국가재정이 양성 평등한 방식으로 집행될 수 있도록 편성하는 예산을 성인지(性認知) 예산이라고 한다. 2010년부터 국가와 지방자치단체는 성인지 예산서를 작성하도록 명시하고 있다(국가재정법 제26조, 지방재정법 제36조의2). 성인지 예산서에는 성평등 기대 효과, 성과 목표, 성별 수혜분석 등을 포함해야 한다.

4) 주민참여 예산 제도

주민참여 예산 제도는 예산 과정에 주민이 참여하고 그 의사를 반영하도록 한 제도이다. 지방자치단체의 장은 대통령령으로 정하는 바에 따라 지방예산 편성 등 예산 과정(지방자치법 제47조에 따른 지방의회의 의결 사항은 제외)에 주민이 참여할 수 있는 제도를 마련해서 시행해야 한다(지방재정법 제39조). 주민의 의견을 수렴하여 그 의견서를 지방의회에 제출하는 예산안에 첨부할 수 있다는 권고 조항이 2011년 3월 법령 개정을 통해 의무화 되었다. 현재는 지방정부 차원의 주민참여 예산뿐만 아니라 국가 예산의 차원에서 국민참여 예산 제도가 운영되고 있다.

5) 온실가스감축인지 예산 제도

온실가스감축인지 예산 제도란 「기후위기 대응을 위한 탄소중립 · 녹색성장 기본법」(이하 "탄소중립기본법"이라 함) 제24조에 따라 국가와 지방자치단체로 하여금 예산과 기금이 온실가스 감축 및 기후변화에 미치는 영향을 평가하고 그 결과를 정부의 예산 편성과 집행 등 재정운용 과정에 반영하기 위해 노력하도록 하는 제도를 의미한다. 국가재정법은 예산이 온실가스 감축에 미칠 영향을 미리 분석한 보고서(온실가스감축인지 예산서 제27조), 결산서(국가재정법 제57조의2), 기금운용계획서(국가재정법 제68조의3)를 작성하여 온실가스 감축에 대한 기대 효과, 성과 목표, 효과분석 등을 포함하도록 한다.

생각과 토론 문제

❑ 다음의 이슈를 중심으로 생각해 보고 논의해 봅시다.

1. 최근 10년 간의 정부 예산 자료를 찾아보고, 재정 규모의 변화와 세출구조의 변화를 분석해 보자. 분석 결과를 통해 어떤 요인들이 중요하게 작용하였는지 토론해 보자.

2. 정부의 재정 기능을 복습하고, 정부 각 부서 주요 정책의 예산이 어떠한 재정 기능을 주로 목표로 하는지 논의해 보자.

3. 예산 과정에서 행정부와 입법부의 역할과 관계를 살펴보고, 현재 나타난 문제점들은 무엇이며, 이에 대한 개선 방안은 무엇이 가능할지 토론해 보자.

4. 예산이론의 총체주의와 점증주의를 복습하고, 각각의 유용성과 한계를 논의해 보자.

5. 여러분이 살고 있는 지방자치단체의 주민참여 예산을 찾아보고, 논의해 보자.

03 PART

사회 변화와 행정

행정은 진공 속에 존재하지 않고, 다양한 환경의 영향을 받으며, 상호작용한다. 행정학의 기초와 주요 분야는 모든 행정에 걸쳐 공통되는 이론인 데 비해, 다양한 행정 분야별로 그 분야의 전문적 이론과 접근 방법이 별도로 요구된다. 『새내기를 위한 행정학』에서는 이런 분야별 행정은 다루지 않으나, 또 하나의 공통 분야로 다루어야 할 분야로 세 가지를 선택하여 구성한다.

제9장 지방자치에서는 지방화의 사회 변화 흐름 속에서 제도와 실천에서 발전하고 있는 지방자치 행정을 다룬다. 정부의 행정은 국가 단위의 중앙행정기관과 지방자치단체를 통해 이루어지고 있어 지방자치에 대한 이해는 필수적이다. 지방자치의 의의를 논의하고, 우리나라의 지방자치의 기관구성을 설명하고, 주민참여와 광역행정을 다룬다.

제10장 정보사회와 전자정부에서는 지식정보사회의 도래, AI와 제4차 산업혁명 시대로 언급되는 사회 변화 속에서 정부가 일을 하는 방식의 변화로서의 전자정부를 설명하고 관련된 주요 이슈를 다룬다. 정보의 개념과 중요성을 설명하고, 정보사회라는 행정환경 속에서의 행정 이슈를 설명하고 이의 구현으로서의 전자정부를 설명한다. 전자정부의 인프라로서의 정보 체계를 설명하고 공공 부문 정보화의 방향을 다룬다.

제11장 공공 갈등과 관리에서는 사회 변화에 따라 개인의 권리 의식의 신장과 행정의 민주화, 지방화와 지방자치에 따른 지역이익의 대두, 공공사업을 둘러싼 갈등 등 공공 갈등이 중요한 행정의 과제로 대두되었다. 공공 갈등의 개념과 원인, 공공 갈등의 관리 및 해결 방법을 설명하고, 갈등 해결 방법의 대안적 방법으로서의 ADR과 공공 협상에 있어의 원칙과 전략을 설명한다.

09

지방자치

제1절 지방자치의 의의

1 지방자치의 개념

지방(地方)이라는 말은 원래 지역(地域), 처소(處所)와 같은 일정한 공간 구역을 의미하는 말이다. 한국의 경우 서울이나 수도권 이외의 지역 혹은 변방지역이라는 특수한 의미로 사용되기도 한다. 그러나 지방자치에서의 '지방(地方)'은 국토 전역에 걸쳐 권한을 갖는 중앙정부에 대해 국토 내의 일정 지역에 권한을 갖는 지방정부의 존재를 인정하는 정치 제도적 의미를 지닌다. 또한 '자치(自治)'란 스스로 자신의 일을 처리하는 것으로 남에 의해 자신의 일을 처리해야 하는 타치(他治)와 대비되는 개념이다. 즉, 지방자치는 "지역의 문제를 지역 주민이 스스로의 권한과 책임 하에 결정하고 처리하는 것"이라고 할 수 있다.

2 지방자치의 구성 요소

이러한 개념 정의에는 지방자치에 대한 다양한 자치 요소들이 내포되어 있는데, 국가를 구성하는 3요소인 영토, 국민, 주권과 대비시켜 구역, 주민, 자치권을 생각해 볼 수 있다.

1) 공간적 구성 요소: 구역

구역은 지방자치가 실시되는 지리적 범위를 말한다. 지방자치는 국가를 단위로 통일적 일원적으로 실시하는 행정이 아니라 국가 내의 일정한 지역의 특성에 따라 개별적·다원적으로 실시하는 행정이다. 따라서 지방자치는 지역적으로 구분된 구역을 기반으로 하여 지역복지를 달성하고자 하는 데 주된 목표를 두고 있다.

우리나라의 지방자치는 광역자치단체와 기초자치단체로 구분되는 2계층제 형태를 기본으로 하고 있다.[1] 이러한 자치단체들은 자기 구역을 가지고 있다. 예컨대 서울특별시와 경기도는 경계를 통해 독자적인 공간 구역을 가지고 있고, 서울시 종로구와 서울시 서대문구도 독자적인 자기 구역을 가지고 있다.

2) 인적 구성 요소: 주민

주민은 지방자치단체를 구성하는 단순한 인적 구성 요소가 아니라 지방자치단체의 실질적인 주권자로서 지방자치단체의 최고기관을 의미한다. 따라서 국가의 권력이 국민으로부터 나오듯이 지방자치단체의 권력도 주민으로부터 나오는 것이므로, 지역주민의 입장을 고려하지 못한 행정은 지방자치행정이라 할 수 없다. 우리가 흔히 자치단체라는 개념을 많이 사용하고 있는데, 자치단체란 바로 일정한 지역에 살면서 법적 능력을 갖추고 다양한 행동 능력을 소유한 사람들의 총체라고 할 수 있다. 이러한 주민은 다음과 같은 지위를 갖는다.

(1) 주체적 지위

이는 주민이 지방자치단체의 주권자이기 때문에 당연히 주어지는 지위로, 주민은

1) 예외 지역으로 제주특별자치도와 세종특별자치시는 기초자치단체가 없는 단층제 구조를 가진다.

자치단체의 구성원으로서 단체의 조직과 운영에 참가하며, 단체의 활동 근거가 되는 구성원의 역할을 맡는다. 또한 주민은 지방자치단체의 기능이나 활동이 존립 목적이나 기준에 충실한가를 통제하는 역할을 한다. 주체적 지위는 평등하고 자유로운 자율인의 집합적 존재이며, 나아가 인간으로서 존엄을 실현하기 위한 질서나 규칙을 스스로 창조하는 지위이기 때문에, 대개 주민에게 권리의 형태로 구체화된다.

(2) 객체적 지위

객체적 지위는 대개 권리보다는 의무의 형태로 구체화된다. 즉, 주민 전체의 의사로서 지방자치단체가 제정한 법규에 복종하거나 부과하는 의무를 따르는 지위이다. 주체적 지위가 지배자의 지위라면 객체적 지위는 피지배자의 지위이다. 그러나 이러한 피지배자의 지위에 따르는 복종 의무는 절대군주나 봉건영주에 대한 노예적 복종과 다르다. 즉, 지방자치에서 객체적 지위의 표현으로서 복종 의무는 논리상으로 자신이 지방자치단체의 주체로서 스스로 창조한 질서나 법규에 대한 복종을 의미한다.

(3) 수익자 지위

수익자 지위는 주민을 위한 지방자치를 표현하는 것이다. 이 지위 역시 권리의 형태나 수혜의 형태로 구체화된다. 즉, 지방자치단체가 창출하는 활동이나 편익 등을 당연히 누리는 지위이다. 수익자 지위가 객체적 지위와 다른 것은 전자가 권리의 형태로 구체화되는 데 반해, 후자는 의무의 형태로 구체화된다는 점이다.

3) 법적 구성 요소: 자치권

지방자치를 구성하는 지리적·인적 구성 요소가 구역과 주민이라고 한다면, 지방자치를 구성하는 법적 요소는 자치권이라 할 수 있다. 자치권의 개념을 좀 더 세분화해 보면 자치입법권, 자치조직권, 자치사무권, 자치재정권으로 구분해 볼 수 있다.

(1) 자치입법권

먼저 자치입법권이란 지방자치단체가 스스로 법규를 제정할 수 있는 권한을 의미한다. 자치입법권을 부여하는 방식은 국가마다 다양한데, 대체로 개별적 지정주의 방식과 포괄적 위임주의 방식으로 구분된다. 우리나라의 헌법은 지방자치단체가 법령의 범위 안에서 자치에 관한 규정을 제정할 수 있다(헌법 제117조 제1항)고 함으로써 자치입법권을 헌법적으로 보장하고 있으며, 자치입법권의 범위를 지방자치법에 의해 포괄적으로 위임하는 제한적 열거주의를 채택하고 있다.

그러나 자치입법권의 범위는 제한적이다. 즉, 자치입법권의 범위로 법령의 범위 내에서 조례와 규칙을 제정해야 하며(법령우위의 원칙), 국가에 의해 위임된 사무나 교육자치에 의해 교육·학예 등에 관한 사무는 자치입법권의 적용을 배제하고 있다(자기사무의 원칙). 또한 법률의 위임 없이는 주민의 권리 제한, 의무 부과에 관한 사항, 벌칙 등을 제정할 수 없을 뿐만 아니라(법령 위임의 원칙 및 죄형 법정주의) 하급 자치단체의 조례나 규칙이 상급자치단체의 조례나 규칙에 위배되면 안 되기 때문에 그 범위가 협소하다고 할 수 있다(상급자치단체 조례 우위의 원칙).

(2) 자치조직권

자치조직권은 지방자치단체의 본래적인 자치권의 하나로서, 자신의 행정조직을 법령 등의 국가법에 의해 규제받지 않고 그가 가진 자치권에 기초하여 자기의 조례, 규칙 등에 따라 자주적으로 조직할 권한을 말한다. 그러나 우리 헌법은 "지방자치단체의 조직과 운영에 관한 사항은 법률로 정한다"고 규정하고 있고, 이에 따라 지방자치법이 지방자치단체 조직의 큰 틀을 정하고 있으며, 행정기구나 공무원 등에 관한 중요 사항은 모두 법령으로 정하고 있어 자치조직권의 행사범위는 협소하다. 즉, 대통령령(지방자치단체의 행정기구와 정원기준 등에 관한 규정)에 자치조직권은 보통 조례의 형식으로 정하나 규칙의 형식으로 정해지는 경우도 있다. 조례로 정해야 할 것으로는, 예를 들어 자치구가 아닌 구(區)와 읍·면·동의 명칭과 구역의 변경, 폐지·설치·분리·합병, 지방자치단체의 사무소의 소재지(지방자치법 제5조~제9조), 지방의회에 두는 사무직원의 정수(제103조), 직속기관의 설치(제126조), 사업소의 설치(제127조), 출장소의 설치(제128조), 합의제 행정기관의 설치(제129조), 하부 행정기관(자치구가 아닌 구, 읍, 면, 동)에 관한 설치(제131조~제134조) 등이며, 규칙으로 정해야 할 것으로는 권한대행 및 직무대리 순서 등이 있다.

(3) 자치사무권

자치사무권이란 지방자치단체가 그 지역의 공공사무를 국가로부터 상대적으로 독립하여 자주적으로 처리하는 권한으로 의회가 제정한 법률의 테두리 안에서 합법적인 권한 행사가 이루어져야 한다(월권금지의 원칙). 일반적으로 지방자치단체가 처리해야 할 사무는 자치사무와 위임사무로 구분해 볼 수 있다.

자치사무는 지방자치단체의 존립 목적이 되는 사무로 자기의 책임과 부담 하에 실시해야 할 사무이기 때문에 고유사무라고도 한다. 이러한 자치사무는 수의적(隨意的) 자치사무와 필요적(必要的) 자치사무로 구분되는데, 지방자치단체가 구체적으로 수행하는 사무에 대해 지방자치단체가 자율재량으로 결정하는 것을 수의적 자치사무라 하며, 법률에 의해 의무적으로 수행하도록 되어 있는 사무를 필요적 자치사무라 한다.

이러한 자치사무 이외에 지방자치단체가 처리해야 할 사무로 위임사무가 있는데, 이는 다시 단체위임사무와 기관위임사무로 구분된다. 단체위임사무는 자치단체에 의한 국세 징수, 국도 유지관리, 보건소 운영 등과 같이 개개의 법령에 의해 지방자치단체에 위임된 사무로 일단 자치단체에 위임되면 자치사무처럼 처리되고 중앙정부가 이에 상응하는 비용 부담을 하게 되지만, 원래 국가사무라는 점에서 중앙정부의 통제가 자치사무보다 폭넓게 허용된다. 반면에 기관위임사무란 병역, 선거, 경찰, 소방사무와 같이 전국적 이해 관계가 큰 사무들로서 자치단체의 집행기관에 대해서만 배타적으로 위임된 사무로, 그 사무 처리에 의결기관인 지방의회가 관여할 수 없다. 따라서 보통 자치사무의 범주를 논의할 때 기관위임사무는 지방자치단체의 사무로 볼 수 없다.

(4) 자치재정권

자치재정권이란 지방자치단체가 그 지역의 공공사무를 처리하는 데 필요한 경비를 자주적으로 조달하고 관리하는 권한을 의미한다. 이러한 권한은 다시 재정권력 작용과 재정관리 작용으로 구분된다. 재정권력 작용이란 자치단체의 소요 경비를 주민의 부담으로 조달하는 권력적 기능이라 할 수 있으며, 재정관리 작용이란 자치단체가 예산을 편성, 집행하고 수입과 지출을 회계하는 관리적 기능이다.

기본적으로 헌법에 정한 조세법률주의 원칙에 따라 지방세의 세목과 세율이 법률로 정해지므로 지방자치단체가 독자적으로 새로운 세원을 발굴할 수 없으며, 지방채의 발행도 행정안전부 장관이 상한액을 정하고 초과 시 사전 승인을 받도록 되어 있어 한정된 권한만을 가진다.

우리나라 지방자치단체의 세입구조는 지방세, 세외수입, 지방교부세 및 국고보조금 등으로 구성되어 있는데, 지방세와 세외수입을 합한 자체수입의 비율(재정자립도)이 특·광역시를 제외하고는 대부분 낮은 편으로 지역 간 재정형평성을 위한 지방교부세와 국고보조금과 같은 의존재원의 비중이 높다. 지방교부세는 내국세의 19.24%, 종합부동산세 총액, 담배에 부과되는 개별소비세의 45%에 해당하는 금액을 재원으로 하며(지방교부세법 제4조) 보통교부세와 특별교부세, 부동산교부세, 소방안전교부세로 구분된다(지방교부세법 제3조). 국고보조금은 특정 목적에 사용되도록 지정된 중앙정부의 재원으로 주로 위임사무나 중앙과 지방정부가 재원을 분담하는 국가사업 등에 사용된다.

〈표 9-1〉 지방교부세와 국고보조금의 비교

	지방교부세	국고보조금
근거	지방교부세법	보조금 관리에 관한 법률
목적	재정력이 취약한 지방자치단체 지원	지방자치단체와 민간이 수행하는 특정한 사업을 지원
재원	보통·특별교부세: 내국세의 19.24% 부동산교부세: 종합부동산세 총액 소방안전교부세: 담배에 부과되는 개별소비세의 45%	국가의 일반회계 또는 특별회계 예산
재원성격	용도 지정 없는 일반재원	특정 목적 재원
특징	재원 부족액 기준 배정	사업별 용도 지정, 지방비(matching fund) 확보 의무

자료: 기획재정부(2017). 국고보조사업 업무매뉴얼에서 재구성.

3 지방자치단체

지방자치단체는 지방자치를 담당하는 기본 조직으로 지방정부라고 표현하기도 한다. 지방자치단체는 보통자치단체와 특별자치단체로 나뉜다. 보통자치단체는 일반행정을 수행하는 보편적으로 존재하는 자치단체이고, 특별자치단체는 특수한 임무를 수행하기 위한 특별 임무의 자치단체이다.

우리나라의 보통지방자치단체의 기본 모형은 광역자치단체와 기초자치단체의 2계층제로 구성되어 있고, 기초자치단체는 광역자치단체에 소속되어 있다.

2024년 1월 기준으로 우리나라의 광역자치단체는 총 17개로 1특별시(서울특별시), 6광역시(부산, 대구, 인천, 광주, 대전, 울산), 6도(경기, 충남, 충북, 전남, 경남, 경북), 3특별자치도(제주특별자치도, 강원특별자치도, 전북특별자치도), 1특별자치시(세종특별자치시)로 구성된다. 기초자치단체는 총 226개이다. 제주특별자치도와 세종특별자치시에는 기초자치단체가 없으며, 제주특별자치도에는 기초자치단체가 아닌 행정시(제주시, 서귀포시)가 설치되어 있다.2)

특별자치단체는 미국의 미시시피강의 홍수를 관리하기 위한 홍수구, 통합교육을 담당하는 교육구 등이 있다. 우리나라의 경우 근접한 자치단체 간에 교통, 쓰레기, 관광 등의 업무를 공동으로 처리하기 위해 만든 공공조합인 지방자치단체조합도 특별자치단체의 한 유형으로 구분할 수 있다.

[그림 9-1] 우리나라의 자치 · 행정 계층구조

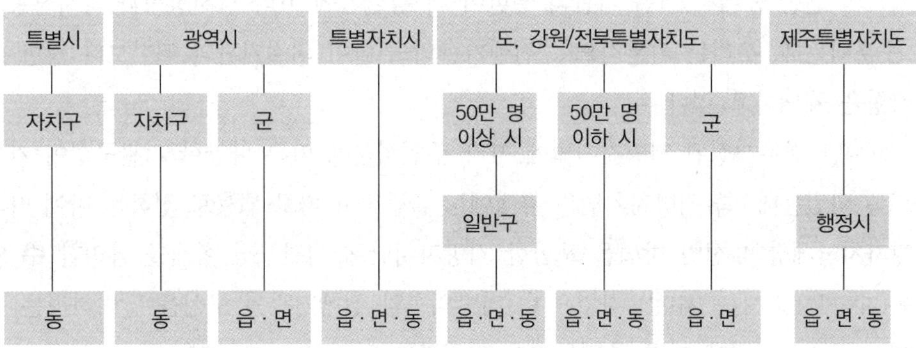

2) 제주도에는 원래 제주시와 서귀포시, 북제주군과 남제주군의 4개 기초자치단체가 있었으나, 2006년 7월 제주특별자치도가 출범하면서 기초자치단체가 폐지되어 광역자치단체(도) 1개만이 존재하는 단층제 지역이다.

제2절 지방자치기관

1 기관대립형과 기관통합형

지방자치단체의 조직을 구성하는 원리는 크게 기관대립형과 기관통합형으로 구분해 볼 수 있다. 이러한 개념적 구분은 의결기관과 집행기관의 관계에 따라 나뉘는데, 의결기관과 집행기관이 모두 단일기관으로 의회에 귀속되는 형태를 기관통합형이라 부르며, 의결기관과 집행기관이 권력 분립의 원리에 따라 분리되어 있는 형태를 기관대립형이라 한다.

우리나라는 기관구성은 대립형을 채택하고 있다. 즉, 주민이 직선에 의해 선출된 지방자치단체의 장이 집행기능을 담당하고, 역시 주민의 직선에 의해 구성된 지방의회가 의결 기능을 담당하여 상호 견제와 균형을 유지하고 있다. 이때 집행기관과 의결기관의 권한 중에서 어떤 기관의 권한이 더 강한가에 따라 강시장형과 약시장형으로 구분되는데, 우리는 기본적으로 집행기관의 권한이 의결기관의 권한보다 강한 강시장형을 채택하고 있다.

2020년 전부개정된 지방자치법에 따라 주민의사에 따른 다양한 기관구성이 가능하도록 되었는데, 즉 지방자치법의 규정에도 불구하고 따로 법률로 정하는 바에 따라 지방자치단체장의 선임 방법을 포함한 지방자치단체 기관구성 형태를 달리할 수 있도록(지방자치법 제4조 제1항) 하였으며, 지방의회와 집행기관의 구성을 달리하려는 경우에는 주민투표법에 따른 주민투표를 거치도록 하였다(제4조 제2항).

2 지방의회의 지위와 권한

1) 지방의회의 지위

(1) 주민의 대표기관

지방의회는 주민들에 의해 선출된 의원들로 구성되어 있는 주민의 대표기관이다.

따라서 지방의회는 소수의 의원들로 구성되지만, 실질적으로 그들은 개인이라기보다는 주민의 대표기관으로서의 지위를 가지게 된다. 이러한 주민대표 기능은 우리나라의 경우 지방자치단체장에게도 동시에 부여된다. 단체장도 주민에 의해 선출되기 때문이다.

(2) 지방의 최종적 의사결정기관

지방의회는 지역의 최종적 의사결정기관이다. 지역의 예산 및 정책, 주민, 조례 제정 등 지방에 관련된 전반적인 사항은 지방의회의 최종적인 심의와 의결 과정을 거쳐 수행된다. 예컨대 지방의회의 의결을 거치지 않은 예산안은 집행될 수 없다. 의회, 기타 지역 현안에 대한 주요 정책 사항에 대해 의견을 개진하여 여론을 형성하기도 한다.

(3) 자치법규인 조례를 제정하는 입법기관

지방의회는 지방의 자치법규인 조례를 제정할 수 있는 입법기관이다. 국가에서 국회가 입법기관으로서의 역할을 하는 것처럼, 지방에서는 지방의회가 그 역할을 한다. 지방의회는 조례 이외에도 예산 결산, 중요 안건 등을 의결할 수 있는데, 이들은 나름대로의 법적 구속력을 갖는다. 이러한 입법 기능은 넓은 의미의 의결 기능에 속하기도 한다.

(4) 지방자치단체장의 감시 · 견제기관

지방의회는 집행기관의 감시 · 견제기관으로서 지위를 갖는다. 집행기관이 인사 · 재정권을 가지고 독점적인 권력을 행사할 경우 이를 견제 조정하는 역할을 수행한다. 구체적으로는 의안의 심의, 서류 제출 요구 및 출석 답변 요구권, 행정사무감사 및 조사권 등을 통해 집행기관을 감시 · 견제한다.

2) 지방의회의 권한

지방의회의 권한은 의회 내부의 고유 권한과 집행부 견제 감시 기관으로서의 권한, 그리고 기타 몇 가지 주요 권한을 검토해 보고자 한다.

(1) 의회 내부의 고유 권한

지방의회 내부의 고유 권한은 조례 규칙 예산 등 주요 안건의 의결권, 의장 및 부의장의 선거권, 회의 규칙 제정 등과 같은 자율권, 발언권, 의안 발의 및 처리권 등이 있다. 이러한 권한은 넓은 의미의 의결권에 포함된다고 볼 수 있는데, 여기서는 세분하여 검토해 보았다.

(2) 집행기관의 감시 · 견제기관으로서의 권한

지방의회는 행정사무를 감사할 수 있는 권한을 가지고 있다. 그러나 지방에서 처리되는 사무 중에서도 지방자치단체 및 그 장이 위임받아 처리하는 국가사무는 지방의회 감사 대상에서 제외된다. 또한 광역의회의 경우 국회가 감사하기로 한 사무, 기초의회의 경우 광역의회가 감사하기로 한 사무는 해당 의회에서 감사하지 못한다.

또한 의회는 행정사무 감사 및 조사권이 있다. 행정사무의 감사는 정기적으로 이루어지는 데 비해, 행정사무의 조사는 일정한 사안이 발생했을 때 의원들의 발의로 수시로 이루어질 수 있다. 지방의회는 지방자치단체의 사무 중 특정 사안에 관해 본회의 의결로 본회의 또는 위원회로 하여금 조사하게 할 수 있다.

(3) 주민청원의 심사 및 처리권

지방의회는 주민의 어려움을 해결해 주는 주민의 대변기관으로서 기능을 가지고 있는데, 대표적인 제도는 주민청원의 심사 및 처리권이다. 지방의회는 주민이 청원한 청원 사항을 위원회별로 심사하여 타당하다고 판단되는 사항을 지방자치단체장에게 통고하여 처리하도록 권고할 수 있다.

(4) 동의 및 승인권

일반적으로 집행기관의 집행행위에 대해서는 의회의 의결을 요구하지 않지만, 중요한 안건에 대해서는 집행의 전제 절차로 의회의 동의를 얻어야 하는 경우(지방자치법 제139조: 보증채무 부담행위, 채권의 채무 면제 효력 변경 행위)가 있다. 또한 지방자치단체장의 선결처분에 대한 승인권(제122조)이 있다. 지방의회의 승인을 받지 못하면 선결처분은 그때부터 효력을 상실한다.

3 지방자치단체장의 지위와 권한

1) 지방자치단체장의 지위

(1) 주민의 대표기관

지방단체장은 주민에 의해 선출되기 때문에 지방의회와 마찬가지로 주민의 대표기관으로서의 지위를 지닌다. 우리나라의 자치기관은 기관대립형으로 주민의 주권을 하나의 기관에 위임하지 않고, 의결기관과 집행기관으로 각각 분리하여 상호・견제와 균형의 원리에 의해 운영하고 있다. 따라서 의회나 단체장은 주민의 대표기관으로서의 지위를 동시에 가진다.

(2) 지방의 대표기관

지방자치단체장은 외부에 대해 그 지방자치단체를 대표하는 역할을 한다. 이러한 대표 기능은 상징적인 의미에서의 대표 기능과 실질적 의미에서의 대표 기능을 모두 포함한다. 상징적 의미에서의 대표 기능이란 언론이나 외부 인사, 외국의 국빈 등이 방문했을 때 자치단체의 대표로서 영접 및 의전 행사를 수행한다는 면에서 대표 기능이다. 실질적인 의미에서 대표 기능은 법률적인 의미에서 법인체인 자치단체 대표로서의 지위이다.

(3) 지방의 최고 행정기관

지방자치단체장은 지방의 행정사무를 통솔하고 종합적으로 관리, 책임을 지는 최고의 행정관청이다. 이를 위해 단체장에게는 다양한 권한이 주어지는데, 사무통할권, 사무위임권, 직원의 임면・감독권, 지휘・감독권, 기관의 설치권, 규칙 제정권 등이 주어진다. 단체장은 보조기관 및 소속행정기관, 하급행정기관을 지휘한다.

CHAPTER 09

(4) 지방의회의 견제・감시기관

지방의회의 주된 임무는 집행기관을 견제・감시함으로써 권력의 남용을 방지하는 것이지만, 이와 마찬가지로 견제와 균형의 원리에 의해 지방자치단체장도 다양한 방식으로 의회를 견제하고 감시할 수 있다.

2) 지방자치단체장의 권한

지방자치단체장의 권한은 매우 넓고 다양하므로 모든 내용을 일일이 열거하기는 어렵다. 대체적으로 지방의 사무에 대해 포괄적이고 종합적인 관리권을 갖는다고 보아야 할 것이다.

(1) 지방행정의 통할대표권(統轄代表權)

지방자치단체의 장은 당해 지방자치단체를 대표하고, 자치사무(고유사무)와 법령에 의해 그 지방자치단체의 장에게 위임된 사무(단체위임사무, 기관위임사무)를 종합적으로 관리하고 집행한다. 또한 보조기관, 소속행정기관, 하급행정기관을 지휘 감독한다.

(2) 사무의 위임, 위탁권

지방자치단체장은 조례 또는 규칙이 정하는 바에 따라 그 권한에 속하는 사무의 일부를 보조기관, 소속행정기관, 또는 하부행정기관에 위임할 수 있고, 관할 지방자치단체나 공공단체 또는 그 기관에 위임 또는 위탁할 수 있다. 또한 조례와 규칙이 정하는 바에 따라 주민의 권리 의무와 직접 관계되지 않는 사무를 법인·단체·기관이나 개인에게 위탁할 수 있다.

(3) 직원에 대한 임면권 및 제청권

지방자치단체의 장은 소속 직원을 지휘·감독하고 법령과 조례, 규칙이 정하는 바에 따라 그 임명과 면직·교육훈련·복무·징계 등에 관한 사항을 처리한다. 또한 특별시·광역시·도의 경우 행정부시장 혹은 행정부지사를 행정안전부 장관을 거쳐 대통령에게 임명을 제청할 수 있다.

(4) 기관 및 시설의 설치권

지방자치법은 그 소관 사무의 범위 내에서 필요한 때에는 대통령령 또는 대통령령이 정하는 범위에서 당해 지방자치단체의 조례가 정하는 바에 따라서 자치경찰기관(제주특별자치도만 해당), 소방기관, 교육훈련기관, 보건진료기관, 시험연구기관 및 중소기업 지도기관 등을 직속기관으로 설치할 수 있으며(제126조), 특정 업무를 효율적으로 수행하기 위해 지방자치단체의 조례로 사업소를 설치하거나(제127조), 원격지 주민의 편의와 특정 지역의 개발 촉진을 위해 필요한 때에는 출장소를 설치할 수 있다(제128조).

또한 그 소관 사무의 일부를 독립하여 수행할 필요가 있으면 법령이나 그 지방자치단체의 조례로 정하는 바에 따라 합의제 행정기관을 설치할 수 있다(제129조).

(5) 규칙제정권

지방자치단체장은 법령과 조례에 따라 위임받은 사항에 대해 강제력을 가지는 규칙을 제정할 수 있다. 규칙은 기관위임사무를 중심으로 제정되지만, 지방자치단체에서 제정한 조례의 위임에 따라 규칙을 제정할 수도 있다.

(6) 지방의회의 견제 · 감시권

지방자치단체장은 지방의회에 의안을 발의할 수 있다. 지방의원의 경우 재적의원 5분의 1 이상 혹은 10인 이상의 연서로 발의하지만 단체장은 단독 발의할 수 있는 것이다.

지방의회에서 의결된 조례안이 권한을 넘어서거나, 법령을 위반하거나, 공익을 현저히 해친다고 인정되면 의결 사항을 이송받는 날부터 20일 이내에 이유를 붙여 재의(再議)를 요구할 수 있다. 재의를 요구한 안건에 대해 지방의회에서 재적 과반수의 출석과 출석의원 3분의 2의 찬성으로 재의결하면 조례안은 조례로서 확정된다. 재의결된 사항이 법령에 위반된다고 인정되면 자치단체장은 대법원에 소송을 제기할 수 있다. 이 경우 필요하다고 인정되는 경우 집행정지 결정을 신청할 수 있다(제120조).

(7) 예산편성 제출권 및 재의 요구권

지방자치단체장은 회계연도마다 예산안을 편성하여 의회에 제출한다. 지방의회는 예산을 심의, 의결할 수는 있지만 편성할 수는 없다. 지방의회는 지방자치단체장의 동의 없이 지출예산 각항의 금액을 증가하거나 새로운 비용 항목을 설치할 수 없다. 새로운 회계연도 시작 전까지 예산안이 의결되지 못했을 경우, 자치단체장은 일정한 부분의 예산을 과거에 준해 집행할 수 있다. 단체장은 지방의회의 의결이 예산상 집행할 수 없는 경비를 포함하고 있다고 인정되면 그 의결 사항을 이송받은 날로부터 20일 이내에 이유를 붙여 재의를 요구할 수 있다. 또한 법령에 따라 지방자치단체가 의무적으로 부담해야 할 경비나 비상재해로 인한 시설의 응급 복구를 위해 필요한 경비를 삭감한 경우에도 동일한 절차에 따라 재의를 요구할 수 있다(제121조).

(8) 선결처분권

지방자치단체장의 장은 지방의회가 성립되지 아니한 때와 지방의회의 의결 사항 중 주민의 생명과 재산 보호를 위해 긴급하게 필요한 사항으로 지방의회를 소집할 시간적 여유가 없거나 지방의회에서 의결이 지체되어 의결되지 아니할 때에는 선결처분할 수 있다. 이 경우 지체 없이 지방의회에 보고하여 승인을 얻어야 하며, 승인을 얻지 못하면 그때부터 효력은 상실된다(제122조).

4 지방의회와 지방자치단체장의 상호 관계

1) 지방의회와 자치단체장과의 기본 관계

(1) 상호 독립의 관계

지방의회의 지방자치단체의 장은 기본적으로 상호 독립적 관계를 형성하고 있다.

① 의회의 의원과 자치단체의 장은 각각 선거를 통해 주민이 각각 선출하고 의원과 장은 상호간 겸직이 허용되지 않는다(임기 4년).

② 의회는 자율권에 의해 내부조직을 스스로 구성하고 장은 그의 고유 권한에 의해 보조기관과 소속 공무원을 자기 책임하에 임면(任免)한다.[3]

③ 단체장은 의회의 내부조직이나 내부규정에 관해 간섭할 수 없고, 의회도 집행기관의 구성이나 내부규정에 대해 관여할 수 없다.

④ 지방의회는 조례안과 예산안, 그리고 주요 정책에 관한 자치단체의 의사를 결정하는 의사결정권을 가지는데 대해, 단체장은 원칙적으로 이를 집행하는 권한만을 가진다. 장에게는 조례안 제출권, 예산안 편성권 등이 인정되나 심의, 의결할 수 없고 의회에서는 구체적인 행정처분이 불가능하다.

3) 지방의회의 사무기구의 직원은 지방공무원의 신분이다.

(2) 상호 의존의 관계

지방의회와 자치단체의 장은 다음과 같은 측면에서 상호 의존적 관계를 형성하고 있다.

① 의원뿐만 아니라 자치단체의 장도 의회의 소집을 요구할 수 있고, 특히 총선 후 최초로 소집되는 임시회는 의회를 대표할 의장이 선출되지 않은 때이므로 자치단체의 장이 이를 소집한다.

② 의원은 물론 자치단체의 장도 의회에서 의결할 의안을 제출할 수 있고, 예산안은 장이 이를 편성하여 의회에서 심의 · 의결된다.[4]

③ 지방의회와 자치단체의 장은 법령 또는 조례가 위임한 범위 안에서 그 시행에 필요한 규칙을 제정할 수 있으며, 단체장 또는 관계 공무원은 본회의나 위원회에 출석하여 보고, 진술 또는 질문에 응답할 수 있다.

(3) 상호 통제의 관계

지방의회와 자치단체의 장에 대한 의회의 통제 기능으로 ① 행정사무의 감사 및 조사권, ② 재무작용에 관한 심의 · 의결권, ③ 장 또는 관계 공무원에 대한 출석 요구 및 질문권, ④ 확정된 조례안을 장이 공포하지 아니할 때 의장의 조례공포권 등을 들 수 있다.

이에 대해 지방의회와 자치단체의 장은 ① 조례안, 예산안, 일반 의안에 대한 재의요구권, ② 재의결된 의안에 대한 제소권, ③ 선결처분권, ④ 의회 소집 요구권, 의안제출권, 예산안 편성 · 제출권 등도 직 간접적으로 의회의 권한을 제약하거나 통제하는 장의 권한이라 할 수 있다.

참고 9-1 자치단체장의 재의 요구

단체장은 조례안과 예산안 및 일반 의안에 대한 의회의 의결에 이의가 있거나, 월권 · 위법 또는 예산상 집행이 불가능할 때, 그리고 감독관청의 요구에 따라 재의를 요구할 수 있다.

단체장의 재의(再議) 요구권은 의회의 의결에 대한 장의 거부권을 의미하는 것으로 엄격한 권력분립주의에 입각해 있는 대통령제 하에서 인정하는 제도이다. 대통령제에서는 정부가 입법 과

4) 안건을 누가 발안하느냐에 따라 명칭이 달라지는데, 의원들에 의해 발안된 것을 발의, 자치단체장에 의해 발안되는 것을 제출이라고 하여 구분한다.

정에 참여할 수 없기 때문에 의회가 의결한 법률안에 대해 이를 집행해야 할 집행자의 입장에서 의견을 반영하기 위해 거부권을 인정하고 있다.

단체장은 거부권을 통해 의회의 경솔한 판단 또는 전문지식이 결여된 부당한 의결, 의회의 의결권 남용 또는 법령에 위배되는 의결, 의회의 집행기관에 대한 무리한 정치적 공세 등을 방지하거나, 이에 대처할 수 있다. 그러나 장이 이를 남용할 경우에는 의회의 본질적인 권한이라 할 의결권을 침해하는 중대한 위해 요인이 될 수 있다.

재의의 절차는 장의 요구에 의해 이루어지는데, 장은 의결 사항을 이유를 붙여 재의 요구를 할 수 있고, 재의를 요구할 때에는 재의 이유가 되는 문제 부분을 명확하고 구체적으로 적시하여 문서로써 요구해야 한다. 또한 재의 시에는 의결 원안을 그대로 환부(還付)해야 하며 그 일부만을 분리하여 요구하거나 수정하도록 요구할 수 없다. 장의 재의 요구에 대해 의회는 이를 거부할 수 없으며 반드시 재의에 부쳐야 한다. 자치단체의 장이 재의를 요구한 경우에 그 사실 및 재의 결과를 시 · 도의 경우에는 행정안전부 장관에게, 시 · 군 · 구는 시 · 도지사에게 지체 없이 보고해야 한다.

재의에 부쳐진 의회의 의결 사항은 그것이 의회에서 재의결 · 확정될 때까지는 의결 당시에 소급하여 의결의 효력이 정지되어 미확정 상태에 있게 된다. 또한 의회가 재심의 중인 때에는 장의 철회가 인정되지 아니하고 의회에서 재의결이 확정된 때에는 장이 이를 다시 재의 요구를 할 수 없다.

의회에서 재의결된 사항이 법령에 위반된다고 판단되는 때에는 상급 관청의 승인을 얻어 대법원에 소(訴)를 제기할 수 있으며, 소가 제기된 때에는 대법원의 판결이 있을 때까지 그 의결의 효력이 정지되며 대법원의 법령 위반 판결이 있을 때에는 의회의 의결 사항은 당초에 소급하여 효력을 상실한다.

제3절 주민참여

1 주민참여의 개념과 유형

주민참여(citizen participation)란 주민이 지역의 주권자로서 영향을 미치기 위해 하는 행동이라고 볼 수 있는데, 다음과 같은 유형이 존재한다.

1) 제도적 참여와 비제도적 참여

참여의 형식이 법적으로 제도화 · 정형화되어 있는가에 따라 제도적 참여와 비제도적 참여로 구분해 볼 수 있다.

제도적 참여는 주민이 기존의 법률과 제도에서 보장된 정형화된 절차를 통해 참여하는 방법이다. 가장 대표적인 제도적 참여 방식은 선거를 통한 참여 방식이다. 선거에서 주민이 행사하는 한 표는 공직자를 선택하기도 하지만, 바람직한 정책을 선택하기도 하며, 지방의 미래를 선택하기도 한다. 이 밖에도 진정이나 청원을 통한 참여, 간담회 · 평가회 · 공청회를 통한 참여, 주민발안, 주민투표, 주민소환, 주민소송 등의 다양한 제도와 방법을 통해 참여할 수도 있다.

비제도적 참여는 여론과 대중 매체를 통한 참여, 시위나 집단행동을 통한 참여 등과 같이 일정한 형식이 없이 시도되는 참여의 형식이다. 이러한 비제도적 참여는 제도적 참여 방식이 소화해 내지 못하는 주민의 욕구를 분출할 수 있도록 해주는데, 이러한 비제도적 참여도 중요한 주민참여의 유형으로 존재한다.

2) 통제적 참여와 협력적 참여

주민참여의 목적에 따라 권력자의 감시 · 견제를 위한 통제 목적의 참여인가, 공공 서비스의 공동 공급자이자 동반자로서 협력적 참여인가에 따라 통제적 참여와 협력적 참여의 두 가지 유형으로 구분해 볼 수 있다.

통제적 참여는 가장 전통적인 참여방식으로 권력적 참여, 견제 · 감시적 참여라고 부를 수 있다. 공권력이 일방적으로 국민이나 주민을 대상으로 행해지던 전통적인 권위적 통치 방식에 대응하기 위한 참여 방식이라고 할 수 있다. 이러한 감시 · 견제적 참여는 지배 권력은 견제되지 않으면 남용되고 부패한다는 권력에 대한 불신에서 시작된다. 즉, 시민의 적극적 참여와 통제를 통해 주민의 이익을 적극적으로 보호하기 위한 것이다.

협력적 참여 또는 공생산적 참여는 품질 좋은 공공 서비스의 공동 공급을 목적으로 하는 공공 · 민간의 공동 참여의 방식이다. 이를 공동생산(共同生産)적 참여 혹은 공생산(co-production)적 참여라고 부르기도 한다. 전통적으로는 주민에 대한 공공재의 공급에서는 공급자와 소비자가 구분되어 왔다. 즉, 공공 부문은 주민 서비스를 생산 공급하는 역할을, 주민은 그러한 서비스를 소비하는 소비자로서의 역할을 주로 했다. 그러나 이러한 일방적인 주민 서비스의 제공과 소비는 과도한 재정적 부담, 서비스의 질의 저하 및 비능률 등의 문제점을 초래하게 되었다. 따라서 이러한 일방적인 공급·소비 체계를 개선하여 공급자와 소비자가 동시에 참여하는 방식이 고려되기 시작한 것이다.

3) 간접참여와 직접참여

참여의 형태에 의한 분류로 주민 개개인이나 집단이 직접적으로 참여하는가, 의회나 기타 수단을 통해 간접적으로 참여하는가에 따라 구분해 볼 수도 있다. 자치단체가 소규모이거나 오랜 전통이 있는 나라일수록 직접참여의 형식이 다양하게 마련되어 있다.

간접참여는 간접민주정치가 제도화되어 있는 현실에서 가장 기본적인 참여의 형태라고 볼 수 있을 것이다. 일단 선거를 통해 권한을 위임하고 자신의 의사를 대변한다고 보는 단체장이나 의회 의원에게 의사결정권을 위임하는 방식이다.

직접참여는 간접참여에 의한 간접민주주의 방식을 보완하고자 하는 제도이다. 선거를 통해 주권을 위임하여 임기를 보장하는 경우 안정적 공직 활동을 할 수 있다는 장점도 있지만, 그 임기 중의 권한 남용, 혹은 선거 과정에서 선택의 오류가 존재하는 경우 임기 동안 피해를 감수해야 하는 어려움 등이 존재하므로 이러한 한계를 보완하기 위해 보충적 형식으로 도입하는 참여 방식이다.

2 주민의 직접참여

현대 대의정치는 선거를 통해 대표자를 선임하고 주권을 이들에게 위임하여 시민의 이익을 실현하고자 한다. 이러한 간접민주주의의 방식은 현실적으로 불가피하기는 하지만, 일정기간 동안 주민권력이 정치 엘리트에게 절대적으로 위임 이양됨으로써, 공직에 취임한 이후 일정 기간 동안에는 주민의 주권이 제약되는 경우도 존재한다. 따라서 이러한 간접민주주의의 문제점을 보완하고자 다양한 주민 직접참여제도가 도입되고 있다.

여기서는 주민의 직접참여제도를 크게 주민발의(住民發議, initiation), 주민투표(住民投票, referendum), 주민소환(住民召還, recall), 주민소송(住民訴訟, suit), 주민청원(住

民請願, petition)으로 구분해 볼 수 있다.

1) 주민발의제

(1) 주민의 조례 제정 개 · 폐 청구권

조례는 지방자치단체에서 지방의회의 의결을 통해 제정되는 자치입법의 한 형태로서 주민에게 일정한 규제력을 행사하는 일종의 법규라고 할 수 있다. 종래에는 이러한 조례의 제정, 개정, 폐지에 관련해서 지방의회만의 고유 권한으로 설정되었다. 그러나 1999년 8월부터 주민의 조례 제정 · 개폐 청구권이 신설되고, 2021년 주민조례발안에 관한 법률이 제정됨으로써 주민도 직접적인 조례 제정과 제정 · 개폐에 영향력을 행사할 수 있도록 했다.

특별시 및 인구 800만 명 이상의 광역시 · 도는 청구권자 총수의 200분의 1 이상, 인구 800만 명 미만의 광역시 · 도, 특별자치시, 특별자치도 및 인구 100만 명 이상의 시는 청구권자 총수의 150분의 1, 인구 50만 명 이상 100만 명 미만의 시 · 군 및 자치구는 청구권자 총수의 100분의 1, 인구 10만 명 이상 50만 명 미만의 시 · 군 및 자치구는 청구권자 총수의 70분의 1, 인구 5만 명 이상 10만 명 미만의 시 · 군 · 자치구에서는 청구권자 총수의 50분의 1, 인구 5만 명 미만의 시 · 군 및 자치구는 청구권자 총수의 20분의 1의 범위에서 조례로 정하는 주민 수 이상의 연서로 당해 지방자치단체의 장에게 주민조례청구를 할 수 있다. 이러한 청구권은 의회의 주민대표 기능을 무력화시킬 우려도 존재하므로 최종 결정은 의회를 통해 이루어지도록 하고 있다.

(2) 주민감사청구제

우리나라에서는 지방자치법에는 일반 주민이 전문적 지식을 요하는 직접 감사를 수행하기는 어렵기 때문에 상급기관이나 감사 전문기관에 감사를 청구하도록 하는 청구제로서 주민감사청구제를 운영하고 있다. 이러한 주민감사청구제(citizen audit)는 주민의 힘으로 위법 부당한 행위를 직접 시정하고자 하는 것으로 주민발의의 한 유형이라고 할 수 있다.

시 · 도는 300명, 50만 명 이상의 대도시는 200명, 시 · 군 · 자치구는 150명 이내에서 조례가 정하는 수 이상의 18세 이상 주민의 연서로 당해 지방자치단체와 그 장의 권한에 속하는 사무의 처리가 법령에 위반되거나 공익을 현저히 해한다고 인정되는 경우에 청구한다. 시 · 도 주민은 주무부 장관에게, 시 · 군 · 구 주민은 시 · 도지사에게 감사를 청구할 수 있다.

2) 주민투표제

주민투표는 지역의 주요 안건을 해결하는 제도로서 지방자치단체의 중요한 사항을 결정할 때, 주민 전체의 의사를 물어 결정하는 제도이다. 2004년 1월 주민투표법이 제정되어 본격적인 주민투표제도가 정착되었다,

2004년 1월 독자적인 주민투표법이 제정되기 이전에도 지방자치법에 1994년 3월 신설된 주민투표 조항이 규정되어 있다. 즉, 지방자치단체의 장은 지방자치단체의 폐지, 치환 · 분리, 합병 또는 주민에게 과도한 부담을 주거나 중대한 영향을 미치는 지방자치단체의 주요 결정 사항 등에 대해 주민투표에 부칠 수 있으며, 주민투표의 대상 · 발의자 · 발의 요건 등에 관해 따로 법률로 정한다고 정해져 있었다. 이를 근거로 1995년 주민투표를 통해 광범한 영역의 시 · 군 통합을 이루어냈으며, 기타 혐오시설 유치 등 중요 문제에 관해 주민의 견해를 투표로 물어보기도 했다.

그러나 부안의 방사선폐기물처리장 유치 과정에서 당시 찬반이 극한 대립을 할 경우, 지방자치법상의 조항으로는 주민투표를 시행하기 어려웠다. 이에 구체적인 주민투표법의 필요성이 제기되었고, 정치권의 합의를 거쳐 2004년 1월 29일 주민투표법이 공포되었고, 6개월이 지난 2004년 7월 30일부터 실제적으로 효력을 발생하게 되었으며, 지역 현안 문제 해결에 성과를 보여주었다.

3) 주민소환제

주민소환제는 주민들이 공직자들을 임기 중간 혹은 재직 중에 불신임하여 그만두게 하는 제도로서 가장 적극적이고 강력한 참여의 형태라고 볼 수 있다. 우리나라에는 2006년 5월 24일 '주민소환에 관한 법률'이 제정 도입되어 1년 후인 2007년 5월 25일부터 시행하게 되었다. 주민소환제는 주민에 의한 공직자의 직접 해임권의 행사라는 특징을 가지고 있으며, 주민소환의 대상은 원칙적으로 선출직 공무원(비례대표 제외)에 한해 인정된다.

주민소환제는 대의민주주의의 한계를 보완하고 풀뿌리 민주주의 실현에 도움을 줄 수 있다는 긍정적 취지에도 불구하고 정치적으로 남용되거나 소집단의 이기심을 위해 남용될 수 있는 가능성이 있어 소환 투표 실시 시기 등에 제한을 두고 있다.

4) 주민소송제

주민소송은 사법적 방법에 의한 주민의 직접참여제도로, 주민들에게 손해를 입힌 단체장이나 공직자에게 그 손해를 집단적으로 배상하도록 하는 제도이다. 행정소송법상 행정소송은 항고소송, 당사자소송, 민중소송, 기관소송의 네 가지로 구분되는데, 주민소송은 이 중 민중소송에 해당하는 경우이다. 유사한 예로 미국의 납세자소송제, 일본의 주민소송제가 있다. 미국의 납세자소송은 1인 또는 복수의 납세자가 자신들을 포함한 납세자 전체의 이익을 위해 행하는 집단소송이다. 재무회계 관련 사항뿐만 아니라 위법한 재무 및 재정행위에 대해 포괄적인 소송권이 인정되고 있다. 일본의 주민소송제는 이러한 납세자소송제를 기초로 제정되었지만, 소송 대상을 재무회계상의 위법행위에 한정하고 있다.

5) 주민청원제

의회는 주민의 불이익이나 요구 사항에 대한 청원을 접수 처리할 수 있다. 지방의회에 청원을 하고자 하는 사람은 개별 혹은 집단적으로 지방의회 의원을 통해 청원서를 제출할 수 있으며, 지방의회 의장은 청원서를 접수한 때에는 이를 소관 위원회 또는 본회의에 회부하여 심사해야 한다.

청원이 본회의에 부의할 필요가 없다고 판단되었을 경우 의장은 이를 청원인에게 통지해야 하며, 지방의회가 채택한 청원으로 지방자치단체의 장이 처리함이 타당하다고 인정되는 청원은 의견서를 첨부하여 지방자치단체장에게 이송한다. 지방자치단체장은 의회에서 이송된 청원안을 처리하여 그 결과를 지방의회에 보고해야 한다.

제4절 지방자치와 광역행정

1 광역행정의 의의

최근 지방자치행정에서는 광역행정 서비스 제공을 위한 각종 제도 개혁이 이루어지고 있다. 이러한 현상은 지방자치단체가 실시해야만 하는 사무의 경우를 보면 더욱 명확해진다. 즉, 지방자치단체가 처리해야 할 사무로는 지역 고유사무만 존재하는 것이 아니라 자치단체 간 이해관계가 긴밀하게 연계되어 있는 사무, 한 자치단체의 관할구역에 한정하여 집행할 수 없는 사무, 단일 지역 내에만 국한시켜 집행할 경우 능률적 행정을 할 수 없거나 행정 목표를 효과적으로 달성할 수 없는 사무가 존재한다. 따라서 이러한 사무를 효율적으로 집행하기 위해서는 광역을 대상으로 행정 업무를 통일적·종합적으로 처리할 필요성이 있다.

이러한 광역행정은 광역주의(regionalism) 사상에 그 뿌리를 두고 있는 것으로, 자치단체의 일정한 자치구역을 주민의 실질적인 생활권 내지 이해 관계의 영역에 따라 확대시킴으로써 자치의 효과성은 물론 행정의 효과성도 높이려는 사상이다. 따라서 광역행정은 광역주의에 입각하여 주민의 자치권을 옹호하면서도 행정의 능률성과 효과성을 높이려는 사상의 표현이며, 현대 행정의 핵심적 과제인 중앙집권과 지방분권의 조화를 이룩하기 위한 제도라 할 수 있다.

또한 정치, 경제, 사회적인 변화에 따라 행정에서 중앙집권적 요소를 요구하는 경향이 나타나고 있다. 즉, 국가 이념이라 할 수 있는 사회복지 국가 이념에 근거한 요청과 경제, 사회의 비약적 발전에 따라 국민의 최저 생활을 보장하는 것이 국가의 당연한 임무로 인식되고, 이에 국가는 적극적으로 국민에 관여하여 전국적으로 일률적인 수준을 가진 행정을 실시할 필요성이 증대되고 있다. 그러나 과거에도 중앙집권주의는 존재했으나 이는 관료주의적 경향을 가지고 지방의 자치를 인정하지 않는 형태로 나타난 반면에, 현재 제기되는 중앙집권화는 지방의 자치권을 인정하면서도 국민의 보편적 복지 달성을 위해 중앙정부가 조정적 권한과 계획적 기능을 강화해야 한다는 개념이다. 이러한 의미에서 이를 신중앙집권화라 한다. 이러한 신중앙집권의 풍조에 편승하여 구중앙집권적인 권력행정을 꾀하려는 경향이 나타나고 있으므로 신중앙집권화의 대두 배경을 명확히 인식하고, 이를 국가행정이 아닌 지방행정의 일환으로 인식할 수 있는 의식의 전환이 무엇보다 요청된다.

2 광역행정의 방식

광역행정의 방식으로는 공법상의 형식과 사법상의 형식으로 나누어 볼 수 있다. 공법상으로 조직체 구성을 통한 협력 방식을 보면, 현행 우리나라의 지방자치법은 법인격을 갖는 조직체로 지방자치단체조합을, 법인격을 갖지 않는 조직체로 행정협의회를 규정하고 있다.

한편 조직체의 구성이 없는 협력 방식으로는 사무위탁에 따른 협력 방식이 존재하며, 직원의 파견도 이에 속하는 협력 방식이다(〈표 9-2〉 참조). 이 밖에도 행정구역을 개편하는 방안과 기존의 광역행정기구(특별시, 광역시, 도)나 특별지방행정기관에 의한 방식이 존재한다.

사법상의 협력 방식은 특정한 틀이 있는 것이 아니라 민법이나 상법상의 계약과 같은 방식에 의한다. 광역행정을 고려할 때에는 우선적으로 참여 자치단체 간에 수평적 협력 관계가 확립되어야 한다. 즉, 중앙정부와 각 지방자치단체는 궁극적으로 주민 전체의 복리 증진이라는 공동의 목적을 가지고 전체로서의 행정에 대해 분권과 협동의 관계를 유지하면서 상향식 협력 관계를 유지해야 한다.

〈표 9-2〉 지방자치단체 간의 협력 방식

	조직체 구성을 통한 협력		조직체 구성이 없는 협력
	법인체	비법인체	
공법상의 형식	지방자치단체조합	행정협의회	사무위탁에 의한 협력 직원의 파견
사법상의 형식	민법・상법상의 계약		

생각과 토론 문제

□ **다음의 이슈를 중심으로 생각해 보고 논의해 봅시다.**

1. 우리나라의 지방자치 역사를 찾아보고, 지방의회의 구성부터 시작하여 지방자치단체장의 선거를 통해 부활하게 된 과정을 살펴보자. 지방자치의 중요성과 필요성을 생각하고, 현재 우리나라 지방자치의 문제점이 무엇인지 각자의 생각을 토론해 보자.

2. 지방자치를 통해 이전에 비하여 크게 향상된 점이 무엇인지 찾아보자. 다른 부분에 비하여 눈에 띄게 향상된 부분이 있는데, 이러한 향상을 가져오게 한 원인이 무엇인지 생각해 보고 토론해 보자.

3. 지방의회와 지방자치단체장의 상호 관계에 대한 규정을 살펴보고, 신문 기사 등을 통해 대립되는 사례를 찾아 논의해 보자.

4. 지방자치에서 주민참여의 중요성을 제시해보고, 주민소환의 사례를 찾아 분석해 보자.

5. 광역행정의 필요성을 논의해 보고, 광역행정이 필요한 사무(분야)가 어떠한 것들이 있고, 이들의 특성은 무엇인지 생각해 보고 토론해 보자.

10

정보사회와 전자정부

제1절 정보화와 정보사회

1 정보 및 정보화의 개념

정보는 특정 목적을 위해 광(光) 또는 전자적 방식으로 처리하여 부호, 문자, 음성, 음향 및 영상 등으로 표현한 자료 또는 지식이며, 정보화는 이러한 정보를 생산, 유통, 활용하여 사회 각 분야의 활동을 가능하게 하거나 효율화를 도모하는 것을 의미한다.[1)]

국가정보화란 공공 및 민간 부문을 통틀어 국가경쟁력의 강화라는 전략적 목표를 달성하기 위해 국가 및 사회 전체의 차원에서 광범위하게 이루어지는 정보화를 향한 의도적인 변화 노력이라고 할 수 있다. 국가정보화를 추진하기 위해서는 적절한 전략과 추진 방향을 설정하고 각 분야별 정보화를 위한 바람직한 정책 수단이 마련되어야 한다. 또한 국가사회 전체의 정보화를 위해서는 공공 부문뿐 아니라 국가의 구성 주체라고 할 수 있는 기업이나 국민 개인들 역시 경쟁력 및 생활의 질 향상을 위해 정보화를 적극적으로 도입하고 활용해야 한다.

1) 국가정보화기본법 제3조 제1항, 제2항.

빅데이터 시대의 도래와 함께 공공 부문의 정보화는 더욱 중요해지고 있다. 빅데이터 시대에는 대량의 데이터 처리, 다양한 데이터의 통합, 실시간 데이터 분석 및 분석 결과의 피드백이 더욱 강조된다. 이러한 시대적 변화에 따라, 민간 부문뿐만 아니라 공공 부문에서도 방대한 양의 데이터를 효율적으로 처리하고, 다양한 유형의 데이터를 통합하여 의사 결정에 활용하는 능력이 필수적으로 요구되고 있다. 공공조직은 빅데이터 시대에 걸맞은 적절한 정보화 전략을 통해, 방대하고 다양한 형태의 데이터를 활용하여 정책결정 과정을 개선하고 행정 서비스의 질을 높이는 데 중점을 두어야 한다.

공공 부문은 빅데이터 분석을 기반으로 공공 서비스 수요의 증가, 재원 부족, 정부 기능 및 규모의 조정 필요성, 글로벌 경쟁의 증가 등과 같은 국내·외적 환경에 효과적으로 대응할 수 있다. 공공 부문의 정보화는 빅데이터의 수집과 분석 및 범부처적 빅데이터 플랫폼 등을 통해 업무 프로세스의 효율성을 증대시키기 위한 기반이 된다는 점에서 매우 중요하다. 공공 서비스 공급자와 수요자의 구분이 사라지고 민관의 공유 경제를 가능케 하는 빅데이터 시대에서, 공공 부문의 정보화는 데이터 기반의 정책 효율성, 투명성, 대응성을 제고하여 공공 서비스의 질적 향상을 실현하는 데 중요한 역할을 할 수 있다.

2 정보의 속성과 가치

1) 정보의 속성

클리블랜드(Cleveland, 1985)는 정보사회의 도래로 계층제가 사라지고 새로운 형태의 조직구조가 등장한다고 주장한다. 그는 이러한 변화가 정보의 속성에 기인하며 정보의 속성은 다음의 여섯 가지가 있다고 설명한다.

(1) 확장성(expandable)

정보는 다른 자원과는 달리 함축된 내용을 담고 있어 얼마든지 확장이 가능하다. 그리하여 자원으로서의 정보는 누적될수록 그 효과가 크게 나타나는 속성을 지닌다.

(2) 자원의 비고갈성(not resource-hungry)

정보란 어느 곳에나 충분히 존재할 뿐만 아니라 소비했다고 해도 다시 생산해 낼 수 있는 여지가 풍부하다. 아무리 사용해도 없어지지 않기 때문에 낮은 가격의 대량 생산이 가능하다는 장점을 갖는다. 그러나 정보가 희소자원이 아니라는 속성은 정보를 상품으로 하는 시장이 실패할 가능성을 높인다는 부정적 효과도 있다.

(3) 대체 가능성(substitutable)

정보는 스스로 가치를 지니고 있어 다른 자원과 교환이나 대체가 가능하다. 정보의 대체 가능성으로 인해 정보를 상품으로 하는 시장이 존재할 수 있으며, 오늘날 빠르게 성장하는 정보산업이 출현할 수 있게 된다.

(4) 이동성(transportable)

정보는 얼마든지 휴대할 수 있으며 장소의 이동이 용이한 자원이라는 점에서 물리적 이동에 한계를 갖고 있는 다른 종류의 자원들과 구별된다. 기술의 발달로 말미암아 대규모 정보의 이동성은 더욱 커진다.

(5) 확산 가능성(diffusive)

정보는 한번의 사용으로 소멸되지 않고 다수에게 배포할 수 있다. 다양한 정보화 기기는 일시에 수많은 사람에게 정보를 전달하게 되어 사회에 미치는 파급력이 높으며, 효과적인 의사 소통의 수단으로 활용된다.

(6) 공유 가능성(shareable)

정보는 일반 경제재가 갖는 소유의 배타성 개념이 완전하게 적용되지 않는다. 정보의 공유성은 의도적이든 의도적이지 않든 정보의 가치를 증대시키는 요인으로 작용한다. 반면 배타적 소유를 완벽하게 구현하지 못함으로써 개인의 사생활 침해나 개인 정보가 유출될 가능성이 동시에 존재한다. 정보의 공유 가능성은 정보의 자기결정권이나 잊혀질 권리와 같은 사회적 이슈를 제기한다.

2) 정보의 가치

(1) 정보통신상의 가치

정보의 우수성은 수신자에게 전달된 정보가 송신자가 발신한 정보와 동일한 정도에 따라서 결정된다. 수신 정보와 발신 정보의 차이는 의도적인 변형이나 부주의에 의한 오류, 또는 정보 전달 과정에서 발생하는 잡음이나 왜곡 때문에 발생한다. 정보의 전달은 매체에 의존하므로 정보 전달의 정확성은 정보평가의 주요 기준이 된다. 정보통신 관점에서 정보의 가치를 높이는 것은 송·수신상의 능률을 증대시킴으로써 실현할 수 있으며, 이를 위해서는 정보량의 조절, 수신자의 제한, 내용의 수정 및 여과, 전달 양식이나 시기의 조정 등의 방법을 취할 수 있다.

(2) 정보의 사적 가치

정보의 가치는 상업적 가치와 비상업적 가치로 구분할 수 있다. 상업적 가치는 정보를 다른 자원과 교환하여 얻는 가치를 의미하고, 비상업적 가치는 개인이 정보 소유를 통해 얻을 수 있는 만족감과 기타 사생활과 관련된 소극적 가치를 의미한다. 정보의 사적 가치는 정보의 소유권 침해로 인한 사회적 범죄 가능성을 제기한다.

(3) 정보의 공적 가치

정보가 공적인 가치를 가지게 되는 이유는 공공재(public goods)가 갖는 특성 때문이다. 공공재란 소유의 비배타성(non-exclusiveness in ownership)과 소비의 비경합성(non-rivalry in use)을 갖는 재화나 서비스를 말한다. 즉, 맑은 공기나 안심할 수 있는 치안과 같이 물리적 또는 제도적으로 개인의 독점적인 소유가 허용되지 않으며 또한 다른 사람들과 더불어 사용해도 모든 사람들이 함께 효용을 누릴 수 있는 유무형의 재화를 의미한다. 정보가 갖는 공공재의 성격으로 인해 공적인 가치를 가지고 있는 정보를 독점했을 경우에는 사회구성원에게 피해를 줄 수 있으며, 이때 공공정보에 대한 공개 문제가 사회적 쟁점이 된다. 정보는 공유함으로써 그 효과를 극대화할 수 있을 뿐만 아니라 공공정보는 공중의 재산으로서 사회구성원 모두가 이에 대한 접근을 요구할 권리가 있다.

3 정보사회의 출현과 특성

1) 지식정보사회

21세기의 시작과 함께 인류는 컴퓨터를 비롯한 정보통신 기술의 비약적인 발달과 고도의 창의성을 발현하는 시민들의 정보 수요에 기반을 두고 지식정보사회라는 새로운 시대를 맞고 있다. 많은 석학은 이러한 정보사회의 출현을 다양한 용어를 빌려 표현한 바 있다. 토플러(Alvin Toffler)는 제3의 물결로서 초산업사회(super industrial society), 벨(Daniel Bell)은 후기산업사회(post industrial society), 네이스비트(John Naisbitt)는 거대한 물결로서 정보사회(information society), 드러커(Peter Drucker)는 지식사회(knowledge society)로 명명했다. 포랏(Marc Porat)은 좀 더 실증적인 접근으로 1차, 2차, 3차 산업에 추가하여 나타나는 정보산업이 노동력의 절반 이상을 고용하는 사회를 정보사회로 진단한 바 있다.

지식정보사회는 지식과 정보가 사회적 · 경제적 교환 수단으로 중요한 기능을 하는 사회로서 산업사회와는 상이한 지배구조와 가치관을 내포하고 있다. 규격화, 전문화, 동시화, 집중화 등의 산업사회 특성에서 다양화, 탈동시화, 분권화와 같은 특성을 가지게 되며, 정보가 지구촌화(globalization)되고 정치 권력이 지방분권화(localization)되는 등 세방화(glocalization)로의 움직임이 가속화된다. 또한 컴퓨터와 통신기술이 사회의 모든 부문에서 광범위하게 이용되며 정보산업의 종사자나 국민총생산에서의 비중이 크게 높아지고 원거리 의사 소통이 용이해지며 정보의 전달매체가 종이에서 전자매체로 바뀌는 등의 특성을 가진다.

그 밖에도 심리적으로 공간 개념이 축소되고 개인의 문제 해결에 정보와 지식의 활용이 높아지는 특성을 갖는다. 또한 하드웨어나 소프트웨어의 사용 시에 호환성과 표준화가 절대적으로 필요하기 때문에 통일성이 강조되지만, 이와 동시에 사용자들의 창의성과 정치 권력의 분권화가 예견되는 다양성의 사회이기도 하다(안문석, 1995). 이러한 정보사회의 출현은 컴퓨터와 같은 정보기술의 보편적 사용에 기인한 바 크다. 디지털 혁명으로 불리는 이러한 급격한 사회 변화는 사회구성원 모두에게 이전과는 다른 새로운 도전과 응전을 요구한다. 특히 정보산업의 육성, 공공정보의 수집과 관리, 정보사회의 근간이 되는 각종 정보 기반구조(information infrastructure)의 제공에 1

차적 책임을 지고 있는 공공 부문은 이제까지의 소극적인 대응에서 벗어나 좀 더 적극적인 역할을 하도록 요구받고 있다. 이러한 역할 변화의 핵심은 다름 아닌 공직자의 전향적인 태도와 미래 지향적 인식이다.

사회가 복잡해지고 구성원 간의 상호 관련성이 높아지면서 공동체 생활의 유지에 필요한 가치 규범과 제도의 정립이 중요한 쟁점으로 떠오르고 있다. 전통적인 미시경제학자들에 의하면 효용 극대화를 추구하는 합리적인 개인은 완벽한 정보 수집 및 분석 능력을 갖추고 있어 이들에 의한 집합적인 의사 결정 또한 사회 전체적으로 볼 때 자원의 낭비가 없는, 가장 효율적인 형태로 균형을 이룬다고 한다. 그러나 이는 어디까지나 이론적인 가정일 뿐 현실 세계에서의 인간은 제한된 합리성을 갖고 있고(Simon, 1947), 공익을 위한 이타적인 규범에 의해 지배를 받기도 한다는 비판이 존재한다.

정보사회의 출현은 이전 시대인 농업사회나 산업사회와 비교하여 완전히 새로운 생활 양식과 가치 체계 및 사회 질서를 가져왔기 때문에 근본적인 패러다임의 변화(paradigm shift)라고 말할 수 있다. 패러다임이 변화하는 시기에는 사회 모든 분야에 걸쳐 상충되는 영역이 존재하여 가치 판단의 혼란을 가져오게 된다. 특히 현대는 사회의 규모가 거대해졌으며, 그 구조도 복잡하여, 변화가 가져오는 가치 체계의 혼란이 매우 심각하다. 이러한 변화와 혼돈에 적절히 대응하는 길잡이로서의 역할이 동시에 제기된다.

2) 친환경정보(Green IT) 사회[2)]

지식정보사회의 발전과 산업 발달로 인한 경제 성장 과정에서 IT가 공헌한 바는 의심할 여지가 없지만 한편으로는 환경에의 폐해로 인해 개발과 환경은 현대 사회에서 화합하기 쉽지 않은 관계를 유지해 왔다. 이런 가운데 이명박 정부 시대의 국가발전 패러다임으로 제시되었던 '저탄소 녹색 성장'은 환경 보전과 경제 성장이 조화로운 관계로 나아가기 위해 추구해야 하는 국가 목표였다. 녹색성장(green growth)은 저탄소사회 실현 및 녹색산업화를 통해 경제 성장을 구현하고자 하는 정책 기조와 사회

2) 이 내용은 김기환(2010), "공공부문에서의 친환경 정보기술 정책에 관한 시론적 연구," 『한국지역정보화학회보』, 제13권, 제3호의 일부를 옮겼음.

가치관을 내포하는 개념이며, 저탄소사회란 경제 성장을 환경적 역량 내에서 추구함으로써 현 세대뿐 아니라 미래 세대의 행복추구권까지 인정하는 인간 중심의 지속 가능한 사회를 의미한다. 저탄소사회는 물질보다는 인간성에 기본 가치를 두고, 경제 성장으로 인한 환경적 폐해를 최소한으로 유지시켜 다음 세대가 인간다운 삶을 누릴 수 있도록 하는 지속 가능한 성장을 추구한다. 주력산업은 친환경 에너지사업, IT산업 등인데, 고탄소사회의 IT산업이 효율성을 강조하는 IT기기의 개발과 생산에만 초점을 두는 데 반해, 저탄소사회의 IT산업은 좀 더 환경친화적인 Green IT에 주목한다.

Green IT 개념은 친환경적인 방법으로 IT기기를 생산하고 사용하며 폐기하는 것을 의미하며, 조직 내의 IT 관련 부서가 좀 더 효율적인 전력관리 및 재활용 노력을 기울이는 것까지 포함한다. 이뿐만 아니라 Green IT는 정보기술을 활용하여 궁극적으로 에너지를 절감하고 온실가스 등 환경에 유해한 물질의 배출을 억제하는 것까지를 포괄하는 넓은 개념으로 사용된다. 이렇게 본다면, Green IT는 환경 보호를 의미하는 'green'과 정보기술(IT)이 합성된 용어로서, IT와 관련된 활동(제품 생산 등)을 친환경적으로 수행한다는 의미와 '정보기술을 통한 환경 보호'라는 이중적 의미를 지닌다. 전자의 의미는 에너지 효율적인 기술의 도입, 데이터센터에서 사용하는 전력량 감소, 친환경적 재료로 만들어진 기기의 구입, 친환경적인 방법으로 폐기하는 것 등을 포함한다. 제품의 생산, 유통, 소비, 폐기 등의 과정에서 이러한 행위들에 충실할수록 수질, 대기, 토양의 오염 등 환경에 덜 피해를 주는 결과를 낳는다는 것이다. 후자와 관련해서 IT는 가상회의(virtual meetings), 교통 수단 사용 억제, 재택근무 및 원격근무, 지능형 교통 시스템(ITS), 전자출판 등을 가능하게 함으로써 에너지 사용량을 크게 줄이고 이로써 환경오염 방지에 기여한다는 것이다.

그런데 'Green'과 IT 양자는 본질적으로 정(正)의 상관 관계와 부(負)의 상관 관계를 동시에 갖는다. IT기기를 생산하고 사용하는 데에 막대한 에너지를 사용하게 되고 이로 인해 많은 양의 이산화탄소를 배출하게 된다는 점에서 IT는 Green과 부의 상관 관계를 갖는다. 반면 정보기술은 재택근무 또는 원격 근무 등을 가능하게 함으로써 이산화탄소의 배출량을 감축시키는 데에 기여하게 되어 결과적으로 환경 보호에 도움을 주기도 한다. IT가 전 지구적 환경 문제의 원인 제공자인 동시에 문제의 해결자로서 존재한다는 이중적 역할은 IT가 한편으로는 전 세계의 이산화탄소 배출량의 2%에 대한 책임이 있지만, 다른 한편으로는 나머지 98%를 감축시키는 데에 중요한 역할을 할 잠재력을 갖고 있다는 것을 의미한다. 따라서 Green IT는 IT기기와 관련한 생산과 소비, 폐기에 따른 이산화탄소 배출 감소와 IT를 활용한 이산화탄소 감축이라는 양 방향으로 전개되어야 할 목표를 가지며, 이를 위한 기술 및 정책개발의 필요성을 제기한다. 이렇듯 IT는 에너지 소비 및 환경 파괴의 측면에서 부정적 영향을 미치기도 하지만, IT기기 자체에서의 유해성 및 전력 소비 최소화 노력과 함께 다른 산업에의 IT 활용을 통해 자원과 에너지 소비 억제를 가능하게 하고 환경오염물질의 배출을 저감하는 데도 기여한다.

3) 빅데이터 사회

데이터 규모가 급속하게 증가되면서 데이터에 대한 기존과는 다른 새로운 접근이 요구된다. 예전에는 저장되지 않거나 분석할 수 없었던, 또는 분석할 필요성을 느끼지 못했던 방대한 분량의 데이터를 분석할 필요성이 제기되기 때문이다. 이른바 '빅데이터 시대', '빅데이터 현상', 또는 '빅데이터 혁명'이라는 용어는 이러한 상황을 통칭하고 있으며, 향후 공사 부문을 막론하고 조직이나 기관의 혁신과 경쟁력의 강화, 그리고 생산성의 향상을 촉진하는 데에 핵심적인 역할을 할 것으로 기대한다.

기업과 개인의 활동으로 인해 창출되고 유통되는 데이터 못지않게 공공 분야에서도 매년 대규모 정보들이 생성되고 분석되는데, 특히 공공 부문에서의 방대한 데이터는 환경, 의료, 에너지, 복지, 국방, 기상 등 중요한 공공 부문에서의 다양한 정책 요구의 확인과 실현, 효과적이고 효율적인 행정, 그리고 사회적 파급력이 큰 공적 문제의 해결에 공헌할 수 있다.

빅데이터(big data)는 일반적으로 양(volume), 속도(velocity 또는 speed), 다양성(variety 또는 complexity) 등 세 가지 요소로 설명되는데, 각각 데이터의 생성량, 데이터가 생성되고 처리되는 속도, 그리고 데이터의 유형과 소스를 의미한다(Sheppard, 2011: 6). 최근에는 이와 더불어 가치(value)와 정확성(veracity)의 두 가지 요소가 추가되어 빅데이터의 특성을 '5V'라는 다섯 가지 요소로 설명하기도 한다(Demchenko, De Laat, & Membrey, 2014).

첫째, 데이터의 양적인 측면에서는 공공 분야 못지않게 대규모 민간기업들의 약진이 주목된다. 앞서 언급했듯이 데이터의 규모가 빅데이터를 결정하는 중요한 기준이 됨에도 불구하고 구체적으로 정해진 기준은 존재하지 않는다. IDC(International Data Corporation)는 제타바이트를 글로벌 데이터 규모로 명명하면서 빅데이터의 범주에 넣고 있지만, 빅데이터를 구성하는 데이터의 규모는 조직에 따라 상대적이기 때문이다. 즉, 큰 규모의 회사에서는 몇십 페타바이트를 상회하기도 하고, 상대적으로 소규모 기업에서 몇십 테라바이트의 데이터량을 기존의 방식대로 처리하기가 불가능한 경우에 그 정도의 데이터 규모가 빅데이터의 범주에 속한다.

둘째, 빅데이터의 속도와 관련해서 기업의 마케팅이나 세일즈 담당조직은 시시각각 변화하는 수요자들의 선호 사항을 확인하기 위해 구매 패턴, 웹사이트 방문 행태, 소셜 네트워크의 활동 내역 등에 관한 광범위한 정보를 빠른 시간 내에 입수하여 이를 마케팅이나 고객관리에 활용한다. 또한 고객들의 의문점이나 회사나 상품에 대한 수요자들의 잘못된 편견 등에 대해 실시간에 가까운 속도로 대응하고 있다. 정부 부문 역시 주민 개개인이 제기한 민원에 대한 즉각적인 응답이나, 주요 공공시설에 대한 사고나 위험에 효과적으로 대처하고 전염병이나 자연재해 등 신속한 재난 대응을 위해 빠른 속도의 데이터 처리 능력이 요구된다.

셋째, 복잡성은 불확실성 또는 예측불가능성을 의미한다. 불확실성은 특히 민간부문에서 가장 큰 도전 과제로서, 이는 조직이 과거에 경험해 보지 못했던 상황에 대한 다양한 정보의 부족에 기인한다. 조직의 입장에서는 고객(시민 또는 수요자)에 대한 데이터의 원천이 다변화되고 비구조화된 데이터가 급증하면서 이에 대한 적절한 대응책을 마련하지 못하는 경우에 '복잡성의 간극(complexity gap)'이 생겨 조직이나 기관 운영의 위기를 맞게 된다. 결국 현대 조직은 공사 부문을 막론하고 위의 세 가지 요소를 조직 내에서 모두 반영하여 효과적으로 대응하지 못하는 경우 효율적인 조직 운영, 이윤 증대(민간의 경우), 경쟁력 향상 등의 문제를 발생하게 된다.

넷째, 가치는 빅데이터의 중요한 특징 중 하나로, 특히 산업 분야에서 핵심적으로 여겨진다. 빅데이터의 관심사는 데이터가 제공하는 가치에 초점을 맞추고 있으며, 이것은 빅데이터의 본질적인 목적이기도 하다. 물론 앞서 살펴보았던 대량의 데이터(volume)와 빠른 업데이트 속도(velocity)는 빅데이터의 특성을 이해하는 데 매우 중요한 요소이지만, 빅데이터의 궁극적인 가치는 데이터 자체의 양이나 속도를 넘어서 그 데이터를 통해 얻을 수 있는 실질적인 통찰력과 해결책에서 발현된다. 따라서 빅데이터의 관리와 분석 과정에서 이러한 가치 창출을 목표로 하는 접근 방식이 중요하다.

공공 부문에서 빅데이터의 가치는 시민들의 삶의 질 향상과 효율적인 공공 서비스 제공에 얼마만큼 기여할 수 있는지에 놓여 있다. 예를 들어, 교통 상황 데이터를 분석하여 도시의 교통 체계를 최적화하거나, 공중 보건 데이터를 활용하여 예측력이 높은 질병 예방 정책을 수립하는 것 등이 이에 포함될 수 있다.

다섯째, 빅데이터의 정확성은 데이터의 신뢰성과 관련이 깊다. 빅데이터의 특징 중 다양성(variety)이 의미하는 바와 같이, 빅데이터는 다양한 출처에서 수집된다는 점에서 종종 예상치 못한 오류나 편향(bias)을 포함할 수 있다. 데이터의 높은 정확성은 공정하고 효과적인 의사 결정을 가능하게 하지만, 본질적으로 오류가 많고 높은 편향성을 지닌 데이터는 자칫 불공정하거나 부정확한 결론을 야기할 수 있다. 따라서 데이터의 질과 정확성을 확보하기 위한 철저한 데이터 정제 및 검증 과정이 필수적이다. 데이터의 정확성을 확보함으로써, 빅데이터 기반 공공 정책의 효과성과 신뢰성을 높일 수 있다.

빅데이터는 단순히 대규모 데이터 자체만을 가리키는 것이 아니라, 데이터를 저장, 수집, 발굴, 분석, 사업화하는 대규모 데이터와 관련된 모든 프로세스를 의미한다. 따라서 빅데이터의 발달은 이러한 모든 프로세스의 발달을 전제하며, 기술적인 측면에서 이를 가능하게 하는 것은 정보기술의 발달에 따른 데이터 저장 비용의 감소, 저장 및 분석기술의 발전 등이다. 빅데이터 시대를 열게 한 대표적인 기술 중 하나인 클라우드 컴퓨팅은 대규모 데이터의 자동 백업, 복원 및 자동 재배치 등을 통해 빅데이터의 저장 및 처리 문제를 해결해 줌으로써 기존의 IT환경에 비해 신속성과 유연성, 그리고 규모의 경제를 제공해 준다. 저장 및 분석기술의 발전은 과거 축적만 하고 사용하지 못하거나, 생성되는 즉시 사라져버리는 데이터들을 빠르고 저렴한 비용으로 분석하게 한다. 이와 함께 오픈소스 데이터분석 소프트웨어(예: Hadoop)나 빅데이터 분석을 위한 컨설팅 서비스(예: Socrata 또는 Palantir)도 등장하면서 데이터 분석을 위한 초기 자본 비용의 절감 등 빅데이터의 활용이 확대되는 데에 큰 기여를 하고 있다(한국정보화진흥원, 2012).

빅데이터 시대에서 데이터가 폭증할 수 있는 것은 기술 발전으로 인한 데이터 저장 및 처리 비용의 하락과 더불어 소셜 네트워크 서비스 확대로 인한 대규모 데이터의 생성 및 유통에 기인한다(국가정보화백서, 2012). 공공 분야에서 소셜 미디어는 대중의 정책 수요를 현실감 있게 파악하는 데에 기여할 뿐 아니라 재난 발생 시 정부의 신속한 대응에도 크게 도움을 준다. 즉, 소셜 미디어는 정보사회에 개인 또는 집단 간 의사 소통의 주요한 수단이 되는 동시에 정치적 · 사회적 가치의 결집 및 유통, 나아가서 참여 민주주의를 효과적으로 실현하는 도구로 작용한다. 그러나 한편으로, 프라이버시 침해나 개인 및 집단에 대한 감시, 각종 중독 현상 등 새로운 문제가 발생할 가능성 또한 증대된다(〈표 10-1〉 참조). 특히 프라이버시 침해는 정보사회가 초래하는 전통적인 역기능이지만 빅데이터 시대에 더욱 심각한 문제로 대두될 수 있다. 빅데이터 시대에서는 무엇을 하든, 어디로 가든, 누구와 어떤 대화를 하든지 그 내용이 기록될 수 있기 때문이다. 즉, 과거에 '개인적'으로 이루어지던 내용들이 빅데이터 시대에서는 점차 '공공화'되는 것이다(Craig & Ludloff, 2011). 또한 발달된 분석기술은 직접적인 개인 식별 정보가 아닌 일반 정보의 조합으로도 개인을 식별할 수 있게 되고, 이를 통해 특정인의 건강이나 생체적 상태, 성적 취향, 또는 재정 상태 등을 예측한다는 점에서 개인의 프라이버시는 더욱 노출될 가능성이 높아진다.

〈표 10-1〉 소셜 미디어의 위험 유형과 내용

위험 유형	주요 내용
프라이버시 침해 만연	• 소셜 미디어를 통한 개인의 신상털기 급증 • 사생활 침해에서 번지는 마녀 사냥식 여론몰이 성행 • 소셜 미디어를 매개로 한 사이버 폭력의 진화
신디지털 감시사회 도래	• 소셜 정보를 소유한 기업의 오용과 감시 증가 • 소셜 정보로 만든 신파놉티콘을 통한 정부 검열과 통제 우려
인포데믹스 가열화	• 루머 확대 창구로 불안 사회 조성 및 경제적 손실 야기 • 근거 없는 논쟁으로 인한 사회 불신 초래 • 기존 정보전달 매체의 공신력 약화
디지털 포퓰리즘 선동	• 대중 선동을 통한 대의민주주의 변질 우려 • 포퓰리즘의 정책결정 과정 유입에 따른 정부의 정책 리더십 약화
소셜 미디어 중독 증가	• 소셜 미디어 중독에 따른 디지털 피로감 악화 • 중독 증세가 가져오는 2차 부작용(집중력, 생산성 저하) 파급력 확대
신소외 문제 발생	• 사회적 관계 고립에 대한 실시간 소외감 가중 • 미래의 새로운 사회적 소외 계층으로 전이될 가능성 존재

자료: 정명선 외(2011).

제2절 정보사회의 행정환경

1 공공 부문에서 정보통신기술의 도입과 역할

컴퓨터의 발달은 정보를 전자적인 부호로 처리하는 것을 가능하게 하여 대량의 정보를 적은 물리적 공간에 안전하게 저장할 수 있게 했고, 처리 및 분석에서도 이전에는 경험하지 못했던 가공할 속도와 능력을 제공하게 했다. 대형의 고가이던 컴퓨터도 소형화되고 저가로 보급되면서 개인용 컴퓨터가 대중화되었다. 그뿐만 아니라 통신기술과 컴퓨터 기술이 결합된 이후로는 단순한 문자나 숫자 정보는 물론 그림, 사진, 소리 등의 모든 정보를 전자적인 방법으로 전 세계에 순간적으로 전파할 수 있게 되어 그야말로 디지털 혁명을 실감할 수 있게 되었다. 정보통신(telecommunication)이란 컴퓨터와 통신의 결합을 의미하는 것으로 컴퓨니케이션(compunication)이라는 신조어를 낳기도 했다. 이에 대응하여 일반 시민의 정보 수집 및 처리에 대한 수요 또한 폭발적으로 증가하고 있다. 정보통신기술(ICT)의 도입은 정부조직뿐만 아니라 기업 및 지역사회, 그리고 이들의 상호작용에까지 많은 변화를 가져오고 있다.

컴퓨터를 사용하면서 행정조직에 많은 변화를 초래했다. 사무자동화로 인한 가장 큰 효과는 문서 처리에 필요한 시간과 비용이 감축되어 업무 처리의 효율성을 높일 수 있게 되었다. 조직구조에도 근본적인 변화가 발생했는데 전통적인 계층제적 구조에서 계층 수의 축소는 물론 네트워크 조직의 출현, 팀제의 적용 등에 의해 좀 더 다양하며 신축적인 형태로 변화되었다. 그뿐만 아니라 의사 소통의 기회가 증대되어 더욱 활발한 양방향 의사 소통도 가능해졌으며 민주적 참여의 폭도 확대되었다.

그러나 정보기술의 도입이 긍정적인 효과만 주는 것은 아니다. 특히 신기술을 도입하는 초기 단계에는 기반시설(infrastructure)에 대한 투자 비용이나 자료의 안정성 확보를 위한 수작업과 컴퓨터 작업의 중복 업무와 같은 추가 비용과 노력이 요구되어, 정보화로 인한 효과를 경험하기보다는 업무의 효율성과 조직원의 사기가 저하되는 부정적인 영향만을 느끼기 쉽다. 그리고 장기적으로 실질적인 생산성의 향상이 이루어졌다 하더라도, 공공 부문의 낮은 고용 탄력성은 인력 감축을 어렵게 할 수 있다.

가장 심각한 것은 정보화로 인한 조직 내부의 갈등으로서 이는 변화에 대한 저항으로 나타난다. 또한 세대 간의 격차는 이전에는 경험하지 못했던 컴맹과 네티즌의 분리를 낳아 조직관리상의 새로운 과제가 되기도 한다.

2 정보화를 통한 거버넌스[3)]

거버넌스의 개념은 연구의 분야와 사례에 따라 차별적으로 적용할 수 있는 매우 다양하고 복잡한 개념이다. 논의의 편의를 위해 여기서는 거버넌스의 개념을 "정부와 기업, 시민사회의 다양한 주체들이 전통적인 역할 구분을 넘어, 참여와 협력, 소통 과정을 통해 서로의 경험과 지식을 공유하고 신뢰를 형성함으로써, 공동의 문제를 함께 해결하고자 하는 대안적인 정부 운영 체제 또는 협력적 관리 체제"로 이해하고자 한다(환경부, 2004).

정보화 부문에서 거버넌스는 e-거버넌스, 사이버 거버넌스, 전자 거버넌스, 온라인 거버넌스 등 여러 종류의 형태를 띠고 논의되고 있는데, 핵심적인 내용은 거버넌스를 구축하고 운영하는 과정에서 정보기술의 역할에 초점을 두고 있다. 즉, e-거버넌스는 정보기술이 공공 부문에서의 의사 결정 구조에 어떤 영향을 미치는가에 초점을 두며, 구체적으로 인터넷 등 정보기술의 발달로 인해서 기존의 독점적이고 배타적인 정부 권력이 수평적이고 분권적인 국정관리 형태로 변모하는 데에 주된 관심을 둔다.

이러한 거버넌스 형태는 국가와 시장 또는 국가와 시민사회 간의 관계를 좀 더 민주적으로 변화시켜 시장기구 또는 시민사회가 정책의 결정 과정에 적극적으로 참여하는 것을 보장한다. 이를 가능하게 하는 구체적인 정부 형태가 전자정부라고 할 수 있으며, 거버넌스 시각에서 본다면 전자정부는 정부 업무가 디지털화되면서 행정상의 효율을 향상하는 것뿐 아니라 정책 과정에서 시민의 참여를 증진함으로써 정책 과정의 투명성과 민주성을 제고하고 궁극적으로 정책의 질을 향상시키는 데에 기여한다. 이렇게 보면 전자정부는 단순히 행정의 효율만을 추구하는 도구가 아니라 시민

3) 이 내용은 김기환(2006), "거버넌스 시각에서의 환경행정정보화 평가: 환경정보화 주요 사업을 중심으로,"『한국정책과학학회보』, 제10권 제4호의 일부를 옮겼음.

들이 적극적으로 참여하는 자유로운 소통의 장이 되어야 할 것이며, 이를 통해서만이 시민의 참여가 제대로 보장되는 거버넌스의 역할을 충분히 수행하게 된다(이종구, 조형제 · 정준영, 2005).

전자정부를 포함한 정보화 부문에서 거버넌스는 정보화의 완성 단계에 자리매김되고 있다.[4] 전자정부 또는 공공 부문의 정보화의 수준 모형에 대한 많은 연구에 의하면, 마지막 완성 단계는 정부와 주민 간 혹은 국가 간 네트워크 연결(UN, 2004), 국민 중심의 정부로의 전이(Kauver, 1998), 고객 승인 하의 기관 간 정보 공유(호주국립감사원, 1999), 고도화된 시민/기업 간의 상호작용(서삼영, 2001) 등 수평적 네트워크 체계에서 정부 간, 그리고 정부와 고객 간의 거래가 이루어지는 단계로 발전한다고 주장하고 있다. 이렇듯 궁극적인 의미에서 공공 부문의 정보화는 정보기술 발전 그 자체에 의해 완성된다기보다는 정보기술을 활용하여 고객 또는 그 밖의 다양한 기관 혹은 집단과의 관계를 어떻게 형성하고 그들에게 어떤 서비스를 제공하고, 그들을 의사 결정 구조에 어떻게 참여시킴으로써 사회 전체적으로 어떤 편익을 가져다주는지에 주된 초점을 둔다는 점에서 거버넌스의 시각을 반영하고 있다고 할 수 있다.

거버넌스 시각은 공공 부문과 민간 부문 간의 네트워크의 형성과 연결된다. 네트워크의 네트워크라고 불리는 인터넷의 광범위한 사용은 공공 서비스를 전달하고 획득하는 데 핵심적인 수단이 되고 있다. 시민들은 자신에게 필요한 정보가 무엇인지, 어디에 있는지, 어떠한 서비스를 어떻게 전달받을 수 있는지에 대해 상세히 알고 있는 명석한 존재(smart citizen)가 되었으며, 이러한 정보 수요의 변화는 정부의 새로운 역할을 요구하는 매우 근본적인 변화의 출발점이 된다. 정보 처리 전문가의 도움을 받지 않고 시민들이 컴퓨터를 네트워크에 접속하여 필요한 정보 처리를 스스로 행하는 최종 사용자 컴퓨팅(end-user computing) 또한 보편화되고 있다. 고객-서버 시스템(client-server system)이라고 불리는 기술에 의해 정보 시스템이 더욱 분산형, 개방형으로 발전함에 따라 시민들에 의한 직접적인 정보 처리는 더욱 가속화할 전망이다. 기업들도 전통적인 물리적 거래에 더해 거래에 필요한 비용과 시간을 최소화하고 다품종 소량 판매와 같이 혁신적인 사업 방법이 가능한 전자상거래(electronic commerce)로 업무 영역을 확장하면서 가상공간에서의 원만한 경제 활동을 위한 정부의 적극적인

4) 전자정부의 발전 단계에 대해서는 다음 절에서 좀 더 자세히 논의한다.

역할을 요구하고 있다. 행정조직 내부에서도 인트라넷을 통한 전자우편, 데이터베이스의 공동 이용, 실시간 전자결재, 전자화상회의 등이 확산되고 있다. 전자도서관, 원격교육 및 원격진료, 재택근무 등도 이미 흔히 볼 수 있는 현상으로 정보사회의 새로운 행정환경을 구성하고 있다.

정부는 국가경쟁력을 신장시키고 시민들의 삶의 질을 향상할 수 있도록 행정환경 변화에 적절히 대응해야 한다. 이를 위해서는 정보기술을 적절히 활용하고, 이에 따른 환경 변화에 신속히 적응할 수 있는 신축적 전략을 수립해야 하며, 신축적 전략 수립을 위해서는 정책결정에 적용할 명확한 가치관의 설정을 필요로 한다.

3 행정환경 변화에 따른 전자정부

1) 전자정부의 개념 및 발전단계론

전자정부법 제2조에 의하면 "전자정부란 정보기술을 활용하여 행정기관 및 공공기관(이하 "행정기관 등"이라 한다)의 업무를 전자화하여 행정기관 등의 상호간의 행정 업무 및 국민에 대한 행정 업무를 효율적으로 수행하는 정부"를 말한다. 한편, 우리나라 전자정부 공식 홈페이지(http://www.korea.go.kr)의 행정자료실 용어사전에 의하면 전자정부는 "정보통신기술을 활용하여 행정 활동의 모든 과정을 혁신함으로써 정부의 업무 처리를 효율적이고 생산적으로 개선하고, 정부의 고객인 국민에게 질 높은 행정 서비스를 제공하는 지식정보사회형 정부를 말한다. 좁은 의미로는 대민행정, 내부행정 처리 및 정책결정, 조달 등의 측면이 전자적으로 상호 유기적인 작용을 하면서 온라인 네트워크를 통해 공공재나 서비스를 상호 제공하는 것을 의미한다."

전자정부는 단순히 정보기술에 의해 정부의 업무 처리 방식만을 변화시키는 것이 아니라, 정부와 시장 및 정부와 국민 간의 의사 소통 및 권력적 변화의 내용도 포함한다는 점에서(정충식, 2012a) 끊임없이 진화하는 속성을 갖는다. 전자정부의 다양한 속성을 전자정부의 대상(누구를 위한 전자정부인가)과 전자정부의 목적(무엇을 위한 전자정부인가)에 따라 몇 가지 유형으로 나눌 수 있다(〈표 10-2〉 참조).

〈표 10-2〉 전자정부 개념의 유형화

		전자정부의 대상	
		국가	일반 시민
전자정부의 목적	효율성	기술관료적 정부	효율적 대민 서비스 정부
	투명성	감시적 정부	일반 시민에게 투명한 정부
	권력 강화	전제적 정부	민주적 정부

자료: 정충식(2012a: 78)의 〈표 4-5〉 재구성.

기술관료적 정부 유형은 전자정부를 통한 효율성 및 생산성 제고에 주목한다. 즉, 정부조직 내부의 업무 처리의 효율성을 증진시키는 데 기여하는 정부로서, 이를 통한 이익은 정부 내부에 근무하는 직원에 돌아가게 된다. 효율적 대민 서비스 정부로서의 전자정부는 정보통신 기술을 활용하여 일반 시민들 입장에서의 효율성을 증진시키는 정부로 이해된다. 예를 들어, 시민들이 정부기관을 방문하지 않고도 가정이나 직장에서 정부 서비스를 요청하고 받을 수 있는 정부를 가리킨다. 감시적 정부는 정부 입장에서의 투명성의 증대를 의미한다. 즉, 정부가 국민들에 대한 정보를 획득함으로써 감시를 좀 더 용이하게 할 수 있으며, 상부기관이 하부기관에 관한 정보를 통해 효과적인 감시를 할 수 있는 경우도 포함된다. 일반 시민에게 투명한 정부 유형은 대중의 입장에서 투명성에 초점을 둔다. 즉, 정부가 갖고 있는 많은 정보나 업무 처리 과정이 일반 시민들에게 적극적으로 공개되는 것을 의미한다. 이 유형의 전자정부는 민주화나 전자정부의 구현 수준이 높은 나라에서 볼 수 있다. 전제적 정부 유형은 정부가 이른바 '빅 브라더(big brother)'로서 정보통신기술을 활용하여 국민을 감시하고 통제하는 전자정부를 가리킨다. 권위주의 국가나 민주화의 수준이 낮은 국가에서 부분적으로 볼 수 있는 유형이다. 민주적 전자정부 유형은 정보통신기술의 활용을 통해 사회 내 불평등 해소, 국민의 기본권 증진, 의사 결정 과정에의 대중의 참여 등 민주주의를 구현하는 정부를 일컫는다. 이러한 전자정부는 국민들이 통제의 대상이 아닌 통제의 주체가 되며, 개개인의 자유와 권리가 신장되는 데에 전자정부가 중요한 역할을 하게 된다.

한편 전자정부의 진화적 속성은 전자정부의 발전 단계를 통해 설명이 가능하다. 발전 단계는 전자정부의 성격과 역할이 어떤 변화를 거치고 있는지에 대한 설명뿐 아니라 현재의 단계를 평가하고 미래의 단계를 예측하는 기능을 한다. 전자정부의 발전

〈표 10-3〉 전자정부 발전 단계 모형 개괄

연구	발전 단계
호주 국립감사원(1999)	1. 웹 구축 단계: 웹을 통한 기본적 정보 제공
	2. 온라인 DB 검색 단계: 정부 DB 온라인 검색
	3. 정부와 고객 간 상호작용 단계
	4. 기관 간 정보 공유 단계: 기관 간 데이터베이스 공유
한국전산원(2000)	1. 웹 구축 단계: 정보의 일방적 제공
	2. 상호작용 단계: 국민과 정부 간 의사 소통
	3. 거래 단계: 웹을 통한 공공 서비스 제공 및 각종 신고, 납부 수행
	4. 변환 및 통합 단계: 조직구조와 업무 처리 절차의 근본적 변화
Gartner Group(2000)	1. 제공 단계: 정보의 일방적 제공
	2. 상호작용 단계: 검색, 관련 기관의 링크
	3. 거래 단계: 온라인상 기본적인 업무 수행
	4. 변화 단계: 투명한 정부 운영, 새로운 형태의 CRM, 인트라넷
Deloitte Consulting(2000)	1. Information Publishing/Dissemination: 정보 제공
	2. Official Two-way Interaction: 전자서명, 금전거래
	3. Multi-Purpose Portal: 단일 창구를 통한 정부기관의 경계 초월, 원스톱 서비스
	4. Portal Personalization: 개인화된 서비스를 위해 고객이 요구에 맞게 정부포털을 최적화
	5. Clustering of Common Service: 기관들이 제공하는 기본적인 서비스 통합
	6. Full Integration and Enterprise Transformation: 개인화된 요구와 선호에 의한 전자정부
서삼영(2001)	1. 착수: 정보 제공, 기관별 간단한 민원 처리
	2. 촉진: 진화된 포털, 부처 간 네트워크
	3. 시민 중심: 통합 시스템
	4. 고도화된 공통 인프라
UN 전자정부 발전지수	1. Emerging: 정보 제공, 다른 부처 링크
	2. Enhanced: 단순한 형태의 쌍방향 온라인 서비스 제공, 부분적 온라인 서비스 제공(온라인 신청)
	3. Transactional: 발전된 쌍방향 온라인 서비스, 전자 인증, 온라인 납부, 인허가 신청
	4. Connected: 다부처 통합 서비스, 생애주기 맞춤형 서비스 제공, 시민들의 의사 결정 참여

자료: 윤상오(2002: 249); 정충식(2012a: 209-228)을 수정.

CHAPTER 10

단계는 학자나 연구기관들에 따라 다양하게 제시되는데, 모형 사이의 차별적 내용과 함께 공통점도 존재한다. 〈표 10-3〉은 전자정부 발전 단계를 제시하는 기존의 주요 모형들을 보여준다. 대부분의 모형은 전자정부 발전 단계를 4단계로 구성하고 있으며, 공통적인 기본 요소는 일방향 정보 제공, 정부와 국민 간 기본적 양방향 의사 소통, 기관 간 또는 관련 부처 간 네트워크 연결(DB 구축), 기관 간 연계된 통합 서비스 제공, 그리고 맞춤형 서비스 전달 등이 단계별로 순차적으로 이루어진다.

2) 스마트 전자정부

스마트 사회는 진화된 정보통신기술을 바탕으로 일하는 방식, 생활 양식, 사회문화 전반이 변화 및 발전하는 사회를 가리키며(한국정보화진흥원, 2011), 스마트 전자정부는 진화된 정보통신기술을 활용하여 국민이 원하는 정부 서비스를 언제 어디서나 다양한 매체를 통해 제공되고 정부의 의사 결정 과정에 국민이 참여하고 소통하는 정부를 의미한다(정충식, 2012b). 스마트 사회가 기존의 지식정보사회와는 구별되는 새로운 패러다임의 변화를 동반한다는 데에는 이견이 있을 수 있지만, 최근의 전자정부가 제공하는 민원행정 서비스들은 스마트 사회에서의 행정 변화를 창출하고 주도한다는 점에서 스마트 전자정부는 좀 더 발전된 전자정부의 한 형태라고 인식된다. 스마트 사회 전자정부의 가장 큰 특징은 개인 중심의 맞춤형 행정 서비스가 제공된다는 것인데, 이는 스마트 사회를 대표하는 기술인 음성 인식, 인공 지능, 클라우드 컴퓨팅, 상황 인식 컴퓨팅, 증강 현실, 소셜 네트워크 등의 발전을 통해 가능하다.

스마트 전자정부의 주요 추진전략은 공개(open), 통합(integration), 그리고 협업(collaboration) 등이다(행정안전부, 2011). 공개는 민간 분야에서 공공정보를 자유롭게 활용 및 유통할 수 있도록 공공정보 및 서비스를 단계적으로 개방하는 것이다. 또한 국민의 정책 참여와 소통의 활성화를 위해 정부의 주요 정책과 서비스를 투명하게 공개하는 것을 의미한다. 통합은 수요자가 원하는 맞춤형 통합 서비스를 제공하기 위해 정부 서비스와 데이터를 수요자 중심으로 연계하고 통합하는 것이다. 기존 PC 기반의 서비스를 수요자 중심의 모바일 통합 서비스로 전환하는 것도 포함한다. 협업은 국민 중심의 맞춤형 행정, 현장 행정, 융합 행정을 실현하기 위해 행정기관 간 협업 및 공유 시스템을 구축하는 것뿐 아니라 지방자치단체, 공공기관, 민간까지 협업의 범위를 확대하는 것을 의미한다(정충식, 2012b).

스마트 전자정부 시대에는 일반 국민뿐 아니라 공무원의 근무환경에도 변화를 초래하는데, 대표적인 경우가 스마트워크이며, 재택근무, 스마트워크 센터근무, 현장근무 등의 구체적인 형태를 띨 수 있다. 스마트워크의 필요성은 공공 업무의 현장성에 기인한다. 공공 부문의 업무는 현장에서 수행되는 경우가 많으며, 이 경우에 다양한 모바일 기기를 통해 업무의 효율성과 생산성, 그리고 대응성 등이 제고된다. 우리나라는 세계 최고 수준의 정보기술 인프라를 보유하고 있음에도 불구하고 대면적 조직문화와 관련 제도의 미비로 인해 아직 스마트워크의 도입 실적은 저조한 편이다(명승환 · 허철준, 2012).

4 인공지능 도입과 지능정부의 출현[5)]

현재 공공 부문에서는 인공지능(artificial intelligence) 기술 도입이 활발히 진행되고 있다. 인공지능이란 인간의 고유한 능력인 학습 및 문제 해결 능력 등 인지(cognition) 기능을 수행할 수 있는 기계 혹은 컴퓨터를 의미한다(Russell & Norvig, 2009). 공공 부문에서는 인공지능 기술 중 기계학습(machine learning) 알고리즘 개발에 주력하여, 알고리즘을 통해 일상적인 업무를 지능화하고 의사 결정의 기반이 되는 데이터의 패턴을 파악하는 데 초점을 맞추고 있다. 행정안전부는 공공 부문에서의 인공지능 도입을 위한 노력을 전자정부에서 지능정부로의 전환 과정으로 규정하고 있다. 전자정부와 지능정부는 모두 정보통신기술에 기반하고 있다는 점에서 유사점을 갖지만, 정보통신기술을 대하는 접근 방식에서 차이를 보인다. 구체적으로 전자정부는 업무의 디지털화를 통해 업무처리 절차의 간소화를 지향하는 반면, 지능정부는 인공지능에 의한 의사결정으로 행정관료나 전문가들의 의사 결정을 대체하고 궁극적으로는 공공 업무의 자율화를 추구한다. 지능정부 혹은 지능형정부의 핵심은 인공지능과 데이터를 활용하여 공공행정을 혁신하는 것이며, 이러한 점에서 차세대 전자정부라고도 불리며 흔히 인공지능(AI) 정부라고 일컬어지기도 한다.

현재 공공 부문에서 활용되고 있는 인공지능의 사례는 챗봇 서비스, 패턴 분석,

---

5) 이 내용은 엄석진 외(2021), 『AI와 미래행정』 내용의 일부를 참고하여 기술하였음.

객체 인식 기술 등이다. 특히 범부처적으로 가장 활발하게 활용되고 있는 자기 학습 기반의 챗봇 서비스는 자연어 처리 분석을 통해 시민들의 민원을 빠르게 처리하여 행정의 효율성을 높이는 데 기여하고 있다. 패턴 및 예측 분석은 빅데이터 학습을 통해 행정 수요 등 공공 업무와 관련된 예측을 수행하는 것이며, 객체 인식은 이미지나 동영상과 같은 비정형자료를 식별하여 처리하는 기술을 의미한다. 실제로 몇몇 지방자치단체에서는 폐기물 처리 자동화를 위해 이 같은 기술을 적용하고 있다. 비록 현재까지 공공 부문의 인공지능 기술 적용 사례는 주로 정책집행 및 공공 서비스 전달 수준에 머무르고 있지만, 향후 인공지능을 통한 정책결정 가능성에 대해서도 활발하게 논의되고 있으며 이와 관련한 윤리적 · 법적 이슈도 함께 거론되고 있다.

〈표 10-4〉 전자정부와 AI정부의 패러다임 비교

전자정부	AI정부
정책집행 중심	문제 해결 중심
개별 업무 프로세스 중심	복합적 의사 결정 중심
전문화 · 세분화된 조직 간 네트워크	하나의 정부(whole of governance)
정부-민간 이원화	정부-민간 경계 약화
핵심 토대: 규정과 정보시스템	핵심 토대: 데이터와 알고리즘

자료: 엄석진 외(2021: 350).

제3절 행정정보 체계

1 정보 체계의 개념

1) 체계

행정정보 체계를 이해하기 위해서는 먼저 체계(system) 및 정보 체계(information system), 그리고 행정적 맥락을 순서대로 접근하는 것이 타당할 것이다. 그동안의 행정정보 체계에 관한 논의는 과도하게 정보기술적 측면만을 부각한다거나 아니면 과도하게 공공조직에서의 맥락만을 강조하여 무언가 연구자들로 하여금 개념상의 공백이 있음을 느끼게 해 왔다(김현성, 1997). 그리하여 행정정보 체계의 개념상 가장 기본 단위인 체계에 관해 살펴볼 필요가 있다. 시스템의 정의에 대해서는 학문적 배경에 따라 상이한데 『랜덤하우스사전』에는 "복잡하면서도 통일된 전체를 이루는 부분의 집합이나 조합"이라 설명하고 있다. 시스템을 특정 목적을 위해 상호작용하는 구성 요소들의 집합이라고 정리하면 큰 무리가 없을 것이다.

시스템의 기본 모형은 투입, 전환, 산출, 경계, 하위 체계, 환류 등의 구성 요소를 가지고 있다. 1950년대부터 분과 학문 간의 의사 소통을 증진시킴으로써 종합 학문적 접근을 시도했던 일단의 체계 이론가들은 체계에 관한 관심이 전체 학문 분야에 걸쳐 포괄적으로 이루어져야 함을 강조한 바 있다. 이를 일반체계이론(general systems theory)이라 하며 버탈란피(Ludwig von Bertalanffy)와 불딩(Kenneth E. Boulding)이 그 대표적인 학자이다. 이들이 상정하는 시스템은 끊임없이 환경과 교호작용을 하면서 상호 관계를 이루는 집합체이므로 필연적으로 개방 체계의 속성을 가지게 된다. 카츠와 칸(Katz & Kahn, 1978)은 개방 체계의 공통 특징으로서 에너지 유입, 전환 과정, 출력, 사건의 반복 주기, 부(負)의 엔트로피(negative entropy), 코드화, 안정 상태, 분화, 다양한 접근 방법 등을 갖는다고 한다.

시스템이란 자연 현상에만 국한된 모형이 아니라 사회과학에도 다양하게 적용되어 왔는데, 대표적으로는 파슨스(Talcott Parsons)의 사회 체계(social system), 이스턴(David Easton)의 정치 체계(political system), 샤칸스키(Ira Sharkansky)의 행정 체계(administrative system) 등이다.

2) 정보 체계

정보 체계를 이르는 용어는 매우 다양하여 정보 처리 체계, 정보 보고 체계, 정보 자원 관리, 정보기술 관리, 자동화 시스템, 의사 결정 체계 등이 광범위하게 쓰이고 있는데, 그 원인은 빠른 속도의 정보통신기술의 발달 및 이로 인한 조직구조와 기능의 변화, 그리고 학계의 연구 주안점 변화에 의해서이다.

정보 체계에 대한 이해에 가장 중요한 것은 정보 체계가 인간과 기계와의 통합

시스템이라는 점이다. 정보 체계에 대한 학자들의 정의를 시대순으로 보면 공학적 설계 위주에서 인간의 의사 결정이 중시되는 방향으로 변화해 오는 것을 알 수 있다.

종합적으로 보면 정보 체계는 다음과 같은 특징을 갖는다.

① 인간과 기계가 상호 유기적으로 결합된 통합 시스템이다.

② 개별적 단위 시스템을 통합하는 상위 시스템을 갖는다.

③ 수정, 갱신 등 환경과 지속적으로 상호작용을 하는 적응적 시스템이다.

④ 문제 해결을 위해 데이터베이스(DB)의 구축을 필요로 한다.

⑤ 자동화로 인한 효율성 증진과 함께 의사 결정의 질을 높이는 역할을 한다.

⑥ 조직의 하위층은 물론 고위층에 이르기까지 광범위한 활용을 전제로 한다.

2 행정정보 체계의 발달

정보 체계의 발달 과정을 살펴보면 조직에서의 주요 활용 계층 변화와 일치하는 점에 주목할 필요가 있다. 1950년대와 1960년대의 정보 체계는 자료의 단순 자동화 처리에 지나지 않았다. 이때의 시스템은 EDPS(Electronic Data Processing Systems), 혹은 TPS(Transaction Processing Systems)로 불렸다. 그리하여 간단한 숫자 계산이나 자료의 입출력에 컴퓨터가 개별적으로 사용되었을 뿐이다. 주요 활용 계층은 조직의 하위 직급에 있는 운영 수준(operational level)이었다.

그 후 중간관리자층에 정보 체계가 도입되면서 조직 운영을 위한 기획, 분석 등에 컴퓨터가 활용되기 시작했다. 이를 MIS(Management Information Systems)라 하는데, 오늘날 이 용어가 전체 정보 체계 관리를 포괄하는 개념으로 쓰이고 있음을 고려하면 이 시스템을 협의의 MIS라 할 수 있다.

정보 체계를 분류할 때 사용되는 것은 지원 업무의 기능에 따른 것이라 할 수 있다. 즉, 정보 체계가 주로 어떤 일을 하느냐에 주안을 두어 재무회계, 인사, 재고, 물자, 정책정보 등의 업무에 따라 정보 체계를 분류한다. 그러나 이보다는 역사적 출현 단계에 따른 분류가 정보 체계의 이해에 더욱 도움이 될 것이다. 이러한 출현 단계는 조직의 경우 하위 직급의 배타적 사용에서 점차 중간관리자, 고위 의사결정자로 확산되어 가는 과정을 수반했다.

미국의 경우 1950년대 중반부터 1960년대 중반에 이르기까지는 컴퓨터가 개별적으로 사용되던 시기로서 임금 계산이나 회계 처리 등 주로 숫자 처리에 활용되었다. 이때의 정보 체계는 단순 거래 처리 시스템(TPS) 혹은 전자자료 처리 시스템(EDPS)이라 지칭되었다. 조직에서의 주 사용자는 중하위 직급의 운영 수준 종사자였다.

그 후 1960년대 중반부터 1970년대 초반까지는 구조화된 형태로 정보를 저장, 검색, 보고하는 활동을 했는데 이를 관리정보 시스템이라 하여 조직의 중간관리자들에 의해 널리 활용되었다. 그 후 1980년대와 1990년대를 거치면서 사용자층은 고위전략 수준으로까지 확대되었고, 이 경우의 정보 체계 기능은 고위 의사결정자를 위한 의사결정 지원 시스템(decision support systems)과 전문가 시스템(expert systems)의 도입을 특징으로 한다.

3 행정정보 체계의 특성

1) 공공 부문의 정보 체계

시장(market)과 계층제(hierarchy)는 사회의 질서와 규범을 지배하는 가장 대표적인 통치 메커니즘이다(Lindblom, 1977). 시장 원리가 지배적인 부문을 민간 부문으로 부르고 계층제의 원리가 지배적인 부문을 공공 부문으로 부르는 데에는 이견이 없다. 그렇다면 각 부문은 어떠한 고유한 특성을 지니고 있으며, 이러한 차이는 정보사회에서 어떠한 양태로 나타날 것인가? 조직에 한정하여 논의할 경우 민간조직과 공공조직의 차이는 소유(ownership)와 재정 조달(funding), 그리고 사회적 통제 방식(mode of social control)의 차이로 나타난다(Perry & Rainey, 1979). 민간조직은 경제적 효율성이 가장 중요한 평가 기준인 반면에 공공조직에서는 효과성이 중요시된다. 여기서 효과성이란 형평성이나 민주성을 포함하는 종합적 개념이다. 자기 이익을 극대화하려는 개인에 의해 의사 결정이 이루어지는 민간 부문보다는 정치적 권위와 사회적 규범, 그리고 가치 판단을 배제할 수 없는 공공 부문에서 윤리 문제가 더욱 중요시되는 것은 당연한 일일 것이다.

공공 부문과 민간 부문은 정보 수집과 정보 체계의 목표에 중요한 차이가 있다. 민간의 정보 체계는 정보를 획득하기 위해 의식적인 노력을 기울여 대가를 지불하고 정보를 수집하는 반면에, 공공 부문의 정보 체계는 정보 수집의 강제성이 있을 뿐만 아니라 정보 제공자들의 신고에 의존하는 수동적 수집의 비중이 높아 공공조직으로 하여금 낮은 가격으로 많은 정보를 수집할 수 있도록 해준다. 따라서 공직자들은 공중의 이익과 관련된 다량의 정보를 관리하게 되므로 자료의 보안이나 안정성에 주의를 기울여야 하며, 공공정보의 집중을 개인적 이익의 수단으로 활용해서는 안 된다. 정보 체계의 목표나 평가 기준에서 민간 부문이 추구하는 것은 능률성의 확보이다. 그러나 공공조직은 능률성 이외에도 형평성과 민주성을 확보해야 한다. 이에 따라 전체 국민이 공평하게 혜택을 누릴 수 있도록 하기 위해 공공정보의 유통과 소비에 효율성을 희생해야 하는 경우가 발생하기도 한다.

물론 정보사회에서의 윤리 문제는 비단 공공조직에만 국한되는 문제는 아니며 공공조직 또한 능률성을 희생하는 측면에서 과거와 같이 자유롭지 않다. 오늘날 세계적으로 나타나는 공통된 현상의 하나로 민간 부문과 공공 부문의 전통적인 차이가 좁혀드는 것을 들 수 있다. 기업에서 윤리나 사회적 책임을 논하는 것도, 정부에서 생산성과 능률성을 논하는 것도 이제는 매우 자연스러운 일이 되었다.

민간조직과 공공조직의 차이를 분명하게 보여주는 것은 제3의 영역인 비영리 조직(non-profit organizations: NPO)의 존재였다. 그러나 기부금 부족으로 인해 정부 보조금에 크게 의존하게 되거나 민간기업처럼 영리 목적의 사업을 제한적이나마 확대할 수밖에 없게 되면서 양쪽으로의 유사성을 더하고 있다.

이제 정부는 형평성이나 정치적 합리성을 견지하면서 민간기업의 경영에서처럼 경제적 효율성을 동시에 추구해야 한다. 이렇듯 추구해야 할 가치의 다양화는 필연적으로 공직자들에게 혼란을 야기하게 되어 그 어느 때보다도 공직윤리의 정립이 필요하게 되었다.

2) 행정정보 체계의 특성

행정정보 체계에 대한 가장 보편적인 정의는 공공 부문의 정보 체계라는 것이었다. 그래서 공공성이나 공익, 권력조직, 관료제와 같은 주제는 행정정보 체계 연구에 매우 중요한 대상이다. 그럼에도 불구하고 민간경영 부문의 정보 체계 관리는 이미 주어진 것으로 보고 정보 체계의 공공성만을 과도하게 강조하게 되어 마치 행정정보 체계가 부문 연구(sector study)와도 같이 된 것은 문제가 아닐 수 없다.

정보 체계 관리에서 공공 부문과 민간 부문의 차이에 대해 보즈만과 브레트슈나이더(Bozeman & Bretschneider, 1986)는 경제적 권위와 정치적 권위, 그리고 인사 체계 모형과 업무 맥락 모형을 통해 그 관점을 소개한 바 있다. 좀 더 상세하게 정보 체계 관리의 단계별로 차이를 살펴보면 다음과 같다(안문석, 1995).

(1) 자료 채취 단계(monitoring stage)

공공 부문은 대개 정보 수집이 신고에 의한 수동적 방식에 많이 의존하는 반면 민간 부문은 능동적으로 정보를 채취한다. 더욱이 공공 부문은 정보 수집 시에 상대적으로 높은 강제성이 전제되므로 정보 채취에 들어가는 비용이 낮은 특징을 지닌다.

(2) 자료 해석 단계(interpreting stage)

공공 부문은 합리적 · 체계적 방법에 의한 자료 해석보다는 직관적 문제 해결 방식을 상대적으로 많이 따르는 만족모형이 적용된다. 그것은 관련 이해 당사자들이 많고 다양하여 이익이 상충될 가능성이 높기 때문이다.

(3) 목표 설정 단계(goal-setting stage)

민간조직의 목표가 이윤 추구라는 단일의 명확한 목표를 가지고 있는데 반해, 공공조직은 다양한 목표를 가지고 있을 뿐 아니라 성과를 계량화하기 어려운 경우가 많다. 더욱이 적은 인력 교체는 일관성이 결여된 정책을 수행하게 될 가능성이 높다.

(4) 평가 단계(feed-back stage)

평가 기준에서 민간기업은 경제적 능률성과 같이 명확한 평가가 가능하지만 공공조직에서는 민주성과 형평성도 중요한 판단 기준이 될 뿐만 아니라 여론에도 좌우되는 등 평가 시에 혼란이 존재한다.

4 관리상의 쟁점

정보사회의 공직자는 하루의 대부분의 시간을 정보와 관련된 업무를 하면서 보내고 있다고 해도 과언이 아니다. 정보를 수집하고 분석, 분류, 저장시키거나 배포, 폐기하는 등의 업무는 정보사회의 이전에도 공직자의 주요 업무였지만 정보사회에서는 그 비중이 훨씬 높아졌다. 또한 이러한 작업에 컴퓨터를 비롯한 첨단 정보통신기술을 많이 이용한다는 중요한 특징이 있다. 이는 종래에 사람을 직접적인 대상으로 하는 전통적인 구두(口頭), 문자정보가 아닌 기계를 대상으로 하는 디지털 정보에 의존함을 의미한다. 정보기술을 이용하여 디지털 정보를 처리할 때에는 문자정보를 처리할 때 볼 수 없는 여러 가지 어려운 문제를 야기한다. 이와 같이 행정정보 체계는 가치판단을 필요로 하는 관리상의 쟁점에 부딪치게 된다.

1) 정보의 정확성 확보

정보사회의 정보는 컴퓨터가 처리할 수 있는 부호, 즉 디지털 정보로 표현되어 있어서 정보를 수요자에게 제공할 때에는 인간이 알아볼 수 있는 형태로 전환시키는 과정을 거쳐야 한다. 구두정보나 문서정보가 아닌 디지털 정보에 의해 전체적인 맥락이나 종합적인 메시지를 전달하는 데에는 많은 어려움이 따른다. 그래서 공공정보를 다루는 공무원이 진실한 정보를 전달하려는 의지가 부족할 경우에는 얼마든지 왜곡이 가능하다. 그뿐만 아니라 전자적으로 처리된 자료에 대해서는 수정의 흔적이 남지 않기 때문에 감사와 통제 시에 제약점이 존재한다. 공적 가치를 유지하고 정부의 신뢰도를 높이며, 기업이나 지역 주민 등 정보 사용자들의 요구를 만족시키기 위해서는 정확한 정보를 제공하는 것이 필수적이다.

2) 공공정보의 사적 사용 금지

공직자 개인의 수준에서 보면 공공정보를 우선적 · 독점적으로 접근하여 경제적 · 비경제적 이득을 추구하는 행위를 경계해야 한다. 이보다 훨씬 더 일반적인 정보 남용 사례는 조직 수준에서 일어난다.

다시 말해, 정부의 각 조직이나 부서는 마땅히 공유해야 할 정보를 배타적으로 소유함으로써 전체적인 비효율성을 초래할 뿐만 아니라 특정 정책의 효과를 반감시키는 결과를 초래하기도 한다. '정보는 곧 권력(information is power)'이라는 격언을 부적절하게 이해한 결과이다.

3) 정보의 보안 유지와 프라이버시 보호

정보는 낮은 비용으로 흔적 없이 복제하는 것이 가능하고, 공유가 가능하며, 소비해도 없어지지 않는 특성을 가지고 있기 때문에 공공정보의 보안이 매우 중요한 문제가 된다. 국가 경영에 필요한 정보는 반드시 안전하게 지켜져야 한다.

우리와 같이 남북 분단으로 군사적 긴장이 있는 경우에서는 더욱 그러하다. 기업 간에도 무기 없는 전쟁이 국제사회에서 엄연히 존재한다. 또한 개인에 관한 사적 정보가 누설될 경우 심각한 인권 침해로 이어질 수 있어 완벽한 보호 시스템을 갖고 있지 않으면 안 된다.

산업사회에서는 개인 정보 유출의 영향이 상대적으로 적었으며, 이에 따라 공직사회에서도 프라이버시 보호에 대해 그리 절박한 필요성을 갖고 있지 않았던 것이 사실이다. 그러나 정보사회에서는 정보의 전파 속도와 전달 능력이 폭발적으로 증가하고 창의성과 개성을 중심으로 하는 자아 인식이 확산되고 있어서 정부의 프라이버시 보호 책임은 매우 민감한 문제라는 점에 주목해야 한다.

4) 공공정보의 공개

공공 부문에서 관리하는 정보는 공적, 사적인 가치를 동시에 가지고 있다. 정보사회의 미래가 장밋빛이라고 주장하는 사람들은 정보의 공유성이라는 속성에 매우 긍정적인 의미를 부여하고 있다. 헌법에 의해 국민의 알 권리가 보장되어 있으며, 정보공개를 국민이 정부를 통제하는 수단으로 인식하고 있기 때문에 정부에 의한 정보 독점은 거부감을 일으키기에 충분하다. 행정정보는 수집 과정에서 강제적·수동적 성격을 띠기 때문에 감당하지 못할 정도로 많은 정보가 정부에 집중된다. 수집 비용보다 훨씬 더 큰 부담을 주는 것은 정보관리에 들어가는 비용이다.

정보의 완전한 폐기란 기술적으로 불가능하기 때문에 유일한 방법은 공적인 공개이다. 비밀 유지의 필요성이 없어지면 관리 비용이 적어지게 된다. 그뿐만 아니라 정책정보의 형성 및 집행에 관한 정보의 공개는 담당 공직자의 명예와 관련되어 있기 때문에 책임 있는 소신행정의 기틀을 제공할 수도 있다. 물론 대치 상황이나 프라이버시 침해, 정치적으로 악용될 여지가 있는 정보에 대해서는 예외적 고려가 있어야 함은 이론의 여지가 없다.

이상과 같은 디지털 정보의 윤리에 관한 쟁점들은 한결같이 공무원의 가치 판단을 필요로 하는 사항들이다. 사실 정보의 정확성은 누구도 완벽하게 담보하기 어렵고 정보의 재생산을 통한 부가가치 창출과 사적 사용의 한계는 실제로 모호하다. 더욱이나 보호되어야 할 정보와 공개되어야 할 정보의 구분도 용이하지 않다. 이렇듯 정보사회의 공직자는 상황에 적합한 의사 결정을 적시에 내리도록 요구받기 때문에 정보사회 공직자가 당면하고 있는 도전은 기술적인 하드웨어가 아닌 가치 판단과 관련된 윤리 소프트웨어이다.

제4절 공공 부문 정보화의 방향

1 정보관리의 방향

정보사회의 요체는 효과적인 정보 처리를 통해 인류의 복리를 증진시킬 수 있는 지식을 축적하는 데 있다. 정부가 이러한 정보사회를 실현하는 데 주도적 역할을 하기 위해서는 초고속 정보통신망과 같은 정보화 기반 구조의 구축, 행정부 내부 전산화 및 외부 사용자와의 네트워크 제공을 통한 전자정부의 구현, 정보산업의 육성, 다운사이징(downsizing)과 업무혁신으로 생산성 제고 등과 같은 과제들에 효과적으로 대응해야 한다. 이러한 대응은 복잡한 사회의 가치를 반영하는 성숙한 공직관에서 시작될 것이다. 다음은 정보관리 행정의 발전을 위한 중요한 요건들이다.

1) 정보통신기술의 실질적 활용

가치와 사실은 종종 서로 대립되는 개념으로 논의되고 있지만 반드시 그런 것은 아니다. 가치 판단에는 엄정한 사실분석이 선행되어야 하고 사실의 해석에는 가치 부여를 필요로 하는, 즉 양자는 상호 보완적인 관계로 보는 것이 더욱 타당하다. 정보사회의 공직자는 적어도 핵심적인 정보통신기술에 대해 기본적인 지식을 갖추어야만 객관적 사실을 정확히 이해하고 분석할 수 있을 것이며, 이러한 사실의 파악이 선행되어야만 바람직한 가치 판단이 가능할 것이다.

따라서 정보사회의 공직자는 간단한 문서의 편집에서부터 전자 자료의 전송, 인터넷을 이용한 정보 검색, 기타 정부조직 내에서 사용되는 인트라넷의 데이터베이스 접속과 같은 기본적인 정보통신기술에 대해서는 반드시 알고 있어야 한다.

새로운 기술의 도입 시에 가장 해결하기 어려운 과제 중의 하나는 개인 수준의 실제 활용이다. 고위직으로 갈수록 세대 간 컴퓨터 친화성의 격차가 존재할 뿐만 아니라, 정보기술을 활용하게 되면 기존의 업무 처리 방법이나 절차가 변경되어 공직자에게 부담이 되거나 거부감을 일으키게 되는 것도 사실이다. 그러나 위에서 언급한 핵심 기술들을 어떻게 사용하는지 모른다면 급속히 변화하는 외부 환경, 정책 수요자의 요구와 반응, 정보통신기술에 기초한 업무 과정 재편성(business process reengineering)의 쟁점을 다루는 데에 한계를 보일 것이 분명하다.

2) 고객 지향적 관념

정보사회는 사회구성원 모두의 적극적인 참여와 창의적인 활동으로 그 추구하는 열매를 성취할 수 있는 사회이다. 이제 국민들은 소수의 선택된 엘리트에 의해 일방적으로 제공되는 행정 서비스를 받아들이는 수동적 존재가 아니며 스스로 평가하고 새로운 요구를 행정 시스템으로 투입시킬 수 있는 역량을 갖춘 존재이다. 지방자치시대를 맞아 국민들의 선택권은 지역대표를 선출하는 일 이외에도 중요한 정책에의 참여, 자치단체별 행정의 질 평가 등으로 확대되고 있다.

국민을 행정 서비스의 대상이 아닌 고객으로 인식한다는 것은 고위직의 단순한 형식적 천명이나 법규의 자구 수정으로 해결되는 용이한 문제가 아니다. 좀 더 근본적인 의식 개혁이 있어야 하며, 행정 서비스 사용자의 입장에서 모든 업무를 재검토해 볼 필요가 있다. 행정 서비스 사용자의 관심을 끌기 위해서는 국내의 다른 지방정부는 물론이고 외국 정부, 경우에 따라서는 민간 부문과도 경쟁해야 하므로 이에 대한 공직자의 확고한 의지가 요청된다. 일본에서는 제2차 세계대전 이후 일찍이 총체적 품질관리(total quality management: TQM)의 철학을 탄생시켜 종업원들의 생산성 향상과 고객의 만족을 최우선으로 하는 경영관리로 경제를 부흥시켰으며, 미국 정부에서도 고어 부통령이 클린턴 대통령에게 보내는 국가생산성평가위원회(National Performance Review)의 보고서 표지에 "고객을 최우선에 둔다(Putting Customers First)"는 문장을 명기한 바 있다. 공직자의 고객 지향적 마인드는 국민의 정부에 대한 신뢰도를 극대화할 수 있을 뿐만 아니라 민간 부문의 창의성 발현을 통해 국가 경쟁력을 높이는 가장 확실한 지름길이 될 것이다.

3) 정보 공유의 개방적 태도

아직도 핵심 정보에 대한 배타적 관리를 고집하는 정부부서가 많다. 정보 공유에 대한 경제적 · 기술적인 제약점보다도 더욱 심각한 걸림돌은 정보를 독점적으로 소유하면 예산, 인력 등 부처 간 권력 관계에 영향을 줄 수 있다는 그릇된 믿음에 있다. 분업화된 전문성이 강조되던 산업사회에서는 정부 부서나 혹은 공직자 개인에 이르기까지 독립된 영역에서의 업무 수행이 일반적이었지만 다양성으로 대표되는 정보사회에서는 사회구성 요소들이 복잡하게 얽혀 있기 때문에 부서 간의 협조는 거부할 수 없는 명제이다. 그럼에도 불구하고 핵심적인 정보의 공유에는 소극적 입장을 보이고 있다. 정보 공유에 대한 인식은 계약에 의해 서로 주고받는 식의 상업적 거래 차원에서 고려할 것이 아니라 정보란 모아졌을 때 새로운 부가가치를 창출한다는 규범적 믿음에서 출발해야 한다.

현재 정부에서는 여러 가지의 데이터베이스나 정보 시스템을 구축하고 있는 데 부서 간의 중복 작업이 많아 자원의 낭비를 초래하기도 한다. 정보의 가치는 소유자의 가치 부여에 의해 크게 좌우되므로 특정 개인이나 부서에 그리 큰 의미가 없는 정보라 할지라도 다른 사람에게는 큰 가치를 낳을 수도 있다.

4) 정보 격차 해소를 위한 신념

정보사회에 대한 비관론자들의 주장은 정보 집중으로 인해 정치적 비민주성이나 인권 침해가 발생한다는 것과 사회구성원 간 정보 격차(information gap)로 인해 가진 자와 못 가진 자의 갈등이 심화되리라는 것으로 요약될 수 있다. 형평성의 확보에 최종적인 책임을 지고 있는 정부로서는 정보사회의 도래로 인한 이러한 부작용들을 경계하고 방지하는 방안을 수립해야 한다. 정부 내 소수에의 정보 집중을 방지하기 위해서는 정보공개 제도를 적극 활용할 필요가 있다.

정보사회의 혜택이 모든 사회구성원에게 아무런 조건이나 대가 없이 골고루 누려지는 것은 아니다. 개인용 컴퓨터와 주변기기, 기타 첨단 정보통신의 이용에는 결코 적지 않은 비용이 소요되며, 그보다 더 중요한 것은 프랑크푸르트학파의 하버마스(Jürgen Habermas)가 제기한 것처럼 개인별 의사 소통 역량(communication capacity)의 차이이다. 이는 사회구성원 간의 교육 수준, 소득 수준과 관련이 깊으며, 이의 해결에는 공직자의 특별한 신념과 배려가 필요하다. 호주 정부의 경우 'Access Ability'라는 사업을 통해 장애를 지닌 사람들이 온라인 서비스에 접속하는 것을 개선할 목적으로 관련 연구사업에 대해 지원하고 있다. 산업사회가 부익부 빈익빈이라는 폐해를 낳아 결국 이념 분쟁으로까지 발전되었던 점을 고려해서 정보사회의 어두운 면을 치유하는 데 정부의 적극적 역할이 매우 중요시된다.

5) 자기 혁신적 태도

산업사회의 규격화는 정보사회에서 탈규격화로 전환되었고, 이는 사회구성원들의 자기 혁신과 독창성에 의해 구현된다. 새로운 시대에 적응한다는 것은 자신의 변화를 전제로 하는 것인데 기득권을 포기하고 새로운 도전을 기꺼이 받아들이는 혁신적 자세에서부터 출발한다. 그동안 공직사회는 자신보다 남이 바뀌는 것을 요구해 왔고 환경상의 변화에 대해서도 자신과 적합성을 갖는 부분에 대해서만 관심을 갖는 소극적 태도가 지배적이었다. 이제 정부도 자기 혁신적인 공직자에 대해 긍정적인 평가를 내리는 분위기를 조성해야 하며, 변화로 인한 불이익을 흡수해 주는 정책적 고려를 검토해야 한다. 이로써 복지부동과 무사안일이라는 부정적 이미지를 개선할 수 있고, 공직에서의 생산성 제고, 나아가 더 효과적인 대민 서비스 제공으로 연결될 수 있을 것이다.

2 빅데이터 시대의 공공행정

새로운 정보사회에서는 기존 정보사회가 창출했던 편익과 혜택의 범위와 정도가 증대되기도 하지만 정보화로 인한 역기능이나 부작용도 동시에 증폭된다. 그뿐만 아니라 정보화가 심화됨에 따라 기술적인 요인 이외에도 정치, 경제, 사회, 문화 전반에 걸쳐서 예기치 못했던 새로운 위험을 야기할 수도 있다. 이렇게 본다면 최근 정보사회를 주도하는 주요 요소인 빅데이터는 새로운 가치를 창출하는 만큼 동시에 새로운 위험의 원천이 될 수도 있다. 일각에서는 빅데이터의 위험 요소를 새로운 형태의 정보사회가 야기하는 부작용이라기보다는 오히려 빅데이터라는 새로운 정보기술에 근원적으로 내재하는 한 요소라고 보기도 한다. 이 같은 시각의 차이에 관한 논쟁과는 별도로, 빅데이터가 한편으로는 편익을 선사해 주는 동시에 다른 한편으로 비용을 초래한다는 점에서는 대체로 의견이 일치한다.

위에서 언급한 빅데이터의 위험 요인에 대응하기 위해 각국은 저마다 정책적인 노력을 하고 있다. 빅데이터 시대의 가장 심각한 위험 요인 중 하나로 논의된 프라이버시 또는 개인 정보의 보호를 위해 주요 국가들이 추구하는 정책 방향의 차별성은 대체로 개인 정보 문제를 해결하기 위해 유통을 엄격히 제한할 것인가, 아니면 '적절한 수준으로' 유통시킬 것인가(Nissenbaum, 2010), 또는 전적으로 정부정책이나 제도로서 규율할 것인가 아니면 민간의 자율적 노력을 가미할 것인가(Dixon, 2007) 등으로 나눌 수 있다. 예를 들어, 우리나라에서는 2011년에 제정된 개인정보보호법에 의해 개인 정보 보호에 대한 정부 주도적 규율이 이루어지는 반면, 다른 국가에서는 민간부문에서 자율적으로 정보 보호를 위해 노력하기도 한다. 그런데 자율 규제 노력이 정부 규제의 대안으로 부각되고는 있지만 과연 규제의 효과를 달성할 수 있는가, 규제가 자율성을 띠고 있지만 기업이 제시한 자율 규제의 수준이 과연 적당한가, 그리고 자율적으로 정한 규제의 위반 또는 미준수의 경우에 정부가 어느 정도로 규율할 것인가 등의 이슈에 대한 지속적 논의가 필요할 것이다.

실제로, 최근 들어 이러한 논의들은 개인정보 활용을 둘러싼 프라이버시 및 개인

정보에 대한 국가 차원의 지나친 보호가 제4차 산업혁명 시대의 신산업 발전을 저해시킬 수 있다는 우려를 표하기 시작하였다. 이에 대응하여, 우리나라 정부는 빅데이터의 효율적 활용과 개인정보 보호 간 균형을 맞추기 위해 2018년 11월에 이른바 '데이터 3법'이라고 불리는 개인정보보호법, 신용정보법, 정보통신망법 개정(안)을 발의하였으며, 이는 2020년에 통과되어 시행되고 있다. 이러한 변화들은 빅데이터 분석을 다양한 정책사업에 적용하는 것을 보다 용이하게 함으로써 제4차 산업혁명 관련 신산업을 육성하기 위한 국가적 차원의 노력이라 볼 수 있다.

생각과 토론 문제

❑ 다음의 이슈를 중심으로 생각해 보고 논의해 봅시다.

1. 거대 언어 기반의 인공지능 출현으로 우리의 일상생활에서 변화된 모습을 구체적으로 열거해 보자. 이러한 변화가 행정에 어떠한 영향을 미치는지 예상해 보고, 이에 대한 대책은 무엇을 어떻게 마련해야 할지 토론해 보자.

2. 지능정부에서 인공지능 기반 의사 결정을 둘러싼 순기능 및 역기능에 대하여 논의해 보자.

3. 정책 의사 결정 과정에서 빅데이터의 활용이 민주적 참여와 대표성에 어떠한 영향을 미치는지 토론해 보자.

4. 빅데이터 기반의 정책집행에서 행정책임을 어떻게 확보하고 강화할 수 있는지 생각해 보고 논의해 보자.

5. 정보공개와 정보 보호와의 관계에 대하여 토론해 보고, 디지털윤리와 AI윤리에 대하여 논의해 보자.

11

공공 갈등과 관리*

제1절 공공 갈등의 개념과 원인

1 공공 갈등의 개념

1) 갈등의 개념

갈등은 영어사전에서 'conflict'로 라틴어 'confligere'에서 유래하며, 이는 'com(함께)'과 'fligere(충돌, 부딪침, 다툼)'이라는 합성어로, "어떤 것에 대한 심각한 불일치와 주장", "그룹이나 국가 간의 다툼", "믿음, 생각, 이익 간의 심각한 차이"를 의미한다. 국어사전에서 '갈등'은 칡과 등나무가 서로 얽히는 것과 같이, "개인이나 집단 사이에 목표나 이해 관계가 달라 서로 적대시하거나 충돌함 또는 그런 상태"를 의미한다. 이처럼 갈등에 대한 사전적인 의미를 종합해 보면, 갈등은 "개인, 집단, 국가 간의 생각과 이해 관계에서의 심각한 차이나 충돌"이라고 정의할 수 있다.

갈등의 역사는 인류의 역사와 함께 시작되었다고 해도 과언은 아니다. 갈등에 대한 역사적 기록을 살펴보면, 고대 그리스의 철학자인 플라톤(Platon, 427~347 BC)과 아

* 이 글은 주로 임동진(2010, 2011)의 자료를 토대로 재정리한 것이다.

리스토텔레스(Aristoteles, 384~322 BC)에게로 거슬러 올라간다. 플라톤과 아리스토텔레스 모두 사회 갈등은 국가 성공에 위협이며 가능한 한 최소화되어야 한다고 주장하고 있다(Sipke, 1969). 이후 17세기 사회계약이론자(social contract theorists)인 홉스(Thomas Hobbes)와 로크(John Locke) 역시 사회 갈등은 위험한 것이라서 가능한 통제되어야 한다고 주장하고 있다(Schellenberg, 1996). 고전사회학자인 짐멜(Georg Simmel)와 메이요(Elton Mayo), 파슨스(Talcott Parsons) 역시 사회 갈등은 악(evil)이며 최소화되어야 한다고 주장했다(Radim, 2001). 1950년대에 접어들면서 비로소 코저(Lewis Coser)는 『사회갈등의 기능(*The Functions of Social Conflict*)』(1956)에서 사회 갈등이 긍정적인 측면이 있음을 인지하고 사회 갈등에 대한 관심을 확산시켰다. 그 이후 대부분의 연구자는 갈등이 생산적인 측면과 파괴적인 측면을 동시에 갖고 있다고 주장한다(Mills, 1959).

갈등 연구 분야에서 고전이라고 할 수 있는 코저(Coser, 1956)는 갈등의 개념을 "양립이 불가능한 싸움"이라 정의하고 있고, 마치와 사이먼(March & Simon, 1958)은 "의사 결정의 표준 메커니즘(standard mechanism) 장애로 인해 개인이나 집단이 대안을 선택하는 데 곤란을 겪게 되는 상황"이라고 정의하고 있다. 다렌도르프(Dahrendorf, 1959)는 "사회 세력들 간의 표면상의 충돌뿐만 아니라 싸움 · 경쟁 · 논쟁 · 긴장 등을 모두 포함하는 개념"으로 갈등의 대상 범위를 넓게 설정하고 있다.

불딩(Boulding, 1962)은 갈등을 "가치나 부족한 직위, 권력, 재원에 대한 요구에 대한 싸움"이라고 하고 있고, 배런(Baron, 1990)은 갈등을 "개인 간 또는 그룹들이 제로섬(zero-sum) 상황에서 관심, 이익, 신념, 이해 등이 서로 대립되는 상태들에 대해 충돌을 인식하여, 상호작용의 과정에서 좌절시키거나 시켰을 경우에 발생하는 과정이며, 또는 둘 이상의 행동 주체가 다른 목표를 좌절하도록 유발하는 과정"이라고 보고 있다. 강인호 외(2005)는 갈등을 "둘 이상 행동 주체인 당사자 간 일어난 행동, 갈등 주체, 갈등 당사자들의 가치나 목표에 대한 의견 불일치, 갈등 당사자 간 동태적 상호의존적 과정"이라 하고 있고, 하혜영(2007)은 "둘 혹은 그 이상의 갈등 당사자들이 목표, 수단 혹은 가치 등의 양립 불가능한 상황에서 상호작용을 할 때 발생되는 과정"이라고 정의하고 있으며, 가상준 외(2009)는 "양립 불가능한 이해, 목표, 가치 등이 대립되는 상태로 당사자 간 적대적 인식, 심리적 상태, 그리고 이에 따는 물리적 충돌"이라고 정의하고 있다.

위에서 논의한 갈등의 개념을 종합하면 다음과 같다. 첫째, 갈등은 개인 간, 집단 간 또는 국가 간 등 다양한 관계 속에서 다양한 형태로 존재하고 있다는 것이다. 둘째, 갈등 당사자들이 제로섬(zero-sum) 상황에서 서로 대립되는 갈등의 내용이 있다는 것이다. 셋째, 갈등 당사자 간 이익이나 가치 등의 갈등 내용이 충돌하고 있다는 것이다. 넷째, 갈등 당사자 간 동태적 · 상호 의존적 과정이라는 것이다. 마지막으로 갈등 당사자 간의 다른 목표들을 좌절하도록 유발하는 과정이라는 것이다.

2) 공공 갈등의 개념

공공 갈등은 다양한 갈등 중의 하나로 공공 영역 또는 공공 부문에서 발생하는 갈등이라고 할 수 있다. 정부 영역에서 주로 관심을 갖는 갈등은 개인 갈등, 조직 갈등, 또는 민간 갈등보다는 공공 영역에서 발생하는 공공 갈등이다. 그 이유는 정부, 지방자치단체 및 공공기관 등이 추진하는 공공사업이나 정책을 수립하고 추진하는 과정에서 공공 갈등이 빈번히 발생하고 있고, 공공사업이나 정책의 장기간 지연 및 표류는 천문학적인 사회 · 경제적 비용[1])을 발생시킬 수 있기 때문이다.

공공 갈등의 개념에 대해 랜(Lan, 1997)은 "경제, 공익, 권력의 분권화, 세계화, 빈곤 등 다양한 사회 문제로 인해 발생하는 갈등을 공공 부문에서 논의하는 것"으로 인식하고 있다. 카펜터와 케네디(Carpenter & Kennedy, 2001)는 공공 갈등을 "갈등의 주요 협상 당사자의 범위를 넘어서 공공에게 영향을 미치는 갈등"이라고 설명하고 있다. 듀크스(Dukes, 2006)는 공공 갈등을 "현대의 민주사회에서 발생하는 여러 사회적 문제 중 공공 문제로 인해 발생하는 갈등" 정도로 설명하고 있다.

전주상(2000)은 "공익을 추구하는 정책의 전 과정을 통해 목표가 양립 불가능한 상황에서 정책과 관련된 행위 주체들이 상호작용하면서 전개되는 역동적인 과정"으로 정의했고, 강영진(2001)은 "공공정책과 같이 공중에게 광범위하게 영향을 미치는 쟁점을 둘러싼 갈등"으로 보았다. 윤종설(2007)은 공공 갈등을 "중앙정부나 지방정부 등 공공기관이 갈등의 당사자가 되어 국민의 권리와 의무에 영향을 미치는 정책, 법령, 사업계획 등의 공공정책을 수립하고 집행할 때 정부 간 또는 정부와 시민 간에

1) OECD 회원국들의 사회 갈등 지수를 비교한 결과, 우리나라는 회원국 중 네 번째로 사회 갈등이 심한 나라로 나타났고, 사회 갈등 지수가 10% 하락할 경우 1인당 GDP가 7.1% 증가하는 효과가 있는 것으로 나타났다(박준 외, 2009).

발생하는 각종 갈등"이라고 보고 있다. 가상준 외(2009)는 "정부(입법부와 행정부)가 추진하는 공공정책을 둘러싸고 이해 및 권한 관계에 있는 단체 혹은 다른 정부(지방정부)와 충돌로 인해 발생하는 대립이며, 이러한 대립은 공공에게 커다란 영향을 미쳐 정부의 개입을 필요로 하거나 관여하는 갈등"이라고 정의하고 있다. 공공 갈등 관련 법률에서는 공공 갈등을 "공공정책(법령의 제정 · 개정, 각종 사업계획의 수립 · 추진을 포함)을 수립하거나 추진하는 과정에서 발생하는 이해 관계의 충돌"이라고 명시하고 있다('공공기관의 갈등 예방과 해결에 관한 규정'[대통령령 제21185호, 시행 2009.1.1]).

위에서 논의한 공공 갈등에 대한 개념 정의를 종합하면 다음과 같다. 첫째, 공공 갈등은 주요한 당사자가 정부, 지방자치단체 또는 공공기관이 된다는 것이다. 둘째, 공공정책 수립 및 집행, 법규 제정 등 정책 과정 전 과정에서 발생한다는 것이다. 셋째, 공공 갈등은 일반적인 갈등과 마찬가지로 이해관계자들 간의 상호 양립 불가능한 가치, 목표, 수단 등으로 인해 발생한다는 것이다. 마지막으로 공공 갈등은 광범위하게 사회 · 경제적으로 심대한 영향을 미쳐 정부(공공기관 포함)의 개입 또는 관여를 필요로 한다는 것이다.

3) 갈등관리의 개념

갈등관리(conflict management)란 "갈등이 확대되고 악화되는 것을 방지하고 갈등이 유리한 결과를 가져올 수 있도록 하는 데 도움을 주는 구조나 조건을 마련하는 것"이다(Bercovich, 1984). 다시 말해, 갈등관리는 갈등 과정과 갈등의 결과가 생산적이고 갈등으로 인한 손실이 최소화될 수 있도록 지식을 공급해 주는 것이다. 효과적인 갈등관리는 갈등을 없애거나 미리 방지(conflict prevention)하고 통제(conflict control)하는 것이 아니라, 갈등 당사자들의 가치와 혜택을 증가시키고 갈등으로 인한 손실과 불만족을 감소시키는 것이다.

크라우스(Krauss, 1984)는 갈등관리를 "합의되지 않고 있는 갈등 이슈가 합의된 절차에 의해 다루어져서 갈등이 수용 한계를 벗어날 정도로 악화 내지는 고조되지 않도록 하는 것"으로 보고 있다. 그는 갈등관리는 갈등 해소를 보장해 주는 것은 아니고 단지 갈등 해소를 용이하게 해줄 수 있다고 주장하면서 갈등관리와 갈등 해소를 구별하고 있다. 안광일(1994)은 갈등관리를 "갈등이 수용 한계를 벗어날 정도로 악화 내지는 확대되는 것을 막고 갈등이 유리한 결과를 실현하는 데 도움을 주는 구조와 조건을 마련함으로써 갈등 해소를 용이하게 하는 과정"이라고 정의하고 있다. 유해운 외(1997)는 갈등관리를 "역기능적이고 파괴적인 갈등을 해소 또는 진정시키고, 갈등의 순기능적이고 건설적인 측면을 촉진시키기 위한 활동"을 포괄적으로 지칭하는 개념으로 보고 있다. 박연호 외(1999)는 갈등관리를 "조직관리의 핵심적 활동의 하나로서 조직에 해(害)가 되는 갈등은 해소시키거나 완화시키는 동시에 조직에 유익한 갈등은 조장하는 행위"로 보고 있으며, 안성민(1999)은 "갈등의 편익과 비용을 비교해서 갈등의 편익을 늘리고 갈등의 비용을 줄이는 활동"으로 보고 있다. 강영진(2001)은 "조직이나 사회, 국가 간의 갈등을 효과적으로 조율하고 소모적인 분쟁 상황이 재발하지 않도록 통제하고 관리하는 접근 방식"으로 갈등관리의 궁극적인 목표는 갈등이 무절제하게 표출되는 것을 막고, 조직, 사회, 국가의 효율성을 극대화하는 것이라고 주장하고 있다. 공공 갈등 관련 법률에서는 갈등관리를 "공공기관이 갈등을 예방하고 해결하기 위하여 수행하는 모든 활동"으로 규정하고 있다('공공기관의 갈등 예방과 해결에 관한 규정'[대통령령 제21185호, 시행 2009.1.1]).

위에서 논의한 갈등관리에 대한 개념 정의를 종합하면, 갈등관리는 갈등을 예방하고 발생한 갈등을 해소시키거나 완화하는 등 갈등의 해결을 용이하게 하며, 갈등으로 부정적 효과를 최소화하고 갈등의 긍정적 효과를 최대화하려는 일체의 활동이라고 할 수 있다.

2 공공 갈등의 특성과 확산 과정

1) 공공 갈등의 특성

갈등 그 자체의 본질과 특성을 살펴보면 "갈등은 한쪽의 당사자가, 다른 당사자가 부정적인 영향을 미치거나 주고자 하는 것을 인식하고, 한쪽의 당사자가 이를 신경쓰기 시작하는 과정"이다(Huczynski & Buchanan, 2007: 764). 이처럼 갈등의 시작은 인식의 생산물(product of perception)로 형성되나, 갈등의 실제로 나타나는 것은 한쪽 당사자의 행동이 다른 당사자에게 인식될 때 나타난다. 따라서 상당수의 갈등이 잠재되어 있으며, 한쪽의 당사자가 인지를 못함으로 인해 갈등이 억압될 수도 있다. 따라서 갈등 해결 과정은 갈등 당사자들이 갈등에 대한 인지와 행동이 잘 드러날 때 성공적이 될 가능성이 높다(Willmott, 1993).

그러나 갈등은 인식(perception)과 행동(action)으로만 존재하는 것이 아니라 이념(ideology)적인 측면도 있다. 폭스(Fox, 1966)는 갈등에 대해 세 가지 이념적인 관점을 제시하고 있다. 첫째는 단일적 관점(unitarist perspective)으로, 갈등은 관리자 입장에서 공동의 이익을 위해 조화를 중시하는 관점으로 갈등 자체를 비합리적인 것으로 보는 관점이다. 둘째는 다원주의적 관점(pluralist perspective)으로, 현대 사회는 상충되는 가치, 이익, 목표들이 존재한다고 보고, 갈등은 합리적이고 불가피하기 때문에 서로 합의된 갈등 해결 과정에 대한 장치가 필요하다는 관점이다. 마지막은 급진적인 관점(radical perspective)으로, 갈등은 단순히 불가피하다고만 보지 않고, 변화의 사물이고 개혁자(drivers)라는 것으로 본다. 헌트(Hunt, 1981)는 어느 사회 든 갈등이 바람직하고 생산적이 될 수 있다고 보고, 창의성과 감정적 주장을 강화시킨다고 주장하고 있다. 폭스(A. Fox)의 급진적인 관점은 갈등 해결에서 참여적 민주주의에 연결되는 개념이다(Johnson, 2006). 따라서 갈등 해결 전략은 여러 가지 상황, 당사자 간 관계, 인식, 믿음, 갈등의 표면화 정도, 공격성의 정도를 모두 고려할 필요가 있다.

공공 갈등은 일반적으로 사적인 개인 또는 집단 간에 발생하는 민민 갈등과는 다른 몇 가지 특징을 갖고 있다. 먼저 갈등의 당사자와 관련하여 공공 갈등이 갖고 있는 두드러진 특징은 이해관계자(stakeholders) 자체를 특정화하기 어렵다는 것이다. 예를 들어, 공공 갈등의 경우, 직접적 이해관계자 집단이 크고 다양할 뿐만 아니라 간접적 이해관계자를 포함할 경우 당사자의 범위가 전체 국민이 되는 경우도 많기 때문이다. 다음으로 공공 갈등의 원인과 관련하여 갈등의 원인이 매우 복합적이라는 것이다. 중앙정부나 지방자치단체가 시행하는 공공사업을 둘러싼 갈등에서 나타나듯이 이해 관계나 가치의 충돌이 모두 갈등의 원인이 된다는 것이다. 다시 말해, 공공 갈등은 한편으론 이익 갈등이면서 또 다른 한편으론 가치 갈등이라는 것이다(지속가능발전위원회, 2005). 그 밖에도 공공 갈등의 특성으로 표준적인 갈등 해결 절차의 부족, 광범위한 갈등 범위, 지속적인 갈등 당사자 간의 관계 부족, 당사자 간 힘의 불균형 등이 있다(Carpenter & Kennedy, 2001).

2) 공공 갈등의 확산 과정

공공 갈등을 좀 더 정확하게 이해하기 위해서는 공공 갈등의 변화 과정(dynamics)을 정확히 이해하는 것이 필요하다. 갈등 해결에서 가장 큰 문제는 갈등 당사자들이 대화를 중지하는 것이다. 갈등 해결 과정은 갈등 당사자 간 신뢰를 바탕으로 갈등이 고조되는 것을 막고 우호적인 행동을 유도한다.

이를 위해 갈등의 확산 과정, 그에 따른 갈등 쟁점의 변화 과정, 갈등 당사자의 심리적 변화 과정에 대해 논의하고자 한다. 먼저 갈등 확산 과정을 살펴보면 갈등은 크게 일곱 단계로 구분할 수 있다.

첫째, 불만이 표출되면 갈등이 발생할 가능성이 생긴다. 그러면서 갈등 당사자들이 형성된다.

둘째, 이러한 불만이 빨리 해결되지 않으면 갈등 당사자들의 입장이 강경해진다.

[그림 11-1] 공공 갈등의 확산 과정

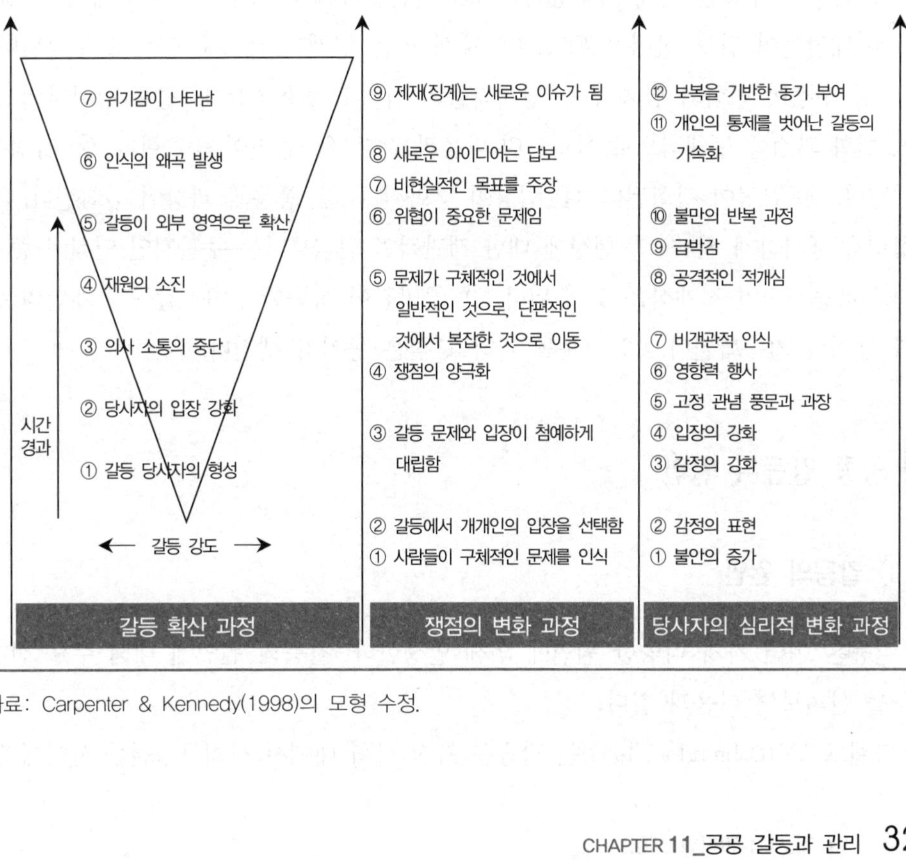

자료: Carpenter & Kennedy(1998)의 모형 수정.

셋째, 갈등 당사자들 내부에서 정보가 경쟁적으로 증가하면서 갈등 당사자 간에는 의사 소통이 중단된다.

넷째, 입장을 강화하고 갈등 당사자 내부의 결속하기 위해 많은 재원을 동원한다.

다섯째, 내부의 갈등이 외부 영역으로 확산된다.

여섯째, 각 당사자들은 우위를 확보하기 위해 상대방 입장을 왜곡하거나 일방적으로 고정화시킨다.

마지막으로 갈등의 강도는 점차 분노(anger)로 발전하게 된다. 갈등이 확산되면서 본래의 갈등 문제는 점점 더 어렵게 되고, 문제 해결을 위해 여러 대안이 등장한다(Carpenter & Kennedy, 1988).

이러한 갈등 확산 과정에 따라 갈등 쟁점들이 변화하는데, 구체적인 갈등 쟁점의 변화 과정은 다음과 같다. ① 사람들이 구체적으로 갈등 문제를 인식한다. ② 갈등에서 개개인의 입장이 선택된다. ③ 갈등 문제와 입장이 첨예하게 대립된다. ④ 갈등 쟁점이 양극화된다. ⑤ 구체적인 문제가 일반화되고, 단편적인 문제가 복잡한 문제로 변화한다. ⑥ 위협이 중요한 문제로 부상한다. ⑦ 비현실적인 목표들을 주장하게 된다. ⑧ 새로운 대안들이 답보 상태가 된다. ⑨ 제재 또는 징계가 새로운 이슈로 부각된다.

갈등 쟁점이 변화와 함께 갈등 당사자들의 심리도 변화하는데, 갈등 당사자의 심리적 변화 과정을 구체적으로 살펴보면 다음과 같다. ① 불안이 증가한다. ② 감정이 표현된다. ③ 감정이 강화된다. ④ 입장이 강화된다. ⑤ 풍문과 과장이 심화된다. ⑥ 영향력을 행사하게 된다. ⑦ 현상에 대한 객관적인 인식보다는 주관적인 인식이 증가한다. ⑧ 공격적인 적개심을 갖게 된다. ⑨ 급박감이 상승한다. ⑩ 갈등이 개인의 통제를 벗어나 가속화된다. ⑪ 보복을 가하고 싶은 동기가 생긴다.

3 공공 갈등의 원인

1) 갈등의 원인

갈등은 여러 가지 다양한 원인에 의해 발생한다. 갈등의 원인에 대해 주요 선행연구를 살펴보면 다음과 같다.

다렌도르프(Dahrendorf, 1959)는 갈등은 특정 사회 내에서 사회구성원들 사이에 인정되는 부(富), 권력, 신분 등의 희소 가치에 대한 상호 경쟁이 원인으로 보고 있다. 리퍼러(Lifferer, 1965)는 갈등의 원인을 양립 불가능하며 복잡한 목표의 제시, 목표 달성을 위한 수단인 자원의 부족과 어려움, 직위 상호간에 야기되는 부조화, 인식의 다양성에서 비롯되는 행태나 태도의 불일치 등으로 보고 있다. 코저(Coser, 1968)는 갈등의 원인은 신분, 권력 및 희소자원 등과 같은 가치들이 모두에게 돌아갈 만큼 충분하지 못한 것에서 발생한다고 보고 있다.

도이치(Deutsch, 1973)는 갈등은 자원, 선호 가치, 신념 그리고 갈등 당사자 간 관계의 특성에서 양자의 차이에 의해 발생하며, 사회 속에서 갈등이 일어나는 원인은 접촉, 집단 내의 구별의 가시성, 경쟁, 사회적 변화에 의해 상호 불일치를 가져오기 때문이라고 보고 있다. 배런(Baron, 1984)은 세력의 차이, 부족한 자원의 경쟁, 경쟁적 보상 시스템, 작업 단위 간의 상호 의존성, 책임의 모호성 등을 갈등의 주요 원인으로 보고 있다.

루로프스와 칸(Lulofs & Cahn, 2000)은 갈등이 양립 불가능한 목표나 상대방에 대한 선택을 통제하려고 하는 데에서 발생한다고 보고 있다. 라힘(Rahim, 2002)은 갈등의 원인으로 양립 불가능성, 의견 충돌, 불화, 사회적 적대 관계 등을 제시하고 있다. 바키와 하트위크(Barki & Hartwick, 2004)는 목적 달성을 위한 방해, 의견 충돌, 부정적인 감정을 인식, 그리고 당사자 간의 상호작용하는 것을 갈등의 원인으로 제시하고 있다. 프루잇과 킴(Pruitt & Kim, 2004)은 갈등은 근본적으로 모든 사람의 열망을 동시에 충족하기에 어려운데서 발생한다고 보고 있다. 정(Jeong, 2008)은 갈등은 가치의 불일치, 권력의 불균형, 오해, 의사 전달의 왜곡, 경쟁적인 목표(부, 명예)와 그것의 이용 가능성, 불공정성, 불공평, 좌절 등에 기인한다고 주장한다.

김종호 외(2004)는 이해 관계의 충돌, 가치관의 차이, 과학기술의 한계, 법 · 제도의 미비, 절차상의 문제 등이 갈등을 유발하는 원인으로 제시하고 있고, 박형서(2005)는 이해 관계의 불균형, 가치 인식의 차이, 정책 수립 과정, 시민사회의 성장과 참여구조가 갈등의 원인이라 보고 있다.

앞서 논의한 갈등의 발생 원인을 종합하면, ① 양립 불가능한 목표의 상충, ② 가치, 인식, 신념 등의 불일치, ③ 희소자원의 상호 경쟁, ④ 이해 관계의 충돌, ⑤ 갈등 관련 법, 제도, 절차의 미비, ⑥ 시민사회 미성숙 및 참여구조 미비 등으로 요약할 수 있다.

2) 공공 갈등의 원인

앞서 갈등의 원인에 대한 논의에서 살펴보았듯이, 대부분의 연구자가 갈등의 원인을 단순히 나열하는데 그칠 뿐, 각 갈등 요인들의 인과 관계나 갈등을 재생산하고 확산 및 심화시키는 환경적 요인에 대해 명확하게 규명하지 않고 있다(장세훈, 1997). 우리나라에서 발생하는 공공 갈등의 원인은 크게 정치적 · 경제적 · 사회적 · 구조적 요인으로 구분할 수 있다.

첫째, 정치적 요인으로 공공정책이 새로이 도입되거나 변경되는 과정에서 정치적 배경 및 요인에 의해 갈등이 발생하기도 한다(Ripley, 1985). 공공정책을 수립하는 과정에서 경제적 효율성 및 사회적 합의가 아닌 정치적 상황 논리로 고위직 행정관료와 전문가에 의해 정책이 형성되는 예가 많이 있다. 이런 경우는 정치적 상황이 변화하면 정책의 정당성과 타당성의 문제가 대두되어 이미 결정된 공공정책의 변화를 시도하는 갈등이 발생한다(박형서, 2005). 지방자치단체 수준에서도 정치적 요인에 의해 공공 갈등[2]이 발생하고 있다. 예를 들어, 민선 지방자치단체장들은 선거 과정에서 많은 정책 공약과 시행 사업 등을 구체적인 실현 가능성인 검증 절차 없이 지역 주민들에게 제시한 경우가 빈번하다. 이런 경우 자치단체장들은 자신이 제시한 정책공약을 실현하기 위해 현행 법규와 관련된 행정절차와 사무규정 등을 무시하고 무리하게 선거공약사업을 추진하는 과정에서 갈등이 발생하기도 한다(하혜영, 2007).

둘째, 경제적 요인으로 사회의 경제 제도나 경제적 상황이 공공 갈등을 야기하기도 한다. 예를 들어, 1990년대 후반의 한국의 IMF 경제위기나 2000년대 미국발 금융위기에 따른 세계 경제의 침제 등은 국내 · 외 외국의 민간 부문의 소비 및 투자 위축으로 경제 성장의 압박과 고용의 불안 등 심각한 경제 문제로 개인 및 기업의 구조조정, 개인 파산, 대기업과 중소기업 간의 갈등 등이 야기되기도 한다.

셋째, 사회적 요인으로 우리나라의 경우 1980년대 이후 급속한 민주화 운동으로 권위주의 정치 체제의 해체됨으로 인해 시민 사회구성원들의 자신의 권익과 사회적

---

2) 지방자치단체 수준에서 발생하는 공공 갈등의 내용으로는 크게 지방행정 · 재정 분야와 지역 개발 분야로 구분할 수 있다. 지방행정 · 재정 분야의 갈등에는 지방자치단체 간의 권한, 인사, 조직과 관련하여 발생하는 지방행정 관련 갈등과 과세 및 재정, 관리 등 지방재정 분야 갈등이 있다. 지역 개발 분야 갈등으로는 하천 관련 갈등, 광역시설 관련 갈등, 지역개발사업 관련 갈등이 있다(서울시정개발연구원, 2003).

욕구들이 표출되면서 다양한 공공 갈등이 발생하고 있다. 이에 따라 노동운동을 비롯한 각종 사회운동이 빈번해지고, 환경 및 각종 사회 정의 등의 쟁점을 다루는 시민사회운동이 등장하고 있다. 또한 여기에 지역의 권익을 주장하고 증진시키려는 주민 요구도 전국적으로 증가하고 있다(장세훈, 1997).

넷째, 구조적 요인으로 공공정책을 추진하는 과정에서 발생하는 이해 관계의 불균형에 따른 구조적 요인에 의해 공공 갈등이 발생한다. 정책으로 인한 편익은 다수의 사회구성원이 공유하는 반면, 공공정책으로 인한 피해는 특정 소수에게 사익의 희생이라는 형태로 부담되는 '편익의 공유화(共有化)와 비용의 사유화(私有化)'라는 모순이 발생하게 된다(장세훈, 1997). 공공정책으로 피해를 입은 소수자들이 자신의 권익을 주장하며 저항이나 충돌을 야기한다. 최근의 공공 갈등 양상을 면밀히 살펴보면 직접 재산적 이해 당사자보다 외부 효과에 영향을 받는 주변 당사자의 반발이 더욱 거세지고 있다. 이처럼 갈등 과정에서 주변 당사자들의 관여나 참여는 갈등관리에서 이해 당사자의 선별과 조정 협상을 더욱 복잡하고 어렵게 하고 있다(박형서, 2005). 특히 직접 재산적 해당 당사자들이 아닌 시민단체와 같은 제3자의 갈등 당사자 개입은 갈등관리를 더욱 어렵게 하고 있다.

4 공공 갈등관리의 중요성

공공 갈등은 때로는 서로 다른 공익(public interests) 간의 충돌로 발생하기도 한다. 서로 다른 공익 간의 경쟁은 좋은 공공정책을 형성하는 데 필수적이다(Dukes, 2006). 또한 갈등이 합리적으로 해결되는 제도가 없거나 제도가 있다 하더라도 제도가 새로운 수요나 기대에 부응하지 못하는 경우에도 갈등이 야기될 수 있다(Mack & Snyder, 1971).

공공 갈등은 반드시 적대적인 갈등 상황으로만 연결되지는 않는다. 왜냐하면 적대적인 갈등이 아닌 평화로운 공존을 위한 해결 방안을 찾을 수 있기 때문이다(Bartos & Wehr, 2002). 만약 갈등 그 자체가 본질적으로 좋거나 나쁘지 않다면, 중요한 의문은 바로 어떤 조건이 건설적(constructive)이거나 또는 파괴적(destructive)인 갈등 과정으로 발전하게 하는가이다. 좀 더 구체적으로 말하자면, 건설적이거나 파괴적인 갈등의 기준이 무엇이고, 갈등은 어떻게 건설적인 갈등보다 파괴적인 갈등으로 변화하는가, 언제 갈등이 좀 더 건설적인 갈등이 될 수 있는가에 관한 것이다(Jeong, 2008). 갈등관리는 이처럼 파괴적인 갈등이 아닌 건설적인 갈등이 되도록 하는 것이라 할 수 있다.

공공 갈등은 정부의 정책 수립 및 집행, 법규 제정 등 정책 전 과정에서 중앙정부나 지방정부 및 공공기관 상호간 혹은 공공기관과 국민 간에 상호 양립 불가능한 가치, 목표, 수단 등으로 인해 발생하게 되며 사회・경제적으로 상당한 영향을 미치게 된다. 따라서 정부나 공공기관은 정책 추진 과정에서 공공 갈등에 따라 발생할 수 있는 역기능을 최소화하면서도 정책 추진을 효율적으로 추진할 수 있도록 하는 갈등관리가 필요하다고 할 수 있다. 대개의 경우 공공 갈등은 하나의 중앙부처가 아닌 여러 중앙부처가 관련되어 있거나 여러 이해 당사자들의 이해 관계가 복잡하게 얽혀 있는 경우가 많아 그 해결에 적지 않은 시간과 비용, 그리고 자원을 필요로 한다. 게다가 직면해 있는 문제의 성격상 불확실성이 높거나 인식상의 다양한 해석이 가능한 모호성이 있는 경우에 그 해결에는 그만큼의 더 큰 비용과 시간을 요구하며 다양한 접근방법이 요구된다.

정부와 민간, 그리고 중앙과 지방의 행정기관 간 갈등이 적시에 적절한 조치로 해결되지 않는 경우 정책 지연은 불가피하고 이 과정에서 정책의 거래비용은 매우 커진다. 특히 정책이 타이밍을 놓치는 경우 정책 자체가 쓸모없게 되는 사태가 발생하기도 한다. 이때 정책대상 집단에도 커다란 피해를 줄 수 있다(홍성만 외, 2007).

이러한 이유에서 공공 갈등은 제도권의 역량이 허용하는 한 이에 적극적으로 대처하여 그 부정적인 피해나 파급 효과를 최소화할 필요가 있다. 정부의 정책 추진 과정에서 발생하는 공공 갈등을 정부가 나서서 적극적으로 관리해야 한다는 필요성이 꾸준히 제기되고 있다. 이와 같은 필요성은 많은 공공사업이 이해관계자의 반발로 인해 진척을 못 이루고 있는 데에 대한 반성이기도 하지만, 또 다른 한편으로는 정부정책의 수립・추진 과정이 이제는 과거와는 전혀 다른 새로운 갈등관리 패러다임에 기반하고 있다(박홍엽, 2006).

정부의 적극적이고 체계적인 공공 갈등 관리는 다음과 같은 역할을 한다.

첫째, 중앙정부나 지방자치단체에서의 공공 갈등관리는 갈등의 장기화를 막고, 문제 해결의 한계점을 극복하여 중앙정부와 지방자치단체의 권위의 위상을 높이고, 행정의 신뢰성을 확보할 수 있다.

둘째, 공공 갈등관리를 체계화, 조직화함으로써 사회적 비용이 줄어들 수 있다. 또한 국가 경영의 차원에서도 미리 미리 공공 갈등관리의 인프라를 구축하여 적기에 갈등을 예방하거나 해결할 수 있다.

셋째, 공공 갈등관리를 통해 당사자들 간의 의견이 명확하게 개선되고, 효과적으로 조율할 수 있게 해준다. 다시 말하면, 공공 갈등의 편재성을 인정하기보다는 쌍방적 관계로 발전하여 의사 결정 과정을 원활히 할 수 있다.

넷째, 공공 갈등관리는 공공 갈등의 실패 및 성공 요인으로부터 개선을 가능하게 해준다. 즉, 공공 갈등을 풀어나가는 과정에서 그 원인이 된 문제의 본질을 새롭게 이해할 수 있고, 경우에 따라서는 기존 법제도의 문제점이나 결함을 찾아내어 해결책을 강구하는 계기가 될 수 있다.

제2절 공공 갈등의 관리 및 해결 방법

1 공공 갈등의 쟁점

공공 갈등의 쟁점은 갈등 당사자들[3] 간에 가장 핵심이 되는 논의 사안이라고 할 수 있다. 공공 갈등의 쟁점은 여러 가지 기준[4]에 따라 다양하게 구분이 가능하다. 주

3) 갈등 당사자들은 크게 주요 당사자들(primary parties), 2차 당사자들(secondary parties), 주변 당사자들(peripheral parties)로 구분할 수 있다. 우선, 주요 당사자들은 갈등에서 주된 행위자들이며, 이들의 목표 혹은 열망이 다른 일들과 양립할 수 없으며, 이들의 목적을 추구하는 데 상대방과 직접 상호작용을 하는 이들이다. 다음으로, 2차 당사자들은 점유된 이해 관계를 가지거나 혹은 갈등과 그 결과에 의해 직접적으로 영향을 받는 이들이지만, 직접 의사 결정에 참여하지 않는다. 하지만 2차적 당사자는 잠재적인 연합 구성원이며, 이들은 주요한 당사자가 될 수 있다. 마지막으로 주변 당사자들은 갈등과 결과에 관심을 가지고 있지만 직접적으로 영향을 받지 않는다. 이에 해당되는 이들은 미디어와 일반 대중으로서 갈등의 주변 당사자가 된다(하혜영, 2007).

4) 갈등의 주체에 따라 갈등을 정부 간 갈등과 정부-주민 간 갈등으로 구분할 수 있다(나태준 · 박재희, 2004). 정부 간 갈등은 중앙정부와 지방정부 간의 수직적 갈등과, 중앙정부간, 지방정부 간의 수평적 갈등으로 구분할 수 있고, 정부-주민 간 갈등은 지역 주민과의 갈등과 시민단체와의 갈등으로 구분할 수 있다(하혜영 외, 2007). 정부 간 갈등은 내부 규칙의 제정, 협의 및 조정에 의해 비교적 용이하게 해소될

요 선행 연구에서 공공 갈등의 쟁점들을 정리하면 다음과 같다.

먼저 도이치(Deustch, 1973)는 갈등의 쟁점(issue)을 네 가지, 즉 ① 자원 갈등, ② 선호 갈등, ③ 가치 갈등, ④ 신념 갈등으로 구분하고 있고, 레위키 외(Lewicki et al., 2003)는 ① 가치 쟁점, ② 발달된 분배적 쟁점, ③ 안전과 건강에 대한 위협의 쟁점으로 구분하고 있다. 크리스버그(Kriesberg, 2003)는 갈등이 되는 문제를 ① 이익(interest) 갈등, ② 가치(values) 갈등으로 구분하고 있고, 무어(Moore, 2003)는 갈등의 원인을 기준으로 갈등 내용을 크게 다섯 가지, 즉 ① 이해 갈등, ② 가치 갈등, ③ 관계적(relationship) 갈등, ④ 데이터 갈등, ⑤ 구조적(structural) 갈등으로 구분하고 있다.

국내에서 진행된 연구로 지속가능발전위원회(2004)는 갈등의 쟁점을 ① 이해 갈등, ② 가치 갈등으로 구분하고 있다. 여기서 이해 갈등은 이익, 절차, 사실 관계, 구조적 원인, 상호 관계 등에 대한 당사자들 간의 사고의 차이에서 발생하는 갈등을 의미하고, 가치 갈등은 갈등 당사자들 간 이념과 가치관의 차이로부터 발생하는 갈등을 의미한다. 김종호 외(2004)는 갈등의 원인에 따라 ① 이해 관계 갈등, ② 가치관 갈등, ③ 사회 관계 갈등, ④ 구조적 갈등으로 구분하고 있다.

이 밖에도 박형서(2005)는 갈등의 원인에 따라 갈등의 쟁점을 ① 이해 관계의 불균형, ② 가치 인식의 차이, ③ 정책 수립 과정, ④ 시민사회의 성장과 참여구조로 구분하고 있고, 하혜영 외(2007)는 갈등의 원인에 따른 쟁점으로 ① 이해 관계 갈등(interest conflict), ② 가치 갈등(value conflict)으로 구분하고 있다. 국무총리실(2009)은 중앙부처의 공공 갈등을 ① 정책 갈등, ② 이익 갈등, ③ 입지 갈등, ④ 노사 갈등, ⑤ 개발 갈등으로 구분하고 있다.

위에서 논의한 공공 갈등의 주요 쟁점을 종합하면, 공공 갈등의 주요 쟁점은 크게 ① 이해 관계 갈등(interest conflict), ② 가치 갈등(value conflict), ③ 복합 갈등(complex conflict)으로 구분할 수 있다. 이해 관계 갈등은 수요에 비해 물질적 자원(돈, 재산, 토지, 물, 정보 등) 혹은 비물질적 자원(권력, 권한, 등)의 유한성에 의해 발생하는 갈등이다. 이에 반해 가치 갈등은 환경이나 문화의 성장 배경이 다른 개인이나 집단 간에 신념이나 종교, 문화 등 가치관의 차이에서 오는 갈등이다. 복합 갈등은 이해 관계 갈등과 가치 갈등이 혼재되어 있는 갈등이다. 이해 관계 갈등이 가치 갈등에 상대적으로 쉽

수 있으나 정부-주민 간 갈등은 지역 주민, 시민단체 등 갈등의 외연이 넓어질 경우, 갈등 해소를 위한 선택의 폭이 좁아져 상대적으로 해결이 어려운 경우가 많이 있다(박명현, 2004).

〈표 11-1〉 공공 갈등의 주요 쟁점

연구자	공공 갈등의 주요 쟁점
Deustch(1973)	① 자원 갈등, ② 선호 갈등, ③ 가치 갈등, ④ 신념 갈등
Lewicki et al.(2003)	① 가치 쟁점, ② 분배적 쟁점, ③ 안전과 건강에 대한 위협의 쟁점
Kriesberg(2003)	① 이익 갈등, ② 가치 갈등
Moore(2003)	① 이해 갈등, ② 가치 갈등, ③ 관계적 갈등, ④ 데이터 갈등, ⑤ 구조적 갈등
지속가능발전위원회(2004)	① 이해 갈등, ② 가치 갈등
김종호 외(2004)	① 이해 관계 갈등, ② 가치관 갈등, ③ 사회 관계 갈등, ④ 구조적 갈등
박형서(2005)	① 이해 관계의 불균형, ② 가치 인식의 차이, ③ 정책 수립 과정, ④ 시민사회의 성장과 참여구조
하혜영 외(2007)	① 이해 관계 갈등, ② 가치 갈등
국무총리실(2009)	① 정책 갈등, ② 이익 갈등, ③ 입지 갈등, ④ 노사 갈등, ⑤ 개발 갈등
임동진(2010)	① 이해 관계 갈등, ② 가치 갈등, ③ 복합 갈등

게 해결되는 경향이 반해, 복합 갈등은 두 가지 갈등이 혼재되어 있어서 갈등 해결이 더욱 어렵게 되는 경향이 있다(임동진, 2010).

2 공공 갈등의 순환주기

모든 공공 갈등은 잠복하고 있다가 발생하고 증폭되고 해소되는 일련의 과정을 거친다. 이처럼 공공 갈등이 변화하는 일련의 과정을 이해하는 것은 매우 중요하다. 그 이유는 갈등이 어떠한 과정을 거치는지를 이해함으로써 갈등의 예방과 해결에 도움이 되기 때문이다. 갈등 과정은 다른 사회 현상과 마찬가지로 원인이 과정이나 결과에 영향을 미치기도 하고, 과정이나 결과가 원인에 영향을 미치기도 한다. 이처럼 공공 갈등의 과정은 여러 환경적 요인의 영향을 받으며 반복적으로 일어나기도 하고 순환하기도 한다.

공공 갈등의 주기에 대한 주요 선행 연구를 살펴보면 다음과 같다. 우선 폰디(Pondy, 1967)는 갈등을 특정 시점에서 고정되지 않으며 시간에 따라 변화하는 일련의 과정으로 보고 있다. 갈등의 이러한 특성을 갈등의 에피소드(episode)의 일련의 과정으로 보고 있다. 갈등의 에피소드 과정은 ① 잠재적 갈등(latent conflict), ② 인지적 갈등(perceived conflict), ③ 느껴진 갈등(felt conflict), ④ 현재화된 갈등(manifest conflict), ⑤ 갈등 영향(conflict aftermath)의 다섯 단계로 구분하고 있다. 폰디(L. R. Pondy)의 갈등 과정은 각 단계를 명확히 구분하기 어렵다는 한계가 있지만, 조직 갈등의 일반이론을 개발했다는 점에서 초기의 갈등 연구에서 주목할 만한 기여를 했고(Wall & Callister, 1995), 폰디의 연구는 이후 많은 갈등 연구에서 갈등 원인과 유형을 만드는 데 도움을 주었다는 평가를 받고 있다(Lewicki et al., 1992).

토머스(Thomas, 1979)도 갈등 과정을 갈등 상황 하에서 시간의 경과에 따라 발생하는 사건의 연속이라고 설명하면서, 두 집단의 갈등 상황에서 발생하는 중요한 에피소드들의 진행을 중심으로 갈등 과정을 모델화하고 있다. 각각의 에피소드는 지난 에피소드의 결과에 영향을 받고, 다음 에피소드가 발생할 배경을 형성한다. 각각의 에피소드들은 ① 욕구 불만(frustration), ② 개념화(conceptualization), ③ 행태(behavior), ④ 상대방의 반응(reaction of the other party), ⑤ 갈등의 결과(outcome) 등 다섯 가지 에피소드로 구성하고 있다.

피셔(Fisher, 1994)는 집단 간의 갈등 관계를 ① 갈등분석(conflict analysis), ② 갈등대립(conflict confrontation), ③ 갈등 해결(conflict resolution)의 세 단계로 설명하고 있다. 피셔(R. Fisher)의 갈등 과정은 갈등이 일어나는 기간을 좀 더 장기간으로 설정하고 각각의 갈등 해결 수준을 넘어 갈등이 정책이나 사회구조의 변화에까지 영향을 미칠 수 있다는 점까지 파악하고 있어 갈등의 파급 효과를 좀 더 폭넓게 파악하고 있다는 점에서 의미가 있다고 볼 수 있다.

로빈스(Robbins, 1998)는 갈등 과정을 다섯 단계로 설명하고 있다. 첫 번째 단계는 잠재적인 반대 또는 비양립성의 단계로 갈등을 유발하는 조건(상황)들이 존재하는 단계이다. 두 번째 단계는 갈등 상황의 인지와 개인화가 일어나는 단계이다. 세 번째 단계는 의도의 단계로 갈등 당사자가 갈등 상황을 인지하고 개인화가 일어나게 되면, 이 단계에서는 갈등 상황에서 어떠한 행동을 취할지를 결정한다. 네 번째 단계는 행위 단계에서는 당사자들의 언행과 반응이 나타나는 단계이다. 다섯 번째 단계는 갈등의 결과를 평가하는 단계이다. 로빈스(S. P. Robbins)의 갈등 과정은 폰디의 갈등 과정과 유사하게 갈등 단계를 구분했다는 점과 갈등관리 전략들이 실제로 다르게 나타날 수 있다는 점에서 의미가 있으나 폰디와 같이 각 단계들을 명확하게 구분하기는 어렵다. 이에 반해 크리스버그(Kriesberg, 2003)는 갈등 과정을 ① 출현, ② 증폭(escalates), ③ 감소(de-escalates), ④ 해결로 보고 있다.

주재복(2000)은 갈등의 과정을 네 단계, 즉 ① 갈등의 초기 단계, ② 갈등의 지속 단계, ③ 갈등의 심화 단계, ④ 갈등의 완화 단계로 구분하고 있다. 전주상(2000)은 갈등 과정을 ① 갈등의 인지 및 탐색, ② 갈등의 현재화, ③ 갈등의 영향 등의 세 과정으로 구분하고 있다. 유해운 외(2001)는 갈등 과정을 ① 잠재적 갈등, ② 갈등 표출, ③ 갈등 해결의 탐색, ④ 갈등 후 단계로 구분하고 있다. 고경훈(2003)은 ① 갈등 인지, ② 갈등 확산, ③ 갈등 증폭, ④ 갈등의 비등 단계로 분류하고 있으며, 이민창 외(2005)와 강성철 외(2006)는 ① 갈등 발생, ② 갈등 증폭, ③ 갈등 완화, ④ 갈등 종결로 구분하고 있다. 하혜영(2007)은 갈등 과정을 ① 갈등 발생, ② 갈등 과정, ③ 갈등 결과의 세 단계로 분류하고 있고, 국무총리실(2009)은 ① 잠복, ② 표면화, ③ 완화, ④ 사후관리의 네 단계로 구분하고 있다.

〈표 11-2〉에서 논의된 다양한 갈등 과정을 종합하면, ① 갈등 발생, ② 갈등 확

〈표 11-2〉 공공 갈등의 순환주기

연구자	공공 갈등의 과정(단계)
Pondy(1967)	① 잠재적 갈등, ② 인지적 갈등, ③ 느껴진 갈등, ④ 현재화된 갈등, ⑤ 갈등 영향
Thomas(1979)	① 욕구 불만, ② 개념화, ③ 행태, ④ 상대방의 반응, ⑤ 갈등의 결과
Fisher(1994)	① 갈등분석, ② 갈등 대립, ③ 갈등 해결
Robbins(1998)	① 잠재적인 반대, ② 갈등 상황의 인지와 개인화, ③ 의도의 단계, ④ 행위 단계, ⑤ 갈등의 결과 평가 단계
Kriesberg(2003)	① 출현, ② 증폭, ③ 감소, ④ 해결
주재복(2000)	① 갈등 초기 단계, ② 갈등 지속 단계, ③ 갈등 심화 단계, ④ 갈등 완화 단계
전주상(2000)	① 갈등의 인지 및 탐색, ② 갈등의 현재화, ③ 갈등의 영향
유해운 외(2001)	① 잠재적 갈등, ② 갈등 표출, ③ 갈등 해결의 탐색, ④ 갈등 후 단계
고경훈(2003)	① 갈등 인지, ② 갈등 확산, ③ 갈등 증폭, ④ 갈등 비등
이민창 외(2005)	① 갈등 발생, ② 갈등 증폭, ③ 갈등 완화, ④ 갈등 종결
하혜영(2007)	① 갈등 발생, ② 갈등 과정 ③ 갈등 결과
국무총리실(2009)	① 잠복, ② 표면화, ③ 완화, ④ 사후관리
임동진(2010)	① 갈등 발생, ② 갈등 확산, ③ 갈등 완화, ④ 갈등 종결

산, ③ 갈등 완화, ④ 갈등 종결로 요약할 수 있다. 그러나 공공 갈등의 과정에 대한 연구는 앞서 논의한 바와 같이 갈등의 단계를 시간의 흐름에 따라 최소 3단계에서 최대 5단계로 분절적으로 구분함으로써 복잡한 갈등 과정을 쉽게 이해하고 설명하는 측면이 있다. 그러나 실제로 공공 갈등은 갈등과정이론에서 제시하는 것처럼 분절적이 아닌 연속적이며, 때로는 예측할 수 없는 돌발적인 상황에서 갈등이 해소되기도 하고, 때로는 갈등이 증폭되는 등 단계별 갈등과정이론으로 설명하지 못한 부분도 여전히 있다(임동진, 2010).

3 공공 갈등의 관리 및 해결 방법

갈등관리 및 해결 방법을 이해하는 것은 매우 중요하다. 왜냐하면 여러 가지 갈등관리 및 해결 방안을 비교 분석함으로써 갈등을 사전에 예방하거나 갈등이 발생했을 때 갈등 해결에 필요한 전략을 마련하는 데 도움이 되기 때문이다. 갈등관리 및 해결 방법은 지향하고자 하는 목적에 따라 다양하게 유형화 내지는 분류화가 가능하다. 갈등관리 및 해결 방법에 관한 주요 연구를 검토한 결과, 갈등관리 및 해결의 방법은 ① 조직 개입 여부, ② 갈등 주체, ③ 관리 기반, ④ 행정관리적 측면, ⑤ 전통 · 대체 활용 측면, ⑥ 갈등 주체 및 법적 개입 여부, ⑦ 정책 조정적 측면, ⑧ 저항관리적 측면으로 구분할 수 있다. 각각의 갈등관리 및 해결 방법을 구체적으로 살펴보면 다음과 같다.

첫째, 조직 개입 여부에 따른 갈등관리의 방법이 있다. 마치와 사이먼(March & Simon, 1958)은 조직의 개입 여부에 따라 갈등관리의 방식을 ① 개입적 접근 방법(intervention approach), ② 비개입적 접근 방법(non-intervention approach)으로 구분하고 있다. 개입적 접근 방법은 조직이 갈등에 개입하는 것으로 무마(smoothing), 강압(repressing), 관심 전환(detracting) 등이 있고, 비개입적 접근 방법은 조직이 갈등에 개입하지 않고 갈등 당사자에게 맡겨버리는 것으로, 문제 해결과 설득, 협상 및 전략적 행동(politics) 등이 있다.

둘째, 갈등의 주체에 따른 갈등관리의 방법이 있다. 글래드윈(Gladwin, 1987)은 갈등을 해결하는 주체에 따라 갈등관리의 방법을 ① 갈등 당사자들에 의한 자율적인 해결 방식(private resolution mechanism), ② 공적 해결 방식(public resolution mechanism), ③ 제3자에 의한 해결 방식(third party resolution mechanism)으로 구분하고, 로스(Ross, 1993)도 갈등 주체에 따라 ① 독자적 갈등 해결 방식, ② 연합적 갈등 해결 방식, ③ 제3자에 의한 갈등 해결 방식으로 구분하고 있다. 우선 독자적 갈등 해결 방식은 우월한 권력을 소유하고 있는 개인 혹은 집단이 상대방과의 협력을 통하지 않고 자신의 이익을 진전시키거나, 갈등을 주도적으로 해결하는 방법이다. 이에 반해 연합적 갈등 해결 방식은 갈등의 당사자들이 상대방을 상호 인정하여 갈등 해결에 함께 참여하여 갈등 해결을 위해 노력하거나 제3자가 중재, 조정, 협상 등을 지원해주는 방식이다.5) 제3자에 의한 갈등 해결 방식은 갈등의 당사자들이 아닌 중립적인 제3자가 개입하여 갈등을 해결하려는 방식을 의미한다.

셋째, 갈등의 관리 기반에 따른 갈등관리 방법이 있다. 어리, 브레트와 골드버그(Ury, Bratt, & Goldberg, 1988)는 갈등의 관리 기반에 따라 갈등관리 방식을 ① 권력 기반 접근 방법, ② 권리 기반 접근 방법, ③ 이익 기반 접근 방법으로 구분하고 있다. 권력 기반 접근 방법은 권력을 이용하여 다른 상대방의 결과를 강제하도록 하여 갈등을 해결하는 전략인데 반해, 권리 기반 접근 방법은 규칙에 따른 접근 방법으로 법, 계약, 협상문 등을 통한 갈등 해결 전략이다. 이익 기반 접근 방법은 개인들 혹은 집단의 요구(needs), 관심, 바람 등을 이용하는 갈등 해결 전략이다.

넷째, 행정관리적 측면에 따른 갈등관리 방법이 있다. 로젠블룸(Rosenbloom, 1989)은 행정관리적 측면에 따라 갈등관리 방법을 ① 관리적 접근 방법, ② 법적 접근 방법, ③ 정치적 접근 방법으로 구분하고 있다. 관리적 접근 방법은 효율적이고 효과적인 갈등 해결 기제로서 경제적 측면을 통한 갈등 해결 방법을 강조하는 반면, 법적

---

5) 제3자에 의한 갈등 해결 방식에는 크게 중재(arbitration), 조정(mediation), 알선(conciliation)이 있다. 먼저 중재는 갈등이 발생할 경우 제3자나 외부의 중재기관이 중재 합의 또는 중재 조항을 기초로 당사자의 의견과 주장을 청취하여 판정을 내리는 분쟁 해결 방식으로 중재는 당사자 간 합의를 유도할 수 있는 여지를 부여하면서 동시에 최종적 단계에서는 중재 판정을 통해 구속적인 분쟁 해결을 기할 수 있는 장점이 있다. 그러나 당사자들이 처음부터 중재 조항이나 중재계약에 합의하지 않거나 중재 과정에 협력하지 않을 경우에는 원천적으로 원만한 합의를 이루지 못하는 한계가 있다. 다음으로 조정은 제3자가 이해 당사자들의 의견을 청취하여 갈등 해결을 위한 대안을 제시함으로써 갈등 해결을 유도하는 대체적 분쟁 해결 제도로 이해 당사자들이 서로 우호적인 관계를 유도함으로써 서로간의 이해 관계가 반영된 융통성 있고 창의적인 분쟁 해결을 유도할 수 있는 장점이 있으나, 조정안의 구속력이 없어 당사자들이 이를 수용하지 않을 경우 효과가 없는 것이 한계이다. 마지막으로 알선은 제3자의 전문적 감정 의견을 받아 이를 토대로 합의에 도달하는 것으로 알선은 중재나 조정이 이루어지는 과정 속에 포함되어 진행되는 경우가 대부분이라 할 수 있다(송상현, 1994).

접근 방법은 헌법적인 고결성, 적법 절차의 중시, 실제적 권리의 보장 등을 통한 갈등 해결의 방법을 강조한다. 정치적 접근 방법은 대표성과 책임성의 가치를 갈등 해결의 방법으로 강조하고 있다.

다섯째, 전통적 · 대안적 활용 여부에 따른 갈등관리 방법이 있다. 카펜터와 케네디(Carpenter & Kennedy, 2001)는 전통적 · 대안적 해결 방법 활용 여부에 따른 갈등관리 방법으로 ① 전통적 갈등관리 방법(conventional approach), ② 대안적 갈등관리 방법(alternative approach)으로 구분하고 있다. 우선 전통적 갈등관리 방법에는 독자적 관리 방식과 사법적 판결 방식이 있는데, 독자적 관리 방식은 권력을 가진 갈등 당사자 한쪽이 주도적으로 갈등을 해결하는 방식을 의미하고, 사법적 판결 방식은 사법기관의 강제적 결정에 의한 방식인데 당사자 간의 갈등 해결이라기보다는 강제적인 결정에 따른 갈등관리의 방식을 의미한다. 다음으로 대안적 갈등관리 방법은 전통적 방식의 문제점을 보완하기 위한 것으로, 판결과 같은 사법적인 절차를 사용하지 않고 갈등을 해결하는 방식이다. 대안적 관리 방법에는 당사자가 절차와 결과에 대해 통제를 할 수 있는 협상, 제3자가 개입하는 조정 또는 중재[6] 등이 있다.

여섯째, 갈등 주체 및 법적 개입 여부에 따른 갈등관리 및 해결 방법이 있다. 무어(Moore, 2003)는 갈등 주체 및 법적 개입 여부에 따른 갈등관리 방법으로 ① 갈등 당사자 간 해결 방식, ② 사적 제3자 해결 방식, ③ 법적(공적) 제3자 해결 방식, ④ 법외적 · 강제적 해결 방식으로 구분하고 있다. 갈등 당사자 간 해결 방식에는 갈등 회피, 비공식적 토론 및 문제 해결, 협상(negotiation), 조정(mediation) 등이 있으며, 사적 제3자 해결 방식에는 행정적 결정(administrative decision), 중재(arbitration) 등이 있다. 법적(공적) 제3자 해결 방식에는 사법적 결정, 입법적 결정 등이 있고, 법외적 · 강제적 해결 방식에는 비폭력적 직접 행동, 폭력 등이 있다.

일곱째, 정책 조정적 측면에 따른 갈등관리 방법이 있다. 이종범(1996)은 정책 조정적 측면에 따른 갈등관리 방식으로 ① 분석적 조정, ② 정치적 조정으로 구분하고 있다. 분석적 조정은 달성하고자 하는 정책목표를 실현하는 최선의 대안을 조정 과정을 통해 선택하는 것으로 최선의 정책을 산출해 내고자 하는 목적 지향적 조정이다. 이에 반해 정치적 조정은 정책 참여자 간의 정치적 행위에 의해 정책이 선택되는 것

6) 조정은 제3자에게 위임하되 결과는 당사자가 통제하며, 중재는 절차와 결과를 모두 제3자에게 시키는 형식이다.

을 의미하며, 한쪽의 의사나 의견이 다른 쪽의 의사나 의견보다 우월하게 취급되어 다른 한쪽의 의사대로 정책 조정이 이루어지는 경우나 서로 대등한 갈등 당사자 간 경쟁과 협상을 통해 조정이 이루어지는 경우이다.

마지막으로 저항관리적 측면에 따른 갈등관리 방법이 있다. 오석홍(1995)은 저항관리적 측면에 따른 갈등관리 방법으로 ① 강제적 전략, ② 규범적 · 사회적 전략, ③ 공리적 · 기수적 전략으로 구분하고 있다. 강제적 전략은 정책 추진자가 강제적 권력에 의해 제재를 가하고 위협을 가하거나 계서적 권한을 통한 명령, 인사, 긴장 고조 등의 방법으로 저항을 관리하는 방법이다. 이에 비해 규범적 · 사회적 전략은 상징 조작과 사회적 · 심리적 지지를 통해 자발적 협력과 정책의 수용을 유도하려는 전략으로 저항의 동기를 약화 내지 해소시켜 오히려 정책의 수행에 적극 가담하게 하려는 의도를 가지고 있다. 공리적 · 기술적 전략은 관련자들의 이익 침해를 방지하거나

〈표 11-3〉 공공 갈등의 관리 및 해결 방법

연구자	갈등관리 및 해결 방법	분류 기준
March & Simon(1958)	① 개입적 접근 방법, ② 비개입적 접근 방법	조직 개입 여부
Gladwin(1987), Ross(1993)	① 갈등 당사자 자율 해결 방식, ② 공적 해결 방식, ③ 제3자 해결 방식 ① 독자적 갈등 해결 방식, ② 연합적 갈등 해결 방식, ③ 제3자 갈등 해결 방식	갈등 주체
Ury et al.(1988)	① 권력 기반 접근 방법, ② 권리 기반 접근 방법, ③ 이익 기반 접근 방법	관리 기반
Rosenbloom (1989)	① 관리적 접근 방법, ② 법적 접근 방법, ③ 정치적 접근 방법	행정관리적 측면
Carpenter & Kennedy(2001)	① 전통적 갈등관리 방법, ② 대안적 갈등관리 방법	전통 · 대안적 활용 여부
Moore(2003)	① 갈등 당사자 간 해결 방식, ② 사적 제3자 해결 방식, ③ 법적(공적) 제3자 해결 방식, ④ 법외적 · 강제적 해결 방식	갈등 주체 · 법적 개입 여부
이종범(1986)	① 분석적 조정, ② 정치적 조정	정책 조정적 측면
오석홍(1995)	① 강제적 전략, ② 규범적 · 사회적 전략, ③ 공리적 · 기수적 전략	저항관리적 측면
임동진(2010)	① 갈등 당사자 간 해결 방식, ② 공적 · 사적 제3자의 해결 방식, ③ 사법적 해결 방식	갈등 주체

보상하고 정책 추진 과정의 기술적 요인을 조정함으로써 저항을 극복하거나 회피하는 전략이다.

위에서 논의한 갈등관리 및 해결 방법에 대한 주요 연구 결과를 종합하면, 갈등관리 및 해결 방법은 ① 갈등 당사자 간 해결 방식, ② 공적 · 사적 제3자에 의한 해결 방식, ③ 사법적 해결 방식으로 요약할 수 있다. 갈등 당사자 간 해결 방식에는 대화, 토론, 협상 등이 있고, 공 · 사적 제3자에 의한 해결 방식에는 조정, 중재, 행정적 결정 등이 있으며, 사법적 해결 방식에는 사법적 결정, 입법적 결정 등이 있다(임동진, 2010).

4 공공 갈등 해결에 영향을 미치는 요인

공공 갈등의 해결에 영향을 미치는 요인은 연구자에 따라 다양하다. 공공 갈등 해결의 영향 요인에 대해 주요 연구 결과를 중심으로 살펴보면 다음과 같다.

도이치(Deutsch, 1973)는 갈등 해결에 영향을 미치는 요인으로 ① 갈등 과정, ② 이전의 상호 관계, ③ 갈등의 본질, ④ 갈등 당사자의 성격, ⑤ 성공에 대한 예측, ⑥ 제3자 존재 등을 주장하고 있고, 쿼크(Quirk, 1989)는 ① 갈등 이슈의 특성, ② 갈등 당사자의 특성 및 관계, ③ 갈등관리 전략, 전술, 제3자 개입, ④ 사회 규범, ⑤ 사회 체제, ⑥ 정치 제도라고 주장하고 있다.

프루잇과 카네베일(Pruitt & Carnevale, 1993)은 갈등 해결의 주요 요인으로 ① 이슈 구조, ② 전략과 전술, ③ 당사자의 행태, ④ 인지적 과정, ⑤ 사회 규범, ⑥ 당사자 간 관계, ⑦ 집단 과정, ⑧ 제3자의 존재 등을 제시하고 있는데 반해, 로스와 워드(Ross & Ward, 1995)는 ① 제도적 요인, ② 전략적 요인, ③ 심리적 장애 요인 등을 제시하고 있다.

레위키 외(Lewicki et al., 2003)는 갈등 해결의 영향 요인으로 ① 당사자, ② 갈등 이슈, ③ 사회 체제, ④ 갈등 과정 등을 주장하고 있고, 같은 맥락에서 크리스버그(Kriesberg, 2003)도 갈등 해결에 주요 영향 요인으로 ① 갈등 당사자 간의 관계, ② 갈등 이슈의 특성, ③ 사회 체제, ④ 갈등 과정 등을 제시하고 있다. 이처럼 갈등 해결의 영향 요인 연구는 초기에는 갈등 해결과 관련된 모든 요인을 나열하는 방식으로 개별 영향 요인을 주장하는 연구들이 많았다면, 최근에는 갈등 해결에 영향을 미치는

〈표 11-4〉 공공 갈등 해결에 영향을 미치는 요인

연구자	갈등 해결의 영향 요인
Deutsch(1973)	① 갈등 과정, ② 이전의 상호 관계, ③ 갈등의 본질, ④ 갈등 당사자의 성격, ⑤ 성공에 대한 예측, ⑥ 제3자 존재
Quirk(1989)	① 갈등 이슈의 특성, ② 갈등 당사자의 특성 및 관계, ③ 갈등관리 전략, 전술, 제3자 개입, ④ 사회 규범, ⑤ 사회 체제, ⑥ 정치 제도
Pruitt & Carnevale (1993)	① 갈등 이슈 구조, ② 전략과 전술, ③ 당사자의 행태, ④ 인지적 과정, ⑤ 사회 규범, ⑥ 당사자 간 관계, ⑦ 집단 과정, ⑧ 제3자 존재
Ross & Ward(1995)	① 제도적 요인, ② 전략적 요인, ③ 심리적 장애 요인
Lewicki et al.(2003)	① 갈등 당사자, ② 갈등 이슈, ③ 사회 체제, ④ 갈등 과정
Kriesberg(2003)	① 갈등 당사자 간의 관계, ② 갈등 이슈의 특성, ③ 사회 체제, ④ 갈등 과정
임동진(2011)	① 갈등 이슈의 특성, ② 당사자 간의 관계, ③ 갈등 과정, ④ 사회 체제

요인들을 묶어서 3~4개 요인으로 제시하는 경향이 나타나고 있다.

위의 주요 선행 연구 결과를 종합하면, 공공 갈등 해결에 영향을 미치는 요인은 첫째는 갈등 이슈 그 자체의 특성이고, 둘째는 갈등의 당사자들 간의 관계이며, 셋째는 갈등 당사자들 간의 갈등 과정(협상, 조정, 전략 등)이고, 마지막으로 갈등을 둘러싸고 있는 여러 환경적인 요인으로서의 사회 체제라고 정리할 수 있다(임동진, 2011).

공공 갈등 해결에 영향을 미치는 기타 요인으로는 정책 특성 요인, 시민단체, 정치적 요인, 경제적 요인 등이 있다. 각 갈등 해결 영향 요인에 대해 구체적으로 살펴보면 다음과 같다.

첫째, 정책 특성 요인으로 김용철(1998a, 1998b)은 정책 특성[7] 자체가 갈등 과정 전체에 영향을 미친다고 주장하고 있고, 로위(Lowi, 1964)와 리플리(Ripley, 1985) 역시 정책의 태생적 배경 및 내재적 특성은 정책 갈등의 전개 및 종결 과정에 상당한 영향을 미친다고 주장한다.

둘째, 시민단체는 갈등 해결에 매개체 역할을 수행한다(김영수, 2003). 시민단체는 정책형성 과정에서 발생되는 수많은 문제를 사회적 이슈나 관심사로 부각시켜서 정부의 정책의제로 만들 수 있다. 또한 정부의 정책 및 사업 내용 등 각종 정보에 대해

7) 공공 갈등의 주요 대상인 토지 사용 갈등을 보면, 정책 특성이 님비(Not In My Back Yard: NIMBY)적 유형인가 아님 핌피[Please(Put) In My Front Yard: PIMFY]적 유형인가에 따라 정책 참여자의 범위, 관계, 갈등 정도, 갈등 결과 등이 영향을 받는다.

시민들에게 행정정보를 제공할 수 있고, 사회 문제를 해결할 수 있는 정책대안을 만들어 정부에 제시하거나 정부와 협력하여 해결하는 역할을 할 수 있다(O'Connell, 1994; 강상욱, 2001).

셋째, 정치적 요인은 갈등 해결에 중요한 역할을 한다. 황재영(1998)은 우리나라의 경우 지방자치제도 실시에 따라 지방자치단체 간의 갈등이 증가하고 있다고 주장한다. 특히 지방자치제도는 지역사회의 반대 여론에 민감하게 하는 요인으로 특정 시설 입지에 대한 지역 주민과 각종 시민단체 등의 반대로 갈등이 빈번히 발생하고 갈등 해결을 어렵게 한다.

넷째, 경제적 요인 역시 갈등 해결에 영향을 미친다(염돈재, 2002). 1997년 IMF 외환 위기는 사회 전반에 다양한 형태의 변화와 갈등을 유발했다. 경제 상황의 악화로 대량의 실업자가 발생하는 등 심각한 경제적 문제는 공공 갈등의 발생과 해결에 큰 영향을 미친다(황경수, 2000).

제3절 대안적 갈등 해결 방법(ADR)

1 갈등 해결 방법으로서 ADR

갈등 해결 방식에는 ① 갈등 회피, ② 비공식적 토론, ③ 협상, ④ 중재, ⑤ 행정 결정, ⑥ 재정, ⑦ 사법 결정, ⑧ 입법 결정, ⑨ 비폭력적 직접 행동, ⑩ 폭력 등이 있다(Moore, 2003). 갈등관리가 잘 되는 선진국에서 가장 많이 활용하는 갈등 해결 방식은 갈등 회피와 폭력 등의 극단적인 방법은 사용하지 않으며, 사법 결정(재판)보다는 협상, 조정, 중재와 같은 방법을 많이 활용한다.

사실, 현대 사회나 조직에서 갈등은 불가피하다. 선진국의 정부, 시민, 산업계에서는 주로 갈등 당사자들의 참여(involvement)와 협력(cooperation), 정보 공유(information sharing), 공동 문제 해결(joint-problem solving) 등을 통한 갈등 감소 전략을 많이 활용해 왔다(U.S. Department of Labor, 1991).

[그림 11-2] 갈등 해결 방법의 스펙트럼

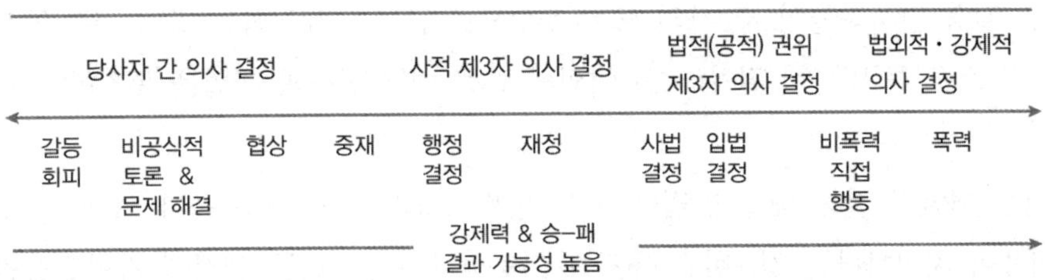

자료: Moore(2003: 7).

좋은 갈등 해결 시스템은 ① 적대적 대치(confrontation)가 빨리 안정화되게 하고, ② 갈등 당사자들이 결과물(outcome)에 만족하게 하며, ③ 장기적인 효과로 평상시에 당사자 간 의사 소통이나 문제 해결 능력의 향상되게 하는 것이다(Ury, Brett, & Goldberg, 1988). 이처럼 바람직한 결과를 얻기 위해서는 갈등 해결 과정이 의사 소통과 갈등 해결을 위한 다양한 대안, 각 개인들이 의사 결정에 책임을 질 수 있는 분위기 등이 구조화되어 있어야 한다.

최근에 가장 주목받고 있는 협력적 갈등 해결 메커니즘이 대안적 갈등 해결 방법(Alternative Dispute Resolution: ADR)이다. 이는 목표가 한 갈등 당사자가 다른 갈등 당사자에게 일방적인 승리가 목표가 아니며 공동 상생을 위한 상호 수용 가능한 갈등 해결 방안을 도출하는 것이다(Bowers, 1980).

이처럼 대안적 갈등 해결 방법(ADR)이 주목을 받는 이유는 다음과 같다: ① 높은 갈등 해결률, ② 적은 비용, ③ 적은 시간, ④ 전체적인 해결의 결과에 대한 만족도 향상, ⑤ 갈등 당사자 간 참여와 의사 소통 강화, ⑥ 기타 영역에서의 당사자 간의 신뢰 및 협력적인 분위기의 확산(Carnevale, 1993). 다시 말해, ADR의 장점은 비교적 적은 시간과 경제적 거래비용(lower transaction), 문제 해결에 대한 학습 능력 증가, 갈등 당사자 간의 관계 성숙과 유지의 향상에 도움이 된다는 것이다(Goldberg, 1989).

2 ADR의 개념과 종류

CHAPTER 11

대안적 갈등 해결 방법(ADR)[8]의 사전적인 의미는 갈등 해결에서 법원 심리(court

hearing)나 소송(litigation) 이외의 대안이 되는 갈등 해결 방식을 의미한다. 좀 더 구체적으로는 갈등 당사자들이 제3자의 도움(없이)으로 갈등을 해결하는 방법으로, 공식적인 법원의 소송 등 법률적 절차(과정) 이외의 갈등 해결 방식과 기법을 통칭한다고 할 수 있다.

이러한 대안적 갈등 해결 방법(ADR)은 법원에서의 소송 건수 증가, ADR이 소송보다 비용이 저렴하다는 것, 비밀 유지가 가능하다는 것, 갈등 해결에 자기결정권이 있다는 등의 이유로 많은 갈등 당사자뿐만 아니라 법원 내에서도 많은 각광을 받고 있다.

이러한 대안적 갈등 해결 방식(ADR)의 논의는 1976년 미국의 파운드회의(Pound Conference)에서 시작되었다(유병현, 2009). 당시 파운드 회의에서 버거(Berger) 대법원장(Chief Justice)은 미국 사법 시스템의 고비용, 저효율의 문제를 해결하기 위한 방안으로 대안적 갈등 해결 방법(ADR)을 주장했다. 파운드 회의 이후 미국 내에서 대안적 갈등 해결 방법(ADR)에 대한 논의와 연구가 급격히 증가했는데, 이를 ADR 운동(ADR movement)이라고도 한다(유병현, 2009).

주요 연구자들의 대안적 갈등 해결 방법(ADR)에 대한 개념 정의를 살펴보면 다음과 같다. 쿨슨(Coulson, 1984)은 사적인 갈등 해결 방식으로서 강제적이기보다는 자유적인 해결 제도라고 정의하고 있고, 골드버그 외(Goldberg et al., 1985)는 ① 법원의 혼잡과 과도한 소송 비용을 줄이고, ② 공동체의 개입을 통한 갈등 해결을 유도하며, ③ 사회 정의에 접근을 쉽게 하며, ④ 좀 더 효과적인 갈등 해결을 제공하기 위한 갈등 해결 방식으로 보고 있다. 샌더(Sander, 1985)는 ① 재판의 복잡성으로 인해 증대된 비용과 시간 절약, ② 분쟁 해결에서의 공동체 참여 확대, ③ 대중의 사회 정의에 대한 접근을 용이하게 하며, ④ 효과적인 갈등 해결 방법의 제공을 통한 분쟁 당사자들의 만족도를 충족시키는 것으로 보고 있다. 리버만과 헨리(Lieberman & Henry, 1986)는 ① 갈등 당사자들의 이익을 위해 법원 밖에서 해결하고, ② 소송으로 인해 발생되는 많은 비용과 시간의 낭비의 피해를 줄이며, ③ 법정 분쟁으로 발전하는 것을 막는 사전적인 절차라고 보고 있다.

---

8) 대안적 갈등 해결 방법(ADR)이라는 용어가 '대안적 갈등 해결 방식', '판결 이외의 갈등 해결 방식', '재판 외 분쟁처리 제도' 등으로 번역되기도 한다는 점에서 기존의 전통적 갈등 해결 방식인 입법, 행정적 의사 결정, 재판절차를 대체하는 제도라고 할 수 있다.

데이비스(Davis, 2001)는 ADR은 대안적 갈등 해결(Alternative Dispute Resolution: ADR)의 첫 머리글자로 전통적인 법원소송과 판사와 배심원에 의한 재판을 통한 갈등 해결이 아닌 그 외 갈등 해결 방법의 통칭하여 이르는 말이라고 주장한다. 또한 그는 ADR의 개념을 도식화를 통해 간단하게 설명하고 있다. ADR은 갈등 참여자가 과정(process)과 결과(outcome)를 통제하느냐, 아니면 제3자가 통제하느냐에 따라 하나의 연속선상의 한쪽 극단에는 협상(negotiation)을 다른 한쪽 극단에는 재판(trial)을 두고 있다. 협상과 재판을 양 극단에 두고 그 중간에 조정(mediation), 조정-중재(med-arb), 중재(arbitration)를 두고 있다. 데이비스(B. D. Davis)는 조정과 중재[9]가 가장 본질적인 ADR로 보고 있다(Davis, 2001). 물론 그 밖에도 소형 재판(mini-trial), 초기 중립평가(early neutral evaluation), 화해회의(moderated settlement conference), 조정-중재(med-arb), 중립적 사실 확인(neutral fact-finding), 민간판사(rent-a-judge), 즉결심판(summary jury trial) 등이 있다고 주장하고 있다(Davis, 2001).

[그림 11-3] ADR 개념의 스펙트럼

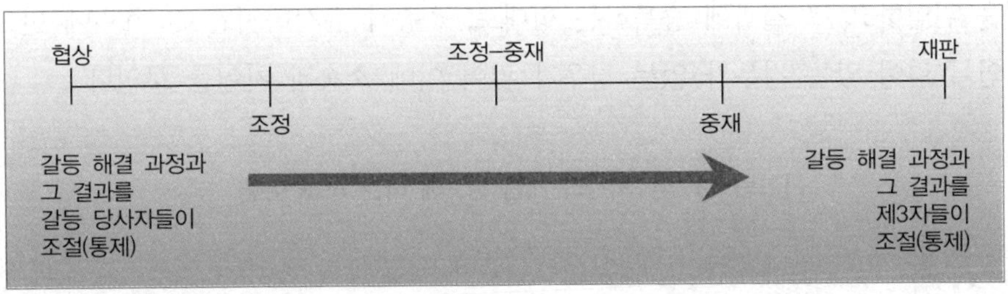

자료: Davis(2001).

ADR을 활용 기법에 따른 분류 기준으로 크게 협상, 조정, 중재로 나눌 수 있다. 다만, 이러한 분류 이외의 다른 유사 개념들이 혼합적으로 존재하여 아직까지 그 개념이나 범위가 명확하게 확립되어 있지 않은 편이다. 그러나 대부분의 선행 연구에서는 협상/조정/중재를 가장 기본으로 개념으로 하고 있고, 여기에 추가하는 방식으로

9) 일반적으로 조정이 중재보다 도움이 된다. 그 이유는 조정이 중재보다 비형식적이고 당사자가 결정을 할 수 있고, 중재 과정이 당사자의 관계를 유지에 도움이 되고, 비용 역시 상대적으로 저렴하기 때문이다. 그러나 조정의 문제점은 최종 판결이 아니라는 것이다. 이는 당사자가 동의하지 않는다면 해결이 되지 않는다는 것을 의미한다. 이에 반해 중재는 최종적으로 해결에 이를 수 있다(Davis, 2001).

ADR 활용 기법을 구분하고 있다. 각각의 개념을 구체적으로 살펴보면 다음과 같다.

첫째, 협상(negotiation)은 갈등 당사자들의 자발적인 합의와 대화로 갈등을 해결한다는 점에서 조정과 유사하지만 그 과정에 제3자인 조정자가 참여하지 않는다는 차이를 보며, 그 결과에 대한 법적인 효력이 없고 결정의 모든 책임에 대해 갈등 당사자의 자유 의사에 맡기는 특징을 지니고 있다(김준한, 1996).

둘째, 조정(mediation)은 갈등 해결에 제3자인 조정자가 참여를 하지만 중재의 중재자와 달리 조정자의 경우 갈등 당사자들의 갈등 해결에 조언자 또는 자문의 역할을 수행하며, 최종적인 결론은 갈등 당사자들의 합의로 결정이 나도록 한다. 대부분의 조정의 경우 법적인 효력이 인정되지 않는 경우가 많으며, 제3자가 갈등 해결에 그 권한이 거의 없다는 점에서 중재와 가장 큰 차이를 가진다.

셋째, 중재(arbitration)는 갈등의 해결에서 갈등 당사자들의 직접적인 갈등 해결이 아닌 중립적인 제3자가 갈등 당사자들의 동의를 얻어 협상에 개입하여 분쟁 당사자들이 쉽게 해결점에 도달할 수 있도록 도와주는 갈등 해결 방법이라고 할 수 있다.

중재는 갈등을 해결하는 데 당사자들의 자발적인 참여보다 제3자인 중재자에게 전권을 위임하고 그 결과에 승복하는 형태로, 소송과 유사하지만 그 효력에 반드시 법적인 효력이 있는 경우가 없는 경우가 있어 이에 소송과 차이를 보인다.

[그림 11-4] 시간과 개입 정도에 따른 ADR 유형

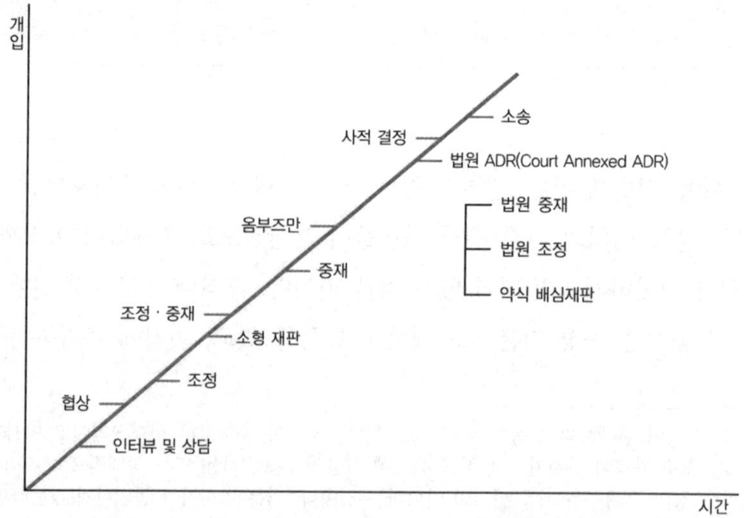

이러한 협상/조정/중재를 제외하고 기타 여러 가지 대안적 갈등 해결 방법을 활용하는 것을 혼합적 모델[10]이라고 한다. 이 혼합적 모델의 경우 한 가지의 해결 도구를 의미하는 것은 아니며, 여기에는 ① 사적 재판(private judging), ② 사실 확인(fact-finding), ③ 약식 심판(mini-trial), ④ 옴부즈만(ombudsman), ⑤ 약식 배심원심판재판(summary jury trial), ⑥ 협상된 규칙 제정(regulatory negotiation), ⑦ 조정-중재(med-arb), ⑧ 다단계(multi-step), ⑨ 이중접근법(two-track approach) 등이 포함되어 있다(김준한, 1996).

〈표 11-5〉 혼합적 ADR 유형의 개념

① 사적 재판(private judging): 갈등 해결을 위해 당사자들이 합의로 재판관을 선임해 사적·비공식적인 절차를 통해 분쟁을 해결하는 방법으로 공적인 소송과 구별됨.
② 사실 확인(fact-finding): 중립적 제3자가 사실 확인 및 보고서 제출을 통해 당사자 간 협상을 지원하는 방법으로 조정과 유사함.
③ 약식 심판(minitrial): 고도로 구조화된 갈등 해결 절차로 당사자들의 요구에 따라 형식의 변화가 가능한 갈등 해결 방법
④ 옴부즈만(ombudsman): 선정된 옴부즈만이 부여된 권한과 기능을 이용해 사실 확인이나 조정과 같은 다양한 방법을 통해 분쟁을 해결하는 방법으로 행정부의 갈등 해결에 많은 활용도를 보이고 있음.
⑤ 약식 배심원심판재판(summary jury trial): 배심원 심판으로 확대될 우려가 있는 사건 해결에서 절차를 약식으로 진행하여 좀 더 편의성과 신속성을 확보하고 이를 기반으로 추가적인 분쟁에 대한 배심원심판의 이용을 편리하게 하기 위한 방법임.
⑥ 협상된 규칙 제정(regulatory negotiation): 주로 행정부의 규제와 관련된 분쟁 해결에 유용한 것으로 중립적 제3자의 주재로 정부 공무원과 규제 영향자들이 함께 협상과 규칙 제정에 참가하는 방법임.
⑦ 조정-중재(med-arb): 조정으로 갈등 해결을 하지 못한 경우 조정 과정의 정보를 통해 중재를 하는 방법임.
⑧ 다단계(multi-step): 계약 조항으로 점진적 갈등 해결 절차를 사전에 약속하는 방법임.
⑨ 이중접근법(two-track approach): 대안적 갈등 해결 방법과 소송을 연계해 진행하는 분쟁 해결 방법임.

3 ADR 활용의 편익

대안적 갈등 해결 방법(ADR)의 가장 큰 장점 중에 하나는 갈등 해결에 소요되는 사회적 비용의 감소이다.[11] 즉, 대안적 갈등 해결 방법(ADR)이 활성화될 경우 다양해

10) 혼합적 모델을 학자에 따라 복합적 해결방법 또는 절충적 해결 방법으로 칭하는 경우도 있다.

11) 대안적 갈등 해결(ADR)이 미국을 비롯한 서구 사회에서 급속히 확산된 가장 큰 이유는 효용성, 효과성, 신속성 때문이다. 이는 대안적 갈등 해결을 통해 분쟁을 해결할 경우 재판이라는 복잡한 과정을 거치지

지고 복잡해지는 사회 속에서 발생되는 다양한 갈등을 해결하는 데 소요되는 각종 사회적 비용의 감소를 가져올 수 있다는 것이다. 또한 이와 함께 일차적인 사회적 갈등의 해결뿐만 아니라 차후에 유사 형태의 갈등을 사전에 예방되는 효과가 있다는 것이다.

정부 부문이나 민간 부문에서 갈등 당사자들이 갈등 해결을 위해 ADR을 활용하면 다음과 같은 편익이 있다. ① 시간 절약(time saving), ② 비용 절약(money saving), ③ 예측 가능성과 자기결정권(greater predictability and self-determination), ④ 대안의 창의성 확대(greater creativity), ⑤ 당사자 간 관계 향상(improved relationship), ⑥ 만족도 향상(increased satisfaction)(Senger, 2004), ⑦ 학습의 기회(김경배, 2005), ⑧ 복잡한 문제 해결에 유연성 확보(김상태, 2009), ⑨ 실제 이익 증진 및 비밀 유지 가능(안순철 · 최창섭, 2003) 등이다. 각각의 내용을 구체적으로 살펴보면 다음과 같다.

첫째, ADR은 시간을 절약시킨다. 전통적으로 정부의 갈등 해결 방식의 가장 큰 문제 중에 하나는 시간의 지연이다. 미국 지방법원의 경우 지난 6년 간 인구 증가는 2배 정도인데 반해, 소송 건수는 35,000건에서 250,000건으로 7배 정도 증가하고 있다. 소송의 증가는 정부의 운영에 많은 영향을 미치고 있다. 왜냐하면 미국 정부와 각 산하기관의 연방정부 소송의 1/3에서 당사자이기 때문이다. 그러나 정부는 소송의 당사자로 모든 문제를 소송으로 끌고갈 수 있는 재원 또한 충분하지 않다. 그러나 미국의 경우 ADR 제도 도입 이후 실제로는 정부가 소송으로 가는 경우는 대략 2% 미만이다. 이런 상황에서 정부에서의 ADR이 실제 재판이라고 말하기도 한다. 워낙 재판으로 가는 것이 드물기 때문이다.

둘째, ADR은 정부의 갈등에 관여된 갈등 당사자들에게 비용을 절약하게 한다. 우선 시간 절약은 실제로 비용 절약과 직접적으로 관계가 되어 있다. 정부 관계자와 민간 당사자가 갈등을 빨리 푼다면, 그들이 절약한 시간을 다른 곳에 투자할 수 있다. 민간 당사자에게는 빠른 갈등 해결은 변호사 비용을 줄이는 결과를 또한 가져온다. 정부 역시 빠른 갈등 해결은 재판을 할 경우 드는 비용인 법정 사용 비용, 판사, 행정청문 공무원, 법원서기 등과 같은 재판 비용을 줄일 수 있다.

셋째, ADR은 갈등 당사자들이 갈등 해결에 대한 예측 가능성과 자기 결정권을 높여준다. 보통 ADR 과정은 갈등 당사자들이 그들이 합의한 결과물을 토대로 갈등을

않음으로써 기존에 소모되었던 인건비와 같은 실질적인 비용적인 측면뿐만 아니라 시간의 절감을 통한 기회 비용 측면에서의 이익을 모두 포함한다고 할 수 있다(안순철 · 최창섭, 2003).

해결한다. 그러나 재판의 경우 결과물에 대한 결정 권한이 갈등 당사자가 아닌 판사나 배심원에게로 넘어간다. 또한 한번 재판 과정이 시작하면 결과는 예측 불가능하다.

넷째, ADR은 갈등 해결에서 여러 대안을 마련할 수 있는 창의성이 향상된다. 대부분의 분쟁에서 법원은 갈등 당사자에게 돈을 지불하도록 한다. 원고가 소송에서 금전적 보상을 요구할 때, 그들은 가능한 한 많이 요구하는데, 이런 경우 다른 창의적인 대안은 검토되지 않는다. 이와 대조적으로 ADR은 모든 상황에서 금전적인 가치만을 추구하지 않기 때문에 문제 해결에서 다양한 방법을 활용할 수 있다.

다섯째, ADR은 갈등 당사자들의 관계를 증진시킨다. 대부분의 경우 소송은 갈등 당사자 간의 관계를 파괴시킨다. 소송 과정은 사람들로 하여금 다른 당사자들을 공격하도록 하고 그들이 옳고 다른 편이 틀리다고 주장한다. 대부분의 소송에서 갈등 당사자들은 서로에게 아주 나쁜 감정을 갖고 법정을 떠난다. 이에 반해 ADR은 갈등 당사자들이 갈등을 해결하는 과정에서 같이 협력함으로 인해 그들의 긍정적인 관계가 유지된다. 이러한 과정은 협력적 분위를 만들고 ADR의 참여가 당사자 간 관계 개선에 도움이 된다는 것을 알게 된다.

여섯째, ADR은 갈등 당사자 모두를 만족시킨다. 갈등 당사자들은 ADR이 소송보다 더 만족스러운 과정이라는 것을 알고 있다. 소송은 변호사가 이끄는 방향대로 엄격한 과정을 거치게 되지만, ADR은 그들 자신의 문제 해결을 위해 본인의 목소리를 낼 수 있다. 소송은 갈등 당사자들을 서로 싸우게 하지만, ADR은 서로 협력하게 한다. 예를 들어, 미국의 우체국서비스(US Postal Service)에서 ADR 참여자들을 대상으로 조사한 ADR의 만족도를 살펴보면, 약 90% 정도가 ADR에 만족하는 것으로 나타났다.

일곱째, ADR은 갈등 당사자들이 참여를 폭넓게 제공함으로써 갈등 해결 과정에서 결과에 대해 학습의 기회를 제공할 수 있다. 이는 갈등 해결에 대한 트레이닝의 기회를 얻게 되는 것으로 이러한 경험을 통해 이후에 발생되는 유사한 문제에서 적극적이고 긍정적인 방향으로 접근할 수 있는 토대를 제공해줄 수 있는 것이다(김경배, 2005). 이러한 경험은 궁극적으로는 발생 가능한 갈등의 사전적 예방을 함으로써 갈등 발생에 따른 비용과 갈등 해결에 소요되는 비용을 절감하는 효과가 있다.

여덟째, ADR은 복잡하고 다원적인 갈등 해결에서 유연성과 용이성을 갖고 있다(김상태, 2009). 복잡하고 다원적인 갈등의 문제는 기존의 사법적 갈등 해결 방식으로는 해결하기 어렵다. 그 이유는 여러 개의 극단적 분쟁과 이를 분해하는 과정의 어려움, 각 분쟁의 해결에 따른 추가적인 비용 발생의 문제 등에 기인한다. 이러한 경우 갈등 당사자들의 의견을 다양한 각도로 수용할 수 있는 대안적 갈등 해결 방법(ADR)은 문제 해결에 유연성을 갖고 있으며, 복잡한 문제를 좀 더 용이하게 해결할 수 있다.

아홉째, ADR은 갈등 당사자 간 상생(win-win)의 입장에서 해결책을 모색할 수 있고, 이는 당사자들의 실제 이익이 증진되는 결과를 가져오며, 사생활 보호 등의 비밀 유지가 가능하다(안순철 · 최창섭, 2003). ADR은 갈등 해결에서 당사자 간 제로섬(zero-sum) 게임이 아닌 상생의 입장에서 해결 대안을 모색하고 법적 입장보다는 실제 이익에 기반하여 갈등을 해결할 수 있고, 사생활 보호, 협상 과정과 내용에 대한 비밀 유지가 가능하다.

4 정부 부문에서 ADR 활용 방법

1) 정부 부문에서 ADR의 활용 방법

정부 부문에서 ADR을 활용은 다음의 열 가지 상황일 때 바람직하다(US of Department of Justice, 1996).

첫째, 협상이 결렬되어 잘 진행되지 않을 때이다. 전통적인 협상이 결렬된 경우는 ADR을 활용하기에 적합하다. 사실 협상이 실패한 경우, 한쪽의 갈등 당사자가 할 수 있는 일이 별로 없다. 정부나 민간 부문 역시 이처럼 결렬된 협상에 따른 본질적인 장애 요인을 극복하기 쉽지 않다. 이처럼 협상이 결렬되고 통상적인 방법이 비효과적일 때 ADR(조정)의 활용을 검토할 수 있다.

둘째, 소송 비용이 비싸다고 판단될 때이다. 소송은 거의 항상 상당한 비용이 소요된다. 또한 상당한 장기간의 법적 절차가 수반되기 때문에 본질적으로 비용이 많이 든다. 때때로 예상되는 소송 비용은 갈등으로 발생하는 모든 비용보다 더 많이 발생할 수 있다. 이런 경우 ADR은 좋은 의사 결정의 한 방법이다. 다시 말해, 소송 비용은 갈등에 따른 총비용보다는 적어야 하고 또한 적절해야 한다. 이런 경우 ADR이 좋은 갈등 해결 방법이 될 수 있다.

셋째, 소송이 시간 소모가 심할 때이다. 소송은 대체로 시간 소모적이다. 많은 경우 행정재판 과정은 1년 이상이다. 미국의 경우 연방지방법원의 경우 재판이 시작되는 데에도 몇 년이 걸린다. 이런 측면에서 ADR은 일반적으로 소송보다 빨리 갈등을 해결할 수 있다. 시간을 줄이는 것은 갈등 당사자 모두에게 이익이 된다. 갈등이 길어질수록 각 당사자는 모두 궁극적으로 피해를 입게 된다. 또한 소송은 갈등 당사자들이 생산적인 일을 하기보다는 서로 싸우게 하여 시간을 소모시키게 한다.

넷째, 갈등 당사자들의 관계 유지가 무엇보다 중요할 때이다. 적대적인 소송은 관계된 사람들의 관계를 악화시킨다. 갈등 당사자들이 장래에 서로 업무를 계속해야 하는 상황에서 이러한 관계 악화는 바람직하지 않다. 소송은 사람들이 서로 싸우게 하는 경향이 있다. 정부 부문에서 노사 갈등, 계약 갈등 등은 단순히 갈등이 아니며 갈등 당사자들 간 장기간의 관계가 고려되어야 한다. 그 이유는 소송을 통해 한쪽이 승리한다고 해도 관계를 회복하는 데 너무나 많은 시간과 비용이 발생하기 때문이다.

다섯째, 창의적인 대안이 필요할 때이다. 돈보다도 다른 것이 관련된 갈등에는 좀 더 창의성이 요구된다. 사실 ADR은 재판보다는 창의적인 과정이다. 소송 과정에서 재량권이 거의 없는 판사와 배심원과 비교하면 ADR 과정은 갈등 당사자들이 많은 재량권을 갖고 있다. 따라서 ADR은 창의적인 분위기를 만들고 각 당사자가 중립적인 조정인과 함께 모두가 합의할 수 있는 대안을 마련하기에 용이하다.

여섯째, 하나 이상의 당사자가 갈등을 너무 낙관할(비현실적으로) 때이다. 많은 경우 갈등이 해결되지 않는다. 그 이유는 각 갈등 당사자들이 그들의 주장이 너무 가치가 있어서 해결에 너무 낙관하기 때문이다. 그 이유는 각 갈등 당사자들이 자기들의 주장을 뒷받침하는 정보와 자료를 많이 갖고 있다고 생각하기 때문이다. 게다가 변호사들은 그들의 주장과 소송에서의 능력을 과대 평가한다. 이러한 인간의 본성으로 인해 갈등이 해결되지 못하는 경우가 있다(Arrow et al., 1995).

일곱째, 감정적인 문제로 갈등 해결이 안 될 때이다. 갈등이 해결되지 않는 대부분의 경우는 갈등 당사자 간의 감정적인 문제가 있다. 때때로 갈등 당사자들은 상대방이 그들의 의견을 표명할 때까지 기다려주지 않는다. 협상이 결렬되는 이유 중의 하나도 상대방의 얘기를 들으려 하지 않기 때문이다. 이런 측면에서 ADR은 갈등 당사자들이 이러한 장벽을 해소하는 데 기여할 수 있다. ADR 과정에서 중립적인 조정자가 서로 상대방에게 말할 수 있도록 유도하기 때문이다. 당사자들 간의 상호 이해력이 증가하면 감정적인 문제를 해결되고 원만한 갈등 해결로 이어지기 쉽다.

여덟째, 의사 소통이 중단될 때이다. 많은 경우 협상은 갈등 당사자들이 의사 소통이 중단되기 때문에 실패한다. 때때로 개인적 갈등 역시 마찬가지이다. 갈등 당사자 간 의사 소통이 중단되면 교착 상태(impasse)에 빠져 그 다음을 어떻게 해야 될지 알지 못한다. 이런 경우 소송으로 이어진다. 의사 소통의 문제는 협상자의 딜레마(negotiator's dilemma)라고도 하는데, 이런 현상은 대안을 마련하려는 협상자가 비공개적이고 솔직하지 못할 때 발생한다. 이런 경우 ADR을 통해 제3자가 의사 소통을 도와주면 이런 문제는 쉽게 해결된다.

아홉째, 갈등이 다자간의 복잡한 갈등일 때이다. 복잡한 갈등은 갈등 당사자들이 스스로 해결하기 쉽지 않다. 또한 다자간이 관련된 갈등의 경우 협의 조정하는 것이 쉽지 않다. 이런 경우 중립적인 제3자가 문제 해결을 위한 리더십을 발휘할 수 있다. ADR을 통해 갈등 당사자들은 갈등 문제에서 그들의 주장을 양보도 하면서 갈등 해결에 초점을 맞출 수 있다.

열째, 하나 이상의 당사자가 비밀이 보장된 해결을 모색할 때이다. 어떤 경우 정부나 민간 당사자 모두 문제를 조용히 해결하기를 원한다. 보통 정부는 공개적으로 일반 대중에게 노출되어 있음에도 불구하고 어떤 문제는 조용히 해결되기를 바란다. 비슷하게 민간 당사자들 역시 일반에 공개되지 않고 조용히 문제 해결이 되길 바란다. 정부는 보통 완전히 비공개적으로 문제 해결을 하는 것을 불가능하지만 ADR은 재판보다는 비공개적인 특성을 갖고 있다. 또한 재판을 통해 공식적인 판결이 나는 것이 미래에 선례가 되기 때문에 이를 꺼린다.

정부 부문에서 ADR 활용은 만병통치약은 아니다. 다음의 여덟 가지 상황에서는 ADR의 활용이 바람직하지 않다. 첫째, 정부가 선례가 필요할 때, 둘째, 정부정책의 변화가 가능하지 않을 때, 셋째, 정부가 억제를 목적으로 공개적 절차를 필요할 때, 넷째, 정부가 범죄의 문제를 조사할 때, 다섯째, 갈등이 ADR이 없이도 잘 해결될 수 있을 때, 여섯째, 재판으로 저비용으로 빨리 해결할 수 있을 때, 일곱째, 갈등 당사자들이 갈등의 가치를 충분히 평가할 정보를 갖고 있지 않을 때, 여덟째, 한쪽의 갈등 당사자가 ADR에 대해 나쁜 믿음을 갖고 있을 때이다(ADR Act, 1996).

2) 정부 부문에서 ADR 활용의 장애 요인

위에서 논의한 바와 같이 ADR이 많은 장점을 갖고 있음에도 불구하고 ADR을 민간 부문이 아닌 정부 부문에서 활용하는 데는 여러 가지 장애 요인이 있다.

첫째, 많은 정부의 소송은 타협이나 조정이 쉽지 않은 원칙과 관련이 있다. 민간기업의 경우 그들이 어떤 태도를 취하든 갈등 해결에서 자유로운 반면, 정부는 항상 자유롭지 못하다. 법을 준수해야 하는 정부는 때론 쉽게 해결할 수 있는 문제임에도 불구하고 어떤 원칙을 인정할 수 없는 경우가 있다. 또한 정부는 공적 기관이기 때문에 의사 결정의 일관성과 통일성을 유지해야 하는 의무를 갖고 있다. 다시 말해, 정부 기관은 ADR에 근거하여 갈등을 조기에 해결하기 어려운 특성을 갖고 있다는 것이다. 이에 반해 민간기업은 갈등이나 불만을 환경에 맞게 다양한 방법을 활용하여 해결할 수 있다. 정부는 일관성 있게 업무를 처리해야 하는 책임성을 갖고 있고, 이는 결과적으로 ADR 과정에서의 유연성을 확보하기 어렵게 하는 요인이 된다.

둘째, 정부의 규모와 계층적 구조는 갈등 해결의 권한을 가진 고위공무원들이 ADR 과정에 참여를 어렵게 한다. 갈등 해결에 권한을 가진 고위직 공무원들은 수많은 갈등 문제를 관리하고 있기 때문에 모든 ADR 과정에 참여하기가 불가능하다. 이것은 협상 과정에서는 최종 권한을 가진 사람과 협상이 이루어져야 하는데 정부의 경우 구조적으로 그렇지 못한 한계를 갖고 있다.

셋째, 정부 활동에 대한 일반 대중의 알 권리와 ADR 과정에서 비밀 유지(confidentiality) 간의 갈등이 발생할 수 있다. 일반적으로 시민들은 정부가 갈등을 해결하는 데 어떻게 거래를 했는지에 관심이 있다. 그러나 ADR 과정은 양 갈등 당사자가 갈등 해결에서 외부로 노출되는 것을 고려하지 않고 솔직하게 얘기할 때 효과적이다. 일반적으로 ADR이 민간 당사자들로만 이루어질 경우, 갈등 당사자들 간의 비밀성 유지가 거의 대부분 합의된다.

이처럼 정부 부문에서 ADR 활용의 여러 장애 요인이 있음에도 불구하고 ADR의 많은 장점은 갈등 당사자들이 이러한 ADR 장애 요인들을 잘 극복할 수 있는 방안을 찾도록 하고 있다.

3) 정부 부문에서 ADR 활용 시 고려 사항

정부 부문에서 효과적으로 ADR을 활용하기 위해서는 다음의 여러 가지를 고려해야 한다.

첫째, 중재나 조정 과정은 제3자의 참여를 요구한다. 많은 경우에 제3자는 독립적인 계약자나 상담회사, 법률회사의 사람들이다. 정부기관이 일반 시민들과 갈등이 발생할 경우 대부분 민간의 갈등 조정자들이 갈등 조정자의 역할을 수행한다. 이런 경우 공적 업무가 전문적 행정가들이나 법과 원칙에 입각한 법원이 아닌 협상 전문가들에게로 넘어가는 문제가 있다. 물론 협상 전문가들은 협상(거래)을 하고 그에 따른 보상을 받는다. 이런 측면에서 보면 행정 영역에 민간인들이 정부기관의 의사 결정을 갖게 되는 문제가 발생할 수 있다(Deavel, 1994).

둘째, ADR 방식은 기본적으로 공정성(fairness)이나 사회적 정의보다는 흥정이나 협상에 초점이 맞추어져 있다. 이러한 방법들은 공정성, 합법적 절차, 사회적 정의 등을 목적으로 하는 행정의 목표들을 대체할 가능성이 있다. 이런 측면에서 ADR의 합헌성(constitutionality)은 의문시될 수 있고, 협상에서 우위에 있는 당사자가 돈, 권력, 갈등의 지속시키거나 심지어 협상에서 지는 방식 등 다양한 방법을 선호하게 되는 경향이 나타날 수 있다(Brams & Doherty, 1993).

셋째, 장기적으로 ADR은 반드시 효율적이고 비용이 저렴한 것은 아니다. 만약 ADR이 표준이 된다면 갈등에서 당사자는 어떤 것을 더 많이 얻기 위해 또는 빠른 문제 해결이 모든 문제를 해결한다는 식으로 인식하면서 ADR을 이용할 것이다.

넷째, ADR는 갈등 당사자들 간에 비공식적 구속적(binding) 특성을 갖고 있는데, 조정자나 중재자가 한쪽 편의 승리를 도와주는 역할을 하는데, 그 반대편이 나중에 패배했다는 것을 알았을 때 속았다는 느낌을 받을 수 있다. 이런 경우 협상을 다시 시작해야 하고 갈등 해결의 비용은 감소되는 것이 아니라 더 증가할 것이다(Lan, 1997). 따라서 정부 부문에서 ADR을 활용할 때는 위에서 논의한 고려 사항[12]들이 충분히 논의되어야 한다.

---

12) 대안적 갈등 해결 방법(ADR)의 유용성에도 불구하고 그 유용성이나 필요성의 그 효과가 지나치게 강조되고 있다는 주장이 있다(Bingham, 1986). 또한 ADR의 제도화와 관련하여 찬반 의견이 서로 충돌하고 있다. 한편에선 ADR이 기존의 재판 제도의 이념인 법치주의를 침식할 위험을 내포하고 있다고 주장했다(이희정, 2005). 또 다른 한편에서는 ADR이 갈등 당사자들의 갈등을 신속히 해결하고 권익을 보장해줌으로써 기본권을 보장하고 나아가 법치주의를 확장할 수 있다는 주장(김준한, 1996)이 있다. 이와 관련하여 최근의 다수의 입장은 법치주의와 상충하지 않으며, 오히려 대안적 갈등 해결 방법이 법치주의를 더 강화할 수 있다고 보는 주장이 더 지배적이다(최승필, 2009).

제4절 공공 협상의 원칙과 전략

공공 협상은 공공 갈등을 해결하기 위한 협상의 총칭이라고 할 수 있다. 대부분의 경우 공공 갈등은 개인적 갈등(Alper & Nichols, 1981), 부부 간 갈등(Haynes, 1981), 노사 간 갈등(Simkin, 1971)과 달리, 정부, 지방자치단체 또는 공공기관 등이 공공사업이나 정책을 추진하는 과정에서 민간 부문과의 갈등으로 발생한다. 현대에 접어들면서 공공 협상은 전통적인 행정적, 입법적, 사법적 정책결정에 보완적으로 그 활용과 중요성이 점차 증가하고 있다(Goldmann, 1980). 다음에서는 공공 협상의 개념 및 특징, 협상 준비와 원칙, 고려 사항, 기본 전략에 대해 살펴보고자 한다.

1 공공 협상의 개념과 특징

1) 협상의 개념

협상의 개념은 연구자들마다 다양하다. 예를 들어, 피셔와 어리(Fisher & Ury, 1981)는 상대방으로부터 일방이 바라는 것을 얻어내기 위한 기본 수단으로서 당사자들이 어떤 문제에 관해 상충하는 이해 관계를 가질 경우, 합의에 도달하기 위해 서로 의사를 주고받는 과정이라고 정의하고 있고, 코헨(Cohen, 1982) 또한 자기가 원하는 것을 타인으로부터 얻기 위해 상대방에게 호감을 얻어 내는 방법에 초점을 둔 지식이나 노력의 집합체로 정의하고 있다. 이에 반해 카네베일과 프루잇(Carnevale & Pruitte, 1992)은 둘 또는 그 이상의 당사자들이 양립하기 어려운 것으로 인식되는 목표들을 해결하기 위해 노력하는 과정으로 보고 있고, 톰슨(Thompson, 1998)은 둘 또는 그 이상의 주체들이 희소자원을 어떻게 분배할 것인가에 관해 동의를 이루어 가는 의사 결정 과정으로 이해하고 있다.

이달곤(2000) 역시 둘 이상의 이해 당사자들이 여러 대안 가운데서 이해 당사자들 모두가 수용 가능한 대안을 찾기 위한 의사 결정 과정으로 공통적인 이익을 추구하나 서로 입장의 충돌 때문에 이해 당사자들 모두에게 수용 가능한 이익의 조합을 찾으려는 개인, 조직, 또는 국가의 상호작용 과정을 협상으로 보고 있는 반면, 이상호(2001)는 참여자들의 공통적인 의사 결정을 필요로 하는 교섭 관점에서 협상은 선호가 서로 다른 협상 당사자들이 합의에 도달하기 위해 공동으로 의사 결정하는 과정으로 정의하고 있다.

국내 · 외 연구자들의 협상의 개념을 정리하면, 협상은 둘 이상의 당사자들이 공통의 이익이 충돌하는 상황에서 합의에 도달하기 위해 공동으로 의사 결정하는 일련의 과정으로 볼 수 있다.

2) 협상의 유형

협상은 크게 분배적 협상과 통합적 협상, 입장 협상과 원칙 협상으로 구분할 수 있다. 먼저 분배적 협상과 통합적 협상을 살펴보면 다음과 같다. 분배적 협상은 협상에서 분배해야 할 가치가 고정되어 있으므로 양측 모두 분배의 몫을 가능한 한 많이 차지하는 것을 목적으로 하는 협상 유형이다. 이러한 이유로 협상 테이블에 앉은 상대방을 협상의 대상이 아니라 반드시 이겨야 하는 적으로 간주하게 되고, 그 결과 모든 협상은 승자와 패자를 이분법적으로 구분하게 된다. 이에 반해 통합적 협상은 협상 당사자들이 자신의 이해 관계를 통합한 합의를 도출해 냄으로써, 서로 극대화된 이익을 얻기 위해 협력하는 협상의 방법 중의 하나이다. 이러한 통합적 협상전략은 새로운 가치 창출과 자기 몫 챙기기가 동시에 가능한 전략으로 서로가 '상생(win-win)' 할 수 있는 협상의 유형이라 할 수 있다.

하지만 현실 속 대부분의 협상은 분배적 특성과 통합적 특성을 동시에 지닌 혼합 동기적(mixed-motive) 속성을 지니고 있다. 즉, 공동의 이익과 이해의 갈등 문제가 동시에 존재하는데, 공동의 이익이 없다면 무엇을 위해 협상할 것인가가 불분명해지며, 이해의 갈등이 없다면 이 역시 무엇을 협상할 것인가가 불분명해진다. 따라서 협상가는 공동의 가치를 창조하기 위해 상대방과 협력해야 하면서 동시에 자신의 가치를 주장하기 위해 상대방과 경쟁해야 한다. 성공적인 협상을 위해서는 분배적 협상과 통합적 협상의 기술을 적절히 조화시키고 향상시켜야 한다.

다음으로 입장 협상(positional negotiation)과 원칙 협상(principled negotiation)이 있다. 입장 협상이란 협상의 실제 전개 과정을 보면 각 당사자는 자신의 입장에만 집착

〈표 11-6〉 분배적 협상과 통합적 협상의 특성 비교

비교 요소	분배적 협상	통합적 협상
① 협상전략	• 강압적 경쟁전략	• 협력적 문제 해결 전략
② 목표 성격	• 개인 자신의 목표	• 상호 공동 목표
③ 배타-통합 지향	• 배타적 경쟁 지향	• 통합적 협력 지향
④ 승패 방식	• Win-Lose 방식	• Win-Win 방식
⑤ 이득-사람 지향	• 결과(이득) 지향	• 인간 관계(사람) 지향
⑥ 이득(pie) 증식	• 고정된 파이 나누기	• 파이 자체의 증대
⑦ 가치 창출	• 기존 가치의 배분	• 새로운 가치의 창출
⑧ 정보 공유	• 은밀한 정보	• 공개적 정보 공유
⑨ 토론 성격	• 입장 토론	• 실질적 이해 관계 토론
⑩ 개별-공동 지향	• 자신의 욕구 충족을 위한 자신의 이득	• 공동 이득 위해 가치 있는 이득의 교환

자료: 은재호 외(2011).

하여 자신의 처지를 상대방에게 이해시키고, 상대가 자신의 주장에 따를 때 최선의 협상 결과가 가능함을 주장함으로써 자기 주장이 정의로운 갈등 해결 방법의 최선이라고 생각하는 협상이라고 할 수 있다. 이러한 입장 협상은 연성 협상과 경성 협상이라는 두 가지 상반되는 협상의 형태로 나타난다. 연성 협상은 자신의 확고한 입장 없어 상대방이 협상을 주도적으로 이끌게 하는 반면, 경성 협상은 완강한 상대를 상정할 때 고려할 수 있는 협상 유형이다. 연성 협상이나 경성 협상 모두 협상에서 어느 쪽이 우월하다 할 수 없다. 협상은 상대가 있는 의사 결정 방식이므로 자신의 입장만을 고수한다거나 자신의 입장 없이는 협상은 성립될 수 없다.

〈표 11-7〉 입장 협상과 원칙 협상의 특성 비교

비교 요소	입장 협상		원칙 협상
	연성 협상	경성 협상	
① 상대방	• 친구	• 적	• 문제 해결자
② 협상 목표	• 합의	• 승리	• 현명한 결과
③ 양보	• 양보의 제시	• 양보의 요구	• 문제와 사람의 분리
④ 문제와 사람	• 사람과 문제 모두에 유순함.	• 문제와 사람 모두에 완고함.	• 사람에게는 유순하지만 문제에는 완고함.

CHAPTER 11

⑤ 상대에 대한 신뢰	• 상대방을 신뢰함.	• 상대방을 불신함.	• 신뢰와는 별개로 협상을 진행함.
⑥ 입장	• 입장을 쉽게 바꿈.	• 초기 입장을 고수	• 입장이 아닌 이해 관계에 초점
⑦ 유보치	• 유보치 공개	• 유보치에 대한 상대방 속임.	• 유보치를 되도록 갖지 않음.
⑧ 시각	• 한쪽의 손실을 받아들임.	• 한쪽의 이익만을 요구	• 상호 이익이 되는 대안 개발
⑨ 대안	• 수용 가능한 해결책을 탐색	• 상대방이 수용할 수 있는 해결책을 탐색	• 다양한 대안을 개발
⑩ 강조점	• 합의를 강조함.	• 입장을 강조함.	• 객관적인 기준을 강조함.
⑪ 의지의 경쟁	• 의지의 경쟁을 피하기 위해 노력	• 의지의 경쟁에서 승리하기 위해 노력	• 객관적 기준에 근거한 결과에 도달하기 위해 노력
⑫ 압력	• 압력에 굴복	• 압력을 행사	• 원칙에는 굴복하지만 압력에는 굴복하지 않음.

자료: Fisher & Ury(1983).

원칙 협상은 입장 협상의 대안적 성격을 갖고 있는데, 일방적 입장에 집착하는 경성 협상을 지양한다. 또한 주관적·인간적인 입장으로부터 탈피하여 객관적이고 이슈 중심적인 이해 관계에 초점을 맞추어 협상을 진행할 수 있어 건설적으로 협상의 결과를 도출할 수 있는 장점이 있다.

3) 공공 협상의 특징

공공 협상의 특징은 민간 협상과의 차이를 비교해 보면 쉽게 이해할 수 있다. 공공 협상과 민간 협상은 협상이라는 현상의 공통 분모를 갖고 있다. 따라서 공공 협상과 민간 협상의 차이점 내지는 특징을 살펴보기 위해서는 공공 협상과 민간 협상의 특성이 잘 나타나는 협상 모델을 토대로 살펴볼 필요가 있다. 여기서 공공 협상은 공공재원을 분배(public resource allocation)하는 과정에서의 협상을 중심으로 논의하고, 민간 협상은 노사 협상을 중심으로 하여 논의하고자 한다. 공공 협상과 민간 협상 간의 차이점은 크게 다음의 일곱 가지로 구분할 수 있다(Susskind et al., 1983).

첫째, 협상 대표자의 선정에 차이가 있다. 민간 협상(노사 협상)에서 당사자는 쉽게 인식될 수 있고, 갈등 조정을 위한 대표자도 쉽게 선정할 수 있다. 그러나 공공 협상의 경우는 그렇지 않다. 또한 노사 협상의 경우 대표자 선정을 위한 절차 등이 제도화되어 있어서 협상의 대표자를 선정하는 것이 용이하나 공공 협상의 경우 협상을 위한 제도화가 되어 있지 않은 것이 일반적이다.

둘째, 갈등의 이슈에서 차이가 있다. 민간 협상의 경우 임금, 상여금, 근로 조건 등 갈등 이슈가 명확하게 정의될 수 있고, 그에 따른 비용과 편익이 대체로 예측이 가능하다. 이에 반해 공공 협상의 경우(예: 방사선 쓰레기와 관련된 위험과 관련된 갈등의 경우) 갈등 이슈를 명확하게 정의하기 어렵고, 이를 구체적으로 수치화하는 것은 더욱 어렵다. 또한 그러한 갈등 영향의 크기와 분포 등도 파악하기 어려운 특성이 있다.

셋째, 협상 당사자 간의 관계에서 차이가 있다. 단체교섭과 같은 민간 협상의 경우 갈등 당사자 간의 관계는 지속적이고, 잘 정립되어 있고, 협상전략 역시 예측 가능하다(예: 파업, 직장폐쇄 등등). 이에 반해 공공 협상의 경우 갈등은 서로 전에 한 번도 협상을 해본 적이 없는 당사자들 간 한 번의 만남(a onetime encounter)의 형태로 나타난다.

넷째, 협상의 경험 측면에서 차이가 있다. 노사 협상과 같은 민간 협상의 경우 협상의 기술 측면에서 경험이 풍부하다. 그러나 공공 협상의 경우 협상의 당사자들은 극단적으로 다양하다. 다시 말해, 협상을 전혀 경험하지 못한 경우도 있고, 협상을 많이 경험한 당사자도 있을 수 있다.

다섯째, 협상의 기간과 비용에서 차이가 있다. 민간 협상의 경우, 갈등이나 협상이 해결되지 않고 길어지는 경우 비용이 증가한다. 즉, 각 협상 당사자 간의 비용과 이익이 대칭적(symmetrical)이다. 그러나 공공 갈등의 경우 그렇지 않은 경우가 많다. 예를 들어, 토지 이용 갈등의 경우 환경단체들은 최종 결정이 내려지기 전까지 지속적으로 이익을 보게 된다.

여섯째, 협상 참여자의 규모에서 차이가 있다. 민간 협상의 경우 협상 참여자의 규모가 대체로 동일하다. 그러나 대부분의 공공 갈등의 경우 수없이 많은 공공기관과 이익단체들이 참여한다. 다자간의 갈등은 공공 갈등과 협상을 더욱 복잡하게 하여 예측할 수 없게 한다.

일곱째, 협상의 요구 조건에서 차이가 있다. 노사의 단체협상에서 과도한 요구에 의한 잠재적 파급 효과(potential spillover effects)는 기준이 되는 조건들(인플레이션 비율, 정부소비자 가격지수, 다른 공정한 경제지표 등)에 의해 최소화될 수 있다. 그러나 공공 협

〈표 11-8〉 공공 협상과 민간 협상의 특성 비교

비교 기준	공공 협상	민간 협상(노사 협상)
① 협상 대표자 선정	• 갈등 당사자 식별 어려움. • 대표자 선정을 위한 제도화가 없음.	• 갈등 당사자 식별 용이 • 대표자 선정을 위한 제도화 있음.
② 갈등 이슈	• 갈등 이슈 불명확, 비수치화 • 갈등영향 크기 · 분포 파악 어려움.	• 임금, 상여금, 근로 조건 등 갈등 이슈가 명확 • 그에 따른 비용과 편익이 예측 가능
③ 협상 당사자 간 관계	• 당사자 간 관계가 일회적 • 관계 정립이 비체계적 • 협상전략 예측 불가능	• 당사자 간 관계가 지속적 • 관계 정립 체계화 • 협상전략(파업, 직장폐쇄 등)이 예측 가능
④ 협상의 경험	• 협상 기술 경험 정도 차이가 심함.	• 협상 기술 측면에서 경험 풍부
⑤ 협상의 기간과 비용	• 협상 기간과 비용이 반드시 비례적이지 않음. • 협상 당사자 간 비용과 이익이 비대칭적임(예: 환경 갈등).	• 협상 기간과 비용이 비례적 관계 • 협상 당사자 간 비용과 이익이 대칭적임.
⑥ 협상 참여자의 규모	• 협상 참여자는 불명확한 다수의 이해관계자 • 다자간 협상은 더욱 복잡 · 예측 불가능	• 협상 참여자의 규모는 대체로 동일 • 예측 가능
⑦ 협상의 요구 조건	• 요구 조건이 불합리적 • 과도한 요구 조건이 최소화되는 기준의 활용 미흡	• 요구 조건이 비교적 합리적 • 과도한 요구 조건은 잠재적 파급효과(인플레이션 비율 등)에 따라 최소화 가능

상의 경우 이러한 제한적 조건이나 기준이 협상 과정에서 잘 활용되지 못하는 경우가 대부분이다(Susskind & Weinstein, 1980).

2 공공 협상의 준비와 원칙

미국의 경우 정부 부문의 협상은 행정분쟁해결법(Administrave Dispute Resolution Act of 1991)과 협상에 의한 규칙제정법(Negotiated Rulemaking Act of 1996)에 근거하여 표준적 절차에 명문화되어 있다(Harney, 1992). 협상은 크게 '원칙적 협상(principled negotiation)'과 '이익기반 협상(interest-based bargaining)'으로 구분할 수 있다(O'Looney,

1998). 협상의 기본적 가이드라인은 협상 당사자 양측 모두가 상생(win-win)할 수 있도록 하는 것이다. 다시 말해, 한쪽이 승리하면 다른 한쪽이 피해를 입는 '제로섬(zero-sum)' 게임이 되지 않도록 하는 것이다. 그러나 실제 공공 협상에는 정보비대칭(information asymmetries), 시장에서의 경쟁(competitive marketplace), 협상 과정에서 대중의 역할(public's role) 등에 의해 항상 윈윈 협상으로 이어지지는 않는다.

공공 협상을 준비하는 과정은 크게 다섯 단계로 구분할 수 있다(Bingham, 1996).

첫째, 공공 부문은 협상의 주제와 영역을 분명히 하고, 갈등을 해결하는 것과 계획된 활동(planning activities)을 하는 것을 구분해야 한다.

둘째, 공공 부문, 특히 정부 부문에서 누가 협상의 권한을 갖고 있는지에 대한 합의가 있어야 한다. 예를 들어, 정부기관의 경우 중앙정부와 여러 지방정부가 계층화되어 있는데, 누구에게 협상의 최종 권한이 있는지에 대한 합의가 필요하다.

셋째, 협상 준비에서 가장 중요한 것으로 협상 외의 최적의 대안(Best Alternative to a Negotiated Agreement: BATNA)을 갖고 있어야 한다. 여기에는 정부의 최적 대안뿐만 아니라 상대방도 최적 대안을 가질 필요가 있다.

넷째, 협상에서 양측 모두 만족하기 위해서는 가능한 한 협상을 빨리 마무리하는 것이다. 이것은 정치적 선거, 시장 상황, 재정 상황 등 여러 요인에 의해 영향을 받는다.

다섯째, 협상을 준비하는 당사자는 협상 주제에 맞는 협상을 위한 기본 규칙(ground rules)을 준비해야 한다. 미리 양측이 협상을 위한 기본 규칙에 합의하면 바로 실무적인 협상 단계에 진입하기가 용이하다.

보통 정부기관의 공무원들은 어느 한쪽의 일방적인 승리가 아닌 양측 모두가 승자가 되는 윈윈 협상을 목적으로 하는 '원칙 협상'이 되도록 노력하는 경향이 있다(Cooper, 2003). 반면 전통적인 '입장 협상'에서는 어느 한쪽이 요구 사항을 제시하고 다른 한쪽은 어느 것을 포기하거나 다른 것을 요구하는 방식으로 협상이 진행되는데, 이러한 협상 방식은 어느 한쪽이 양보하기 전까지 계속되는 방식이다. 다시 말해, 어느 한쪽의 승리는 다른 한쪽의 손실을 의미한다. 대부분의 입장 협상 방식은 대안 검토를 통해 협상을 하고 합의를 끌어내기 어려운 특성을 가지고 있다(Rosentraub & Swindell, 2009).

공공 협상이 전통적인 입장 협상이 아닌 원칙 협상이 되기 위해서는 "전체 이익을 키우는(enlarge the pie)" 방향으로 협상이 이루어져야 한다(Bingham, 1996: 654). 빙햄(Bingham, 1996)은 하버드 협상 프로젝트(Harvard Negotiation Project)에서 원칙 협상 과정이 되기 위한 네 가지 방안을 제시하고 있다.

첫째, 협상 당사자들은 협상에 참여하여 권한을 가진 사람들의 대인 관계의 역학 관계(interpersonal dynamics)를 파악해야 한다.

둘째, 정부를 대표하는 협상자는 협상에 들어가기 전에 미리 상대방의 수요, 이해관계를 파악하는 협상 사전 단계(pre-negotiation)를 충실히 해야 한다.

셋째, 협상 당사자 모두는 모두에게 이익이 극대화될 수 있는 윈윈 협상이 될 수 있도록 이익 극대화를 하는 데 노력해야 한다.

넷째, 협상을 통해 합의를 이끌어 내는 것이다.

3 공공 협상 시 고려 사항

성공적인 공공 협상이 되기 위해서는 다음의 여섯 가지 기준이 활용되어야 한다(Fisher, 1979).

첫째, 협상을 통한 합의는 관련된 모든 이해 당사자가 수용해야 한다.

둘째, 협상의 결과는 관계된 지역사회(community) 모두에게 공평해야 한다.

셋째, 협상 결과는 상호 이익을 극대화해야 한다.

넷째, 협상 결과는 과거의 선례를 고려해야 한다.

다섯째, 합의는 최소한의 시간과 비용을 통해 이루어져야 한다.

여섯째, 협상 과정은 당사자들 간의 관계를 악화시키는 것 보다는 개선하는 데 기여해야 한다.

공공 협상은 민간 협상과는 다른 여러 특징을 갖고 있다. 이는 공공 협상을 할 때는 공공 협상만이 가지는 여러 특성을 충분히 고려해야 한다는 것을 의미한다. 공공 협상자가 공공 협상을 하는 경우 네 가지 고려 사항이 있다(Susskind & Ozawa, 1983).

첫째, 대표성(representation)의 문제를 고려해야 한다. 공공 협상에서 가장 큰 장애는 이해 관계가 있는 모든 당사자를 파악하기 어렵다는 것이다. 민간 갈등에서는 갈등 당사자들을 파악하기가 비교적 쉽다. 그러나 공공 갈등에서는 외부 파생 효과

(spillover effects)로 인해 합법적인 이해관계자들을 찾기도 어렵고, 때론 이를 규명하는 것 자체가 더 많은 갈등을 야기도 한다. 공공 갈등의 경우 이해 당사자들을 확인한다고 하더라도 그 이해 당사자들의 대표자를 선정하는 것은 또 다른 과제이다. 특히 이해 당사자들이 조직화되어 있지 않은 경우에는 이해 당사자들의 대표자를 선정하기 어렵다. 또한 이해 당사자 대표를 선정했다 하더라도 이해 당사자 집단의 대표자 집단의 구성원들의 의견을 대표하지 않은 경우 협상의 효과는 제한적일 수밖에 없다. 협상에 참여하는 대표자의 선정 문제는 협상 대표자가 실제 구성원들의 대표성을 갖고 있는가에 대한 '대표자의 민주성(representative democracy)'의 문제로 많은 갈등을 유발하기도 한다(Haefele, 1974).

둘째, 공무원들의 비공식적 협상 참여의 꺼림을 고려해야 한다. 고위직 공무원들은 갈등을 조정하는 노력에 참여하는 것을 주저한다. 그 이유는 갈등 조정에 참여하는 것이 그들의 권위가 손상된다고 생각하기 때문이다. 대부분의 정부기관 역시 협상에 참여하는 것이 적절한지에 대해 확신을 갖고 있지 않다. 왜냐하면 공무원들은 대부분의 공공사업이 적합한 행정절차법에 근거하여 추진되었다고 생각하기 때문이다. 또한 비공식적 협상 단계에서 협상이 교착되었을 때 협상이 실패로 돌아갈 수 있고 법적 소송으로 갈 수 있기 때문이다. 또한 초기 단계의 비공식적 협상이 실제 재판으로 갈 경우 정부가 불리해질 수 있기 때문이다(Sachs, 1982).

셋째, 중요 이해 당사자들을 협상 테이블로 끌어내는 유인(incentive) 부족을 고려해야 한다. 공공 협상에서 가장 어려운 것 중에 하나는 모든 당사자, 특히 가장 영향력 있는 이해 당사자들을 협상의 장으로 불러내는 데 필요한 충분한 유인을 갖고 있지 않다는 것이다. 다시 말해, 불공평한 협상력(bargaining power)으로 인해 갈등에서 영향력이 있는 집단은 조정(negotiation)을 필요로 하지 않는다. 왜냐하면 강력한 영향력을 행사할 수 있는 집단은 협상을 하지 않고도 갈등을 해결할 수 있다고 생각하기에 모든 이해 당사자는 협상의 장으로 끌어들이려는 노력을 하지 않는다.

넷째, 조정(mediation)과 협상(negotiation)에 대한 인식 부족을 고려해야 한다. 공공 협상에서의 가장 어려운 것 중의 또 하나는 협상에 대한 방법과 그것의 장점에 대한 인식의 부족이다. 우리나라의 경우도 공공 협상에 대한 내용을 담은 연구 논문, 신문, 정부간행물 등에서 찾기 쉽지 않다. 현재 우리나라 공공 부문에서의 협상은 공공기관 노사의 단체교섭 정도로 인식되어 있는 수준이다. 따라서 공공 협상의 중요성과 그 장점에 대한 인식을 더욱 확산시킬 필요가 있다.

다섯째, 중립적이고 유능한 갈등 조정자(mediator)의 부족을 고려해야 한다. 공공 갈등에 직면한 공무원과 시민들이 협상이나 조정 과정을 통해 갈등을 해결하기를 원해도 유능한 조정자가 부족하다. 갈등 당사자들은 갈등 해결을 위해 갈등 특성과 유형에 적합한 중립적(nonpartisan)이고 유능한 조정자를 선호한다. 그러나 대부분의 조정자들은 자원봉사자들이거나 갈등 분야별 전문가들이다. 성공적인 공공 협상이 되기 위해서는 중립적이고 유능한 갈등 조정자들이 필요하다.

여섯째, 갈등 조정자들의 보상 문제를 고려해야 한다. 갈등 조정자들에 대한 보상(payment)은 가장 중요한 문제이다. 갈등 조정자들이 협상의 양 당사자가 아닌 한 쪽의 당사자로부터 보수를 받는다면 이는 중립성을 훼손하게 된다. 공공 부문의 대부분의 협상과 조정의 경우 민간기업들이 협상이나 조정의 비용을 부담하는 것으로 나타났다. 조정과 협상에서 갈등 조정자들의 보상 비용을 공평하게 부담하는 것이 공공 협상이나 조정을 활성화시킬 수 있을 것이다.

〈표 11-9〉 공공 협상 시 고려 사항

공공 협상 시 고려 사항	주요 내용
① 대표성(representation)의 문제	• 공공 협상에서 가장 큰 장애는 이해 관계가 있는 모든 당사자를 파악하기 어렵고, 또한 그들을 대표할 수 있는 대표자 선정의 문제가 중요하게 고려되어야 함.
② 공무원들의 비공식적 협상 참여의 꺼림	• 공무원들은 대부분의 공공사업이 적합한 행정절차법에 근거하여 추진되었다고 생각하기 때문에 협상 참여를 꺼림.
③ 중요 이해 당사자들을 협상 테이블로 끌어내는 유인 부족	• 공공 협상에서 가장 어려운 것 중에 하나는 모든 당사자, 특히 가장 영향력 있는 이해 당사자들을 협상의 장으로 불러내는 데 필요한 충분한 유인(incentive)을 갖고 있지 않음.
④ 조정 및 협상에 대한 인식 부족	• 조정과 협상의 필요성과 그 장점에 대한 인식을 더욱 확산시킬 필요가 있음.
⑤ 중립적이고 유능한 갈등 조정자의 부족	• 갈등 당사자들은 갈등 해결을 위해 갈등 특성과 유형에 적합한 중립적이고(nonpartisan) 유능한 조정자가 필요
⑥ 갈등 조정자의 보상 문제	• 갈등 조정자들이 협상의 양 당사자자 아닌 한쪽의 당사자로부터 보수를 받는다면 이는 중립성을 훼손하게 됨.

4 공공 협상의 기본 전략

대부분의 공공 갈등의 이해관계자들은 공식적인 협상에 참여해 본 경험이 거의 없거나 협상에 참여하지 않으려는 경향이 있다. 그럼에도 불구하고 그들은 공공 갈등의 직접적인 이해 관계가 있는 협상의 당사자이다. 보통 민간기업체에서 협상 경험이 있는 직업적인 노사 협상과는 다르게, 시민단체의 대표들은 '주고받기 협상(give and take of negotiation)'에 대한 지식이나 경험이 거의 없이 본인들의 이익만을 보호하거나 고집하여 협상이 악화되거나 결렬된다.

협상 테이블에 참여하는 당사자들에는 정부기관, 시민단체, 환경단체, 공공위원회 등이 있다. 그런데 이해 관계가 같은 당사자들 간에도 때로는 의견이 달라 합의 도달에 실패하는 경우가 있다. 협상 당사자들 간에 나타나는 협상 기술과 경험의 차이는 불공정한 협상으로 이어지거나 경험이 많은 협상 당사자가 승리하는 등 공정하지 못한 협상 결과를 야기한다.

무엇보다도 경험이 없는 협상가들을 다루는 것은 다른 협상 당사자들을 극단적으로 당황하게 만들기도 하고 토론 과정에서 짜증나게 한다. 경험이 없는 협상가들은 통상적으로 협상에서 활용하지 않은 전략을 쓰는 경우도 있고, 이런 경우 좀 더 경험 있는 당사자들은 도이치(Deutsch, 1974)가 언급한 협상에서 필요한 "합리적 상호작용의 규범(norm for rational interaction)"을 활용하지 않을 가능성이 있다. 예를 들어, 경험이 없는 협상가들이 활용하는 방법에는 합의를 깨기, 신뢰를 배반하기, 상대방을 공개적인 자리에서 망신주기, 협박하기, 상대방을 극단적인 이념적 문제로 공격하기 등이 있다. 반대로 공무원들은 종종 협상에서 선택할 수 있는 대안이나, 대안 중 바람직한 것 등에 활동을 집중하는 경향이 있다.

경험이 없는 당사자와 협상하는 것과 그 협상을 통한 약속을 믿는 것은 다른 협상당사자에게 위험이 될 수 있다. 공공 협상에서 경험이 없는 당사자와 협상할 때 이러한 불균형을 찾아내는 것이 공공 협상가들에게 매우 중요하다. 공공 협상가들이 경험이 없는 이해 당사자와 협상을 할 때 다음과 같은 공공 협상 전략이 필요하다(Carpenter & Kennedy, 2001).

첫째, 기본 원칙을 활용하라. 어떤 협상가들이 건설적인 대화의 필요성에 익숙지 않을 때 본격적인 협상을 시작하기 전에 미리 '행동의 가이드라인(guidelines for behavior)'을 설정할 필요가 있다. 호통치거나 못마땅함, 위협, 비난하는 것은 모든 협상 참여자를 혼란에 빠지게 하는 경향이 있기 때문에 정교한 행동 기본 원칙(ground rule)을 만드는 것이 중요하다. 또 다른 전략이라고 할 수 있는 것은 모임이 끝난 후 즉각적으로 상대방의 불손한 행동에 대해 알리는 것도 하나의 중요한 전략이다. 이러한 기본 원칙을 설정함으로써 협상에서 미리 파괴적인 행동을 막을 수 있다.

둘째, 협상 참여자를 교육하라. 모든 협상 참여자가 갈등 이슈에 대한 이해가 충분할 때, 협상의 과정은 순조로울 수 있다. 갈등과 연관된 사람들은 상대방에 대한 고정 관념을 가지고 협상에 임하게 되는데, 이는 협상에 나쁜 영향을 미치기 때문에 고쳐져야만 한다. 각각의 협상 대표자들은 다른 사람들과 협상하기 위한 기술에 대한 교육을 받을 필요가 있다. 협상 경험의 차이를 줄이기 위한 교육에서의 어려움은 교육을 가장 필요로 하는 사람들이 그러한 교육의 필요성을 인지하게 하는 것이다.

셋째, 급속한 진행을 피하라. 협상 과정에서 협상 대상자가 지속적으로 협상에 참여하게 하기 위해 갈등관리 전략 차원에서 협상 기간이 고려되어야 한다. 협상 참여자들이 협상 경험이 적은 것에 대해 우려를 표명한다면, 그들이 제안과 관련한 내용을 파악할 수 있는 있도록 충분한 시간을 보장해 주는 것이 필요하다.

넷째, 단체 구성원들의 의견을 경청하라. 협상 대표자들이 협상에 대한 경험이 없다면, 그 대표자가 속한 단체의 구성원들 역시 경험이 없을 것이란 추정이 가능하다. 경험이 없는 협상 대표자들은 협상 과정에서 취득한 지식을 통해 그들의 입장을 미리 정하는 경우가 발생하는데, 이는 실제 그들이 속한 집단(constituents)의 의견을 앞서가는 위험을 안고 있다. 따라서 협상 대표자들은 자신이 속한 집단구성원들의 의견을 잘 반영하고 있는지를 점검할 필요가 있다.

생각과 토론 문제

❑ **다음의 이슈를 중심으로 생각해 보고 논의해 봅시다.**

1. 최근 이슈가 되고 있는 공공 갈등의 사례를 찾아 정리해 보자. 갈등의 배경과 원인이 무엇인지 분석하고, 공공 갈등의 확산 과정을 적용해 보자.

2. 님비 현상과 핌피 현상에 적합한 사례를 찾아보고, 이에 대한 공공 갈등의 과정을 살펴 분석해 보자.

3. 협상, 조정, 중재의 개념을 설명하고, 각각의 차이를 논의해 보자.

4. 중앙정부와 지방자치단체에서 공공 갈등을 해결하기 위한 공론화와 갈등 조정 사례를 찾아보고, 공식적인 기구가 어떤 것이 있는지 찾아보자.

5. 공공 갈등의 증가 추세를 전제할 때, 행정학 교육에서 어떤 부분이 강화될 필요가 있는지 토론해 보자.

참고문헌

[국내 문헌]

강성철 외(2011). 『새인사행정론』. 서울: 대영문화사.

______(2018). 『새인사행정론』(제9판). 서울: 대영문화사.

강신택(1971). 한국행정학사서설, 『한국정치학회보』, 4.

강영진(2001). 『갈등분쟁 해결 매뉴얼』. 서울: 성공회대출판부.

강용기(2008). 『현대지방자치론』(개정판). 서울: 대영문화사.

강인호 외(2005). NIMBY와 PIMPY 입지의 지방정부간 갈등관리: 공항 건설과 외국어고 입지갈등구조 비교연구. 『한국지방자치학회보』, 17(2): 137-166.

김경배(2005). 한국 대체적 분쟁해결제도ADR)의 제도화 및 발전 방안에 관한 연구. 『산업경제연구』, 18(1): 251-274.

김기환(2006). 거버넌스 시각에서의 환경행정정보화 평가: 환경정보화 주요 사업을 중심으로. 『한국정책과학학회보』, 10(4): 273-296.

______(2010). 공공부문에서의 친환경정보기술의 활용에 대한 시론적 연구. 『한국지역정보화학회보』, 133: 19-39.

김문성(2009). 『행정학.NET』. 서울: 박영사.

김번웅 · 김동현 외(1997). 『한국행정개혁론』. 서울: 법문사.

김상태(2009). 행정법상 대체적 분쟁해결제도의 허용성에 관한 연구. 『법학연구』, 35: 47-66.

김영종(1995). 『행정철학』. 서울: 법문사.

김영환(2006). 『법철학의 근본문제』. 서울: 홍문사.

김용철(1998a). NIMBY와 PIMFY 현상의 정치적 갈등구조 비교(I): 영광원전 5.6호기 건설사업과 전남도청 이전사업 사례를 중심으로. 『한국정치학회보』, 32(1): 87-109.

______(1998b). NIMBY와 PIMFY 현상의 정치적 갈등구조 비교(II): 차산리 골프장 건설사업과 월드컵 개최도시 선정사업 사례를 중심으로 『현대사회과학연구』.

김운태(1969). 한국행정학의 반성과 진로: 영역과 방법. 『한국행정학보』, 3.

김종호 · 이창훈 · 신창현(2004). 『환경 분야 갈등 유형 및 해결 방안 연구』. 서울: 한국환경

정책평가연구원.
김준한(1996). 행정부와 대체적 분쟁해결제도. 『한국행정학보』, 30(4): 37-53.
김지원 외(2021). 『인트로 행정학』. 고양: 대영문화사.
김현성(1997). 일반체계이론의 재평가와 통합적 정보체계 연구방법론의 정립. 『한국행정연구』, 6.
김형렬(1997). 『정책학』. 서울: 법문사.
남기범(2009). 『현대정책학 개론』. 서울: 조명사.
마이클 샌델, 이창신 옮김(2010). 『정의란 무엇인가』. 서울: 김영사.
명승환 · 허철준(2012). 스마트사회 전환에 따른 Gov 3.0 기반의 전자정부 개념과 패러다임 변화. 2012 한국정책학회 춘계학술대회.
민진 · 강인호(2022). 『행정학의 세계』. 서울: 윤성사.
박경원 · 김희선(1998). 『조직이론 강의』. 서울: 대영문화사.
박동서(1997). 『한국행정론』. 서울: 법문사.
박연호 · 이상국(1999). 『현대행정관리론』. 서울: 박영사.
박영기(1990). 『현대행정이념』. 대전: 한남대학교출판부.
박우서(2001). 『지방자치와 광역행정』. 서울: 대영문화사.
박홍엽(2006). 공공갈등관리 시스템의 비교연구. 『한국인사행정학회보』, 5(1): 149-188.
백완기(1981). 공익에 관한 제학설 검토. 『법률행정논집』, 19. 고려대학교 법과대학.
______(1998). 『행정학』(제4전정판). 서울: 박영사.
서삼영(2001). 한국형 전자정부의 성공적 구현전략. 『제1회 전자정부구현을 위한 기업과 정부의 역할 세미나 발표논문집』.
서원석(2005). 『참여정부의 인사개혁의 현황과 과제』. 한국행정연구원.
성균관행정연구회(2023). 『행정학개론』. 고양: 대영문화사.
손희준 외(2011). 『지방재정론』(제4판). 서울: 대영문화사.
아리스토텔레스, 홍석영 옮김(2005). 『니코마스윤리학』. 서울: 풀빛.
안광일(1994). 『정부갈등관리론』. 서울: 대명출판사.
안순철 · 최장섭(2003). 대안적 분쟁해결(ADR)의 이론과 실제: 미국의 경험과 한국사회에의 적용. 『분쟁해결연구』, 1(1): 5-38.
안용식 · 강동식 · 원구환(2006). 『지방행정론』(개정판). 서울: 대영문화사
안용식 · 김천영(1997). 『정부간 관계론』. 서울: 대영문화사.
안용식 · 원구환(1994). 『지방공기업론』. 서울: 대영문화사.
엄석진 외(2021). 『AI와 미래행정』. 서울: 박영사.
오석홍(1993). 『인사행정론』. 서울: 박영사.
______(1999). 『조직이론』. 서울: 박영사.
오성호(1990). 한국 공무원의 능력 발전에 관한 연구. 연세대학교 행정학 박사학위 논문.
오재록(2014). 『관료제 권력의 이론과 실제』. 서울: 대영문화사.

원구환(2011). 『재무행정론』. 대영문화사.
유 훈(1993). 『행정학원론』. 서울: 법문사.
유민봉(1997). 『인사행정론』. 서울: 문영사.
_____(2019). 『한국행정학』(제6판). 서울: 박영사.
유병현(2009). 미국의 소송대체분쟁해결제도ADR)의 현황과 그 도입 방안. 『민사소송』, 13(1): 490-524.
유종해(1985). 『현대행정학』. 서울: 박영사.
유해운 · 권영길 · 오창택(2001). 『환경갈등과 님비이론』. 서울: 선학사.
윤상오(2002). 정보화 패러다임 변화에 따른 정보화 수준평가 발전 방안. 『정책분석평가학회보』, 12(2): 209-234.
윤종설(2007). 『정책과정에서의 갈등관리체제 구축 방안: Governance관점의 정책사례분석을 중심으로』. 서울: 한국행정연구원.
은재호 · 채종헌 · 임동진(2011). 『공공갈등에 있어서 원윈협상 방안에 관한 연구』. 서울: 한국행정연구원 연구보고서.
이달곤(2000). 『협상론: 협상의 과정, 구조, 그리고 전략』. 서울: 법문사.
이대희 외(2012). 『한국정부론』. 서울: 법문사.
이덕로(2008). 통합적 성과평가모형의 시험적 제안: 조직의 효과성을 중심으로. 한국행정학회 동계학술대회 발표문.
_____(2009). 조직의 성과평가모형에 대한 새로운 접근: 경쟁가치이론과 자료포락기법의 활용을 중심으로. 『창조와 혁신』, 2(1): 133-162.
이도형(2012). 『행정학의 샘물』. 서울: 선학사.
이민창 · 한종희 · 안병철(2005). 지방정부간 갈등관리의 성패요인: 폐기물처리시설과 공항건설 사례를 중심으로. 『지방행정연구』, 19(3): 71-92.
이병철(1993). 『현대 한국행정학의 이해』. 울산: 울산대학교출판부.
이우권(1996). 지방정부 정책과정의 권력관계 분석: 연결망분석(network analysis)을 중심으로. 연세대학교 대학원 박사학위논문.
이종수(2002). 『지방정부이론』. 서울: 박영사.
이종수 · 윤영진 외(2013). 『새행정학』. 서울: 대영문화사.
_____ 외(2022). 『새행정학 3.0』. 고양: 대영문화사.
_____ 외(2018). 『한국행정의 이해』(개정판). 서울: 대영문화사.
이종은(1989). 『민주주의와 혁명』. 서울: 영학출판사.
이창원 외(2012). 『새조직론』. 서울: 대영문화사.
이희정(2005). 지방자치단체 상호간의 분쟁조정 기능 강화를 위한 법제정비 방향. 『지방자치법연구』, 5(1): 254-277.
임도빈(2018). 『행정학: 시간의 관점에서』 서울: 박영사.
임동진(2010). 『중앙정부의 공공갈등관리 실태 및 효과적인 갈등관리 방안 연구』. 한국행정연구원.

______(2011). 공공갈등관리의 실태 및 갈등해결 요인분석. 『한국행정학보』, 45(2): 291-318.

전주상(2000). 지방정부와 시민 간 정책갈등에 관한 연구. 서울대학교 대학원 박사학위논문.

정정길(1991). 『정책학원론』. 서울: 대명출판사.

정철현(2003). 『행정이론의 발전』. 서울: 다산출판사.

정충식(2012a). 『전자정부론』. 서울: 서울경제경영.

______(2012b). 『미래정부론』. 서울: 대영문화사.

조석준(1995). 『한국행정학』. 서울: 박영사.

존 롤스, 황경식 옮김(1985). 『사회정의론』. 서울: 서광사.

지속가능발전위원회(2004). 『대통령자문 지속가능발전위원회 자료집』.

______(2005a). 『공공갈등 관리를 위한 이론과 기법』(상). 서울: 논형출판사.

______(2005b). 『공공갈등 관리를 위한 이론과 기법』(하). 서울: 논형출판사.

최승필(2009). 행정법상 재판외 분쟁해결제도ADR)에 대한 고찰: 조정제도를 중심으로. 『공법학연구』, 11(1): 325-354.

하연섭(2003). 『제도분석』. 서울: 다산출판사.

하혜영(2007). 정부의 공공갈등 관리방식에 대한 실증분석. 『행정논총』, 45(2): 309-330.

하혜영 · 이달곤(2007). 한국 공공갈등의 발생과 해결: 1995~2006년까지 갈등 사례를 중심으로. 『한국정책학회보』, 16(4): 329-356.

한국정보화진흥원(2011). 『스마트 사회구현을 위한 공간정보서비스 활용 전략』. 서울: 한국정보화진흥원.

______(2012). 『빅데이터로 진화하는 세상: 빅데이터 글로벌 선진사례』. 서울: 한국정보화진흥원 빅데이터 전략연구센터.

한희영(1987). 『경영학원론』. 서울: 법문사.

허 영(2003). 『한국헌법론』. 서울: 박영사.

홍성만 · 박홍엽(2007). 공공갈등관리기구의 역할 정립모색: 중앙정부를 중심으로. 『한국정책학회 동계학술대회 및 정기총회』.

황경수(2000). IMF 사태와 한국 사회 변화. 『시민교육연구』, 30.

[국외 문헌]

Allison, Graham T.(1979). Public and Private Management: Are They Fundamentally alike in All Unimportant Respects? In James Perry & K. L. Kraemer(eds.)(1983). *Public Management*. CA: Mayfield Publishing Company.

Almond, Gabniel A. & G. Bingham Powell, Jr.(1978). *Comparative Politics: System Process and Policy*(2th ed.). Boston: Little Brown and Co.

Alper, B. S. & L. T. Nichols(1981). *Beyond the Courtroom.* Lexington, MA: D. C. Health.

Anderson, James(1984). *Public Poicy Making.* New York: Halt, Rinehart & Winston.

Appleby, Paul Hensen(1949). *Policy and Administration.* Alabama: University of Alabama Press.

Arrow, K. J., R. H. Mnookin, L. Ross, A. Tversky, & R. B. Wilson(1995). *Barriers to Conflict Resolution.* New York: W.W. Norton & Company.

Assael, H.(1969). Constructive Role of Interorganizational Conflict. *Administrative Science Quarterly*, 14: 573-582.

Aucoin, P.(1990). Administrative Reform in Public Management. *Governance*, 3(2): 115-137.

Barki, H. & J. Hartwick(2004). Conceptualizing the Construct of Interpersonal Conflict. *International Journal of Conflict Management*, 153: 216-244.

Barnard, Chester I.(1938). *Functions of Executives.* Cambridge, Mass.: Harvard University Press.

Baron, R. A.(1984). Reducing Organizational Conflict: An Incompatible response Approach. *Journal of Applied Psychology*, 69: 272-279.

______(1990). Conflict in Organization, In K. R. Murphy & F. E. Saal(eds.). *Psychology in Organizations: Integrating Science and Practice*, 197-216. Hillsdale, New Jersey: Erlbaum.

Bartos, O. J. & P. Wehr(2002). *Using Conflict Theory.* Cambridge University Press.

Bennis, W.(1966). Toward a "truely" Scientific Management: the Concept of Organizational Health. *Changing Organizations.* NY: McGraw-Hill Book Company.

Bercovitch, J.(1984). *Social Conflict and Third Parties: Strategics of Conflict Resolution*, CO: Westview Press.

Bingham, L. & C. Wise(1996). The Administrative Dispute Resolution Act of 1990: How Do We Evaluate Its Success? *Journal of Public Administration Research and Theory*, 63: 383-414.

Blackstone, William T.(1973). *Political Philosophy.* Thomas Y. Crowell.

Boston, J., J. Martin, J. Pallot, & P. Walsh(1996). *Public Management.* Auckland: Oxford University Press.

Bouding, K. E.(1962). *Conflict and Defense.* New York: Harper and Row.

Bowers, M. H.(1980). Grievance Mediation: Another Route to Resolution. *Personnel Journal*, 59: 132-139.

Box, R. C., G. S. Marshall, B. J. Reed, & C. M. Reed(2001). New Public Management and Substantive Democracy. *Public Administration Review*, 61(5): 608-619.

Bozeman, Barry(1987). *All Organizations Are Public.* San Francisco: Jossey-Bass.

Brams, S., & A. E. Doherty(1993). Intransigence in Negotiations. *Journal of Conflict Reso-*

lution, 374: 692-708.

Braybrooke, David & C. E. Lindblom(1974). *A Strategy of Decision*. New Jersey: Princeton University Press.

Brundney, J. L., L. J. O'toole, & H. Rainey(eds.)(2000). *Advancing Public Management*. DC: Georgetown University Press.

Buenger, V., & R. L. Daft(1996). Competing Values in Organizations: Contextual Influences and Structural Consequences. *Organization Science*, 7(5): 557-576.

Burkhead, Jesse & Jerry Miner(1971). *Public Expenditure*. Chicago: Aldine Atheron.

Cahn, E.(1979). Justice in *Encyclopedia of Social Sciences*, Vol. 8. Crowell Collier Macmillan.

Caiden, Gerald E.(1971). *The Dynamics of Public Administration*. Hinsdale, Ill: Dryden Press.

Cameron, K. S.(1985). Institutional Effectiveness in Higher Education: An Introduction. *The Review of Higher Education*, 9(1): 1-4.

______(1986). Effectiveness as Paradox: Consensus and Conflict in Conceptions of Organizational Effectiveness. *Management Science*, 32(5): 539-553.

Cameron, K. S. & D. A. Whetten(eds.)(1983a). *Organizational Effectiveness: A Comparison of Multiple Models*. Orlando: Academic Press, Inc.

______(1983b). Organizational Effectiveness: One Model or Several? In Cameron, K. S. & D. A. Whetten(eds.). *Organizatinal Effectiveness: A Comparison of Multiple Models*, 1-24. Orlando, Academic Press, Inc.

Campbell, J. P.(1977). On the Nature of Organizational Effectiveness. In P. S. Goodman & J. M. Pennings(eds.). *New Perspectives on Organizational Effectiveness*, 13-55. San Francisco: Jossey-Bass.

Carnevale, D. G.(1993). Root Dynamics of Alternative Dispute Resolution: An Illustrative Case in the U.S. Postal Service. *Public Administration Review*, 535: 455-461.

Carpenter, S. L. & W. J. D. Kennedy(2001). *Managing Public Disputes: A Practical Guide for Government, Business, and Citizens' Groups*. New York: John Wiley & Sons, Inc.

Cartwright, D. & A. Zander(1968). Motivational Process in Groups: Introduction. In D. Cartwright & A. Zander(eds.). *Group Dynamics*, 401-417. New York: Harper & Row, Publishers.

Cleveland, Harlan(1985). The Twilight of Hierarchy: Speculations on the Global Information Society. *Public Administratation Review*, 45(1).

Cobb, Roger & Charles Elder(1983). Participation in American Politics: *The Dynamics of Agenda-Building*. MD: The Johns Hopkins University Press.

Cohen, M. D. & L. S. Sproull(eds.)(1996). *Organizational Learning*. CA: Sage.

Connolly, T. & E. J. Conlon(1980). Organizational Effectiveness: A Multiple Constituency

Approach. *The Academy of Management Review*, 5(2): 211-217.
Cooper, P.(2003). *Government by Contract: Challenges and Opportunities for Public Managers*. Washington, DC: CQ Press.
Coser, L. A.(1956). *The Functions of Social Conflict*, New York: Free Press.
Cunningham, J. B.(1977). Approaches to the Evaluation of Organizational Effectiveness. *The Academy of Management Review*, 2(3): 463-474.
Dahl, Rcbert A.(1947). The Science of Public Administration. *Public Administration Review*, 7(1): 1-11.
Dahrendorf, R.(1959). *Class and Class Conflict in Industrial Society*. CA: Stanford University Press.
Davis, B. D. & M. Netzley(2001). Alternative Dispute Resolution: A Business and Communication Strategy. *Business Communication Quarterly*, 644: 83-89.
Davis, Otto A., M. A. H. Dempster, & Aaron Wildavsky(1966). A Theory of the Budgetary Process. *American Political Science Review*, 60(3): 529-547.
Deavel, R. P.(1994). Rethinking Civil Litigation: The Potential for Alternative Dispute Resolution in the Air Force. *The Reporter*, 212: 19.
Demchenko, Y., De Laat, C., & Membrey, P.(2014). Defining Architecture Components of the Big Data Ecosystem. In 2014 *International conference on collaboration technologies and systems*(CTS), 104-112. IEEE.
Denhardt, J. V. & R. B. Denhardt(2000). The Public Service: Serving Rather than Steering. *Public Administration Review*, 60(6): 549-559.
____&____(2003). The Public Service: An Approach to Reform. *International Review of Public Administration Review*, 8(1): 3-10.
____&____(2007). *The Public Service*. New York: M.E. Sharpe.
____&____(2015). *The New Public Service*. New York: Taylor & Francis Group.
Denhardt, R. B.(1984). *Theories of Public Organization*. CA: Brooks and Cole.
______, J. V. Denhart, & T. A. Blanc(2014). *Public Administration: An Action Orientation* (7th ed.). Wadsworth, Cengage Learning.
Deutsch, M.(1969). Conflicts: Productive and Destructive. *Journal of Social Issues*, 251: 7-41.
______(1973). *The Resolution of Conflict: Constructive and Destructive Process*. New Haven, CT: Yale University Press.
______(1974). *Resolution of Conflict*. New Haven, CN: Yale University Press.
Dewey, John(1927). *The Public and Its Problem*. Denver: Alen Swallow.
Dimock, Marshall E.(1951). *Free Enterprise and the Administrative State*. Alabama: University of Alabama Press.
______, Gladys O. Dimock, & Douglas M. Fox(1983). *Public Administration*(5th ed.). New

York: Holt, Rinehart and Winston.
Dixon, Pam(2007). *The Network Advertising Initiative: Failing at Consumer Protection and at Self-Regulation. Report*, November 2, 2007. World Privacy Forum.
Dollery, B. & J. Wallis(2000). A Note on the Coherence of New Public Management as a Managerial Philosophy. *International Review of Public Administration*, 5(1): 81-91.
Dresang, Dennis L.(1999). *Public Personnel Management and Public Policy*(3rd ed.). New York: Longman.
Dror, Yehezkel(1968). *Public Policymaking Reexamined*. Scranton, PA: Chandler Publishing Co.
Dukes, E. F.(2006). *Resolving Public Conflict: Transforming Community and Governance*. Manchester, UK: Manchester University Press.
Dunleavy, P.(1991). *Democracy, Bureaucracy & Public Choice*. Hemel Hempstead: Harvester Wheatsheaf.
Dunleavy, P., H. Margetts, S. Bastow, & J. Tinkler(2005). The New Public Management Is Dead-Long Live Digital-Era Governance. *Journal of Public Administration Research and Theory*, 16: 467-494.
Dye, Thomas R.(1975). *Understanding Public Policy*(2nd ed.). Englewood Cliffs, New Jersey: Prentice-Hall.
______(1981). *Understanding Public Policy*(4th ed.). Englewood Cliffs, New Jersey: Prentice-Hall.
Easton, David(1953). *The Political System*. New York: Alfred A. Knopf.
Etzioni, Amitai(1960). Two Approaches to Organizational Analysis: A Critical and a Suggestion. *Administrative Science Quarterly*, 5(2): 257-278.
Fisher, R.(1979). Some Notes on Criteria for Judging the Negotiation Process. Presented at the Negotiation Seminar of the Harvard Negotiation Project. Harvard Law School.
Fox, A.(1966). Industrial Sociology and Industrial Relations. *Research Paper 3*, Royal Commission on Trade Unions and Employers Associations. London: HMSO.
______(1985). *Man Mismanagement*. London: Hutchinson & Co.
Frederickson, H. G.(1971). Toward a New Public Administration. In F. Marini(ed.). *Toward a New Public Administration: Minnowbrook Perspective*. Scranton, PA: Chandler Publishing Co.
______(1980). *New Public Administration*. Alabama: the University of Alabama Press.
______(1997). *The Spirit of Public Administration*. CA: Jossey-Bass.
Friedmann, Milton(1962). *Capitalism and Freedom*. The University of Chicago Press.
Gaertner, G. H. & S. Ramnarayan(1983). Organizational Effectiveness: An Alternative Perspective. *The Academy of Management Review*, 8(1): 97-107.

Gary, Andrew & B. Jenkins(1995). From Public Administration to Public Management: Reassessing a Revolution? *Public Administration*, 73: 75-99.

Gaus, John M.(1947). *Reflections on Public Administration*. Alabama: University of Alabama Press.

Georgiou, P.(1973). The Goal Paradigm and Notes towards a Counter Paradigm. *Administrative Science Quarterly*, 18(3): 291-310.

Georgopoulos, B. S. & A. S. Tannenbaum(1957). A Study of Organizational Effectiveness. *American Sociological Review*, 22(5): 534-540.

Gladwin, T. N.(1987). Patterns of Environmental Conflict Over Industrial Facilities in the United States, 1970-78. In Robert W. Lake. *Resolving Locational Conflict*. New Jersey: The State University of New Jersey Press.

Goldberg, S. B.(1989). Grievance Mediation: A Successful Alternative to Labor Arbitration. *Negotiation Journal*, 5: 9-15.

Goldmann, R. B.(1980). *Roundtable Justice: Case Studies in Conflict Resolution*. Boulder, CO: Westview Press.

Golembiewski, Robert T.(2003). Perspectives on Public Management Reform as Planned Change. *International Review of Public Administration*, 8(1): 11-25.

Goodman, P. S. & J. M. Pennings(1977). Perspectives and Issues: An Introduction. In P. S. Goodman & J. M. Pennings(eds.). *New Perspectives on Organizational Effectiveness*, 1-12. San Francisco: Jossey-Bass.

______(1980). Critical Issues in Assessing Organizational Effectiveness. In E. E. Lawler, III, D. A. Nadler & C. Cammann(eds.). *Organizational Assessment*, 185-215. New York: John Wiley & Sons.

Goodnow, F. J.(1990). *Politics and Administration*. New York: Russell and Rusell.

Gore, Al(1993). *Creating A Government That Works Better and Cost Less: The Report of the National Performance Review*. A Plum Book.

Gouldner, Alvin W.(1959). Organizational Analysis. In R. K. Merton, L. Broom & L. S. Cottrell, Jr(eds.). *Sociology Today*, 400-428. New York: Basic Books, Inc.

Green, Mark T. & Fred Thompson(2001). Organizational Process Models of Budgeting. In John R. Bartle(ed.). *Evolving Theories of Public Budgeting*, 55-81. Oxford: Elsevier Science.

Gross, E.(1968). Universities as Organizations: A Research Approach. *American Sociological Review*, 33(4): 518-544.

______(1969). The Definition of Organizational Goals. *The British Journal of Sociology*, 20(3): 277-294.

Gulick, Luther H. & Lyndall F. Urwick(eds.)(1937). *Papers on the Science of Administration*.

New York: Institute of Public Administration.

Haefele, E.(1974). *Representative Government and Environmental Management. Baltimore,* MD: Johns Hopkins University Press.

Hall, R. H.(1999). *Organizations: Structures, Processes, & Outcomes*. Englewood Cliffs: Prentice-Hall, Inc.

Hannen, M. T. & J. Freeman(1977). Obstacles to Comparative Studies. In P. S. Goodman & J. M. Pennings(eds.). *New Perspectives on Organizational Effectiveness*, 106-131. San Francisco: Jossey-Bass.

Haque, M. S.(2001). The Diminishing Publicness of Public Service under the Current Mode of Governance. *Public Administration Review*, 61(1): 65-82.

______(2007). Revisiting the New Public Management. *Public Administration Review*, 67(1): 179-182.

Harmon, M.(1981). *Action Theory for Public Administration.* New York: Longman.

Hayek, Friedrich A. von(1944). *The Road to Serfdom.* The University of Chicago Press.

Heady, Ferrel(1984). *Public Administration: A Comparative Perspectives*(3rd ed.). New York: Marcel Dekker.

Henry, N.(1975). Paradigms of Public Administration. *Public Administration Review*, 35(4): 378-386.

Henry, Nicholas(1975). *Public Administration and Public Affairs*. Englewood Cliffs, New Jersey: Prentice-Hall, Inc.

______(2018). *Public Administration and Public Affairs*. New York: Routhledge, Taylor & Francis Group.

Hood, C.(1986). *Administrative Analysis*. Hempel Hempstead: Harvester Wheatsheaf.

______(1987). Public Administration. In V. Bogdanor(ed.). *The Blackwell Encyclopedia of Political Institutions*. Oxford: Basil Blackwell.

______(1990). Public Administration: Lost an Empire, Not Yet Found a Role. In A. Leftwich (ed.). *New Developments in Political Science*. Aldershot: Edward Elgar.

______(1991). A Public Management for All Seasons? *Public Administration*, 69: 3-19.

Huddleston, Mark(1996). *The Public Administration Workbook*. New York: Longman Publishers.

Hughes, O. E.(1998). *Public Management and Administration*. New York: St. Martin's Press.

Jeong, H. W.(2008). *Understanding Conflict and Conflict Management*. Thousand Oaks, CA: Sage.

Johnson, P.(2006). Whence Democracy? A Review and Critique of the Conceptual Dimensions and Implications of the Business Case for Organizational Democracy. *Organization*, 132: 245-274.

Kaboolian, L.(1998). The New Public Management: Challenging the Boundaries of the Management vs. Administration Debate. *Public Administration Review*, 58(3): 188-193.

Katz, D. & R. L. Kahn(1978). *The Social Psychology of Organizations*. New York: John Wiley & Sons.

Kaufman, H.(1956). Emering Conflicts in the Doctrines of Public Administration. *American Political Science Review*, 50(4): 1057-1073.

Kauver, G.(1998). Electronic Government: Concept, Visions, and Strategies. Proceedings of International Symposium on Electronic Government. Seoul: *Korean Association for Public Administration*, 276-286.

Kearney, R. C. & S. W. Hays(1998). Reinventing Government, The New Public Management and Civil Service Systems in International Perspective. *Review of Public Personnel Administration*, 18: 38-54.

Keeley, M.(1978). A Social-Justice Approach to Organizational Evaluation. *Administrative Science Quarterly*, 23(2): 272-292.

______(1984). Impartiality and Participant-Interest Theories of Organizational Effectiveness. *Administrative Science Quarterly*, 29(1): 1-25.

Kettl, D.(1994). Managing on the Frontiers of Knowledge: The Learning Organization. In *New Paradigms for Government*(eds.). Patricia Ingram and Barbara Romzeck. CA: Jossey-Bass.

______(2005). *The Global Public Management Revolution*. DC: Brookings Institution Press.

Key, Jr. V. O.(1940). The Lack of Budgetary Theory. *The American Political Science Review*, 34(Dec.): 1137-1144.

Kingdon, John W.(1984). *Agendas, Alternatives, and Public Policies*. Harper Collins.

Kirchhoff, B. A.(1977). Organization Effectiveness Measurement and Policy Research. *Academy of Management Review*, 2(3): 347-355.

Krauss, E. S.(1984). Conflict in the Diet: Toward Conflict Management in Parliamentary Politics. In E. S. Kruss(eds.). *Conflict in Japan*. Honolulu: University of Hawaii Press.

Kriesberg, L.(2003). *Constructive Conflicts: From Escalation to Resolution*(2nd ed.). Lanham, Maryland: Rowman & Littlefiled Publishers.

Kuhn, Thomas S.(1962, 1970). *The Structure of Scientific Revolution*. Chicago: The University of Chicago Press.

Lan, Z.(1997). A Conflict Resolution Approach to Public Administration. *Public Administration Review*, 571: 27-35.

Laswell, Harold D.(1951). The Policy Orientation. In Harold D. Laswell & D. Lerner(eds.). *Policy Sciences*. Stanford, California: Stanford University Press.

Lee, D.(2004). *Competing Models of Effectiveness in Research and Institutes in the Florida State University System*. Ph. D. Dissertation, Florida State University.

Lee, Eliza W. Y. & M. S. Haque(2006). The New Public Management Reform and Governance in Asia NICs: A Comparison of Hong Kong and Singapore. *Governance*, 19(4): 605-626.

Lewicki, R. J., D. W., Saunders, J. W. Minton, & B. Barry(2003). *Negotiation, Readings, Cases, and Exercises*(3rd ed.). New York: McGraw-Hill.

Lewicki, R. Y., S. E. Weiss, & D. Lewin(1992). Models of Conflict, Negotiation and Third Party Intervention: A review and synthesis. *Journal of Organizational Behavioral*, 132: 209-252.

Lewin, A. Y. & J. W. Minton(1986). Determining Organizational Effectiveness: Another Look, and an Agenda for Research. *Management Science*, 32: 514-538.

Lieberman, J. K. & J. F. Henry(1986). Lessons from the ADR Movement. *U. Clev, L, Rev*, Spring, 53: 425-426.

Lifferer, J. A.(1965). *Managing Conflict in Organization*. Proceeding of the 8th Annual Midwest Management Conference. Southern Illinois University Business Bureau.

Lindblom, Charles E.(1958). *The Intelligence of Democracy*. New York: Free Press.

______(1959). The Science of 'Muddling Through'. *Public Administration Review*, 19(Spring): 79-88.

Lowi, Theodore J.(1964). *American Business, Public Policy, Case-Studies and Political Theory*. World Politics, Inc.

______(1972). Four Systems of Policy, Politics, and Choice. *PAR*, Vol. 33. July-August.

Lulofs, R. S. & D. D. Cahn(2000). *Conflict: From Theory to Action*. Boston, MA: Allen and Bacon.

Lyden, F. J.(1975). Using Parsons' Functional Analysis in the Study of Public Organization. *Administrative Science Quarterly*, 20(1): 59-70.

Lynch, Thomas D.(1995). *Public Budgeting in America*(4th ed.). Englewood Cliffs, New Jersey: Prentice-Hall, Inc.

Lynch, Thomas D. & Susan E. Day(1996). Public Sector Performance Measurement. *Public Administration Quarterly*, 19(4): 404-419.

Lynn, L. E.(1998). The New Public Management: How to Transform a Theme into a Legacy. *Public Administration Review*, 58(3): 231-237.

______(2001). The Myth of the Bureaucratic Paradigm: What Traditional Public Administration Really Stood For. *Public Administration Review*, 61(2): 144-160.

______(2006). *Public Management: Old and New*. New York: Routledge.

Mack, R. & R. Snyder(1971). The Analysis of Social Conflict. In C. G. Smith(ed.). *Conflict*

Resolution: Contributions of the Behavioural Sciences. Notre Dame, IN: University of Notre Dame Press.

March, J. G. & H. A. Simon(1958). *Organizations*. New Jersey: John Wiley & Sons Inc.

Marini, F.(ed.)(1971). *Toward a New Public Administration: Minnowbrook Perspective*. Scranton, PA: Chandler Publishing Co.

Mazmanian, Daniel A. & Paul A. Sabatier(1983). *Implementation and Public Policy*. Glenview: Scott Foresman and Co.

McCurdy, Anthony G. & Davis Held(1993). *Public Administration: A Bibliography*. Washington, D.C.: The American University.

McCurdy, Howard E.(1977). *Public Administration: A Synthesis*. Menlo Park, CA: Benjamin/Cummings.

Meyer, M. W.(1982). "Bureaucratic" vs. "profit" organization. In B. M. Staw & L. L. Cummings(eds.). *Research in Organizational Behavior*, 89-126. Greenwich, CT: JAI Press; Perry, James L. & Hal G. Rainey(1988). The Public-Private Distinction in Organization Theory: A Critique and Research Strategy. *The Academy of Management Review*, 13(2): 182-201에서 재인용.

Millard, T. L.(1962). Human Relations in a Changing Society, Trends and Principles. *Journal of Educational Sociology*, 35(5): 228-235.

Mills, C. W.(1959). *The Sociological Imagination*. New York: Oxford University Press.

Mintzberg, Henry(1979). *The Structure of Organizations*. Englewood Cliffs, New Jersey: Prentice-Hall, Inc.

Mohr, L. B.(1973). The Concept of Organizational Goal. *The American Political Science Review*, 67(2): 470-481.

Molnar, J. J. & D. L. Rogers(1976). Organizational Effectiveness: An Empirical Comparison of the Goal and System Resource Approaches. *The Sociological Quarterly*, 17(Summer): 401-413.

Moore, C. W.(2003). *The Mediation Process: Practical Strategies for Resolving Conflict*(3rd ed.). CA: John Wiley & Sons.

Musgrave, R. A. & P. B. Musgrave(1984). *Public Finance in Theory and Practice*. New York: McGraw-Hill.

Nachmias, David(1979). *Public Policy Evaluation: Approaches and Methods*. New York: St. Martin's Press.

Nigro, Felix A. & Llyod G. Nigro.(1984). *Modern Public Administration*(6th ed.). New York: Harper & Row.

Niskanen, W. A.(1971). *Bureaucracy and Representative Government*. Chicago: Aldine.

Nissenbaum, Helen(2010). *Privacy in Context: Technology, Policy, and the Integrity of Social*

Life. Stanford, CA: Stanford Law Books.

Nutt, Paul C. & Robert W. Backoff(1993). Organizational Publicness and Its Implications for Strategic Management. *Journal of Public Adminstration Research and Theory*, 3(2): 209-231.

O'Connell, B.(1994). *People Power: Service, Advocacy, Empowerment*. New York: Foundation Center.

Osborne, David & Ted Gaebler(1992a). *Reinventing Government*. MA: Addison-Wesley.

______(1992b). *Reinventing Government: How the Entrepreneurial Spirit is Transforming the Public Sector*. New York: Addison-Wesley Publishing Company, Inc.

Ostroff, C. & N. Schmitt(1993). Configurations of Organizational Effectiveness and Efficiency. *The Academy of Management Journal*, 36(6): 1345-1361.

Ostrom, Elinor C.(1999). Institutional Rational Choice. In P. A. Sabatier(ed.). *Theories of the Policy Process*, 35-71. CO: Westview Press.

Pagden, A.(1998). The Genesis of 'Governance' and Enlightenment Conceptions of the Cosmopolitan World Order. *International Social Science Journal*, 50(155): 7-15.

Page, S.(2005). What's New about the New Public Management? Administrative Change in the Human Services. *Public Administration Review*, 65(6): 713-727.

Pateman, C.(1970). *Participation and Democratic Theory*. Cambridge: Cambridge University Press.

Perrow, Charles(1961). The Analysis of Goals in Complex Organizations. *American Sociological Review*, 26(6): 854-866.

Perry, James L. & Hal G. Rainey(1988). The Public-Private Distinction in Organization Theory: A Critique and Research Strategy. *The Academy of Management Review*, 13(2): 182-201.

Perry, J. & K. L. Kraemer(eds.)(1983). *Public Management*. CA: Mayfield Publishing Company.

Peters, B. Guy(1996). *The Future of Governing: Four Emerging Models*. University Press of Kansas.

Pfeffer, J. & G. R. Salancik(1978). *The External Control of Organizations*. New York: Harper & Row.

Pierre, John(ed.)(2000). *Debating Governance*. Oxford: Oxford University Press.

Poillitt, C.(1993). *Managerialism and the Public Service*. OX: Blackwell.

Pondy, L. R.(1967). Organizational Conflict: Concepts and Models. *Administrative Science Quarterly*, 67(122): 296-320.

Popper, Karl R.(1968). Science: Conjectures and Refutations. Conjectures and Refutations. New York: Harper & Row; In Grim, P.(ed.). *Philosophy of Science and the Occul*,

104-110. NY: State University of New York Press, 1990에서 재인용.
Price, J. L.(1972). The Study of Organizational Effectiveness. *The Sociological Quarterly*, 13: 3-15.
Pruitt, D. G. & P. J. Carnevale(1993). *Negotiation in Social Conflict*. Buckingham: Open University Press.
Pruitt, D. G. & S. H. Kim(2004). *Social Conflict: Escalation, Stalemate, and Settlement*(3rd ed.). New York: McGraw-Hill.
Quinn, R. E.(1988). *Beyond Rational Management*. San Francisco: Jossey-Bass.
Quinn, R. E. & J. Rohrbaugh(1981). A Competing Values Approach to Organizational Effectiveness. *Public Productivity Review*, 5: 122-140.
______, K. S. Cameron(1983). Organizational Life Cycles and Shifting Criteria of Effectiveness: Some Preliminary Evidence. *Management Science*, 29(1): 33-51.
Quirk, P. L.(1989). The Cooperative Resolution of Policy Conflict. *The American Political Science Review*, 83: 3.
Radim, M. A.(2001). *Managing Conflict in Organizations*(3rd ed.). Westport, CT: Quorum Books.
______(2002). Toward a Theory of Managing Organizational Conflict. *International Journal of Conflict Management*, 133: 206-235.
Rainey, Hal G.(1991). *Understanding and Managing Public Organizations*. San Francisco: Jossey-Bass.
______(1997). *Understanding and Managing Public Organizations*. San Francisco, CA: Jossey-Bass Publishers.
Rainey, Hal G., Robert W. Backoff, & Charles H. Levine(1976). Comparing Public and Private Organizations. *Public Administration Review*, 36(2): 233-244.
Ranson, S. & J. Stewart(1989). Citizenship and Government: The Challenge of Management in the Public Domain. *Political Studies*, 37.
Rawls, John(1971). *A Theory of Justice*. Cambridge, Mass: The Belknap Press of Harvard University Press.
Rayjai, M.(1967). *Democracy*. New York: Atherton Press.
Rhodes, R. A. W.(1996a). From Institution to Dogma: Tradition, Eclecticism and Ideology in the study of British Public Administration. *Public Administration Review*, 56.
______(1996b). The New Governance: Governing without Government. *Political Studies*, 44: 652-667
______(2000). Governance and Public Administration. In John Pierre(ed.). *Debating Governance*. Oxford: Oxford University Press.
Riggs, Fred W.(1959). Agraria and Industria: Toward Typology of Comparative Admin-

istration. In William J. Stiffin(ed.). *Toward the Comparative Study of Public Administration*. Bloomington: Indiana University Press.

______(1964). *Administration in Developing Countries: the Theory of Prismatic Society*. Boston: Houghton Mifflin Co.

Ripley, Randall B.(1985). *Policy Analysis in Political Science*. Chicago: Nelson-Hall.

______, & Grace A. Franklin(1991). *Congress, the Bureaucracy and Public Policy*(5th ed.). Pacific Grove, CA: Brooks/Cole.

Robbins, S. P.(1974). *Managing Organizational Conflict*. Englewood Cliffs: Prentice-Hall, Inc.

Rohrbaugh, J.(1981). Operationalizing the Competing Values Approach: Measuring Performance in the Employment Service. *Public Productivity Review*, 5: 141-159.

Rosenbloom, D. H.(1989). *Public Administration: Understanding Management, Politics, and Law in the Public Sector*(2nd ed.). New York: Random House.

______, R. S. Kravchuk, & M. C. Richard(2009). *Public Administration: Understanding Management, Politics, and Law in the Public Sector*(7th ed.). New York: McGraw-Hill.

Rosentraub, M. & D. Swindell(2009). Of Devils and Details: Bargaining for Successful Public/Private Partnerships Between Cities and Sports Teams. *Public Administration Quarterly*, Spring: 118-148.

Ross, L. & A. Ward(1995). Psychological Barriers to Dispute Resolution. *Advances in Experimental Social Psychology*, 27.

Ross, M. H.(1993). *The Management of Conflict Interpretation and Interests in Comparative*. New Haven, CT: Yale University Press.

Russell, S. J. & P. Norvig(2010). *Artificial Intelligence a Modern Approach*. London.

Sachs, A.(1982). Nationwide Study Identification Barriers to Environmental Negotiation. *Environmental Impact Assessment Review*, (31): 95-100.

Sander, Frank E. A.(1985). Alternative Methods of Dispute Resolution: An Overview. *University of Florida Law Review*, 371.

Saunders, Peter(1981). Notes on the Specificity of the Local State. In M. Boddy & C. Fudge (eds.). *The Local State: Theory and Practice*. University of Bristol, School for Advanced Urban Studies.

______(1984). Rethinking Local Politics. In M. Boddy & C. Fudge(eds.). *Local Socialism*. London: Macmillan.

Savage, E. S.(1987). *Privatization: The Key to Better Government*. Chatham House Publishers, Inc.

Sayre, W. S.(1958). Premises of Public Administraion: Past and Emering. *Public Administration Review*, 18(2): 102-105.

Schein, Edgar H.(1980). *Organizational Psychology*. New Jersey: Prectice-Hall.

Schellenberg, J. A.(1996). *Conflict Resolution: Theory, Research, and Practice*. Albany: State University of New York Press.

Schubert, Glendon(1960). *The Public Interest*. Glencoe: Free Press.

Scott, R. W.(1977). Effectiveness of Organizational Effectiveness Studies. In P. S. Goodman & J. M. Pennings(eds.). *New Perspectives on Organizational Effectiveness*. San Francisco: Jossey-Bass.

______(1998). *Organizations: Rational, Natural, and Open Systems*. New Jersey: Prentice-Hall.

Seashore, S. E. & E. Yuchtman(1967). Factorial Analysis of Organizational Performance. *Administrative Science Quarterly*, 12(3): 377-395.

Selznick, Philip(1943). An Approach to a Theory of Bureaucracy. *American Sociological Review*, 8(1): 47-54.

Senge, P. M.(1990). The Leader's New Work. *Sloan Management Review*, 32(1): 7-23.

______(1994). *The Fifth Discipline*. New York: Doubleday.

Shafritz, Jay M., E. W. Russell, & Christopher P. Borick(2011). *Introducing Public Administration*(7th ed.). New York: Longman.

Sharkansky, Ira(1982). *Public Administration: Agencies, Policies and Politics*. San Francisco, CA: W. H. Freeman and Company.

Sheppard, Brett(2011). *Putting Big Data to Work: Opportunities for Enterprises*. pro.gigaom.com

Simon, Herbert A.(1964). On the Concept of Organizational Goal. *Administrative Science Quarterly*, 9(1): 1-22.

______(1946). The Proverbs of Administration. *Public Administration Review*, 6(1): 53-67.

______(1947, 1976). *The Administrative Behavior: A Study of Decision-Making Processes in Administrative Organization*. New York: Macmillan.

Simon, Herbert A., Donald W. Smithburg, & Victor A. Thompson(1964). *Public Adminisration*. New York: Alfred A. Knof.

Sipka, T. A.(1969). Social Conflict and Re-construction. Unpublished Doctoral Dissertation, Boston College, Boston.

Skok, J. E.(1980). Budgetary Politics and Decision Making. *Administration and Society*, 11(February): 440-452.

Smith, Thomas(1973). The Policy Implementation Process. *Policy Science*, 4(2).

Stahl, O. Glenn(1983). *Public Personnel Administration*(8th ed.). New York: Harper & Row.

Steers, R. M.(1975). Problems in the Measurement of Organizational Effectiveness. *Administrative Science Quarterly*, 20(4): 546-558.

Stoker, Gerry(1989). Creating a Local Government for a Post-Fordist Society: the Thatcherite Project. In J. Stewart & G. Stoker(eds.). *The Future of Local Government*. London: Macmillan.

______(1998). Governance as Theory. *International Social Science Journal*, 50: 17-28.

Susan, L. Carpenter & W. J. D. Kennedy(1988). *Managing Public Disputes: A Practical Guide to Handling Conflict and Reaching Agreements*. San Francisco: Jossey-Bass.

Susskind, L. & A. Weinstein(1980). Towards a Theory of Environmental Dispute Resolution. *Boston College Environmental Affairs Law Review*, 92: 311-357.

Susskind, L. & C. Ozawa(1983). Mediated Negotiation in the Public Sector: Mediator Accountability and the Public Interest Problem. *The American Behavioral Scientist*, 272: 255-279.

Taylor, Frederick Winslow(1911). *The Principles of Scientific Management*. New York: Harper Bros.

Terry, L. D.(1998). Administrative Leadership, Neo-Management, and the Public Management Movement. *Public Administration Review*, 58(3): 194-200.

Thomas, K. W.(1979). Conflict. In S. Kerr(ed.). *Organizational behavior*. Columbus, OH: Grid.

Thompson, J. D.(1967). *Organizations in Action*. New York: McGraw-Hill.

Thompson, J. D. & W. J. McEwen(1958). Organizational Goals and Environment: Goal-Setting as an Interaction Process. *American Sociological Review*, 23(1): 23-31.

Thompson, L.(1998). *The Mind and Heart of the Negotiator*. Upper Saddle River, New Jersey: Prentice-Hall.

Tsui, A. S.(1990). A Multiple-Constituency Model of Effectiveness: An Empirical Examination at the Human Resource Subunit Level. *Administrative Science Quarterly*, 35(3): 458-483.

Tucker, H.(1982). Incremental Budgeting: Myth or Model? *Western Political Quarterly*, 35: 327-338.

Tullock, G., A. Seldon, & G. L. Brady(2002). *Government Failure*. DC: CATO Institute.

Udy, S. H.(1962). Administrative Rationality, Social Setting, and Organizational Development. *American Journal of Sociology*, 68(3): 299-308.

United Nations(2004). *Global E-Government Readiness Report 2004: Towards Access for Opportunity*.

Ury, W., J. Brett, & S. Goldberg(1988). *Getting Disputes Resolved: Designing Systems to Cut the Costs of Conflict*. San Francisco, CA: Jossey-Bass.

Waldo, Dwight(1948, 1984). *The Administrative State*. New York: Ronald Press.

______(1980). *The Enterprise of Public Administration*. Novata, CA: Chandler.

Wall, Jr., J. A. & R. R. Callister(1995). Conflict and its Management. *Journal of Management*, 213: 515-558.

Weiner, David & Aidan Vinnig(1992). *Policy Analysis*. Englewood Cliffs, New Jersey: Prentice-Hall.

Weiss, Carol(1997). *Evaluation: Methods for Studying Programms and Policies*. Englewood Cliffs. New Jersey: Prentice-Hall.

Whetten, D. A. & K. S. Cameron(1994). Organizational Effectiveness: Old Models and New Constructs. In Jerald Greenberg(ed.). *Organizational Behavior: The State of the Science*, 135-153. NJ: Lawrence Erlbaum Associates, Publishers.

White, Leonard D.(1926, 1954, 1955). *Introduction to the Study of Public Administration*. New York: Macmillan Co.

Wildavsky, Aaron B.(1975). *Budgeting: Comparative Theory of Budgeting*, Boston: Little, Brown, & Co.

______(1984). *The Politics of the Budgetary Process*(4th ed.). Boston: Little, Brown & Co.

William, O. E.(1985). *The Economic Institutions of Capitalism*. New York: The Free Press.

Willmott, H.(1993). Strength is Ignorance; Slavery is Freedom: Managing Culture in Modern Organizations. *Journal of Management Studies*, 304: 515-552.

Willoughby, W. F.(1927). *Principles of Public Administration*. DC: Brookings Institution.

Wilson, Woodrow(1887). The Study of Public Administration. *Political Science Quarterly*, 2(2): 197-222.

Yuchtman, E. & S. E. Seashore(1967). A System Resource Approach to Organizational Effectiveness. *American Sociological Review*, 32(6): 891-903.

Zammto, R. F.(1984). A Comparison of Multiple Constituency Models of Organizational Effectiveness. *Academy of Management Review*, 9(4): 606-616.

______(1982). *Assessing Organizational Effectiveness*. Albany: State University of New York.

찾아보기

ㄴ

ㄷ

ㄹ

ㅁ

ㅂ

ㅈ

기타

제3판 집필진

박경원 서울여대	**김현성** 서울시립대
김도한 경희대	**남기범** 성결대
오승은 제주대	**노승용** 서울여대
김동원 인천대	**박현수** 순천향대
조병우 건국대	**오성호** 상명대
이성윤 서울여대	**오재록** 전주대
강제상 경희대	**원구환** 한남대
곽현근 대전대	**윤주명** 순천향대
구철회 청주대	**이덕로** 세종대
김기환 서울과기대	**임동진** 순천향대
김선명 순천대	**주재현** 명지대
김태진 한국교통대	**한승준** 서울여대

개정판 집필진(가나다 순)

강용기 서남대
강제상 경희대
고석찬 단국대
곽현근 대전대
구철회 청주대
권정호 인천대
김기언 경기대
김기환 서울과기대
김동원 인천대
김문성 가천대
김선명 순천대
김성희 강원대
김태진 한국교통대
김현성 서울시립대
남기범 성결대
노승용 서울여대
박경원 서울여대
박동석 전주대
박신영 주택공사
박우서 연세대
박종두 목포대
박현수 연세대
서원석 한국행정연구원
안용식 연세대
엄구호 한양대
오성호 상명대
오승은 제주대
오재록 전주대
옥원호 경남대
원구환 한남대
윤주명 순천향대
이기주 충북대
이덕로 세종대
이병철 울산대
이왕재 상명대
이우권 신경대
이청수 서울시의회
임동진 순천향대
정원영 한국국방연구원
주재현 명지대
채은경 인천발전연구원
한승준 서울여대

초판 집필진(가나다 순)

강용기 서남대

고석찬 단국대

권정호 인천대

김기언 경기대

김문성 경원대

김성희 삼척대

김현성 서울시립대

남기범 성결대

박경원 서울여대

박동석 전주대

박신영 주택공사

박우서 연세대

박종두 목포대

서원석 한국행정연구원

안용식 연세대

엄구호 한양대

오성호 상명대

옥원호 경남대

원구환 한림정보산업대

이병철 울산대

이왕재 상명대

정원영 한국국방연구원

주재현 한국행정연구원

한승준 서울여대

제3판

새내기를 위한 행정학

펴낸날 제1판 제1쇄 2001년 2월 28일
제2판 제1쇄 2014년 1월 10일
제3판 제1쇄 2025년 2월 28일

지은이 한국국정관리학회

펴낸이 임춘환

펴낸곳 도서출판 **대영문화사**

주소 (본사) 사무실: 경기도 고양시 일산서구 주화로 70
우신프라자 307호 (㊞ 10387)
(본사) 물류센터: 경기도 고양시 일산서구 덕산로
107번길 68-50 (㊞ 10205)

등록 1975년 12월 26일 제3-16호

전화 (031) 913-3062, (031) 914-3884~5

팩스 (031) 913-3839

홈페이지 http://www.dymbook.co.kr

ISBN 978-89-7644-986-3

값 30,000원